国家出版基金项目
NATIONAL PUBLICATION FOUNDATION

贾植芳 全集

贾植芳 ◎ 著

陈思和 ◎ 主编

卷二·

创作卷

下

山西出版传媒集团

北岳文艺出版社

图书在版编目（CIP）数据

贾植芳全集／贾植芳著；陈思和主编 . — 太原：
北岳文艺出版社，2020.1

　　ISBN 978-7-5378-4988-3

　　Ⅰ.①贾… Ⅱ.①贾… ②陈… Ⅲ.①贾植芳（
1916-2008）—全集 Ⅳ.① C52

　　中国版本图书馆 CIP 数据核字（2017）第 253948 号

贾植芳全集·创作卷（下）

贾植芳◎著　　陈思和◎主编

//

选题策划

续小强

刘文飞

范戈

项目负责人

范戈

责任编辑

范戈

助理编辑

畅浩

书籍设计

张永文

印装监制

巩璠

出版发行：山西出版传媒集团·北岳文艺出版社

地址：山西省太原市并州南路 57 号　　邮编：030012

电话：0351-5628696（发行部）　　0351-5628688（总编室）

传真：0351-5628680

网址：http://www.bywy.com　E-mail：bywycbs@163.com

经销商：新华书店

印刷装订：山西人民印刷有限责任公司

开本：710mm×1000mm　　1/16

总字数：4850 千字

总印张：297.5

版次：2020 年 1 月第 1 版

印次：2020 年 1 月山西第 1 次印刷

书号：ISBN 978-7-5378-4988-3

总定价：498.00 元（全 10 卷）

1940 年代，贾植芳先生在上海

1954 年 5 月，在山西家乡的贾植芳父母亲赴京探望儿女等。前排左起：贾植芳母亲，身旁为贾凯林；贾植芳父亲，抱着的为贾燕林。后排左起：贾晓林，抱着贾钟林；李星华，贾宜端，贾森林，贾芝

1981 年，贾植芳先生全家摄于复旦六舍庭院内。贾植芳、任敏夫妇及女儿贾英

1986 年，贾植芳先生在给中文系学生上课

编者说明

————————————

一、本卷为卷二《创作卷（下）》，收录贾植芳先生 20 世纪 90 年代以后所写的作品，包括散文、杂文、序跋、题词等文字，以及少量的诗歌和对联。

二、本卷所收文章，主要依据版本为：《悲哀的玩具——贾植芳作品选》（北岳文艺出版社 1991 年 11 月）、《劫后文存——贾植芳序跋集》（学林出版社 1991 年 12 月）、《暮年杂笔》（汉语大词典出版社 1997 年 8 月）、《雕虫杂技》（山西教育出版社 1998 年 6 月）、《历史的背面——贾植芳自选集》（山东教育出版社 1998 年 10 月）、《不能忘却的纪念——我的朋友们》（上海文化出版社 2001 年 6 月）、《老人老事》（大象出版社 2002 年 7 月）、《历史背影》（江苏文艺出版社 2008 年 1 月）等。以上各书重复收录的作品，除个别外，均收录版本时间最早的文本。

三、凡集外文收录于各种书刊的，均在文章后面加以说明。

四、为避免重复，对部分以不同标题发表，但内容基本相同的篇目，则选取一个版本收入。选取原则是：若无实质性内容变动，则收入第一次完稿或发表的版本；若内容有修正或补充，则收入最后定稿或发表的作品。

五、本卷所收录的先生所作的挽联、对联等，均是从先生的日记或文章里辑录。

　　六、本卷所收篇目，按写作时间编序，凡没有标明写作时间的，则按发表或出版时间编序。

目　录

散　文

（1990 年代）

《中西比较文学研究》[①]序

　　景尧同志这次从广西讲学回来路经上海时对我说，广西人民出版社已经决定将他的新著——《中西比较文学研究》列入一九九〇年度出版计划，它有了婆家了。我听了不禁合掌相庆，把它看成一个特大喜讯。因为在当前这个知识贬值的尴尬时代，文化出版已日益陷于低谷状态，在经济大潮的冲击下，孔子在二千多年前说的那种"君子固穷，小人穷斯滥矣"的社会现象，仍然是今天生活现实的生动写照，而我国知识分子，尤其是八十年代以来崛起的新一代中青年知识分子、学人，仍然能安于清贫和寂寞，勤于舌耕和笔耕，为我们民族的文化建设和积累，为人民素质的提高和改造，积极地做出自己的贡献。可以说，他们继承和发扬了我国传统知识分子那种"富贵不能淫，威武不能屈，贫贱不能移"的优良传统和学风，那种硬骨头精神。同时，我们还有一些值得尊敬的出版家，还可能不为"铜钱眼里翻筋斗"的市侩积习所左右，仍然保持了坚定的事业心和清醒的历史责任感，忠于自己的出版职守。这两种相辅相成的精神境界，确实使人高兴和鼓舞，值得称赞和表扬，因为它显示了我们这个社会健康的有生力量。这真是"人还在，心不死"。实在好得很！

　　比较文学作为一个学科，在我国重新崛起，说来也有十多个年头了。总的说来，它无论在科研、教学、出版和与国际交流等方面，都取得了可观的成绩。它已由早期的介绍国际比较文学理论、历史、流派、方法与发展态势的介绍和浅层的探索中外作家影响关系的研究，逐渐进入更深层次的研究领域。在实践中，为建设"中国学派"走出自己的道路。而景尧同志在这方面所做的努力与贡献，尤其引人注目，因为他始终站在这个学科建设的先进行列。众所周知，他与卢康华同志合著的《比较文学导论》，是我国第一部比较文学理论著作，也可以说是一部启蒙性读物。因此，它不仅受到国内学术界和读书界的好评，被大专院校普遍地采用为专业教材，听说去年又有了维吾尔语译本，而且也引起国际比较文学同行的注目和好评，被认为是中国比较文学复兴的征兆。今天看来，它在我们这个学科的建设中，可以说实在起了一个良好的带头作用和开拓性的学术效果。

正像比较文学本身是一个开放性的学科，发展中的学科，也是一个世界性的学科一样。景尧同志这些年来，在我国开放性的文化环境中，又通过多次参加国际性的比较文学学术会议和外出讲学、与国外同行专家的交流与交谊、为国外专业杂志撰写论文、主持《文贝》(Cowrie) 这个用英文出版的中国比较文学研究杂志等多种方式，始终把自己的专业研究和教学放在学科的世界大的学术背景下，来认识和要求自己，努力保持了与这个学科的世界性发展水平同步前进的步伐。因此，继《比较文学导论》之后，他又于一九八七年编译出版了《新概念新方法新探索》这部精选的介绍西方当代比较文学研究新的学术成果的论文集。而眼下这部即将付印的《中西比较文学研究》，则是他多年发表在中外刊物上的论文的结集，有些还是初次见于铅排的文字，也是他一九八七——一九八八年应聘到美国当客座教授，向外国学生讲授"中西比较文学研究"课程的讲稿集。它内容广博，诸如对照马列论比较研究，对中国比较文学理论基础的探讨，对国际学术界流行观点的质疑与商榷，对中国比较文学历史的钩沉与论证，对中西比较文学研究方法的探索与总结，对钱著《管锥编》学术贡献的阐述及其学习要领的提示，以及对中西文化与宗教同中西比较文学关系的透视，对中西诗歌、小说、戏剧的浅层与深层意识的纵横辨析，对文学史体系的反思与考辨等等，都反映了作者开阔的学术视野，跨越中外文化、文学的扎实的知识素养。因此，每篇都有开拓、有新意、有创见，每篇都能瞄准国际学术所达到的最新发展水平的高度进行思考和论证。尤其值得注目的是，作者在治学的态度和方法上，始终能立足于中国的传统与现实，在广大的世界学术框架中，对西方兴起的各种文化、文学思潮，理论和方法，进行合理的摄取和引入。既不盲目吹捧，又不随声附和，更不是一个盲目排外的国粹主义者，或民族沙文主义者。作者能以清醒的头脑和当代意识，从今天的时代高度上来审视、分析传统和外来文化、文学现象，有所摄取、有所扬弃、有所改造、有所融会，这种严谨求实的创造性学风，尤其是难能可贵。因之本书作为一家之言，能自成其体系，不仅具有很强的学术性和一定的学术价值，对比较文学界有其重要参考意义，对于广泛的研究中外文化、文学及历史与社会的学者，也具有一定的阅读价值。

我已进入人生暮境，但每每看到在新的开放性文化大环境下，我们新崛起的中青年两代学者，能甘于淡泊和寂寞，不断地在学术建设上捧出新的研究成果，往往喜不自胜，感到无比的兴奋与慰藉。因此，在景尧这部新著即将问世之际，我愿借这篇称为序的小文，把它推荐给我们的读者社会。

一九九〇年一月二十五日，上海

注：

①本书以《沟通——访美讲学论中西比较文学》为题，由广西人民出版社一九九一年出版。

座右铭①

在绝望的坚壁前面,正是希望的火光闪烁着的地方。因为只有在这个时候,你才发现了自己的存在,肯定了自己的价值,明了了生存的意义。因此,生命的最大价值,不在你从世界得到了什么,而是体味到了什么。这里才有诗,才有哲学。

注:

①收入何民胜、曹滨滨编《中外名人座右铭》,江苏人民出版社一九九〇年二月出版,第七十五页。

《人类学导论》序

在人类科学中，关于人的行为、思想与社会规范的思考与探究构成了一个久远而古老的话题。人们从经济的、政治的、历史的、道德的、文化的等等层面上，开展了对万物之灵——人的分析与考辨，并以此为出发点，奠定了其他相关人文科学的理论基石与思路框架。在西方，随着研究的日趋深入。一门新的学科——人类学逐渐兴起，并越来越引起人们的广泛注意。人，作为两足、无毛、寿命较长的动物，没有锋利的牙齿，没有御寒的毛皮，也没有可以飞翔的翅膀，诸如此类的特点形成了他与其他动物的区别，表现出他与其他动物明显不同的优势与局限。从这里，人们可以通过一种别样的观察视角理解人类社会的历史演进规律，组织特征，社会模型以及人类本性。这便是人类学产生的最初动由。其后，又涌现出文化人类学、社会人类学、生态人类学、心理人类学、商业人类学、语言人类学、体质人类学、运动人类学等等各自不同的分支科学。

人类学理论与马克思关于人的学术并不是背道而驰的。在马克思创建辩证唯物主义和历史唯物主义时，他曾仔细研读过被称为人类学早期著作的摩尔根的《古代社会》，并从中吸取了许多有益的营养。正是从人与动物的区别、人与劳动的关系这一角度出发，马克思完成了他对原始社会的最为精彩的篇章，并与他的社会发展理论相结合，指出了人的全部丰富性与复杂性。

人类学这个近代兴起的新学科，在我国"五四"新文化运动以后，即在中国已由古老的封闭社会走向世界文明的历史发展中，本已被我国介绍引进，比如一九三四年在伦敦举行的第一届国际人类学、民族学会议，我国就派有代表参加。不仅引进了专门著作，在一些大学里，也形成了一个独立的学科，在我国也开始形成一种新的学术力量。但自一九五二年高校院系调整，我们按照苏联斯大林时代形成的学科模式，改造了我国的学制和专业设置，当时这门学问一如社会学、心理学，以及后来的政治学、法律学这些人文社会学科一样，都作为"资产阶级伪科学"被连根拔掉了，从此我们又回到了封闭性的社会文化环境。对我们新一代的知识者说来，它已成了一个完全陌生的东西了，只是从七十年代末期以后，随着我国走向改革开放的新时代，它才又被重新引进我国，作为一门新的学问知识，受到人们的关注和向往。

从这个意义上说，现在呈现在读者面前的这个译本《人类学导论》，就是一部较为理想和专业性的理论读物。

朱静宇、栾梅健合译的这本《人类学导论》是美国高等院校通用的人类学教程。作者劳威尔·D.霍尔姆斯和威利·帕利斯是美国堪萨斯州威奇托大学的人类学教授。该书全面系统地介绍了人类学研究的内容、特点与研究方法，回顾了人类学研究的思想发展，并在对玛格丽特·米德、克拉克·库恩、本尼迪克特等著名人类学家理论进行评述的基础上，形成了一套自己的完整、公允的人类学体系。在这里，它对人类的诞生、文化的概念，文化中的人格与城市的兴起等等重要的现象给予了人类学的分析，揭示出科学、技术、环境以及亲属关系、人类家庭、政府、法律、宗教、艺术等等，在与人类学相互影响的关系中的种种特质与内涵。而且，书中还专门辟有《美国文化结构》一章，通过对特定情形的详细分析，使人们迅速理解人类学的思想并熟悉人类学的功用。因此，这本《人类学导论》不仅是这一新兴学科较为成熟的理论专著，而且也是新学者很好的入门向导。

朱静宇、栾梅健两位青年同志要求上进、积极进取。我相信，他们在工作之余对西方先进思想的引进与介绍，必将有助于我们开拓视野，融会新知，对我国的文化建设事业也将起到有益的推动和促进作用。为此，我很乐意将这部译笔畅达的书，推荐给新时代的读者。是为序。

一九九〇年三月二十五日，在上海

在国民党监狱中①

　　一九四七年九月十七日在上海，我被国民党中统局抓起来投入监牢，在监牢里熬了一年多。先是关在亚尔培路（今陕西南路）二号上海中统局本部。两个月后转到蓬莱路的国民党警察局里，楼下关刑事犯，楼上关政治犯，我是"政治犯"关在楼上。这是我第三次吃政治官司（也是第二次吃国民党的政治官司。当中一次是一九四五年日本投降前夕，我以策反罪被徐州日伪警察局特高科逮捕关押），是写文章写出来的官司。那年，纪念五四运动，地下学联办了一个《学生新报》，出了一个《五四特刊》，请一些人写文章，诸如马叙伦、郭沫若等；我也写了一篇文章，题目是《给战斗者》，在这份小报上刊登出来。我在文章中说，参加五四运动的那些青年，抛头颅、洒热血，但这些热血却染红了一些人的顶子；所以我们还得继承"五四"精神，继续战斗，要用对付野兽的办法对付这些野兽等等。当时正值国民党"戡乱"时期，学生们掀起了反内战反饥饿反迫害的民主斗争。我的文章自然被认为是煽动学潮，大逆不道。经人告密，我被抓起来了。当时领头抓我、审我的特务名叫苏麟阁，这是在监房关押时经难友们一再证实的姓名。初解放，即一九五〇年秋，当时上海《解放日报》等报刊都登出了一条新闻，说是这个中统老牌特务，解放后潜伏下来，终于在镇江被我公安局逮捕，经过审讯已处决，并公布了他的主要罪行内容——逮捕和迫害共产党员、进步人士卢子扬、陈子涛、骆何民、吴二男、杜青禄、贾植芳等人，我和杜青禄同志被列入"进步人士"名内。

刚关进监狱的两个夜晚，特务们连续对我审问了两次，即宣布我是"社会败类""共产党走狗"。之后就再未审问过。到了一九四八年春天的一个下午，我才又被提审。这次审问我的显然是一个上面派来的高级特务，他有四十多岁，无锡口音，穿一身笔挺的灰色西装，身边还有一个对他毕恭毕敬的青年特务陪着。这个上面来的高级特务，我还是第一次见到。他吸着"绿炮台"香烟（当时的一种高级烟），看我坐下后，他递给我一支烟。他吸过一口烟后对我说："你来的时候也不算少了，我们也不是吃干饭的，你是什么人你清楚，我们也有数。现在长话短说，我们认为你的出路只有两条，一条是帮我们把胡风抓来，或者你不好意思，就把他的住址说给我们也行；至于另一条路嘛，我不说你也知道。据我们了解，你不是第一次吃这个政治官司，也算一个'老鬼三'（上海方言，意指老资格）了。"我不加考虑地回答说："抗日胜利后我流落在上海滩，失了业，为了弄口饭吃，我写些小文章，到处投稿。我根本不认识什么文化界人，包括你说的那个什么胡风，真是非常抱歉！"这两个特务听了我的回答，一起仰着身子哈哈笑开了，我也紧跟着"哈哈哈……"突然那个穿灰色洋服的特务停止了笑声，把面孔伸向我，瞪起眼睛问我："照这么说，我们是冤枉你了?"我说："那天晚上我在家里喝酒，被你们抓来了，难道喝酒犯法?"这个特务一边向后仰着身子，一边说："你说得太天真了，咱们不要再磨牙了，反正两条道路任你选，你不过才三十出头吧，太可惜了！……"

过了大约一个月，一个留着小平头的青年特务（他也是来抓我的特务之一，听同监难友说，是这里的行动队的）把我叫去。我一进门，他就站起来对我直截了当地说："怎么样? 考虑好了吧?"我说："没什么可考虑的！"他干笑了一声说："算了，你不要再装糊涂了！——这么吧，你如果觉得这么办不方便，我们再提一个办法，你在《中央日报》上发表一篇反共宣言也行。"我回答说："我反共不反共是一回事，你把我反共作为释放我的一个条件，用手枪逼我反，我不反！你怎么办都行。抗战时我也做过军人，上过前线，脑袋是有一个，谁要，我就给谁！死生有命，富贵在天!"这样,我又被押回监房,听候魔鬼的安排。

一九五五年五月胡风案发,在《人民日报》发表了所谓"胡风反革命集团"第一批材料和按语时,我就榜上有名,不过两天,我就被逮捕了。起先关在建国路一个看守所里(称为第三看守所,由解放军看管),我一个人住在一个大监房,屋内有一床、一桌、一椅,吃"中灶",算是优待。不到一个月,一次提审回来,却发现屋子里又关进来五个新犯人。他们坐卧都在地板上,吃饭也和我是两种待遇。这五个人中,有一个须发皆白的老头突然对我说:"你是 Professor(教授)贾植芳吧?你是胡风案子进来的吧?你们这是狗咬狗!哈哈……"他说着放肆地笑起来了……我有胃病,因此,吃饭不适的时候,往往要呕吐,监房角落里有一只马桶,每当我对着马桶呕吐的时候,这个白发老头总跑到我身旁,幸灾乐祸地说:"这就是你喊'拥护共产党'的下场!"他每天都被提审,每次提审回来都拿一叠十行纸趴在一只椅子上写交代材料。他这些不寻常的表现,引起我对他的观察与思考,尤其是正面相对的时候,似乎觉得有点面熟,后来我终于认出来了:这个家伙原来就是一九四八年春天审问我的那个我当时认为是从上面派来的高级特务……因为我与他们的生活待遇不同,他们五个人倒显得像自家人一样,对我则保持着距离甚至警惕。一次,他又被提审去了。我趁机问坐在我近旁的一个满脸络腮胡子、戴深度近视眼镜的中年人,因为从他们的几次谈话中我明白这个人是个老新闻工作者,解放前曾做过上海《和平日报》主编,被捕前刚调到一家出版社工作,他曾对我说,他知道我的名字,因此我趁机问他:"这个无锡口音的老头是什么人,你知道吗?"他干笑了一声说:"此人颇有来头,他参加过嘉兴南湖的第一次党代会,三十年代在做中共北京市委书记时被捕,后来做过国民党的县法院院长、县长,抗战胜利后,回到上海。住在上海北四川路一家公寓里,说是做生意了。解放后镇反时,被捉进来的,判了七年徒刑。在苏北大丰农场劳改。现在外面肃反,调他来写材料。"我听了他的叙述,不禁联想到一九四八年春天审问我时他的形象,显然,他说的那时候改行做买卖,实际上是掩护他的特务活动。

这位原《和平日报》的主编后来又向我细说了这个无锡老头子的故事。解放以后,这个家伙利用一些旧的关系,进入公安局当审讯员。一九五一年"镇反"时,全上海一个晚上统一行动捉拿反革命罪犯归案。当时领导交给此人一份名单，上面列举了应该缉拿的三十五名反革命罪犯的名字、地址等，要他晚上行动，天亮交差。天亮时，他和公安人员如数抓到了归他负责逮捕的反革命罪犯，向领导交代。这位领导同志说："要你捉三十六个罪犯，你怎么只抓来三十五个？"他认为领导事忙，可能记错了，连忙拿出那份名单给领导看，说："这上面是三十五个，不是三十六个。"领导并没有看名单，只是直截了当地对他说："另一个就是你自己，你还不认识你自己，要我开出你的名字吗？"这样，他就连同他负责捉拿的那三十五个罪犯一块进了牢房。

这样，我对这个老头子的情况，更加了解了，进一步证实了一九四八年春天在蓬莱路警察局楼上审讯我的就是他。因此，我看他每天提审回来总是趴在一只椅子上忙于写材料，禁不住问他："你这么忙，写些什么呢？"他连头也没有抬，随口回答说："唉，就是写三十年代丁玲、田汉、阳翰笙这些人被国民党中统局捕去以后的材料。"我说："他们被捕后表现好吧？"他回答说："他们从上海一提到南京，国民党的张道藩就在南京夫子庙请客，蒙受优待。"我从他的回答里，更肯定了他的罪犯身份，同时对中国社会的政治斗争也多了些新的理解与认识。

我从原来羁押的亚尔培路二号上海中统本部押解到蓬莱路警察局看守所，是同年中秋节以后的第二个晚上。当天夜里，在这里又碰上从威海卫路富通印刷公司押解来的一批"犯人"。原来，我们这案是《学生新报》案。我们被捕以后，九月十九日又发生了"富通印刷公司案"，现在这两班人马"会师"了。

我在这里，碰到当时在富通印刷公司任总会计的罗平同志，他是一个文艺爱好者，也写些诗（解放初，他在新文艺出版社出版过一本名叫《在秘密监狱里的诗》）。因此也是我的一个读者。我们一见如故。他对我说："你和你老婆给抓进来的第二天，我就在《时代日报》上看到消息了……"我听了，仿佛吃了一粒定心丸，得到很大的安慰。因为，当时正进入国民党所说的什么"戡乱时期"，进步报刊早已纷纷被封闭查禁。只有这家《时代日报》因为打的是"苏商"招牌，国民党政府顾忌和苏联的邦交关系，所以才能巍然独存。这时，它已成为进步文化界唯一的一个发表文章的阵地和得到外界信息联系的窗口。我所交往的朋友，都是它的基本读者。他们从报上知道了我们夫妇被捕的消息，就像是读了一份地下党组织发布的通告，当然就不会再来我们住处走动了，这样他们不会受到株连之灾，我的官司也可以"简单"一些。因为在旧社会吃过官司的朋友都知道，反动军警宪特抓去某人后，在案发的地方总要派人留守，以便捉拿"同党"，一网打尽。我这个认识和估计，后来一九四八年冬出狱后，见到相熟的朋友们时，都得到了证实：《时代日报》这条小消息帮了他们大忙。比如当时该报记者顾征南同志，一九四六年到上海后，通过胡风结识了他。在我被捕前，我还把两篇小说稿交给了他。在我被捕前几天，他和恋人小方同志来看我们时告诉我们说，他们定于九月十九日结婚，邀我们参加婚礼，举行婚礼的地点还未决定，等决定了，在婚礼前一天再来通知我们。一九四八年冬，我出狱后他才对我说，在我们被捕的第二天，他们本来准备告诉我们婚礼地址，但是早晨一觉醒来，看到刚送来的当天《时代日报》后，不禁大吃一惊：原来我们夫妇昨夜被捕了，所以，他们没有再去我们住所。后来他到报馆上班，听到楼适夷同志说，昨天深夜两点钟，他正发完稿，准备回家，突然接到一个电话，告诉他说，贾植芳夫妇在住处和同住的几个学生一块被捕了，要他们在明天的报上发一个消息。当时楼适夷同志还来不及问打电话的人的姓名，电话就挂断了。放下电话，他就赶写了一条消息发排。

　　这个神秘的电话，是谁打给楼适夷的呢？三十年后，我才知道事情的原委。一九七八年秋天，我解除"监督"到复旦大学中文系资料室工作。一天下午，突然有一位身材短小的中年人来看我，他一见我，好像发现了奇迹般地，惊喜交加地对我说："贾先生，你还认识我吧？我叫李平。"我看着他矮而发胖的身子，半秃的头顶，一时如堕五里雾中，愣住了。只能说出两个字："你是……"他不无伤感地对我说："怪不得你不认识我了，因为我们失掉联系三十年了。我就是一九四七年和你们一块住在吴淞路义丰里的三个小青年中的那个李平，任敏高中的同学。"他这么一说，我的记忆大门一下子被打开了。

　　原来，一九四七年九月十七日我被国民党中统局特务逮捕时的住处，是坐落在虹口区吴淞路义丰里九十一号的楼房，义丰里那时是一个日侨集中区，这座九十一号，每层有近十个房间，听说原来是一家日本旅馆，后来成了一个中日混居的大杂院。这里的居民，绝大多数是日侨。其中二楼有三个房间是《学生新报》的社址，与我们同时被捕的杜青禄同志，当时在日侨管理处混个小差事，他的单位在这里给他分了三间房子。他是一个单身青年，自己住在狄思威路（今溧阳路）一个朋友的亭子间里，他将这三间分来的房子，把它们作为《学生新报》的社址，因为他自己也是这个报纸的工作人员。后来报纸被迫停刊，青禄就将其中靠阳台的一间让给我们夫妇住。二楼楼梯口的一间，则借给段力佩同志住，老段这时是牛庄路上一个中学的校长；剩下的与我的住室相邻的那间，除堆了旧报纸外，由《学生新报》的小朱（上海法学院女同学）和《时事新报》的一位女记者廖某同住。这时，在二楼上另一头的一个房间里，住着三个单身小青年，除了此时此刻站在我面前的头顶半秃的李平外，还有小黄（名字已记不起来）和肺病已然到了晚期的刘兆文同志。他们三位原来是我妻子任敏抗战时期在四川上中学时的同班同学，因此在这里相遇后，就一见如故地来往起来了。这三位青年是抗战胜利后，在旧政协时代才从国民党集中营放出来的，由于长期监禁和酷刑，他们一起辗转到上海滩后，身体已极度衰弱，他们相依为命地过着清苦的生活，由小李、小黄当教员，共同养活卧床不起的小刘。我们被捕的那夜，特务到狄思威路捉来了杜青禄，再转到义丰里捉我们，同住的小朱和小廖同时被捕。特务还搜查了段力佩同志的家，碰巧那天他外出未归，所以幸免于难。

经过三十多年的岁月，李平来上海组稿（他是安徽一家文学刊物的主编），才在复旦大学中文系资料室发现了我。这时他对我说，在我们那夜被捕后，他们就逃出了义丰里，当夜给《时代日报》打电话，想报告我们被捕的消息，可是一直没有打通，非常焦急。第二天一早，他就和小黄去找沈钧儒老先生，沈先生听了他们的叙述后，很平静地告诉他们说，贾植芳夫妇和同住的学生被捕的消息，当夜他就知道了，是被中统特务抓去的，马思南路（今思南路）"周公馆"的辛志超同志当夜已用电话通知了《时代日报》，要他们发一条消息。沈先生说："这方面的事你们不必再提了，倒是你们三个人的转移问题急需要解决。因为看样子，你们不能再在上海停留了。"后来，他们就到安徽胡明领导的游击部队去工作了。

原来如此，三十年前我们被捕的那个神秘电话，竟是"周公馆"打给楼适夷。这件事，过了三十年，我才从李平的口中弄清了它的来龙去脉。

解放前，上海有一家海燕书店，老板名叫俞鸿模，他和我在日本是同学。他是华侨，福建人，也是位作家，在日本出过一个小说集（书名

《炼》）。他归国后在上海办了个海燕书店，这是个进步书店。抗战胜利后，胡风给海燕书店编了一套《七月文丛》，其中有我的一本《人生赋》，这是我的第一本小说集，一九四七年出版。那时我的笔名叫杨力，这个名字是胡风给我起的。我以前写文章都用贾植芳，写杂文和政治性的文章则随便署个假名字。胡风说，上海政治斗争情况复杂，还是用个假名字好些。我告诉过胡风，我母亲姓杨。胡风说那就叫"杨力"吧。他拿火柴头写了"杨力"两字，后来，这两字就印上了《人生赋》。一九四七至一九四八年，风声甚紧，海燕书店迁到香港。因上海还有些事务有待处理，俞鸿模又回到上海来办事，此时我已银铛入狱，而我的妻子任敏那时已被释放。

胡风一见到俞鸿模，就把我入狱一年的事告诉了他，并且问他是否有办法救我出来。俞鸿模说，他认识国民党中央信托局副局长骆美中，骆美中也是留日学生，现在在国民党里有权。他说："我们都是华侨，家里还有来往，我去和他讲一讲。"于是，俞鸿模就去为我奔走活动了。后来我听胡风说，俞鸿模曾说，那时国民党已经快树倒猢狲散了，他们的官员也要找出路，骆美中表示敢担保，但要俞鸿模对他说清楚，贾植芳是不是共产党，俞鸿模对他说："贾植芳只是写写文章，我看他不是共产党。"骆美中说："他是共产党我也敢保。"过了一天，俞鸿模就答复胡风："我对骆美中讲了，骆美中给中统局局长季元溥写了一封信，让任敏去拿，再送给中统局，估计没有问题。"任敏去拿了信，立即送到上海中统局本部。她也在这里关过近三个月。

一天下午，我在监牢里正坐得昏头昏脑，监牢警卫叫道："贾植芳，你出来！"我以为又是提审，他说："你走吧，你还有什么东西？"我说："啥也没有，就有一根皮带和一顶帽子在你们这里。"他说："给你拿来了，你在这里先歇一歇。"

和我同监的有两种人，一种是知识分子，一种是工人，我在里面教工人文化，还教那些小知识分子英文。在国民党监牢里教教这些还可以。这些"犯人"里有一个小张，是永安公司的工会主席。我在狱中被关押了一年多，身上没有一文钱，已被关得头昏眼花，这小张对我说："你拿上这一百万元法币，我们有钱，我们有工会，你出去得花钱，雇个车什么的。"我接下这一百万元法币后，一个做特务的看守送我出去。监牢离大门还有很远一段路。我以前和他聊天，他是个高中学生，找不到工作，因为认识这里中统局行动队的一个王队长，来这里混饭吃，看守犯人。走到大门口，我对他说："你看管了我半年多，我有句话对你说。你看作是人话，你就听；要是你认为不好，就当我放屁。你年纪轻轻的，这碗饭不是人吃的，你找点别的事干干，换碗饭吃吧。"他对我说："贾先生，你的话我记着。"

出了大门，我在旁边的一个小烟杂店买了包"大百万金"香烟（相当于现在的飞马烟），花掉三十万元。然后，雇了一辆三轮车到我伯父商行在上海爱多亚路（今延安路）的办事处，那里有个掌柜的，我就在他那里住下，后来又把任敏找来，在这里我深居简出。有一次我在附近马路上，突然碰到一个我在监狱里见到过的特务，只见他喝酒喝得脸通红，他看到了我，还站下来瞪了我好一会儿，好像事出意外似的。为此，我只得赶紧找地方搬开，因为我怕给伯父掌柜再带来麻烦。一九四七年，我们夫妇被捕后，办事处里的一个伙计，也是我的小同乡，来我们的住处看望我时，被留守的特务提去关了两个月，被敲诈了一大笔钱才被释放，我不愿意为我的事，再叫人家吃二遍苦，受二茬罪，花二次赎身费。

后来，恰巧碰到我一个老乡，他在国民党税务局当小职员，姓姚。他就住在近郊法华镇，租了一间农民的房子，老婆死了以后，也就不住了，房子空着。我们夫妇就搬到那里去住。那里是幢平房，孤零零的，我们夫妇住阁楼上面。楼梯是竹做的，就摆在旁边。那间阁楼，与人等高，刚刚能直起腰。我和任敏除了两条被子，已一无所有了。我们就借房东的两个箱子放在屋里当桌子，我那本《近代中国经济社会》，就是在这上面写出来的，当时我不敢出来，任敏出去给我借资料。二十余万字用了两个多月就写成了。我常常通宵写作。那时仅有三十二三岁。一天早晨，我突然昏倒了，任敏慌了，赶紧把房东叫来，给我弄了一碗热水灌进肚里，过了一会儿，才苏醒过来。任敏说："你好些天也没出去了，今天天气好，也快元旦了，我们一起出去走走吧。"我们来到雷米路六号（今永康路）胡风家里（原是周建人的房子），胡风已去了香港。

晚上回来，房东惊慌失措地对我说："贾先生，今天下午来了两个穿中山装的，还有一个穿哔叽长袍、戴黑呢帽子、黑眼镜的人，一来就把门踢开，问这里有没有贾植芳？我说没有（因为我们住在这里，谁也不知道）。他们在屋子里乱翻了一通，看看没有什么，才气势汹汹地走了。"一听这话，我感到不妙，他们已经知道我在这里住了。第二天一早，我们就离开了这里。

我找到监牢里认识的难友卢克绪，他是大夏大学学生，开了爿食品店（他的哥哥卢子扬后来死在监牢，是烈士）。他说，他的一个同学叫董平，也是大夏大学学生，是个中医，福建人。他爸爸是位牙科医生，他们家住在南京路高士满大楼，那是一幢高级公寓。这样，通过卢克绪介绍，我们就暂时住在董先生家里。这家人很同情我们的遭遇，招待很好。这期间，我接到在香港的俞鸿模来信，说是以留日同学名义保我外出的骆美中给他的信里说，中统局通知他这个保人，要贾植芳到亚尔培路二号中统局谈话，需要我妥善应付，不要给人家骆美中带来麻烦。为此，我以留日同学身份给骆美中写了一封信，感谢他在我身陷囹圄时给予的慨然相助，保释我外出，但我因长期关押，身体虚弱，又穷困潦倒，无以为生，为此已决定即日离开上海回山西老家休养，不及面谢和面辞，请他见谅。……

解放后，我从报上得知，这位国民党中央信托局副局长骆美中撤退到香港以后宣布起义，拥护人民政府。俞鸿模回到上海继续经营海燕书店，我们又碰面了。不久，海燕书店、利群出版社等几家私营出版社合并成立了上海文艺出版社，俞鸿模任经理。后来得知，一九五五年胡风案发生后，他也曾被捕审查，释放后，吞大头针自杀未遂。到了"文化大革命"时期，我偶然从上海出版系统"造反派"编印的一本大批判的杂志上得知，他已自杀了，还安上一个罪名："自绝于党和人民。"写到这里，我对这位为中国的进步出版事业做出巨大贡献、又是我的救命恩人的俞鸿模同志，表示深深的悼念和哀思。

在董先生家居住时，我出狱后伯父给我的五亿法币已花得差不多了。那时候正是国民党濒临崩溃前夕，物价腾贵，市场一片混乱，商人们怕赔钱，都把商品收起来了，货架上是空的，花钱难买到东西。为了筹办我们离开上海的路费和目前的生活费，我打算把那部《近代中国经济社会》的稿子卖出去。我先找到我在监狱时相识的翻译家胡明同志，我读过他早期译的苏联列昂节夫的《政治经济学教程》，又同牢住过几个月，他们夫妇办了一个光华出版社，专门出版以他的译著为主的苏联政治经济读物。那时他们夫妇和两个孩子也挤住在一个客栈的斗室之内，生活也很清苦，解放后，他应聘到北京，任北京师大经济学教授。一九八九年我时隔二十多年后，初次到北京开会，曾去北京师大找他，门房同志一听说我要见胡明，睁大眼睛向我说："你是从外国回来的吗？胡明这个人早就没有了。一九五七年反右派时，他跳楼自杀了，现在你居然还来找他？哈哈……"在门房几个人的哗笑声中，我只有默默地离开了那里。……却说当时我们夫妇抱着一摞稿子找到胡明，他们夫妇显得非常热情，又是让座，又是倒茶。当他们听明我的来意后，胡明马上说："你先把稿子放在这里，我出去想想办法，过两天你再来听讯。"两天后，我们如约前往，胡明马上说，他找了好几家相熟的出版社，一般都愿意用抽版税方式出书，不愿意一次付清稿费买稿。最后他找到经营开明书店的周予同，周先生很同情我们的遭遇，也愿意帮忙。自开明开业以来，没有一次付清稿费的制度，现在周先生做主，可以先付一部分稿酬——最多五千元金圆券，等出书后再结算。胡明问我意下如何，不等我回答，他自己就说："我怕五千元金圆券也解决不了你的问题，钱不值钱啊！"这样我们只好抱着原稿告辞，后来碰到棠棣出版社的老板徐启堂、徐肯堂兄弟，他们倒很爽气，答应一次付我两万元金圆券。他说："稿子先摆下，你先拿二万元作路费要紧。"到一九四九年八月间，我回到解放后的上海，这本书已印出来发行了，一年内又再版。到一九五三年，他们又出版了我负责编辑的介绍东欧六个人民民主国家情况的译著《人民民主主义的长成与发展》（这本书由当时日共国际部长、后来接替宫本显治任日共总书记的西泽富夫编写）。直到一九八〇年冬我平反回到社会上以后，我才知道徐启堂同志一九五七年被打成右派分子，至今再未相遇。至于周予同先生，他原是复旦大学的老教授，一九五二年院系调整时，我由震旦大学调到复旦大学后又成为同事，"文革"中我们又一道当"牛鬼蛇神"，同时受到"造反派"的凌辱和殴打，后来长期卧床，终于在一九八一年故去了。

还是我们住在法华镇时，凑巧国民党按户发国民身份证，我用"贾有福"的化名，领了这个所谓"国民身份证"，职业是用的我伯父的商行——丰记土产公司的职员身份，任敏改用"朱明"的化名。所以，拿到那笔稿费后，我们与同监难友卢克绪同志——他是山东胶东人，一道坐船离开上海到了青岛。

青岛当时已陷于混乱，我们住在一家叫"三义栈"的小店里，我闭门不出，任敏外出买点吃食，真像两只老鼠似的。我从街头旧货摊上买了不少英日文图书，因为青岛本是一个开放城市，也是一个旅游胜地，这里原来外侨很多，这时他们都带着细软回国了。这些书显然是他们剩下的东西，现在是由中国仆人当废品卖出来的。在不到七个月的时间内，我译了三本书。原先我一住下来，就埋头写监狱生活回忆录，写到近五万字时，一天下午客栈门口出现了大批军警宪兵，我们看看风头不对，怕来搜查，连忙把写好的稿子扯碎放到灶房焚烧了。因此，我才决定用译书打发日子，等待解放。当年七月，青岛解放。我们夫妇激动了一夜没有合眼。我在泪眼中写了《美丽的早晨》和《欢迎人民军队》两篇散文。我们觉得，我们终于从白色恐怖中被解放出来了，可以自由地呼吸了。同年八月，我们重新回到上海前夕，这两篇文章已在上海《大公报》上登出来了。从此，我们开始进入自己毕生所追求和为之奋斗的人民当家做主的新社会。

注：

① 原载《上海滩》，一九九〇年第四期。

我的读书记①

　　我生性冥顽不灵，从孩提时代就在家里闹事，外面闯祸。家里为了图个清静，从五岁时起，就由哥哥带我，到同村一个不第的老秀才家里读私塾，每天围在一张圆桌边，跟上同学们号叫"人之初，性本善，性相近，习相远"，但字却不识一个。念了半年，老秀才死了，我家住在山脚下的一个小山村，没有小学。家里把我送到邻村小学读书，这次是读《共和国语文》，我又跟上同学吆喝："人、手、足、刀、尺、山、水、牛、羊。"跟着没号多久，又换了《语文教科书》，第一课课文是："大狗跳，小狗叫，大狗跳一跳，小狗叫三叫，汪、汪、汪！"我老子虽然每七天赶一集都给我买一本新的《语文教科书》，但我把它拴在裤带上，买一次，丢一次，又买一次，虽然也还是跟着号叫，却觉得这些话说得很好玩，引出兴趣来了。但字还是不识。老师让我背课文，我背得倒很流利："大狗跳，小狗叫，大狗跳一跳，小狗叫三叫，汪汪汪汪汪……"明明是叫三叫，我却一股劲儿叫下去，不是老师拍桌子，我还会"汪汪"下去，叫得特别积极卖力。在"文化大革命"中，红卫兵每每批斗我时，我就往往想到我那份"汪汪汪汪汪……"的积极性。

　　老师制住了我"汪汪汪"，叫我转过身来随便指一个字要我念出，指一个我摇头，指另一个我又摇头，指了好几个，我不好意思再摇头，便报以沉默的微笑——照例每个字都不认识。老师认为我"前科"重重，这次非要打板子不可。我不求饶，只是说现在尿憋急了，等出去尿完了，再挨板子。老师恩准了。我一出校门，就一溜烟地跑回家，坐在祖母的炕头上。祖母关心地问："你哥哥怎么没回来，只有你一个人放学回来？"我扯谎说："我背书背得又快又好，师傅放我先回家，我哥还没背会书，所以没有一起回来。"我这个老祖母偏听偏信，被我诳得眉开眼笑，连忙从橱里拿出花生、麻糖犒劳我。我刚把糖放在嘴里，几个大年龄的学生气势汹汹地破门而入，对祖母说："跟来（我的乳名）背不会书，师傅要打他板子，他骗说尿急了，放他先去尿，一去就没影子，师傅左等右等他不回来。叫我们几个来揪他。"我这位溺爱不明的祖母，听了学生们的话不禁勃然大怒，回复大龄学生们说："给你们师傅说，我家孙子不准打，一下子又念不成秀才举人，老淘气！师傅要是打，我们就不念了。"

在祖母的保护下，这几个来揪我的学生只得灰溜溜地走了……

没有过到半年，祖母去世，我在家里守孝又不去念了，得了又一次解放。俟祖母丧事办过，我那个在外埠经商的伯父，和家里人一合计，决心请一个家庭教师教我们兄弟读书，再找几个同族的小孩陪读。这下管得紧了。年轻的师傅，针对我不喜欢读书的老毛病，用大楷写了四句旧诗，作为习字帖，要我每天描摹，诗云："小子读书不用心，不知书内有黄金。早知书内黄金贵，夜点明灯下苦心。"现在回想起来，这大约就是我那个年轻的师傅结合教学对我进行过细的思想工作。从此以后，我开始真正一个又一个地认字，师傅又在家人面前，夸我聪明好学，家里人一下子改变了对我的态度和待遇，把我当"知识分子"照顾了。二年级时，我跟同学到镇上参加全区小学生会考，作文题目是《秦始皇论》，我按照记忆，把学的课文一字不漏地照抄上去："秦始皇，灭六国，收天下兵器，铸金人十二，车同轨，书同文，焚书坑儒……"很快就交了卷，跑出考场。在门外候我的父亲惊奇地问我："怎么刚进去就出来了，别人都不见出来？"我说："我文章作得快，一下子就交卷了。"父亲虽然显得不无怀疑，但还是给我买了一个火烧（大饼），以示奖励。在我们那个穷山沟里，一个大饼的地位，等于现在上海家长给孩子买一块巧克力的价值。

那时候，我们山西省的督军兼省长阎锡山，发给小学生每人一本《人民须知》，那上面开宗明义第一条是："人生有三怕：上帝、法律、舆论。"这些词句，在我直到现在还记得很清楚。因为在西方社会，这是三个并列的东西，而在我们古代以至现代的东方某些国家它们却是一个东西。我真正为书籍入迷，是高小时代，同学借我一部石印本的《封神榜》，那里面的字我虽然不全认识，情节上大体能看得懂，我被纣王、妲己、姜太公、申公豹、黄飞虎、哪吒的事迹迷住了。到省城上了初中，我因为课上听不懂先生讲的话，就沉迷于同学们借给我的各种石印本小说，使我入迷的有《水浒传》《西游记》《薛仁贵征东》《罗通扫北》以及《大八义》《小五义》之类的武侠神怪小说，我钦佩行侠重义、对抗官府造反的绿林好汉；对成精作怪残害生灵的妖魔鬼怪则不胜其反感，因此更佩服降妖镇怪的神道的神通广大。可以说我从小到老对中国官绅社会感到天然的憎恶。《红楼梦》《西厢记》这些感情细致、谈情说爱的说部，却一时读不进去。初中二年级时，来了一位北师大毕业的国文教师杜先生，他指导我们看新文学作品《呐喊》《彷徨》《女神》《少年飘泊者》《灭亡》《飞絮》《苔莉》《短裤党》《胡适文存》《独秀文存》以及外国翻译文学，介绍马列主义的政治读物，如李达、马哲民等人的著作，其中高语罕的《白话书讯》、李浩吾的《新教育大纲》，这类传播马克思主义的读物，对我影响甚深，因此，从初三起，我在热衷于读书之余，想当作家了，起了个叫"冷魂"的笔名，开始在省城的日报、晚报上投稿。小说、诗剧、短诗都写，而且注重它们的社会和现实意义，报馆给我回信，称我"贾植芳"先生，我感到无上荣耀。

一九三一年，我到北平上高中，进入美国办的一个老牌教会学校，虽然在这里念了两年半被除名，但这期间，为我打下了坚实的英语基础，我开始看原版英语报纸和书刊。我读书的眼界放宽了，中外文学作品，社会科学著译都读。在我宿舍的墙上挂过托尔斯泰、陀思妥耶夫斯基、耶稣、尼采、克鲁泡特金、马克思的相片，并在地下党的影响下投入社会活动，终于因参加一九三五年的"一二·九"运动而被逮捕，年方十八岁，就身陷牢房。在北平居留期间，我继续向北平、天津、上海的大报投稿，笔名鲁索、霍达森或用本名。小说、杂文、散文都写。

一九三六年春我出狱后，东渡日本，大学读的虽然是社会学，但我还是热衷于文学，尤其是外国文学。我喜爱俄国文学，包括革命早期俄国"同路人"的作品，其次是法国文学，东欧等弱小民族文学和日本文学，对英美文学，除了美国的杰克·伦敦、马克·吐温、奥尼尔等外，不大喜爱。对于俄国陀思妥耶夫斯基、安特列夫、阿尔志巴绥夫、迦尔洵以及高尔基早期写流浪生活的作品，我尤其喜爱，甚至从旧书肆中搜购了他们作品的英译本和西方作家研究俄国文学的论著，例如：克鲁泡特金的《俄国文学的理想与现实》，勃兰兑斯的《俄国印象记》，捷克马沙克的《俄罗斯精神》，加上日本的俄国文学研究家米川正夫、升曙梦等人的著作，对我发生过很深的影响。我还从英文试译了安特列夫的多幕剧《卡列尼娜·伊凡诺维娜》。也是在这个时期，鲁迅先生（他是我唯一始终崇拜的中国现代作家，现在在我饱经人生忧患的暮年，每每重温先生早期的小说、散文、诗与杂文集，就有很深切的现实感受）逝世后，我看到上海生活书店出版的《工作与学习丛刊》的一、二辑，惊喜地发现这是坚持鲁迅传统的战斗文学刊物，因此写去一篇小说投稿，从此结识了丛刊的主编胡风，抗战中我们进一步成了朋友，我也成为他主编的《七月》《希望》《七月文丛》的作者之一。

一九三七年抗战爆发后，我弃学绕道香港回国参加抗战，正式投身于社会，以后又往往以文贾祸。一九四五年日本投降前夕，我被徐州的日汪军警以策反罪投入牢狱，一九四七年到上海，旋又被国民党中统局提去，受了一年多的牢狱之灾……我大学专业是社会学，再加上这十多年流转生活的丰富实践，养成了我对各种有关中国历史、社会、文化的著译，以及文史旧籍诸子百家著作的喜爱，尤其喜爱野史和私人笔记，认为它们弥补了官书正史中所没有的历史社会文化知识。一九四八年我出狱后，在蛰居中，编写了《近代中国经济社会》这本专著。后来流亡到青岛，又译恩格斯的《住宅问题》，英国人写的《尼采传》等。我生活在开放性的文化环境里，因此接受外来文化是多元性的，这大约就是我"思想复杂"的历史、社会和文化根源。

从一九五〇年起我到大学教中外文学，八十年代复出后，兼搞比较文学。我深深服膺我国古人把"文史哲"视为一体的观点，反对孤立静止、画地为牢地自我封闭式地研究文学，那是走古人研究四书五经的老规范；多寻章摘句，咬文嚼字，只能是像马克思所鄙夷的那种坐在书斋里连手指头被烫伤都害怕的三流学者，或者像我们古人所形容的"腐儒"或"书虫"，那就不可能在原有的文化遗产基础上进行创造性劳动。因此，我经常对青年朋友说，你们与其甘心做马克思所讽喻的那类文士，不如去卖茶叶蛋、牛仔裤，当个体户去追求金钱享受，这倒实惠。

我觉得有两句格言，可以移赠给今天的读书界的青年同志，一句是胡适的"为学要如金字塔，只有博大才能高"。一句是曾国藩说的"读书可以在胸中养成一片春意"（手头无原文，大意）。这两个人虽然都不怎么样，受过今人指摘批判，但我觉得不可因人废言，我们应该服膺真理。

前几年《新民晚报》要我为《读书乐》版面写一段小文。我举出下列五部书，是我百读不厌，越读越觉得如嚼橄榄，其味无穷的书：

但丁《神曲》、塞万提斯《堂吉诃德先生》、狄福《鲁滨逊飘流记》、歌德《浮士德》、吴承恩《西游记》。

列宁说："为了生活不要忘了生活的意义。"我理解的人生，不只是履行动物的本能要求——吃饭和配偶（传宗接代以免断子绝孙），它们只能是维持生命的手段和过程，而非目的；人生应该追求更高的生活境界——人生的自我价值和意义，应该把读书的范围和眼界扩大再扩大，不能只作为单纯的谋生的实用主义手段（那只能作为一个西方人说的"知识小贩"，至多是当一个小文痞，为人火中取栗），而应该通过博读精览，放眼人生、世界和历史，找到自己在生活中的真正位置，履行自己的人生责任和社会使命，不能把个人生命的意义和价值仅停留在"求生"这个动物本能的认识和追求层次上。我说的上面那五种书，它们实在给人以大领悟、大眼光、大沉痛、大感情、大学问。啊，人生，这就是人生！

注：

① 原载《语文学习》，一九九〇年第五期。

《文学鉴赏学》①序

　　文学鉴赏，应该说，它是和文学创作一样的源远流长。因为创作与鉴赏可谓相辅相成，作家创作的文学作品中所表现的思想感情和审美观点，只有通过读者的鉴赏才能被发现，体现它自己的认识和审美功能。但从事文学鉴赏活动的，绝不只限于职业性的文评家，而是广大的社会群众。因为一个人总要和文学发生联系，就是文盲，也要听故事，看戏看影视，有他们的文学生活。文学作品作为一种精神食粮，它在人们的日常生活中，一如布帛菽粟这些物质需要一样的不可或缺。这也就是文学作家所以能成为一种社会性职业活动，文学作品又能以商品形态在商业市场上流通的根本原因。即或是文学作家和文评家，也是从与接触文学作品开始，通过鉴赏，在各式的文学作品中所表现的思想感情与审美观念的诱导之下才认识了文学的特性和本质；他们正是把在文学作品中所学到的文学知识和其他知识用来品评作家作品，开始自己的文学创作事业的。而文学作品，只有通过广大社会读者群的鉴赏后才能体现自己的文学价值，取得生存权利的。我国古代文评家刘勰说："夫缀文者情动而辞发，观文者披文以入情。"他说的正是文学作品与文学鉴赏之间的姻缘关系。我国的传统文论文评，也以鉴赏为依归，虽然对于具体的作家作品的成败得失，鉴赏家不乏真知灼见之论，但这些观点，一般还停留在感性认识阶段，对于鉴赏理论，尚少系统性的认识和研究，分析与概括。我国的现代文论，则由于"左"的思潮的影响，重视作品的教育认识功能，审美观念薄弱；又由于过于强调作品对于广大读者教育指导作用，对于广大读者对作品的积极能动作用也缺乏研究。以至在当时流行的文学理论著作中，鉴赏这一词语也几乎消失了。即或是我国"五四"以后引进的西方现代文论，比如流行广泛影响深远的以孔德实证主义哲学为基础的西方现代文论，它注重研究的是作品的起源，以作家为中心，把文学作品视为作家思想感情的表露，因而从作家传记和一般社会环境的分析研究中来探寻认识文学作品意义的途径。文学史就是作品史，或作家和作品的关系史，一般的社会读者大众，仍是被动的文学作品的消极接受者，也未注重到广大社会读者群对文学作品的积极参与作用。

近十年来，由于我国进入改革开放的新时期，在开放性的社会文化环境下，正像"五四"前后那样，西方各种现当代哲学文学思潮，作为一种历史冲击波，进入了我们的文学生活世界。随着文化视野的开放，历史的反思，我们的文学创作、批评、研究，都出现了全新的局面。就文学理论研究说来，由文学观念到理论与方法也都得到了变革性的发展。我们重新认识了文学作为一种精神现象的独特品格，重视它应有的审美功能，尤其是六七十年代出现于西方的阐释学与接受美学等的引进和影响，在我国近几年出版的文艺学理论著作中，又出现了鉴赏论的专章。在出版界也掀起了一股鉴赏热，中外古今各类文体和体裁的文学鉴赏辞典，使人目不暇接，层出不穷。但对文学鉴赏学作为一门专业的学问进行专题性研究，阐述其要意和过程，研究其特点和规律等的理论性著作却尚属少见。因此，我觉得张炳隅同志这部以读者对文学作品的品评为研究方向的《文学鉴赏学》，在出版界应有其存在的意义与价值。

按照阐释学与接受美学的理论观念看来，可以说是对实证主义文论的否定与革命。它把研究的注意焦点由作者转向了读者，在读者的鉴赏活动中判别作品的性质和意义。它以为在文学创造活动中，作家所完成的作品，只能是一个"成品"，必须经过读者的积极参与才能成为艺术品。鉴赏就是读者对作家的创作现象的进入过程，是"重新体验"的一种创造性活动。文学工程的最后完成者是广大的读者群。文学作品的广大的社会读者群，由传统的"参观者"一变而为"参与者"了。文学史又成了读者史，或者接受文学史。虽然这种理论不无偏颇之处，但它足以弥补作家作品论的不足之处。张炳隅同志清醒地认识了这一点，他说："在我看来与其把文学的历史分别看成作家作品史，或者读者接受史，不如把文学的历史看成实际上是作家、作品、读者以及社会之间的关系史。"他虽然深受了阐释学和接受美学的理论影响，但又不受其拘泥，而是参照其他流派的理论观点，取其所长而补其所短。他说，他所以把文学史看成是作家作品，读者与社会的关系史这个观点，是受到一位美国大学教授所提示的文学关系图而得到启发的。但是鉴于"文学创作是固定的，鉴赏是不固定的。无数鉴赏者为发掘文学作品的多种方式的联合努力，势必在客观上造成文学活力千变万化的趋向"，所以，他把探讨"这种主客体相互作用的复杂现象"，作为他这部《文学鉴赏学》的重点研究所在。

我因为年老事杂，只是粗粗地浏览了一遍张炳隅同志这部专著的原稿，但我觉得很有启发，颇多教益。作为我国第一部研究文学鉴赏学的专著，它或不免有其粗疏可议之处，但又多有其新意和创见。作者立足于我国的历史与现实，借鉴我国新旧传统文论和西方现当代文论，并能在继承新旧传统中有所扬弃与革新；在吸收外来思潮中，有所选择与改造。融会贯通，而自成一家之言。它的出版，我认为不仅有助于培养和提高我国广大读者群的文学鉴赏能力，丰富他们的精神文化生活，对于我们的文艺界和理论界，也应有其参考的价值。

在我国建设现代化的社会主义文化事业中，像张炳隅同志这样能从我国实际出发，以开放性的文化眼光，一步一个脚印地走出自己的学术路子的中青年学者，我希望能多多益善才好！

一九九〇年七月五日，上海

注：

①本书由上海教育出版社一九九一年十二月出版。

忆覃子豪①

　　一九八八年初夏，我先后收到了四川广汉县覃子豪纪念馆筹建组寄赠的《覃子豪纪念馆落成专辑》，和建立在该馆庭院里的子豪塑像照片，他的胞妹淑芳回到故乡参加了她哥哥纪念馆落成典礼后回到上海给我来的信。几年了，我每每翻阅这些来件，凝视子豪塑像的照片的时候，总是感情起伏，思绪万千。因为这以前看海外的资料记载说，子豪一九六二年在台北医院临终时曾一再喃喃地说："我要回家了！"他的这个遗愿，在经历了二十五年之后，终于实现了，"落叶归根"，他这个浪迹海外的"孤独的旅人"，现在总算回到生养他的故乡人民山水之间，他的漂泊的灵魂可以得到安息了！

　　大约是一九七九年，有一次我在学校图书馆里，无意中看到了叶维廉先生主编的《中国现代作家论》，当我揭开上卷查阅目录的时候，首先映入眼帘的就是排在首篇的洛夫先生写的《论覃子豪诗》。这是从一九四七年秋间，我们在上海失散以来，我第一次从文字上看到他的名字。当时真像无意间又重逢一样，不禁惊喜交集，但我再往下看时，在洛夫先生文章前面的有关覃子豪情况简要介绍的文章里，我却又发现了子豪的死讯。原来他早在一九六三年就客死在台北，于今已有二十余载了。虽然我是个饱经人世沧桑，在漫长的生命程途中，历遭大难的人，感情已经磨炼得很粗犷了，但在生命的垂暮之年，每每看到或听到朋辈成新鬼的噩耗时，总是禁不住黯然神伤，控制不住自己的感情。我手里捧着书默立着，恍惚又像站在他的遗像前，直到听到闭馆的铃声，我才颓然地把书放回原架，低着头走了出来……

我和子豪相识于一九三二年的北平，但真正成为彼此相知的朋友，却是一九三六年春间我到日本上学以后，在东京彼此来往一年多的时间之内，以迄一九四六年秋间我们在上海相遇，翌年我们又在上海相失。

一九三二年夏天，我随哥哥贾芝到北平考学校，他进入坐落在阜成门外的中法大学孔德学院高中部，我考入北新桥的美国教会学校崇实中学高中部。因为常去孔德学院看望哥哥，渐渐和他的几个同窗兼诗友——沈颖、朱颜（锡侯）、周麟、覃子豪都熟悉了。当时这五个来自南北的青年人，虽然年龄、班次不同（有的是大学本科生，有的是不同级的高中部学生），但却由于性格、情趣相投，开始结成诗社，成为契友。当时的孔德学院是个世外桃源式的生活环境，高楼深院，花木葱茏，一派肃穆幽静的学院风光。在这个似乎远离尘嚣而又饱受西方文化熏陶的小天地里，又由于这个学院以法语为第一外语，因此他们这几个在诗歌王国里探索的青年人，除过接受了郭沫若、徐志摩以及当时刚兴起的以戴望舒为代表的中国浪漫派与现代派的深厚影响外，又从横向上学习英美诗派，尤其是法国象征派的思想和艺术风格。由于时代思潮的激荡，我在走出娘子关以前，由于受到进步思潮的影响，在"五四"新文学影响下，开始了自己对人生和文学的追求，并开始在报纸上投稿了。到北平后，在对文学的追求中，又在校内外进步力量的帮助下，参加了社会活动。虽然我和他们的文化教养与生活环境不同，对生活的意义和文学观念的认识和追求不同，生活性格和情趣上也大有差异，但我们都尊重彼此对人生和艺术的自我选择，我把他们看成有着自己的人生价值观念和生活个性的纯真而热情的青年，并非那些追名逐利庸碌等闲之辈。人格平等，人身自由，尊重人的价值和尊严，正是以反封建专制主义为其历史任务的"五四"新思想运动的积极成果。我们"五四"以后的新青年，在思想深处早已摈弃了传统儒家那种"非我族类，其心必异"的文化专制心态，所以在以后的世变中，我们虽然处在天南地北，各自走着自己的生活道路，但彼此并未因此相忘于江湖，不相往来。今天看来，其实我们那一代青年，甚至我们的前一代人，那些属于现代这一历史范畴的中国知识分子，总的说来，都是类型不同的理想主义者和浪漫主义者，而在三十年代，我们却都是处于人生起跑点上。

在我的记忆中，那时候的覃子豪，身材中等，面孔黝黑，一双眼睛明亮而又深邃，显得热情奔放，而却又忧郁内向。他颇重衣饰，总是西装笔挺，听说他那时和女同学之间就不断发生一些爱情纠葛，他很有些浪漫派诗人的气质，又像是天生的情种，和我这个注重社会实践，生活上马虎，不修边幅的北方青年，在人生观和生活性格与情趣上成了明显的对照。因此当时我和他之间只能是泛泛之交，不可能建立起深厚的友谊。

到了一九三五年，我听哥哥说，沈颖、朱锡侯、周麟都先后去了法国留学，覃子豪也去了日本。翌年春间，我也孑然一身地跑到日本。因为行前哥哥给我抄了覃子豪在东京的地址，所以我到达东京的当夜，在一家旅店里安顿好行李以后，便雇车前去找他。我当时才十八岁，在当地可谓人地两生。他住在小石川区一家专事招待中国留学生的寄宿舍里，当我在下女的引导下，敲开楼上他的房门与他相对时，他显然感到十分意外，不胜惊奇。一年多不见了，他似乎比北平时代成熟了许多，他那双深沉的大眼睛仍然十分明亮，并且已经没有那种忧郁的暗光，因此倒分外显出他的热情洋溢而且奔放不羁的性格和气质，似乎也没有北平时代那样地注重个人的衣饰和外表了。当他听说我是因为参加去年冬天的"一二·九"学生运动而被逮捕监禁，又依赖了家庭的财力得以保释外出，但因留有"随传随到"这个并未结案的法律尾巴，才不得不跑到东京来的生活遭遇时，他突然又紧紧握着我的双手不放，神情分外激动。在这一刹那间，我感到我们之间的距离一下子就消失了。他住的是一个六铺大小的日本式房间，一张小写字桌前的墙壁上挂着一幅配有镜框的彩色拜伦画像，一个书架上堆满了各类图书，书架顶端放一只青瓷花瓶，那束鲜红的花朵，在暗然的台灯光映照下，更显出热烈的生命意志！

这时四周已十分安静。他对我说，他明天一早问问这里的房东，如果还有空房，他就接我来这里与他同住。说话间，我们已然走到了已经沉寂下来的街头。当我坐上出租车和他相别后，从奔驰前进的车窗向后望去，我看到他依然站在街头在夜雾中逐渐模糊了的身影时，我感到一种强烈的友情力量。

这样，从第二天起，我们住在一起，做了邻居，前后达半年之久。这家白山寄宿舍，是一座日本式的木结构二层楼房，楼上是客房，楼下是房主的居室，食堂和下女的卧房。主人是一对姓白山的老夫妇，他们能说一口流利的天津话，老太婆穿着中国北方妇女的大襟袄，有时还亲自下厨，为寄宿的中国学生做北京人的"片儿汤"，表示出对中国人很亲善的"和气生财"式的样子。我一住进来，子豪就告诫我说，对这个老家伙要当心，这是个老浪人，在天津混过大半辈子，是警察所的耳目，是个半通不通的"中国通"。果然我住下后不到一个月，一天下午下女来叫我说，有朋友在楼底下看我，要我跟她下楼。她把我引到房主的居室，白山正跪在坐垫上，两手放在膝盖上，满面敬意地陪着盘膝而坐的一个身穿洋服、身材苗壮、满脸横肉，大口地吸着烟的中年汉子。见我进来了，他们稍欠了一下身子，让我坐在茶桌的另一头，与这位陌生的来客正面相对，不等店主人开口，这位来客就双手给我递过张名片，并用流利的中国话自我介绍说："我是东京警视厅的，听说您来了快一个月了，本来早该来看你，因为事杂，分不出身子，实在对不起！"说着向我深深地鞠了一躬。接着说："我叫春山，是警视厅亚细亚特高系的，您以后在日本生活，由我负责照料，请您多关照！"说完又是深深地一躬。早就听说日本是个警察国家，真是名不虚传。从此开始，我才意识到自己已掉在日本特高警察的监视网里。这以后虽然搬了几次家，但这位春山先生总像一个影子似的跟牢我。……

子豪那时在中央大学法科上学，但他的主要时间和精力却放在诗歌的写作和翻译上。他的诗篇已由北平时代的抒写个人内心世界的欢乐哀愁，一变而为高亢激昂的救亡反帝呼声，具有更开阔的生活内容和强烈的时代色彩。置身在这个日益法西斯化的军国主义国家里，敌人日益露骨的侵华野心和举措，已彻底冲垮了他在北平时代的对人生所怀有的天真而美丽的梦幻。这个时期前后的诗作，抗战时期他曾在金华地区结集印行，题目就是《自由的旗》。强烈的爱国主义、民主主义的时代激情以及昂扬的社会意识，对生活和人生的崭新而执着的认识与追求，可以说是贯穿在他三四十年代诗作中的基本主题。还是在东京时代，他着手从法文翻译法国浪漫派大师雨果的《惩罚集》，这部雨果因反对小拿破仑复辟帝制在流亡中写的控诉专制政治的诗作。同时期内，他还从日文转译了匈牙利爱国诗人裴多菲的诗集。这位为祖国的自由和解放而死在哥萨克枪尖下的诗人，又成为他这个时期思想和感情上的先知与楷模……

子豪这时除过从事诗歌创作与翻译，他还投身于东京留学生的进步文化活动，他的热情与才华也得到了当时索居在东京近郊千叶县的"五四"老诗人郭沫若的欣赏。他与在东京留学的雷石榆、林林、柳倩、王亚平等人一块从事新诗歌运动。在我到东京前，他还伙同与他同住在白山寄宿舍的李春潮，以及他的四川同乡、早稻田大学的学生李华飞、罗永麟等人组成文艺团体文海社，并编辑出版大型文学月刊《文海》。我也被吸收参加了这个刊物的编辑事务，但这个刊物编出第一期，托友人在上海印出寄到东京后，却被日本警察全部没收，我们这些人，又成为日本警察眼中的"危险分子""抗日分子"，不时受到这些不速之客的诘问和干扰，刊物也就"因疾而终"了。

在东京时期，我和子豪同住了有半年，因为讨厌这个姓白山的居停主人那双警察式的眼睛，我们先后离开了白山寄宿舍，他搬到近郊的中野区，我搬到了淀桥区。这时，我早已成为日本大学社会科的学生，但并不放弃自己从小喜爱的文学创作，并通过投稿，和国内的进步文艺界保持着思想上的接触和联系。在这里住了不到半年，我也搬到中野区一家和洋料理店的楼下，和子豪又成了近邻。子豪在东京时，经济上比我拮据，相对说来，我却比较宽裕些，但我们的钱袋彼此是公开的，我们过"共产"生活。在白山居住时期，我们每个礼拜天都结伴出游，或到银座、日比谷一带繁华街区坐在有歌星演唱的咖啡馆听音乐，或逛神田一带的新旧书肆，几乎逢门就进；多中饭或晚饭就在这一带找一个门面大点的中国餐馆，改善一下生活。因为我们平日一日三餐，都吃日本式"定食"，这比吃中国馆的中式"定食"省钱，但又缺少油水，清淡乏味。按现在的语言说，我们那一代的知识分子，虽然大多出身富有阶级，但在那种时代气氛中，绝不讲究衣食，消费观念很低微，这也似乎是一种民族文化传统。我们追求的是精神生活的丰富多彩。家里每月给我八十到一百元，那时日币贬值，一百中国法币可以换一百零五日元，而当时日本一个普通职工的工资才只有二十一—三十元。就这样，因为同学们之间过"共产"生活，我常常弄得青黄不接，不时得求助于当铺（日本称"质屋"）。日本大学生进"质屋"，是一种普通的风尚，几乎是一种"生活习惯"。质屋不仅可以当衣物，当文凭、也可以当书籍。质屋的当期很短，利率很高，实际上是高利贷式的剥削，直到我执笔的现在，我还有一些书物当在中野区一带的质屋里没有赎出来。我们住白山期间，更多的是晚间深夜，于读书写作之余，我们三个同住的朋友——子豪、春潮和我，到附近街头卖"烧鸟"的小酒店，喝啤酒或日本清酒，作为清除疲劳，谈天说地的场所。因为这些烧鸟店的布局近似西方酒吧格式，只有不到十个座位，当垆的都是些妙龄少女，别有一番东洋风趣。那个暑假，我和子豪又结伴到伊东半岛度夏，白天下海游泳，晚上读书写作之余再去温泉入浴，闲中就坐在吃茶店闲聊。我们去了没几天，春潮也后脚赶来了，他仍然住在白山宿舍，因为那个白山老头子一再迫他付欠下的房饭账，他跑来避债了。因为带来的钱三个人开销，所以住了不到一个月，我们就只剩回东京的车票钱，因此只好打道回来了。这当中还闹了一出喜剧，那天我们已到山穷水尽境地，只好按照在东京的老例，把我带来的一套秋天西装、毛毯、留声机和音乐唱片运进这个小镇上的那家质屋。质屋主人看了这些当件后，却拒绝收当。他说，他的铺子小，这些高贵的东西如果收进来，万一你们不来赎当，他就无法处理，而你们又是来这里度假的学生，云云。我们失望又气愤地跑回了宿处，真是"一文钱逼倒英雄汉"，不仅回东京的路费无着，眼下就有断炊之虞，给东京的朋友写信求援，又远水不救近火。我们在昏黄的灯光下，正一筹莫展时，我无意间抖那套秋天的蓝色西装，竟然从口袋里掉出一张拾元的票子。我们两个喜出望外，好像穷儿暴富一样（春潮前几天已转到别的来这里避暑的同学处打秋风去了，而我与子豪都不好意思向他们张口借钱，因为大家都是来这里过夏，带在身边的钱都有限），马上跑到街上的小饭铺喝啤酒，又一人来了一客五角钱一份的日式牛肉鸡蛋洋葱盖浇饭，算是吃一顿丰盛的夜餐，第二天上午，我们就起程回到了东京。

一九三七年春间，我搬到了中野区，因为与他相住不远，走几步路便到，所以几乎天天相见。这年东京春寒，他一次来看我时，认为我床上的那床棉被太薄，马上跑回去给我拿来一张丝棉被。前一年夏天，我们从伊东回来时，我那张羊毛毯遗失在出租车上了。子豪比我年长，他在生活上处处照应我，情如手足。我们几乎每个晚上都花五分钱的公共汽车费到新宿那家叫"大山"的吃茶店喝咖啡，谈天说地。我们成了这家中等规模吃茶店的常客，几个下女都相熟了。这里有个叫佳子的下女，是个从北海道乡间来东京谋生的朴实而美丽的姑娘，子豪似乎对她萌发了爱情，但这又似乎是一种生活上的偶遇。因为这时他正和在明治大学就读的陶映霞女士相恋。这位小姐是上海复旦大学外文系出身，是一个银行家的女儿，又是一个勃朗宁夫人式的女诗人，很有大家闺秀风范。一九三七年，她曾在上海的黎明书店出版过一本个人诗集《筑地的黄昏》。子豪在一次诗歌座谈会上和她相遇后便一见倾心，向这位高贵的女诗人献出了自己的全部热情。他特地买了两本摩洛哥皮封面的本子，在这上面为她写爱情诗。为了支持子豪的恋爱事业，我也凑了些钱给他置办了一套较体面的西装。他几乎每天都带了新写的诗篇和十枝康乃馨之类的花朵去看望她，谈诗、谈人生、谈个人身世和自己的理想。爱情仿佛是一个转动不息的漩涡，他一脚就陷下去了。或者用当时流行的爱情语言说，他完全被爱情陶醉了。但可谓好景不长，一个深夜，他突然神情颓丧地跑来了，说这位女士竟突然对他表现出十分冷漠，甚至厌恶的态度。当他今天晚上照例访问她时，她穿着一件黑色天鹅绒长旗袍，不施脂粉，冷如冰霜地在门厅里接待了他。她一改过去的常态——热情地邀他上楼到住室里谈叙或一块到外面吃茶点相坐，或在僻静的夜路上漫步。她手里拿着他前次送给她的那本摩洛哥皮本子的诗稿，默无一语地还给他后，就自顾自地转身上楼去了。他手里拿着花朵和新写的诗稿，在无意识地从她手中接过自己的诗稿后，一个人在门厅里站立了许久，然后发狂似的把那两本新旧诗稿扯碎，连同他准备献给她的那个花束也投在地上、狠狠地践踏了一阵，然后大踏步跑了出来，一个人在马路上失魂落魄地荡了好久，才转到我这里来。我劝慰了他许久，他就是回不过神来。为了冲淡他的失恋的悲哀，我扣上房门，引他到附近一家烧鸟摊喝酒，我叫了几客烧鸟，两杯日本清酒，一起举杯对饮，他竟仰着脖子把一杯酒一口气喝光，我又给他叫了一杯，他一仰脖子又喝光了。最后我扶着有些醉态的眼里蒙着泪光的子豪，把他送回住处，扶上床，盖好被子后，自己才默默地退了出来。第二天一早他就来找我了，显然他在酒醒后失眠了。他的神情更加颓唐，好像一下子就消瘦下去了。我是一个清教徒式的人，更没有恋爱经验，我真担心他在爱情上所受的打击会毁了他，那就太没意思了。因此，我劝他不如回国去，换一下生活环境，或许有利于治疗这场爱情创伤，并劝他说："你把这种爱情纠纷看成是一场柏拉图式的爱情，从这个感情的障碍物上跳过去，也就自由了。"他听了我的话，突然抬起头，眼睛直直地望着我，说他决意回上海去。但他却接着说，男女之间的爱情最终不过是性爱，他既然在知识层得不到这个人生幸福，他就需要找个女性来报复一下，花钱买这个幸福，办法是今天晚上去"抗日"。原来由于当时中日关系日趋紧张、恶化，同学们又多饱受日本刑事警察的干扰之苦，那种反日情绪更加强烈，因此在留学生间，把嫖日本妓女的勾当，称之为"抗日"，是一种反抗情绪的畸形宣泄。当子豪说这话时，眼睛里射出一股近乎疯狂的激光。我懂得他的心情。对他说来，这是他在爱情上受到愚弄后的一种发泄性的报复行为，我完全同意了。当晚，我们雇了一辆出租车，直驱东京近郊的玉之井。这个小镇是一个花柳世界，一条窄小的马路上，两旁都是鳞次栉比的妓院，街头游荡着来这里寻找廉价"爱情"的杂色人群。这些低级妓院，多是二层楼的普通日式建筑，妓女们坐在打开的小窗口前，在强烈的灯光照耀下，一个个浓妆艳抹，以自己的色相招徕顾主，甚至从窗口伸出手来拉着迎面走过的顾主不放，真像落水者遭难时求救的光景。和嫖客经过一番讨价还价的口舌后，她才关了窗口，打开身旁的小门，拉客人上楼进行人肉交易。子豪以一种呆滞又近乎疯狂的目光一个窗口一个窗口地物色着，终于找到一个看似情性温顺、穿着连衫裙的姑娘作狩物。这个不到二十岁的妓女把我们引上楼，在楼梯口迎面碰上一个老鸨，她言明先收费后睡觉，我掏出钱付了她以后，看看那个妓女领子豪进入房间，我就跑下楼来在门口等他。大约不到五分钟，子豪就大汗淋漓地出来了。我们走出这条喧闹的小街，雇了车子，又回到新宿大山吃茶店。一路上我们都默无一语，我明白他心中的愤懑和痛苦，由此联想到郁达夫早年在日本留学时，由于性的苦闷，在一个飘雪的冬天，在北海道一家妓院里失掉自己童贞时的悲哀。

这以后，子豪像换了一个人似的，积极地准备回国。那时世界正流行法国作家纪德热，连中国也不例外。因为这个法国自由主义作家在世界反法西斯斗争的潮流中，终于宣布站到进步阵营中来了。我买了新出版的日本小松清译的纪德的《新的粮食》，又特地到日本桥丸善书店买了法文本，一起送给子豪，希望他回到上海后能译出来。在子豪回国的那个下午，我和王亚平、甦夫一块雇了车子送他到横滨码头上船。当这只美国邮船上的乐队奏起雄壮的乐曲，船徐徐离港时，离去的旅人纷纷站在甲板上向岸上送行的亲友挥手告别。这时我们三个站在岸边向子豪挥手告别的送行人，突然发现子豪竟然抛开了我们，向站在我们不远处的一位穿灰色西装，身材苗条，面目姣好，长发披肩的女士频频挥手，我恍然大悟，原来这就是他苦恋的陶映霞女士。她到码头送行的对象，是她在上海复旦大学的同学，最近来东京上演《日出》主角的 F 女士。她正巧与子豪同船回上海。子豪就这样目不转睛地向岸上的陶映霞挥手地离开了日本。他的早已冷却下来的爱情火苗，仿佛一下子又毕毕剥剥地燃烧起来了。我们三个送行人，看了这个情景，都大声地笑了起来。我们三个说笑着走出沉寂下来的码头，踅到附近的一家台湾酒场，都喝得半醉后才于暮色苍茫中搭车回到了东京。

不久，我就接到他从上海的来信，还附了一张他在普希金塑像前的照片。

转眼抗战爆发，那个警察厅亚细亚特高系的刑士（政治警察）春山，工作开始勤快起来了。开头是三天两头来一次，后来几乎每天都来，他这时已揭去了那层薄薄的"文明"面纱，露出帝国警察凶横本色，而且还带了一个助手同来。他找我时已不再经过房东的传达，而是径直冲进我的房间，出言不逊不说，还乱翻抽屉、书架，屋内的角角落落，都成为他们获取我的"罪证"的目标。那时候正值盛夏，一天中午，我坐在写字桌前看书感到困倦，就伏在展开的书页上睡着了。这时他领着助手气势汹汹地破门而入，等我被重重的推门声惊醒，睡眼蒙眬地抬起头来，并顺手合上眼前的那本书的时候，他早已一个箭步抢到我的身旁，抢去这本书，一页一页翻查过以后，才失望地抛回原处。这是一本俄国小说的英译本，书里他并未发现什么机密文件。他这种大惊小怪的神气，我觉得十分可笑又可恶。这时我正像大多数同学那样，已决定放弃学业，回国参加神圣的抗战工作。为了避开日本政治警察的日益频繁的骚扰，我与陈启新兄离开东京避居到神户，从这里买了船票，转道香港回国来了。这时国民党政府办了个留日同学训练班，号召回国的留日学生参加军事训练，先是集中在战火迫近的南京，不久又转移到庐山，再转移到湖北江陵，最后搬到武汉，已是一九三八年的初夏了。经过许多曲折，这个训练班总算在这里结了业。我在训练班里碰到了子豪，但不在一个班组，所以见面相叙的机会倒很少。这时国民党的军事委员会政治部成立，郭沫若出任第三所（主管宣传）所长，我们留日训练班学生，多由这里分配工作。我被分配到在山西中条山一带作战的正规部队，当上尉日文干事，专事对敌宣传和翻译工作，子豪被分配到东战场，主持《扫荡简报》工作。大约是一九三八年七月初，即我离开武汉前不久，我一天在江汉路上碰到子豪，他说，沈颖已从法国回来了，住在难民收容所里，他已和他订好日子，在江汉路一家叫"锦江春"的馆子聚聚，并约我届时一定来。因为我与沈颖有三年多不见了，他大约是一九三五年去的法国。我在约定的日子到了这家四川馆子，他们两位已先在雅座上等候我了。沈颖似乎见老了一些，但性格似乎开朗了许多，烟瘾也更大了。子豪要了一瓶五茄皮，点了几个菜，我们边吃边聊，酒醉饭饱后，大家在饭馆门前告别。一九四〇年，我和沈颖突然在西安相遇，那时他是《新华日报》西安分馆经理，并改名"孙世义"，我们又恢复了友谊。随后我离开了西安，不久他也调回延安，但仍有书信往还，随着政治形势的日趋恶化才被中断了联系。解放初，听说他在驻瑞士大使馆工作，直到前年，他在外贸部门工作的儿子来上海看我时，我才知道沈颖已在"文革"中逝去，他早已离开了我们这个多事的世界了。

我在中条山作战部队工作了近十个月，这期间和在金华的子豪还有些书信往还，他办了一个刊物——《东方周报》并约我为撰稿人。但随着我在一九三九年五月逃离开这个部队以后，由于生活的辗转不定，彼此就不明下落了。

抗战胜利后，我于一九四六年辗转到上海，我们夫妇就暂住在雷米路文安坊胡风先生家里。那时上海人口正趋膨胀，租房不易，要所谓"顶费"，而且以金条计算。像我们这样只有肋条没有金条的书生，只能望房兴叹。这年秋天，我们夫妇在八仙桥青年会参观法国画展，在此竟意外地与子豪相遇。他精神健旺，衣履整洁，还像过去那样热情奔放。屈指算来，从一九三八年夏天在武汉四川饭馆门口分手后，我们已足有八个年头不相见了。我们紧紧握手，好像生怕又失散了似的。当他得知我们还寄居在朋友家里的时候，马上邀请我们搬到他那里去住。他说，他在抗战时和当时在东南地区参加抗日活动的邵姓女士结婚，这邵家是浙江湖州的一个大族，在上海古神父路有一幢花园洋房住宅。楼下和二楼租给房客，三楼却空在那里，预备家里人来上海时临时居住。他抗战胜利后，转到厦门办报，再由这里转到光复后的台湾，这次是和一位台湾商人贩鲍鱼来上海出卖，也是借此来看看上海情况。最后他对我说："植芳，现在就我一个人住在古神父路，我的家属——对了，我们已有了一个女儿——住在湖州娘家。你们就搬过来吧，那里还有空房，我们住在一起热闹些。"过了没几天，我们就搬来了，住在三楼亭子间里。他和那位台湾商人住三楼前楼。他已然置办了一个小煤球炉，我们一块起伙，由我的妻子任敏掌厨，普通只煮些切面条，吃得很简单，只是应付生活。有时也喝些酒，烧几个菜，改善一下生活，子豪原来还会烧一手四川菜。那位台湾朋友大部分时间在街上逛，很少和我们一起用餐。因为他正在忙于推销堆在走廊上那几麻袋鲍鱼。由于一下子销不出去，我们就顺手拿一些弄菜吃，省下一些菜钱。我劝他暂时不要回台湾了，应该住在上海，重操旧业，当时又正值中国历史的新的转折关头，卖文求生的道路，上海这个城市似乎还宽广一些，也"自由"一些。他接受了我的劝告，答应先住下来再说，文化界总还有个三朋五友的。这时他送我一册他在抗战时在东南地区出版的诗集《自由的旗》，一册他译的《裴多菲诗集》（日译本是我在东京时送他的一本豪华版），一册他的东京生活回忆录《东京漫忆》。

我们一块儿共同生活了三个多月，这个时期，我们都各自埋头读书，写作，聊天，逛马路，跑书店，看朋友，仿佛又回到了在东京学生时代的生活情景。记得他在上海写的第一首诗题目似乎是《我还活着》。因为抗战中他僻处东南一隅，文化界朋友间曾传言他已在抗战中不幸身亡的消息。我把它拿给编《大公报》文艺副刊的刘北汜兄算是他在上海文艺界开始露面的讯息。从此，他在报刊上相继发表了各类文章，他的写作情绪很旺盛，对自己的生活前景，对中国的光明前景都充满了信心。记得他还和农工民主党的章伯钧先生合办了一个综合性刊物，但似乎只出了两期就停刊了。一次他从马路上回来，直接跑到我的亭子间，异常兴奋地告诉我说，他在霞飞路上看到了陶映霞，她坐在三轮车上，打扮得非常妖艳入时，像个贵妇人，又像个交际花……我只能哈哈笑着说："你真是旧情难忘啊！"这又使我联想到一九三七年春间在横滨码头上送行的一幕。

一九四六年冬季子豪回湖州去看望妻子女儿去了。我们夫妇住在这里，又不免感到孤寂。那位台湾商人早就离开上海回台湾去了，这一带又是高等住宅区，对我们这类生活在底层的人们也带来许多不便，附近几乎没有老虎灶和小杂货店，因为这里的住户，大都是汽车出入的高等华人。这时恰好一个青年朋友在吴淞路有一间空房，我们就搬到了那里。从一九四七年开始，我到《时事新报》编文艺副刊《青光》，住到这里，离报社也近些，虽然只编了两个月，就被勒令停刊了。到三月间，他从湖州回来后，就连忙来吴淞来看我们来了。我把搬家的事情，事前已写信告诉了他。这时他穿着全新的蓝绸丝棉长袍，中式绸棉裤，黑绒棉鞋，一身显得非常华贵而又臃肿。他给我们带来了湖州的土产——酥糖、青豆、粽子等。我们最后一次见面是同年夏天，我们夫妇去古神父路看他。饭后，我们又一块坐在凉台上乘凉聊天，并在此认识了他的妹妹淑芳夫妇和他的三弟，正在报刊上露头角的诗人阳云（羊翚）。这年七月，我因文贾祸，我们夫妇一块又被国民党中统局特务捕去关押，直到一九四八年冬天我出狱后，才听到先我出狱的妻子任敏说，她听人说子豪又去了台湾了。

历史在曲折中前进，一晃又进入八十年代，这时我又碰到多年不见的他的二弟树谦（他多年跟章伯钧先生从事农工民主党活动，我们早在三十年代就在北平相识，他也写诗，一九五七年被打成右派，一九八四年病逝于上海），以及在武汉作协做专业作家的三弟羊翚，我们又有了在上海相聚的机缘。我从他们那里看到了子豪在台北出殡的一系列照片，后来我又看到了台湾版的三卷本《覃子豪全集》，不禁一再唏嘘感叹。一九八一年子豪故乡四川广汉县编集县志，树谦托我为子豪写一篇小传应征，我参考了一些能到手的材料，写了一篇《覃子豪小传》，翌年交《新文学史料》公开发表。这是子豪的名字第一次与大陆的读者见面，也算我对故友的一点纪念。以后我又先后读到北京印的《覃子豪诗选》，重庆印的《覃子豪诗粹》和香港印的《覃子豪诗选》以及报刊上的一些评介文章，又为子豪的心血结晶回到大陆广大读者中间，感到由衷的喜悦。前年秋天，台湾诗人罗门、林耀德联袂访问复旦大学，我和他们两位谈到彼此的朋友子豪时，再次引起了我对子豪的强烈怀念。他们离沪返台时，我对他们二位说："请你们回到台北后，替我们夫妇在子豪的墓地上献上一束鲜花，并告诉他说，我们希望将来能有机会来这里看望他。"

注：

① 原载《上海滩》，一九九○年第八期。

我和胡风同志相濡以沫的情谊

　　我和胡风的友谊，是由于时代命运的播弄，这反而加深了我们相濡以沫的情谊。我们夫妇与他一家大小的友谊，就是这么在历史的风风雨雨里一步一步建立起来的。

　　在一九五五年中国发生了所谓胡风事件后，人们纷纷议论说，贾植芳为什么会和胡风成了朋友？论年龄，他比我大十三岁多，他在一九○二年出生于湖北省蕲春县，我是一九一六年出生于山西襄汾县。他是南方人，我是北方人，地域相距几千里，因此可谓非亲非故。我们都算留日学生，他到日本学习的时间比我早，离开得也早。他是因为参加一九二五年中国大革命运动，后来在蒋介石国民党发动"四一二"政变的白色恐怖中，于一九二九年流亡到日本留学，并在庆应大学英文科学习。又因为参加了当时日本左翼文艺运动和日本共产党，被日本警察逮捕关押后，于一九三三年被驱逐回国。我则是因为参加了一九三五年爆发的"一二·九"学生爱国运动，在北平被警察逮捕关押后，跑到日本亡命兼上学，进入日本大学社会科学习。一九三七年抗日战争爆发后，我立即放弃学业，回国参加了神圣的抗战。我们虽然是不同时代的留日学生，却都算是政治亡命兼留学，在这一点上是相似的。而这一点又正是我们后来成为朋友的根本原因。胡风先生晚年说："虽然对许多朋友因我受牵连，我也感到内疚，但

041

他们靠近我时，已经有了自己的思想和理想，我更多的是出于一片爱才之心。"（参见胡风夫人梅志同志回忆录《往事如烟》九十六—九十七页）胡风先生在逝世前一年为他的论文集（出版时被改名为《胡风评论集》，三卷本，人民文学出版社一九八四——一九八五年版）写了一篇很长的《后记》，这是他在生死大难之后，对自己一生的生活道路和文学道路的回顾和总结。在从日本回国后，他参加了以鲁迅为旗手的中国左翼作家联盟的领导工作，从而因工作性质关系，从接触一些作家和这个文学团体的成员开始，到协助鲁迅先生编辑《海燕》杂志。鲁迅先生逝世后，他又在党的有关领导人冯雪峰的授意下主编《工作与学习丛刊》，以至抗战爆发后，他从一九三七年创办《七月》，由上海、而武汉、而重庆，直到一九四一年皖南事变发生后，《七月》被迫停刊；一九四五年他重新创办和主编《希望》以及《七月诗丛》《七月新丛》《七月文丛》等文学丛书，在战前和贯穿整个抗日战争和解放战争时期，由于编辑文学刊物关系，在他周围结集了一批越来越多的作家和他从读者中发现的文学新人，其中不少人又成为他的朋友，相互间建立了友谊，以至有一个被称为"胡风派"或"七月派"的文学流派。而到了一九五五年，却又被打成了所谓"胡风反革命集团"，被看作是这个文学流派的作者，这时绝大多数被打成所谓"胡风分子"，从这时起，他们中的大多数在文艺界消失了、失踪了。在他逝世前一年，他在为自己的评论集写的《后记》里谈到和他们的关系时，不无辛酸地说："我检查自己，我和他们之间建立了友谊，以致没有割断联系，原因就是上面提到的对人民（革命）的共同态度，对文艺工作的彼此思想和感情上的交流。"这也就是一九五五年发布的《关于胡风反革命集团的材料》中，把这个文学流派定性为"一个暗藏在革命阵营的反革命派别"的原因。而我就是他前后所主编的《工作与学习丛刊》《七月》《希望》《七月文丛》的一个撰稿人。

我和胡风先生，是通过投稿关系认识的。那正是我来日本上学的时期，我虽然在日本大学读社会学，但我热爱文学，从三十年代初期就开始学习文学创作，在报刊上投稿，也参加了一些进步的社会活动。所以到东京后，除过上课，参加留学生的文化活动，业余仍不放弃文学写作。我生平喜欢逛书店，在东京时期，总习惯地到开设在神田区的内山书店逛逛，因为它专门经营中国新出版的图书，所以我把这家书店看成是了解国内政治、社会、文学动态的一个渠道。一九三七年初，我在这家书店看到上海生活书店出版的《工作与学习丛刊》的第一、二两本，头本《二三事》，第二本《原野》。从它的编辑风格，撰稿人员阵营，我惊喜地发现，这是一个坚持和发扬鲁迅的战斗文学传统的严肃文学刊物。因此，我把自己这时期写的，以来日本前的监狱生活为背景的小说《人的悲哀》向这个丛刊投稿。当时我并不知道它的编者是什么人，所以也没有写信。过了不到两个月，我就收到刊登了我的小说的丛刊第四本《黎明》和三十多日元的稿费，与编者胡风的热情来信。

从这封来信我才知道，这个丛刊的编者是胡风先生。而从三十年代初期他用笔名谷非写作、翻译开始，我就是他的一个老读者了。一九三二年我在北平东安市场门口的昆仑书店花了大洋一元买过他译的《洋鬼》，而那时的左翼刊物如《文学月报》《北斗》《现代文化》，以至大型文艺杂志《现代》等都刊登过谷非的诗文……也就是说，我从他的著作和翻译，早就认识了他，也可谓"神交"已久。我认为他是一个优秀的马克思主义文艺批评家，又是诗人和翻译家。在中国文坛上，属于左翼阵营的革命作家，又是鲁迅先生晚年的忠实助手。我从鲁迅先生在逝世前写的那篇《答徐懋庸并关于抗日统一战线问题》的重要文章里，从鲁迅先生对他的生活性格和文风的评价又认识了他的为人的品质，鲁迅先生为他被"四条汉子"轻信转向者穆木天的流言，因而使胡风在政治上受到诬陷鸣不平："胡风鲠直易于招怨。"这句话深深地印在我的脑海里，以至一九四八年为论主观问题，胡风受到在香港的同一阵营里的同志的批判，一九五四年对他更大规模的批判时，我都想到鲁迅先生的这句话。（其实，我这种观察和看法，只是皮相之见，并不能概括胡风所遇到的这两场政治性灾难的本质。咎不在他，这在今天看来，是洞若观火的）同时，恰恰也是从这篇文章中，我粗略地了解到在左翼文艺阵营里胡风和"左联"党团负责人周扬等人之间的纠纷和矛盾。现在的研究者都说，这就是一九五五年"反胡风"斗争那场冤案的历史根源。我在这个历史时期通过投稿结识了胡风，并在后来成了比较亲近的朋友，因而正是从这时起，我种下了一九五五年反胡风时受到株连的根子。

一九三七年秋，我在抗日的民族战争中回国，投身于社会。在那个战乱动荡的社会政治环境里，我没有做一个坐在书斋里寻章摘句、咬文嚼字的学者，过比较平静、安稳的生活，而且我也不屑于在祖国烽火连天中做这样的学者；更没有做发战争财的商人，虽然我是商人家庭出身；也没有去找一个安定的职业，只为个人的生计操劳，而是把有机会到手的工作当作一个中国知识分子为祖国和人民脱离历史的苦难，走向新生而应尽的历史责任来从事。我这种对生活意义的追求，这种不合时俗的生活态度，使自己在动荡的时代里，东奔西走，在生活中遭到打击，遇到挫折，使自己的人生道路上，充满了坎坷和灾难。我从日本弃学回国后，先是在山西中条山一带作战的正规军部队里担任日文翻译和宣传工作，不到一年，即一九三九年，中国抗战形势发生了第一次政治上的大逆转暗流，我不得不逃离这个部队，转到了重庆。这是同年的十一月间，我被一位在政治思想上的知心朋友安排在一个报馆里工作，这时我才先给胡风寄出一篇稿子《嘉寄尘先生和他的周围》，这是我在山西战地访问一个八路军支队长的报告文学作品。并附言告诉胡风，我已到了重庆，在一个报馆里工作。信写得很简单，虽然在这以前，当胡风一九三八年在武汉办《七月》时，我就给他投稿，并成为这个杂志的特约撰稿人。到了山西战地后，继续给他投稿，通讯，并被他约为七月社西北战地特派员。这次给他寄稿，信上没有写报馆的名字，原因很简单，我那时性情比较孤傲，不愿意拜会名人；但最主要的原因是，当时我有一种想法，作为一个青年文学写作者，最好把写作当成一种业余活动，文学界是个是非之地，最好置身其外，不要混在这个圈子里；况且我还是一个二十岁刚出头的青年人，对社会、人生认识得不够，体会得不深，需要在实际生活里锻炼自己，深入体会和认识社会和人生，了解中国的"国情"，积累生活的经验，开拓写作的素材。因此，正如一九三八年夏天在武汉，我虽然和胡风生活在一个城市里，却只是通过投稿和他建立通讯关系，并没有打算去拜会他。我们之间只发生了一种文学和思想上的联系，这就是我们常说的"文字之交""以文会友"的意思。

　　但胡风先生是一个热心肠的人，在接到我的信不到三天，他就自己找我来了。因为我没有写报馆的名字，他找得很苦，几乎跑遍了重庆的各家大小报馆，最后才在这里找到了我。这时我刚在重庆落脚，和几个光棍的留日同学兼同事合住在报馆赁的一幢楼房上的两间房子里，因为只有四张床铺，我就睡在地板上，又因为晚间工作，所以胡风来到时，我还在蒙头大睡。我在打仗的军队里混过近一年，已养成一种警觉性，睡得很警醒。当我听到一个浓重的湖北口音在门口高声问道："请问，这里有一个贾植芳吗?"马上就爬了起来，睡眼蒙眬地向发出声音的门口望去。我看到一个体格宽大的中年人，戴一顶旧式的呢帽，穿着褪了色的蓝布长衫，中式黑布裤，布满尘埃的家做黑布鞋，提一根手杖，挟着一个旧的黑皮包。他的浑圆的脸上引人注目的是一双清澈明亮的眼睛，那里散射出一种温厚而纯真的智者的光芒，和他的这身中式的朴实的衣着配合在一起，他的真实的中国书生本色令你感到亲切可敬和一见如故。这时几个早起的同学已闻声拥向门口，热情地喊道："胡先生，你来了，请进!"其中一个指着坐在地板上的我说："这个就是贾植芳。"他虽然已跨进了门限，一边和迎接他的人们打着寒暄，一边却停下脚步，直直地注视着我。他的情绪似乎有些激动，因为我这时正忙着穿衣服，那是一套已看不出是什么颜色的灰白色布军衣。我又黑又瘦，这副落魄的样子，一定使他感到意外而又不是意外，所以显然使他竟有些黯然神伤的表情。他的眼睛湿润了，以至竟顾不上围绕着他的那片亲切笑容，立即从长衫口袋里摸出一叠钞票，跨步递给还坐在地上的我，声调温和地说："这是二十元，你过去在前方给《七月》寄稿子来，还存有一点稿费，因为给战地寄钱不便，存在我这里，现在我带来了。"这以后，他才在大家的纷纷让座声中，脱下呢帽坐下了，情绪上才渐渐安定下来。原来我这几个老同学一向在重庆做新闻工作，所以都认识他，大家都把他当长者尊敬。这天的中午，就由这几个同学做东，大家在我们包伙的小饭铺里吃了一顿中饭。他们纷纷掏钱加菜，因为我刚上工，还是身无分文，我来这里以后的伙食，全凭这几个同学大家维持，因为我们在思想上都是志同道合的朋友。胡先生的这次来访，使我很激动，也使我亲身体会到他的热情和纯真的品质和作风。他完全是一个平民化的知识分子的朴素形象。这也可以说是我们真正订交的开始。这以后多少年了，我和他也算是交往较深的朋友，但我没有在他身上发现任何利己主义、虚伪、圆滑等庸俗的市侩习气的东西；或盛气凌人、自认为高人一等的那些官僚文化人的恶劣行为。他是个讲信义、重感情的知识分子，一如毛泽东评价鲁迅先生那样："在他身上没有丝毫的奴颜与媚骨。"他是一个对人民革命的文化事业忠诚无畏的革命作家，是一个可以相交、相信、相托的真正朋友。但我那次只在重庆停留了不到三个月，就被安排我在报馆里工作的地下党朋友，分派到国民党在山西的一个新闻机关去工作，因而又不得不离开重庆，但那些在重庆和他相处的日子，却留给我一段美好的回忆。

那时他家住重庆的郊区北碚，他说，重庆大轰炸后，梅志和孩子们就搬到了乡下。《七月》的编务，包括看稿和作者通讯联系，跑印刷厂，设计封面，看清样等杂务，都由他一个人唱独角戏。他进城时总事先写信通知我，约我在一块儿相聚谈叙，多半是在他在重庆租的那间斗室内，室内几样简单的家具，其中两把旧藤椅，和一个油漆剥落的写字桌算是顶出色的东西。屋角放一些炊事用具。他说，搬到乡下之前，家原来就住这里。每次约我到斗室里欢叙畅谈，我们就各坐一把藤椅；有时到化龙桥一带坐茶馆，遇上吃饭时间，就找个小馆子吃点面，或几个烧饼一碗汤。他还领我到一家湖北点心店，吃他们家乡的土特产点心——豆皮和汤圆。每当我们聚在一起的时候，海阔天空的什么都谈，谈文学，谈文坛，谈个人身世和生活，也谈抗战形势。他谈到国内政治形势和他的处境时说："我仿佛被装在一个口袋里，形势一变，只要人家把束口袋的绳子一拉，我就跑不了了。"我从他的激奋的语气里，体会到他对当时国内政治形势的估计是清醒的，他的政治态度是非常明确的，他对一贯敌视和迫害进步知识分子和作家的国民党政权是极端憎恶的。这也反映了他在险恶的政治文化环境里，坚持自己的工作岗位的决心与魄力。

在那间小屋里漫谈的时候，他还翻开堆积在写字桌上的那堆稿子给我看，它们都是《七月》的来稿。记得其中一篇用毛笔写在白麻纸上的稿子，它的作者署名是"黄既"，这是一篇题名为《麻油》的剧本。胡风说，这个作者过去还寄来过一篇写军人生活的报告文学。他说这些作品很有生活实感，作者感情也是真挚的。它的作者是一个在解放区工作的医生，是从延安寄来的等等。对于胡风重视和发掘从生活深层来的青年作者的来稿，我是有亲身体会的。他的编辑风格，可以说是继承了鲁迅先生的传统，他编杂志的取稿标准，不以作者的名位为准，而是完全看作品的思想和艺术质量。他本人就是一个著名的文学理论家和批评家。在他长期从事编辑生涯的过程中形成的中国现代文学史上的"七月派"这个文学流派，其中绝大多数作者，可以说大都是通过投稿关系和他结识，并被他培养成作家、诗人的。但是，他这样严肃认真的编辑态度，却也在无形中得罪了一些已知名的作家，他被扣上"宗派主义""小集团"的帽子，大概与这一点不无关系。

一九四一年，中国发生了震动中外的皖南事变。我那时早已从地下党同志介绍我工作的岗位上逃离了下来，又一次受到命运的敲击，困居在西安，和一些小商贩混在一起，做些小买卖混生活，有时还得靠家庭接济。但主要是自己读些书。写点文章，也只能给自己看看。因为我不愿意把自己的文章拿给那些不三不四的报纸和刊物发表。我认为文学创作是一种严肃的事业，它不是单纯的吃饭手段和谋生方法，更不是猎取个人的荣华富贵的"敲门砖"。这时我已和胡风先生及外界的其他好朋友失掉联系，和文化知识界完全处于隔绝状态。一次，偶然从街头贴在墙上的报纸上得知，皖南事变发生后，胡风已离开重庆，远走香港，但在香港被日军攻陷后，"胡风殉难"了，云云。这则新闻对我真如五雷轰顶一般，我在悲愤中不禁想起在重庆时，他对中国抗战形势和国内政局的分析。但是过了不久，我从当地出版的一份官方文艺刊物《黄河》上，看到一条杂文式的报道说"香港被日军攻陷后，'左倾'文人胡风已步他的同志袁殊的后尘，到南京的汪伪政府当了宣传部副部长了"云云。这个杂志是有名的女作家谢冰莹主编的。这个一九二六年参加过大革命军队工作，进过国民党军官学校，又一度加入"左联"的女作家，这时已完全成了国民党的御用文人。她在三十年代第二次去日本留学，是早稻田大学的学生。她和胡风都是一九三一年在东京建立的"左联"支部的成员。她编的这个杂志，政治色彩很鲜明，前后发表过不少攻击左派势力的文章。所以我看了这个报道后，非常气愤；同时期又在一份贴在街头的名为《中国人》的小报上，也看到了同样内容的报道。我认为这是国民党文痞对胡风的恶意造谣中伤，而且从当时的国内政治形势说来，这又不只是对他个人的中伤问题。我完全相信和我已经成了朋友的胡风的政治道德品质。我把这个自称《中国人》的小报的作为，看成有如鲁迅所云的"有背中国人现在的为人道德"的卑劣行为。鲁迅先生说的"胡风鲠直，易于招怨"，那是指"自家人"之间，而这些造谣家却别有来头。其实，这家《中国人》小报，犹如三十年代的《社会新闻》，是专以反共为能事的。语云：认识来源于实践。我的这些愤怒结论，是生活实践教给我的。直至看到胡风登在桂林出版的一份文艺杂志（大约是熊佛西办的《文艺创作》或什么丛刊之类）上的文章《当死人复活的时候》（这是借用挪威戏剧家易卜生的一个剧本的题名），对这些谣言世家的恶诼做了纵身一击的回敬时，我才感到满足和高兴，认为这是一个人应该有的生活权利。不久，我在报上看到他回到重庆，并在复旦大学任教的消息，在喜悦中，我忙给他写了问候信，立即就收到他的回信。信上说，他回到重庆后，在一次集会上听到我的一个留日同学说，我流落在西安，处境很狼狈，他对我的生活非常关心。这当中，由于我不善于经商，一点借来的本钱被人骗光了。为此，我又第二次从军，到驻扎在陕西黄河沿岸的国民党一个工程兵团，当翻译糊口，替一位日本陆军士官学校工兵科出身的团长翻译日本的工程兵书籍，如《工程兵教练法》《烟幕使用法》之类。这时，我与早就结识的在西安上大学的任敏开始了夫妻生活。但干了不到两年，又被这个部队怀疑，认为我来历可疑，有什么非法活动，并已决定了处置的办法：就地活埋。因为当时国民党政权已经命令驻守西北地区的党政军机关部队，凡是发现"异党分子"和"左倾分子"，可就近处决。团部一个姓王的小职员（文书）听到这个讯息，便跑来告诉了我。我与妻子就马上设法逃出了这个部队。一九四五年，我决意离开西北。我把这些年写的小说等文章，捡出其中比较满意的寄给了在重庆复旦大学执教的胡风，并告诉他我们要离开西北的讯息，其余的都扔到一个废井里去。这些小说后来由他分别发表在新创刊的《希望》上面，后来得知，有几篇在发排时被印刷工人遗失了，还有的被他介绍到《抗战文艺》上发表。一九四六年我到上海时，他把由他经手发表的我的小说作品编成一个小说集，题名《人生赋》，作为他所主编的《七月文丛》之一，一九四七年春天由上海的海燕书店出版。

在一九四六年到上海之前，我辗转到徐州后，又被当地的日汪警察局特高科以策反罪逮捕关押，那大约是一九四五年的五月底六月初的事，到"八一五"战争结束，即日军投降后，我才被释放出狱。这时我在上海报纸上看到胡风回到上海的讯息，便又与他恢复了通讯投稿关系。我们夫妇跑到上海，是一九四六年五六月间的事。到上海后，因为没有条件找房子，我们就暂借住在胡风家里，有近半年之久。这时中国正在激变之中，从这时起，我才正式下海卖文为生。同年底，被胡风介绍到一家名为《时事新报》的报纸编一个文艺周刊。这家报纸当时属于国民党"四大家族"之一的孔祥熙财团，它的总经理胡鄂公是胡风的湖北同乡，原来是个共产党地下党员。从一九四七年一月起，我正式为该报编辑名为《青光》的文艺周刊，但编了两个月，共出了八期后，由于中国政治形势的日趋恶化，政治协商会议的破裂，国共两党之间军事力量的冲突开始激化和扩大，这个副刊也就被迫停刊了。

　　一九四七年夏天，中国发生了名为"反内战、反饥饿、反迫害"的学生运动，这时我应当时的地下报纸《学生新报》之约，为这个学生们办的报纸的"五四"纪念特刊撰写了一篇名叫《给战斗者》的短文，被这个特刊约请撰稿的还有郭沫若、马叙伦等当时著名的民主人士。同时，我又应复旦大学学生们办的一个小报《文学窗》的邀请，写了一篇短文《暴徒万岁》，因为当时的官方报纸，称上街游行的学生们为"暴徒"。经人告密，我们夫妇就与几个同住的学生，也是《学生新报》的人员，于九月间突然被国民党中统局特务逮捕，被认为是"煽动"学潮。这是我的短短三十多年生活途程中的第三次政治官司。因为是以文字贾祸，捉我的那个特务机关，像以前捉我的那些官老爷一样，忙着追查我的所谓"背景"了。关了半年多后，似乎没审出什么，我也只好坐在里面听天由命。翌年的春天，来了一位上级派来的衣冠楚楚的官员（他的社会称呼是"特务"），由本机关的一个官员（他们是一票货色）陪同，说是来"看看"我。这位衣冠楚楚的官员，吸着高级的绿炮台香烟，拖着长长的腔调说："你来的时间不少了，我们也不是只会吃干饭，你是什么人，你自己清楚，我们也清楚。"这仿佛是个过门，然后才做到题目上来了，原来他们非常关心我的"前途"，并指出了一条"光明的出路"！"这在你并不难，所谓一举足之劳，只要你领我们把胡风捉来，或者你不好意思，只把胡风住址告诉我们也行，那我们就是个朋友了，这样大家方便，要不，哈哈哈……"这两个官员彼此觑了一眼，一起仰着身子哈哈开了，笑得很可爱。我也紧紧跟上，放声地哈哈开了。我这么一哈哈，他们反倒不哈哈了，而是奇异地望着我。我哈哈了一阵子，才放下笑声说："先生们，你们弄错对象了，我混在上海滩上，没得饭吃，胡乱写些小文章到处投稿，找口饭吃，我不认识什么文化界人，包括你们说的那个什么胡风，所以非常对不起，哈哈……"他们先是有些勃然之色，但随即抑制了自己，那位衣冠楚楚的官员跟着干笑了两声，咳了一声说："我再说一句，这是我们一番好意，愿意不愿意，这就要看你自己了。你的命运现在还掌握在你自己手里。我们给你时间，允许你继续考虑。你要自己珍惜自己。你不过三十出头吧？太可惜了！"随即我就被押了下去，继续坐在里面，听凭魔鬼的安排。不久，他们又改为要我在国民党的《中央日报》发表《反共宣言》，作为释放我的条件，也被我拒绝了，于是又继续被关押下去，直到一九四八年初冬，才被朋友托人保释外出。我出狱后，才听先我出狱的妻子说起，胡风夫妇除过关心她、照顾她外，还积极为营救我四处奔走，因为胡风先生在日常闲谈中曾经听我说起，抗战中我在国民党那里工作时，曾认识一位国民党军人叫陈卓的，因此胡风给在南京的阿垅写了一封信，要他设法找这个陈卓保释我，但正如胡风一样，阿垅也不认识这个陈卓，因此也无从找起。但一九五五年发表的关于所谓"胡风反革命集团"的第三批材料里，竟以胡风给阿垅的这封信为依据，断定这是"胡风及其集团分子同国民党特务们的密切关系"的凭据。一九八〇年的公安部复查报告中，才对这条所谓"罪证"作了事实上的澄清。

在国民党于一九四七年八月正式下达了所谓"戡乱令"，对人民解放军发动全面进攻时，从抗战后期起就开始接受出版胡风主编的《七月新丛》，抗战胜利后又出版了胡风主编的《七月文丛》各册的海燕书店，为了逃避国民党的迫害，已迁到香港。它的老板俞鸿模这时有事回到上海，胡风对他谈到我被捕的情况，并希望他能找些关系保释我出狱。俞鸿模一口答应了，原来他认识一位叫骆美中的国民党信托局副局长，后来我才知道此人也是三十年代的留日学生，但我不认识他。他是俞鸿模的福建同乡，两个家庭之间还有商业关系。这样，由这个骆美中写了一封信给抓我的国民党中统局局长季某人，由骆美中以留日同学关系保我出狱。俞鸿模是三十年代的日本留学生，和我同时期留学日本，是东京中央大学的学生，他还是当时东京留学生组织文艺团体《东流社》的成员之一，在东京他还出版过一本叫《炼》的小说集。他抗战时回国后，就从事进步的出版工作。一九五五年胡风案件发生时，他也曾被株连逮捕，自杀未遂；一九六六年的"文革"中，终于自杀身亡，现已平反昭雪。胡风曾在一九八三年写了一篇名为《"七月"作者与海燕书店》的文章纪念他；我在今年出版的《上海滩》杂志上发表的我的回忆录之一《在国民党监狱中》，也曾谈到他为营救我托他的福建同乡保释我出狱的事。

我在监狱中关了一年多，对外面讯息很隔膜。放出后，我见到了胡风，他给我看了香港出版的各期《大众文艺丛刊》，那上面连续登了邵荃麟、林默涵、胡绳、乔冠华等人批胡的"小资产阶级文艺思想"的文章。可以说，这个丛刊好像是专门为批判胡风而创办的。我这个人并不像胡风那样，是一个纯粹的书生，或"书生气十足"的知识分子、文化人。我在抗战中，曾几次在政治斗争的漩涡里打过滚，积累了一些社会斗争和政治斗争的经验，我劝胡风在解放战争节节胜利的前夕，对香港那些党员同志的批判要冷静对待，不可感情用事，否则容易被人扣大帽子，因为香港那些党内朋友的批评文章火药气很浓，不是个别人的作为。

但胡风还是写了《论现实主义的路》这篇长文，作为对香港批评的答复。他给我看过原稿，我对内容没什么意见，只是在涉及一些人事时，我劝他用语应该婉转些，要用商榷的态度讨论理论问题，所谓"就事论事"。文章写好后，原来决定由当时文协主办的刊物《中国作家》一期全文登载，并已发排了。这个刊物由叶圣陶任总编的开明书店印行，但因为遭到编委们反对，它没有刊出，这个杂志从此也就停刊了。胡风只好买下了排好的纸型，自己用"希望社"名义印出。随即他也就由党的安排转道香港，去了东北解放区。

从一九五〇年秋天起，我就到大学工作，因为这时中国现代文学已作为一门专业的学科，进入大学课堂。我近几年就是带这个专业的博士研究生和外国的进修学者。

在这里我只是着重地谈我和胡风先生在一九四九年前的交往和友谊，因为这正是一九五五年胡风事件中我受到株连的历史来源。

这里我再总括性说几句：

正如我写的一篇纪念胡风先生的文章中所说的："对于我们这些人说来，个人的命运总是与时代休戚相关的。"我由一九五五年五月十三日报纸发表了关于"胡风反革命集团"第一批材料后的第三日被捕起，到一九六六年三月底，以"胡风反革命集团骨干分子"罪名被判处有期徒刑十二年，一周以后押回原单位复旦大学"监督劳动"，在"劳动中改造"，在监狱里蹲了近十一年；由一九六六年四月初，回复旦大学印刷厂"监督劳动"，通过十年的"文革"，在造反派和"革命群众"的不断的批斗凌辱、殴打和歧视中过日子，直到一九八〇年底，中共中央发布文件为所谓"胡风反革命集团"一案平反，我也被原判决我的上海法院宣布："撤销原判，宣告无罪。"恢复了政治名誉与工作职务。其间又有十三年。前后总共近二十五年，我完成了自己的苦难历程。我和胡风先生通过这场灾难的考验和磨难，反而更加深了我们之间的理解和友情。我在自己一九八二年出版的小说选的《后记》里说："对于胡风同志在漫长的历史岁月中，给予我在文学上和生活上的热情扶植和无私的帮助，我将永远感激！现在仍然以这篇《人的悲哀》作为这本小说集的首篇，在我是有很深刻的纪念意义的！"我在一九八九年六月，为上海《收获》文艺杂志写的一篇题名为《且说说我自己》的文章中又说："去年初间，我对来访的上海中新社（即中国新闻通讯社）记者说：'胡风为人诚恳、正直，有中国知识分子的忧患意识与历史使命感，明知不可为而为之，对中国文学理论贡献甚大。'这些就是我通过多年来的生活实践对一个可以相依相托的友人的认识的告白。"

一九九○年十月在上海

《悲哀的玩具》 ① 编后记

编完了我的作品选，给它起了个题目《悲哀的玩具》，这是包括在这部作品选中的一篇散文的题名。它写于四十年代中期，是我借用了日本近代诗人石川啄木的一首诗名，就当时行将灭亡的旧政权而写的一篇寓言式散文。我早年读老托尔斯泰的一篇寓言式小说《空大鼓》，印象很深。据我的理解，它是这位伯爵对沙皇政权的一种告诫：政权像一面鼓，它虽然是望之俨然的圣物，但它只不过前后两张皮，腹中空空如也，过分敲打，就不免把鼓皮敲破，那么这面鼓也就要报废了。一切政权，它的威势都是有限度的，过分地信赖它，滥用它，靠重重地捶打它来震慑百姓，它实在是自取灭亡，结果只能和主观愿望相反，导向这个政权的覆灭……当我执笔时代，我所面临的国民党政权，它虽号称"国民政府"，盗用孙中山先生的"三民主义"的漂亮旗号迷惑人民，但它实际上依恃军事暴力，靠残酷血腥的镇压活动，来维持自己的存在，它的灭亡指日可待，不卜而知，真如孟夫子叹着气说的："天作孽，犹可违，自作孽，不可活，此之谓也。"历史一再证明了这个千古不破的定律。国民党这个靠阴谋起家的反革命政权（我在文章中把它喻为"那个孩子手中的皮老虎"），就是这样地走向了自己的灭亡……

现在用这个题名，却包含着另一层意思：它是我对"文革"前后多年来文学在我国命运和遭遇的一种历史反思，或者是一种自我的嘲弄。多年来，在极"左"思潮泛滥下，由于过分夸大了文学的政治功利作用，把文学当成一种政治工具使用，以至势所必至、理所当然地发展到"四人帮"当政时期，那时文学实际上又沦落为当权者手中的一种玩具的境地，一种悲哀的玩具。毛泽东同志说："历史的经验值得注意。"历史就是一面镜子。

这部作品，只是从我过去多年来写的文艺类的各式作品中，经过筛选的一个结集。入选的作品，大都是我认为还比较像文艺作品的作品——以散文为主，兼选入几篇小说和我难得写的一个剧本、一首诗，它们都是在不同的年代发表过的，杂文一概未选。

我把去年我应《收获》编辑同志之约而写的《且说说我自己》作为这部作品选的代序，因为它是我的文字活动的一个书面交代。语云：要读其文必须先知其人。亲爱的读者，我希望您通过它，可以大致了解我是什么人和我是怎样一个人，我在漫长的生活道路中是怎样走过来的。

这部作品选是几年以前陈思和同志编的我的文集的第一卷的内容，出版社经我同意，改变文集的选题为作品选时，我以它为底子，做了一些增删而成，趁这部小书付排之际，我谢谢陈思和同志的辛劳！

在此经济大潮的冲击下，文化出版事业日益陷入低谷状态的困境中，家乡出版社愿意不顾血本印这本赔钱书，我在感谢之中，又不免感到深深的歉疚之情。我已入人生的暮境，虽然少小离乡，奔走于海内外多年，定居于上海也已四十有五年，但故乡的山山水水，风土人情，父老兄妹，却日益引起我的强烈的怀念之情。

在本书的出版过程中，张成德、张仁健等同志，都付出大的努力，张秉正同志不避酷暑，千里迢迢地来到上海拿稿子，责任编辑王宇珍同志又为它的出生，劳神出力，对他们各位的盛情厚谊，我在此一并道谢。

一九九〇年十一月中旬，在上海寓所

注：

①本书由北岳文艺出版社一九九一年十一月出版。

悼念陈仁炳先生

接到陈仁炳先生逝世的讣文，才知道他已于这个月九日的上午离开了这个世界。从此，我心里像灌了一块铅块似的，只觉得闷塞、沉重，我感到一种深深的悲哀！

我和陈仁炳先生都是一九五二年高校院系调整时调来复旦大学的，他来自圣约翰大学，我来自震旦大学，他在历史系，我在中文系。由于不是同一系科，加上他又住在市区，所以除了偶尔在学校的一些会议上或校园内相遇时，相互礼节性地点头外，并无私交。只听说他早在四十年代就积极参加中国的民主运动，是一位知名的爱国民主人士。

一九五五年，由于所谓众所周知的原因，我身陷牢房。一九五七年大鸣大放时，我从报纸上得知，在学校的鸣放会上，他仿照西汉文帝时贾谊上书言事所写的《治安策》的笔法，说："天下事可痛哭者有几……，可长叹息者又有几……"痛陈了他这个历史教授、民主人士对国事的意见，并提出了一些兴利除弊的措施。转眼之间，热火朝天的鸣放运动一变而为轰轰烈烈的"反右派"斗争，他的新版《治安策》成了恶毒攻击的罪证，这位老牌爱国民主人士、历史学教授，也就名正言顺地成了右派分子。

"文革"前夕，我被从监狱押回校内，到印刷厂"监督改造"。转眼"文革"风暴掀起，校园内成了红卫兵和造反派的天下。我们这是被揪出来的死老虎，这时又被当作活老虎来打，首先受到冲击和批斗（文斗加武斗）。我与机关那些新老牛鬼有时被押解到木工厂劳动。这时，我看到他一个人坐在屋外靠墙的木料堆上，头顶靠墙的地方钉了一小块油毛毡，像是他自己为了躲避风雨和日晒而设计成的。他戴着深度近视眼镜，正低头学习《毛主席语录》，旁边散放着几张《人民日报》，据说他又因为替彭德怀翻案的新罪行，已被提升为"现行反革命"了。后来又听说，木工厂的造反派勒令他不准进房间，只准坐在露天的木料堆上学习。我们这些牛鬼一进厂，木工厂的造反派就吆喝他下来和我们一起劳动。他身材细高，面色灰白，背又有些躬，走起路来身子有些向前倾，但他干起打扫卫生，或从旧木材上卸铁钉这些杂活时都很熟练，这说明他干这些专业已颇有资历了，只是干起重活时——像用肩膀扛木料之类，就显出力不胜任的狼狈相。从他的神态和体态看来，他应该是六十岁上下的老人了。要不是木工厂的造反派大声喊他的名字，我几乎不认识眼前的他就是陈仁炳先生了。

当时我们在监督下劳动，在监督我们的造反派的吆喝声中默默地干这干那。不准说话，更不准交头接耳。一位戴着右派帽子的教授，趁监督我们的造反派临时走开的瞬间，叹了口气说："这么下去，我们这些人都不会说话了，成了名副其实的牛马了！"

一次他在木工厂工人师傅的带领下，到印刷厂去修房子，我正在厂门口扫地。这是一座二层楼的建筑，带他来的木匠和泥水匠师傅都进楼内干自己的活去了，只留下他在楼门口搬运车上的那几根修房顶用的滚圆而又长的木料，要他一根一根地搬到楼上。我们这些牛鬼，当然只能干那些最重、最累、最苦以至最危险的活。我手里提着竹扫把，站在当地，我看到他从车上把一根木料扛在肩上，歪着头一步挪一步地向楼门口移动，显得吃力而狼狈。我想，他在平地上都力不能支，扛上这根木料上楼梯，恐怕更吃不消了，要是从楼梯上摔下来，那就性命交关。我不禁摔掉手中的扫把，跑到他跟前说："陈仁炳，你就坐下来休息，我替你扛，我比你年轻，身体又好，扛这几根木料不成问题！"他停下脚步，从木料下歪过头对我说："这使不得，使不得！你替我扛，他们会斗你。"我笑着说："他们要斗你，扛了要斗，不扛也要斗，扛不扛一个样。咱们也算老阶级弟兄了，亲不亲阶级分嘛！来，我帮你扛！"说着，我就从他肩膀上接过木料，噔噔地上了楼梯，他站在原地，又挂心又担心地瞅着我。……这

056

时，楼门外正好只有我们两个人，所以一时竟成了我们这两个牛鬼的自由天地了。我在历朝历代都吃过政治官司，最近几年，又在羁押的地方成为一名强劳动力，早就练出来了。

当时，学校的红卫兵造反学生成立了一个"台风造反兵团"，成了对"牛鬼"专政的司令部，不时要召集我们这些新老牛鬼训话，虽然好像是以知识分子为主体对象，但已经黑压压地坐满一个教室了。在那年（大约是一九六八年）春节前夕，他们又把众牛鬼召来训话。一位兵团头头站在讲台上随意叫起坐在底下课桌后面的一个"牛鬼"，要他站起来回答问话。他先叫起来的，是朱东润先生，要他背一首毛主席诗词，朱先生只背了一句，就接不上来了，只好站着。他又叫起赵景深先生，要他背《敦促杜聿明投降书》，赵先生低下戴着深度近视眼镜的头，两手摸着裤沿，没有吭气。这个头头训斥说："怎么，你装聋作哑？"赵先生讷讷地说："我背不上来。"这个头头一拍桌子，大声训斥说："你们还是什么教授，都是些饭桶！你们当中什么货色没有？贾植芳还是个胡风分子，都是些乌龟王八蛋！我勒令你们，春节期间只准规规矩矩地坐在房间里，学习《毛主席语录》，深入认识自己犯罪的严重危害性，写思想交代，不准乱说乱动。住在市区的，要向里弄专政组织报到，接受群众监督，到时候我们会去抽查，如发现哪个家伙不老实，过节后我们新账老账一起算，砸烂他的狗头！你们给我滚！……"春节过后的第二天，我们又被召集到这间教室里，还是这位头头，他站在讲台上指手画脚地发话说："春节期间，我们说到做到，我们抽查了几家。赵景深你站起来！我们到你家里，你看到我们进门，才戴上眼镜四处找语录，说明你根本就不把我们的勒令放在心上，根本就没有学习，这是对抗改造，对抗无产阶级专政！还有陈仁炳，你站起来！春节期间，你还穿上毛料裤子，打扮得整整齐齐，真像个过年的样子！你是什么东西？老右派，现行反革命！你们这帮混蛋！我再一次警告你们：顽抗到底，死路一条！无产阶级专政不是吃素的！……"

这当中，我一次听陈仁炳先生说起，他原来住在淮海路一家公寓里，"文革"一开始，一位工人造反派把他赶了出来，占了他的房子，要他搬到一间"滚地龙"里进行脱胎换骨的改造，这里既没有电灯，也没有自来水，他只能安之若素地住着。

"文革"后期，一次我在校门口碰到陈仁炳先生，那时"文革"的凶焰，已成为强弩之末了。他对我说，他已被提前退休，因为他在美国的妻子女儿要回来探亲了。我问他每月发多少退休金，他说："四十元！"说完，便急匆匆地走出校门了。

正像一九五五年，我一下子由人变成了鬼一样，八十年代的第一年，我又由鬼变成了人，离开印刷厂回到原单位，并开始招收研究生。因为这当中我作为"专政对象"被押到"五七"干校"劳改"两整年，除过那次偶然在大门口和陈仁炳先生偶然的相遇，和他说了几句话外，对他的情况就疏隔了。但我想，早在我们这个冤案平反前一年，"反右"运动已作为"扩大化"问题处理了，想来陈仁炳先生头上那顶两吨半重的右派帽子也该掉下来了，大家应该"咸与维新"了吧。但一次他到我们夫妇新搬的家里来看我时，我才知道，他是上面保留下来的五个大右派之一，是不能改正的真右派。他说："那四个人都早翘了辫子了，只剩下我一个是还活着的真右派。"我打哈哈说："这是你的莫大光荣！张春桥不是说了吗？这是你用另一种方式对革命的贡献，是曲线革命呢！"说罢，我们这两个劫后余生的知识分子相对着开怀大笑起来了。但他又打断笑声接着说，他虽然是不能改正的右派，但一切待遇都恢复了老样子，他又回到学校来了，并开始招收研究生。这之前，在打倒"四人帮"的初期，我还听说，市政府已将他的生活待遇提高到每月一百元，并在徐家汇新建的高楼内分给他一套房子，他早已搬出"滚地龙"了。此后他来学校时，总要抽空到我家里和我闲聊，有时我也留他吃顿便饭，喝上两盅。一次，他谈起自己的家史说，他的父母是教会人员，解放初，政府的一位要员去电邀请他们由伦敦搬回北京定居，并做了精到的安排。"文革"的风暴一起，这对老夫妇被抄了家，赶出门外，打发到一间又破又漏的小屋里栖身，在恐怖中结束了残生。他的二弟，是留美的化学博士，在天津南开大学任教授，"文革"中不堪受辱，愤而自杀，他的妻子也跟着疯了，现在每月拿十五元钱的生活费，因为她本来只是个家庭妇女。他们的独子，也就是他的侄儿，也成了疯子，母子两个还住在天津，终日疯疯癫癫的。他的三弟，是留美的医学博士，在成都的军医大学做主任医师，"文革"中被造反派活活打死了……

他说得动了感情，越来越激动了。我只好安慰他说："要不报上怎么说，'文化大革命'是一场'民族浩劫'呢，我们总算挺过来了，那就向前看吧!"但他没有答话。在难堪的沉默里,我们走向深思。……这大约就是我和陈仁炳先生的最后一次长谈。近几年来,我因为年老体弱,加上腿脚不便,绝少进市区,也不见他来学校了。只是听说他又搬了一次家,搬到吴兴路新建的高层建筑里,生活条件有了进一步的改善。虽然我和妻子常念叨他,因为在困难的日子里,我们有着相濡以沫的情谊,我们之间也算是患难之交了。因此我也和妻子常常提起,要下定决心,找一个日子去看看他,到他家喝上两盅,顺便也看看那些住在市区的老朋友们。但总是议而不决,决而不行,市区之行就这么一直拖延下来了。想不到我们现在已经和陈先生永别了!但陈仁炳先生的形象和谈吐,却仍然鲜明地留在我的记忆里,今天看到他的讣文,它们一下子又涌到我的眼前来了……

一九九〇年十二月二十一日

悼日本友人相浦杲教授

　　接到山田敬三教授的来信，我才得知：在我们夫妇去年十月二十二日专程由神户到相浦杲先生的住所——京都近郊访问不过一个多月以后，相浦杲先生就在十二月十七日故去了。我们夫妇听到这个噩耗，精神上受到很大的震动！相浦杲先生年纪比我小得多，去年才六十四岁，怎么竟会这么早地离开了这个世界了？在悼念中，我们不禁回忆起他们夫妇和我们家的交往，我们为失去一位好朋友感到莫大的哀痛！

　　世事竟有这么凑巧，真如我们俗语所说："无巧不成书"，或如日本流行的那句词语"不思议"。因为我们初次相见时，我正因车祸卧病在床；一九九〇年十月，我们到他家访问时，他正巧也在病中。年前我们还在给他和凌子夫人写贺年片时附了一封信，坚信在我们相别的一个月内他已康复了，并劝告他说，开年后要多逸少劳，争取完全康复；在生活中应该注意接受此次卧床两年的教训，放松生活节奏，多多休息。现在看来，我们这封语重心长的祝愿信，到不了他的眼下了！

　　一九八四年，我因车祸开刀以后回家卧床，这时，我熟悉的一位跟相浦杲先生在大阪外国语大学攻读修士（即硕士）课程的中国留学生小孙来信说，他的导师相浦杲教授与夫人将应邀到他的母校厦门大学访问和讲学，复旦是否趁机能邀请他来上海访问和讲学。我接信后，经校系领导的研究，由我写信给他，希望他们夫妇在去厦门途中先绕道到上海住几天，到我们学校访问讲学。相浦杲先生是日本老一代著名的中国现代文学研究家之一，尤以对鲁迅先生的研究驰名。他是大阪外国语大学中国文学科教授兼系主任，校图书馆馆长，还是日本七十年代创刊的研究中国近现当代文学的学术杂志《野草》的负责人。那次他来上海后，除在复旦讲学一次（讲题记得是《鲁迅与厨川白村》，有铅印的讲稿）也接触了上海不少同行学者。那时他才五十多岁，身体壮实，生气勃勃，中国话讲得也很流利。事后听在这里进修的日本留学生说，他早期还在电台教过汉语。又听说，他早先是日共党员。我因为卧床，在家里请他们夫妇吃了一顿便饭，约几位系里的同事相陪。我只记得他为人豪爽，健饮健谈，是一位典型的日本进步知识分子形象。他的夫人凌子女士，专治法国文学。这次我们在他家访问时，才知道他们的独子专治德国文学，在鹿儿岛大学任教；独女治英美文学，最近刚和一位英国人结婚，就居住在他家附近。我笑着说，你们的家庭可称为世界文学的中心了。总之，那次他们夫妇来访时，虽然相晤时间短暂，但可以说，从此建立了我们之间的友谊，以后就不断有信函往来；他一次还托一位来中国访问的日本朋友，给我们家带来一座绢制的日本古代仕女人型，它现在还摆在我们的书架上，自从听到相浦杲先生的噩耗后，妻子总是凝望着这座人型留恋不舍，好像那就是相浦杲先生本人或凌子夫人似的。

去年十月初间，我应母校——日本东京大学文理学部邀请，回校访问和讲学，我的妻子也同时被邀。在半个多世纪以前，我是这个学校社会科的一个中国留学生，一九三七年七月，抗日战争一开始，我就弃学回国，投入了保卫祖国的抗日战争。

这次我们在动身前，我都给我们熟悉的日本朋友事先写信通知，希望能趁我们这次东渡机会，在东京或其他城市相见，其中就包括相浦杲先生。但我们很快地接到了他的回信，说是他已在病院住了两年，要我们无论如何一定要到他家中做客。

十月二十一日我在东京访问讲学告一段落，被邀请到神户大学访问讲学，住进一家日式设备的旅馆"学而庄"。大约是二十三日，我们夫妇由在神户大学攻读博士学位的留学生胡金定同志陪同下，专程去京都近郊他的住所访问相浦杲先生。因为小胡是在相浦杲先生指导下，在大阪外国语大学读完修士（硕士）课程的，他们很熟，有师生之谊。而在我们到达神户前后，相浦杲先生就一再给神户大学的山田敬三教授来电话，约我们无论如何要腾出到他家做客的时间。山田敬三先生按照我们在神户时的日程安排，和我们商量后，才决定了这一天的下午去相浦杲先生家访问，并在前一天通知了他。

他住家的宇治市，是京都近郊的一个小市镇，我们由京都转车到这里，有六七站路程。这是一个小站，下车的只有我们这三个异国人，站台内外冷冷清清，我们走出站台，未遇到一个人；虽然在列车线路两侧不远，仍有些零零星星闪烁着霓虹灯的小商店。小胡先在附近的公用电话亭给相浦杲先生通了个电话，接电话的是凌子夫人，她要我们在站口稍等一下，她马上开车子来接。小胡刚给我们照了几张相，凌子夫人就把车子开来了。

车转眼就开进了静寂的住宅区，我们从车窗上已远远看到，相浦杲先生正把身子倚靠在寓所大门前的短墙上面，眼睛盯着我们来的方向，在等候着我们了。凌子夫人停了车子。我们踏上几级台阶，相浦杲先生就步履凌乱地迎上来了。我忙趋前迎上去，他已伸出了双手，我们的四只手紧紧握在了一起。他显然为我们如约而来很激动。但他的脸色从暮色中望去，就显得很憔悴，一副病容；人也显得明显地衰弱下去了。我们相互拉着手进了他的宽敞的客厅，相对地坐在深色的沙发上，小胡紧跟着为我们照相，凌子夫人满面笑容地端来了茶和点心。但当我掏出带来的中国云烟敬他时，他连连地摆着手，苦涩地笑着说，他已不能吸烟了。原来为了接待我们的来访，他特地向医院请了一天假回家相候。他患的是肾脏病，但已转成多种并发症。在我们谈话中，小胡已去了厨房，和他的师母谈家常去了。相浦杲先生忽然站起身，吃力地走向书架，取出一册厚厚的新书，一面对我说，这是他今年刚出版的一部研究中国现当代文学的著作。他叹了口气，坐下来，手有些发抖地在扉页上题字后，双手捧上送我们，说这是他多年来研究中国现当代文学的论文的一个结集，就留个纪念吧！书名是《中国文学论考》。写到这里，我不禁感叹说，这部六七百页的论文集，现在竟成了他的遗著，也是我们之间友谊的最后一个纪念品了！

他虽然陪我们一块步入吃饭间，并按西式习俗，他坐在桌子一端主人的位置上，但他没有动箸，只是在我们的劝说下，吃了点冰激凌和水果，酒更没有喝一口，只是不时举起酒杯敬我们。到凌子夫人从灶房操劳完回到餐桌上时，我们已酒足饭饱了。小胡看了手表说，已经快八点了，马上得赶到车站去赶八点多钟路过这里到神户的那次列车。但当我们站起身来向相浦呆先生告辞时，他虽然费力地往前站了几次，却都没有能站起来，只有自己叹息，最后还是凌子夫人把他从座椅上扶起来。凌子夫人匆匆地用过饭，脱下灶服，说还是由她开车送我们去车站。我们劝相浦呆先生回客厅休息，外面已经黑下来了，还起了风，我们这就告辞了，并希望他早日恢复健康，再来上海到我们家做客。但相浦呆先生坚持着要送我们到大门外，不听我们的一再劝阻，仍然脚步踉踉跄跄地随我们到了门外，只苦笑着说，他九点以前还得赶回医院去。到我们走下台阶，坐上车子，他依然倚在门前的短墙上面，像我们来时的情景一样。还一再叮嘱我们，再来日本时一定还要来看他，那时他病好了，再陪我们多喝几盅。这种依依惜别的情景，使我们感激而又感动！车子开过一阵后，到转角的地方，我从车窗向后望去，借着门灯的光亮，我看到相浦呆先生依然倚靠在老地方，面向着我们去的方向，扬着一只手……

　　唉！相浦呆先生，永别了！

一九九一年一月六日，上海

《在山那边有个好地方》序

　　读罢孙小琪同志的第一本散文集《在山那边有个好地方》，一股生活的激流迎面而来，她笔下所描绘的虽然不过是我们这个复杂而又平凡的生活世界的人生百态，对我这个已年逾古稀的人说来，在感到陌生的同时，可又感到十分亲切，因为从她坚实的笔下所写的生活本身所闪烁的亮光下，给人以喜悦和慰藉，给人以一种新的生活美感和精神鼓舞。

　　多年来的历史风雨，使她对社会和人生有着自己的体会和感受，认识和评价，正因为她对生活和人生有着自己的理想和追求，加上她笔墨实在、朴素、没有渲染，也没有夸张，更没有陈言与套语，虽然从题材和主题看，都是些小题材，不外婚恋、家庭、儿女情、生活琐事，等等。乍一看来，甚至显得有些凌乱、琐碎，甚至雷同，但它们的意境是统一的，那就是作者热爱人生，热爱我们这个开放的新时代，热爱我们这个在变革中的国家。从这个基点上，她投入生活的洪流，在事业上实现自己的人生价值的同时，又能保持冷静的观照生活的清醒头脑，从平凡纷纭的生活百态中，发掘生活中有价值的东西，从历史阴影中，发现人身上闪光发亮的东西。歌颂了人的价值和尊严。这些小文章之所以有可读性，使人喜爱，更因为作者感情真实、诚挚，在她的笔下充满了丰富的感情色彩，通过这些杂色文章，我们看到一个从历史的风暴中走过来的，新时代社会妇女的充满活力和勇气的饱满形象。

书中的一些各界妇女人物访问记或特写，尤其是使我感兴趣的文章。大概因为是妇女写妇女，感情上更易于接近和合流。这是些我们同时代的、虽然是不同年龄层次的人，但都难以避免那些岁月里的各种政治运动的风暴，给她们带来的各种灾难和创伤，她们所付的代价是沉重的，生活道路是曲折坎坷的，但在雨过天晴以后，她们依然能挺起胸腔，开辟自己的新的生活天地，为实现自己的人生理想价值而继续奋斗，这也可以说是我们时代的精神投影。在作者感情充沛的笔墨下，不仅展示了历史的阴影，更描绘了新时代的风采，给人以沉思的同时，给人以启迪、鞭策和鼓舞。

孙小琪同志，虽然像她们这一代青年人一样，上过山，下过乡，批过资产阶级，然后又被送到大学读书，但从这些文章中，又说明了在这个历史颠倒的不幸岁月里，生活上的坎坷曲折，并没有从精神上摧毁她对美好人生理想的憧憬和追求，她能利用非正常的生活环境，"惜时如金"地发奋读书，借以充实自己和提高自己，她并没有辜负青春的大好时光；并在勤学苦思中，培养了自己能从一个更高的文化视点上来清醒地认识时代和历史，剖析这些复杂变化的生活现象的能力，并握起了笔，从这里汲取素材，从复杂纷乱的生活现象中发现那些生活中的亮点，鞭打那些假丑恶的东西，作为自己对变革时代的献礼，也使自己的人格世界得到了升华。

我一九七八年秋天，回到中文系资料室上班以后，通过借书还书开始认识了孙小琪同志，她有时还就某本书，某部作品，和我谈论半天，也许她那时还不知道我是什么人，我也总是像我们商店的一个营业员似的，就商品的性能、用途、产地，职业性地回答顾客的询问。但时间长了，从旁人的言谈中，我才知道她是工农兵学员，留校任教的，因为她不时来借书，那种执着的从书籍中追求知识的精神，却在当时的生活环境中显得很突出，从而使我对她留下了一个美好的印象，认为这是个虽然生不逢时，但她能超越历史的限制，发奋读书，努力攀登人生的高峰的有出息的好青年。后来又听说，这年（一九七八年）春天，中文系一个学生在墙报上贴了一篇题名《伤痕》的小说式的文学写作，是她从这篇文学习作中发现了它的巨大的认识价值和它在文艺创作题材上的创新意义，出面推荐给报纸公开发表，并自己写了评论文章，从而引起了文艺界和社会的震动。从这一事实中，我又进一步地认识了她不仅是一个勤奋好学的青年教师，也是对生活和历史善于思考和敢于思考，又具有学术胆识的有为青年，因为我不喜欢学而不思和思而不学的人；而喜欢勤于和善于读书，又能在读书中思考，而又勇于见义勇为的人，有历史和社会责任感的读书人。因为书本来是使人变得聪明而勇敢的东西，不是使人变得愚蠢而又狡诈的东西。

　　一年多以后，我离开了资料室，因为头上的帽子没有了，我又回到了正常的生活秩序来了，并开始招收研究生。从此，孙小琪同志又在无形间成为我家的一个来客。从她的言谈中，我又知道她已离开学校到妇联，主持《现代家庭》《为了孩子》这两个社会性杂志的编务。我又常从各种报刊上读到她的一些大小文章。因为我性喜杂读，像《现代家庭》《为了孩子》这类社会性刊物，都作为我了解社会生活信讯的一个窗口。我也知道她是个有事业心的人，她的这些大小文章，都可以说是她在干工作、忙于家务琐事中挤出来的，但是她写得认真、实在，文笔又洒脱、清丽，都有些实质性的内容，所以也惹人喜爱。现在她经过筛选，选出三十篇成为一个集子出版，她希望我能为它写篇序文，我当时就满口应承了，但是到底我上了年纪，加上打杂的事情又多，拖到现在，只能杂乱地写一些零碎的读后感受和认识，草草交卷。但我相信，读者同志从这本小书中，在开拓了自己的生活视野的同时，又会得到一些对人生的新的认识和领悟，激励和鼓舞；也会像作者那样，为充实自己的人生真价值，创造我们时代的新生活，奉献自己的智慧和力量。

一九九一年一月中旬，上海

《牛津格言集》①中译本序

　　王怡宁同志在公余之暇，译出了英国牛津大学出版社一九八三年出版的《牛津格言集》一书，并约我为它写一篇序文。

　　我已到了行将就木之年，做不成什么事情了，但每每看到中青年朋友的著译成果，总是从心头涌起一股喜悦感和满足感。因此，我就很爽气地答应了怡宁同志的约请。

　　英国人素以持重、稳妥著称，学风更是以严谨闻名。这部《牛津格言集》的编者约翰·格罗斯是我们的同时代人，他本人是一位作家和学者，更是一位经验丰富的老编辑。本书主要取材于西方不同历史时代和国度的哲人、诗人、作家以及宗教家、政治家、军事家等等的著作或日记书信中的某些编者认为可以作为格言流布的片言只语或个别段落，可谓别具风格的一个选本。

　　应该说，被称为格言的这种语录体形式的文字，是一种由古迄今、不分中外都有的一种普遍性的文化现象。它反映了人类作为个体，在漫漫的人生旅途上，需要指引，获得慰藉，取得力量的精神和心理需要。因此，被称之为格言的文字，总是产生于生活实践之中，是个人对人生的经验、感受、思考和领悟的文字笔录，它有普遍性的文化价值，也不免有一定的历史性限制；它既有实际性，也有思辨性。中西文化背景不同，建基于基督教文化传统的西方文化和建基于儒教文化传统的中国文化，其价值观念也是有别的。总的看来，前者以个人为主体，富有个人主体意识和理性批判精神，其特质是开放型的；后者以家族为本位，注重伦理教化意义以及实用价值，其特质是封闭型的。因此，我国被尊为格言的一些文字，多具有训诫、教诲和规劝的意味，人们也一贯地把它们看作安身立命之本，为人处世的准则，它们被当作先哲圣贤的金玉良言。但西方被目为格言的文字，人们并不视它们为神圣，作者以至它的编选者也绝无代圣贤或者作为圣贤立言的野心和企图。它们被看作一种个人生活经验之谈或从他的智慧深处闪现而出的一些带有哲理性的思想火花，甚至个人的猝然间的奇思异想。它们是启人心智，拓人思路，开人眼界，发人深省，或给人以会心的微笑的精神养料，生活观念的参照系，既有实际性的一面，又有其欣赏价值的一面，作为一种生活读物，而为人们所喜爱。

因之，这部《牛津格言集》出版于我国改革开放的历史新时期，在这个中外文化重新碰撞和交流中，对我们这个在变革中的国家来说，它对于我们认识西方文化价值观念，更新和丰富我们的文化心态，都是有益的读物。而且对于重新认识和评价我们传统的格言的内涵和意义，也提供了一个有价值的参照系统，有利于我们对它们的批判性的继承和发扬，为建设我们的现代化精神文明，提供了一种丰富的文化营养。

作为人生格言，它既然是人生经验的结晶，或是从深思熟虑中偶然间闪出的智慧的火花的闪光，它大多是概括力和凝聚性较强的文字，翻译这样的书，难度之大可想而知，在遣词用字上，应该是很费斟酌和取舍功夫的，严复所说的"一字之译，踟蹰旬日"的经验之谈，我想译者在翻译过程中应有深切的体会。我没有对照原文，仅从译文本身看，译者为了忠实于原文，虽有时不免在文字表达上有拘泥之处，但总的说来，译文多能比较贴切地表达原作者的立意所在，以至某些作者特有的个人文字风味，那些反映作者个性特色的东西。从这里可以看出怡宁同志的文化素养和中英文造诣的深厚。她是以女性特有的细腻心态，在译事上以精益求精的严肃精神来从事翻译工作的。这是一个质量比较高的译本，很有可读性和欣赏价值。愿读者喜欢这本书，因为它适合我们这个变革时代的社会需要。

一九九一年一月三十一日，上海

注：

①本书由汉语大词典出版社一九九一年四月出版。

《劫后文存——贾植芳序跋集》前记

今年十一月间，孙乃修同志来沪参加首届巴金学术讨论会之后，在小寓居停时，一次他和当日在座的沈波同志一同提出，把我多年来写的序跋一类文章收集成册，找机会出版，以留纪念。恰巧学林出版社的副总编辑曹维劲同志来访，谈起此事，他说，他们出版社愿意在适当时机出这本书。这两年文化出版陷于低谷状态，社会上出现了"出书难、卖书难、买书难"的一片叹息声。在这样知识贬值的尴尬时代，把这本明明是赔钱货的稿子送给出版社，老实说来，我是缺乏起码的勇气的。现在经乃修、沈波这么一倡议，又运气好，正碰上曹维劲同志这样热情的出版家，这就为我下决心编辑这本小书奠定了坚实的精神基础，有了必要的思想武装。

老妻任敏不顾年迈体衰，上高爬低，翻箱倒箧地从散乱的书稿中找出有关报刊材料；该复印和抄写的，由小女贾英一手操办；乃修则掌握编辑大权。在我的建议下，去粗取精，剪剪贴贴，"众人拾柴火焰高"，终于在短短的几天内，编辑大功告成了。

这些杂色文章从写作时间说，从解放前夕的一九四八年深秋起始，到目前（一九九一年）为止。从我的生活史来说，一九四八年正值年轻力壮，刚从关押经年的国民党中统局监狱出来不久。恰恰今年又正是我为"胡风反革命集团案"牵连，经过二十五年"脱胎换骨"的天路历程式的

"改造"生涯，从一九八〇年底平反起，已十有余年纪念之际，而我已是衰然一老翁了，这期间的政治风雨，人世沧桑，实在是不堪回首，值得深深回味。因此，收集在这本小书里的文章，从我个人的命运说，它们的出生和存在只能归之于历史的偶然律，或如曹孟德所说："此乃天助我也。"或曰："天不灭曹。"是我的命又大又硬。从本书的构成上说，它既有我自己写、译、编的书籍的序文或后记，更多的是给老中青三代人著译写的序文；但大半是为中青年两代人著译写的序文，目的是起个广告作用，用商业语言说，是为了"以广招徕"。因为这年头，严肃的文艺著译和学术著作，出书尤其不易，为了对他们的劳动成果给以应有的品评，把他们推向文化学术界，我义不容辞地为他们的破土而出摇旗呐喊。其中有两篇，是给我的老同事——范希衡教授和余上沅教授遗著写的纪念性序文，既是受他们的遗族之托，也是为了纪念亡友。他们不幸身亡于阶级斗争的大风大浪之中，我作为后死者，有责任为他们的亡灵献上一个花圈。更何况他们为建设中国现代文化所做出的贡献，理应受到尊重和纪念。

从这本小书的内容分类说，不仅有文学创作、评论和翻译，还有少数有关社会科学著译的序文——我自己或友人的。因为我虽然多年混迹于文场，执教于讲坛，以文学为安身立命之本，但我读的大学专业是社会科，所以也兼干这一行业。

把这一本不像话的小书献给今天的读书界，对我说来，是一种自我鞭策的方式。我虽然已进入人生的暮境，"譬如朝露，去日苦多"了，但作为一个中国现代知识分子，我还须自我努力，努力跟上历史的步伐，挺进，直到生命的终点。

感谢为此书的成书、编辑和出版帮过忙、出过力的我的亲人和友人。

贾植芳

一九八九年十二月五日草成

一九九一年三月二日定稿

《人格的发展：巴金传》①序

　　思和对我说，他写作的《巴金传》，主要是突出传主的人格发展轨迹，他根据自己多年的研读心得和在生活实践中的思考与体验，深刻地理解到中国知识分子在二十世纪中国社会所走的道路的艰巨性和复杂性。他从传主的整体生活史和创作史出发，将传主的人格生长发展史，分为七个环节，即：胚胎、形成、高扬、分裂、平稳、沉沦、复苏，从人格发展史的角度，重新塑造巴金的形象，显示了一个人性大循环的历程。他这种人格重塑的写法，可以说，完全冲破了过去流行的按文学史分期，即按现代和当代两个历史范畴，来撰写中国现代作家传记的传统模式，是一种创新之举。我认为，从巴金先生漫长的生活和创作的历史实践来看，思和这种新式的立传手法，也是更能贴近实际的，因为他写出了一个人的历史真实，更有助于读者对于作为人的巴金和作为作家的巴金的认识和理解；也为人们认识历史，品味人生，提供了有益的参照系。

　　"风格即人格"，或如作者所说："文如其人，文见其人。"人是第一义的，文是第二义的。文格的特色，正是作家的人格境界的体现。作家的生活史和创作史实际上就是他的人格发展史的表现和反映形式。我虽然只读了思和这部传记原稿的部分章节，但我要说，思和做了一个成功而可喜的尝试。而这种使人耳目一新的写法，是需要有深厚的学力功底，更需要花出大的勇气，才能写出来和写得像个样子的。

思和这部《巴金传》，虽然限于篇幅和其他因素，只走笔到传主人格历程中的第五个环节，即平稳阶段，后面的两章，或最后两个环节，沉沦与复苏阶段，未能给以充分施展的机会，未免是美中不足，使人有遗珠之憾！但我想，读者诸君从前五章的描述中，大概也就可以认识和理解到作为一个著名的中国现代知识分子，又是文坛巨匠的巴金先生所走过的人生道路的独特性和典型性了。

我和思和是十多年的老相识了。虽然我们是属于两个不同年代的人，但我们能一见如故，声息相通。我在与世相隔的二十多年之后，在人生的暮年时刻，有缘与像他这样在"文革"的苦难中长成，而又能在做人上有品有德，在做学问上也有胆有识的青年一代人相识和交往，真像在荒凉无垠的沙漠中长途跋涉的旅人突然发现了草地和清泉一样地感到莫大的欢欣和慰藉，因为在他们身上，我看到了历史的现在和未来。一九八六年，我曾为思和与李辉合写的第一本论著《巴金论稿》作序，现在我又为他的这本关于巴金的书写序，实在喜不自胜。因为思和以自己的诚实勤奋写出了人生的真实，中国历史的真实。我想，台湾的读者诸君，也会像我这个老人一样，喜欢这本写得诚实的书的。

一九九一年三月二十三日在上海

注：
①本书由台湾业强出版社一九九一年七月出版。

《三国演义》 ①新版序

　　明末刊本《李卓吾先生批评〈三国志〉》一百二十回本，连同其批语，终于要同读者见面了，这是同目前流行并经由清代毛宗岗批改修订过的《三国演义》不尽相同的另一版本，也是三百年来一直未曾印行的一种文本，如今它能"重见天日"，我想对丰富《三国演义》这部名著与中国古典文学的研究，以及弘扬我国优秀的民族文学与文化，都会起积极的推动作用。

　　《三国演义》作为一部富有民族特色的中国古典历史小说，它的"七实三虚"的写法，将史实与想象、史传与平话有机地融为一体，其状事和写人，诚如鲁迅先生所说："事状无楚汉之简，又无春秋列国之繁。"写三国时的英雄是："武勇智术，瑰伟动人。"这使它写的虽然只是魏、蜀、吴三家兴亡图霸的断代历史，然而反映的却是整个中国封建社会的历史，"分久必合，合久必分"的由统一至分裂再至统一的规律。全书最后的"三分归一统"，正是体现了"合"这一终究主流，从而集中地反映了全民族人民对无休止内战的怨恨和对统一祖国大业的共同心愿。这一特点，使之成为具有鲜明中国传统民族特色，并有别于西方历史小说的巨篇宏著。这大概也是它至今仍拥有广大读者群，并受到喜爱的原因之一。将之同西方历史小说的创始者、被别林斯基称为"艺术领域中的哥伦布"的英国司各特（一七七一——一八三二）的作品相比，在运用历史资料上，司各特则是"信笔所之"，并更服从于"虚构小说的艺术"（见米勒特的《英国文学史》，纽约，一九六四年版）。它们各自影响了中西历史小说的创作与发展，分别充实了历史小说和世界文学的宝库。

作为古代战争小说的峰峦巨著，《三国演义》不只写了大小一百多场战争，而且将"战争乃是政治的延续"这一规律，深刻地体现在形象的描绘之中，以致有人将之当作有作战与政治资助之效的"教科书"，明末农民起义领袖张献忠"日使人说《三国》……凡埋伏攻袭咸效之"（见刘銮《五石瓠》）；清朝统治者入关之后，特别翻译印行了满文《三国演义》，也"颁赐者旧，以为临政规范"。"满洲武将不识汉文者，类多得力于此"（见魏源《圣武记》，昭梿《啸亭续录》）。然而对广大读者群来说，深深吸引他们的则是，在"政治——战争"的相迭复杂尖锐斗争中所刻画的一系列栩栩如生的英雄形象，和所展示的中国古代民族生活的宏伟画卷。《大英百科全书》在一九八〇年版第十卷中说它是"广泛批评社会的小说"，正是说出了它在描绘中国古代战争时的这一突出特点，也正因此，西方学界有一种观点，认为它是具有"勇猛、刚强、崇高与完美"的史诗风格，或说它是别具中国传统文化特点的"周文史诗"（见美籍学者杨牧的《论一种英雄主义》）。反映民族社会生活具有史诗般宏伟风格的这部战争小说，使其不仅在中国与东方，就是在世界文学之林中，也是独占鳌头与富有中国特色的先行者和佼佼者。

西望十四世纪的欧洲，文人史诗型的战争小说尚未问世。要过四五个世纪，在欧洲才出现了可与之相较的具有史诗般宏伟风格的名著——《战争与和平》。托尔斯泰突破了"一人一事一线"的封闭结构模式，改而将拿破仑的入侵和俄罗斯民族奋起抗击的卫国战争，同广阔丰富的俄罗斯各阶层社会生活相匹配，开创了多流向的开放式结构，从而突出地表现了他对精神境界的追求和对思想信念的探索。因而更多地体现了"永恒的"爱、"永恒的"道德等无处不在的"基督真理"。而《三国演义》则在民族史诗的画面上，更多地表现了对功业、德行、忠义与仁政的向往与赞美，也更多地体现出中国儒家文化传统观念的价值和理想。所以，在光焰无际而又体察秋毫的基督真理面前，无论是英勇牺牲的安德烈，还是热忱活着的彼埃尔或贤淑仁爱的娜塔莎，随着神圣的卫国战争的胜利，其结局并非是个悲剧。但《三国演义》的结局，对集中体现了儒家精神与理想的刘备和诸葛亮来说，不免带有悲剧色彩，即"历史必然要求和这个要求实际上不可能实现"，如诸葛亮自己所叹："谋事在人，成事在天。不可强也！"然而，诸葛亮毕竟"竭忠尽力"，死而后已，其"饮恨无穷"的仍是"不及终事陛下"。从这层意义上说，在儒家精神面前，包括诸葛亮自己所说的"愚忠"，其结局依然是一曲胜利的赞歌。同样，它们对中西不同类型的长篇战争小说的发展，也做出了各带民族传统烙印的贡献。

具有鲜明民族特色与风格的文学名著，既是本民族的艺术珍宝，又是世界各民族的共同财富。《三国演义》的上述特点与我在此难以一一道尽的杰出成就，使它早已克服与跨越了文字语言与民族国家的界限及其障碍，而传向了世界各国。早在十七世纪末，就已有了日译本。十九世纪初，泰文、朝文、马来文的译本与英、法、拉丁文的片断译文，也都相继问世，而到了二十世纪，则英、日、法、德、苏、荷兰、波兰、越南、泰国、朝鲜和印尼等国都先后出版了十多种全译本或新译本。国外研究《三国演义》的论著多达三位数，以研究此书为博士论文题目的也不只是个别学者的选择。各种国际性学术会议也常常注意到它，如一九七四年美国普林斯顿大学举办的中国叙事体文学研讨会，十三篇论文中就有一篇是专门论述它的叙事体形式问题；而在一九八五年我所参加的香港中文大学召开的中西叙事体比较文学交流会，更将它列为一组议题来专门探讨，与会学者提供的论文中，多以它与《战争与和平》的比较研究为论题，以这两部作品的题材、主题、结构、人物形象塑造（尤其是曹操与拿破仑）、艺术手法诸多方面进行分析论述，比较它们之间异同，追溯各自的文化历史背景。虽然，我们未必完全同意他们的观点与认识，但他们以别国文化作参照系，并用一些有益的新理论、新方法与新视角来做研究，这对开阔我们的学术视野，发展我们的学术研究仍有其借鉴与参考的意义。凡此，都告诉我们，《三国演义》已经在世界文学中占有它的应有的一席之地，对它的研究已不再是我们一国文学研究者的事，而是国际文学研究的一部分。同时，这也是向我们提出了当今时代的一个相当艰巨与相当紧迫的新任务，即在世界文化对话形势下，以中外相结合的世界文学视野，也就是比较文学的眼光去重新研究它与认识它，努力从世界文学与人类知识的总体上，去做出有创见的新阐释，并对与之有关的文学概念与观念去做出有理有据的理论新认识，在这方面，我们似乎还有许多工作可做、能做与要做；似乎又有了一个广阔的领域可供我们去施展才华，大展宏图。

我早就答应为效永、泉民同志整理这部绝世已久的新版《三国演义》作序，但终于年老事杂，力不从心，现在也只能以这篇读书札记式的小文，聊以报命了。

注：

①本书由黄山书社一九九一年四月出版。

萧军印象

收到沈阳的一位朋友寄赠的《萧军纪念集》，这本六十多万字的厚厚的书，拿在手里沉甸甸的，正像萧军是一个很有分量的人一样，这也是一本很有分量的书。

灯下翻读这本书，我每每被泛起的记忆所干扰，无法静心地读下去。因为我从书中收录的我相熟的朋友或陌生的朋友的回忆萧军的文章里，萧军结实的身躯像一尊雕像似的，一次一次地浮现在我的眼前。

一九五四年春节前，我与妻子趁学校假期到北京探亲。这是解放后初次进京。碰到不少老区来的朋友。那一天我与在北京重逢的旧友李春潮和潘开滋一同访问年前从上海迁居到北京的胡风。进入胡家的客厅，迎面碰上坐在沙发上的萧军，我们虽未曾谋面，但初见像是重逢。我向胡风介绍了李和潘以后，转身对萧军做介绍时，萧军就站起来阻止我说："不用你介绍了，老潘还是我的老顶头上司哩！"大家落座后，萧军对我们打哈哈似的说："你们混得都不错，老潘是局长，李春潮是厅长，贾植芳也混了个教授，都比我混得有出息，我现在在北京市政府文物处当个研究员，工作是挖坟盗墓，最近刚挖了洪承畴的墓，有人说，洪承畴是洪深的老祖宗哩！哈哈……"

那时胡风处境不佳，心境不快，一九四八年在香港对他展开的那场批判的烟硝气仍然在他的四周弥漫着，合拢着，正是"多云转阴"的政治文化气候，他的精神上受着很大的压抑。李和潘都是我三十年代的留日同学，又都是行政干部，一个主管全国集体农场，一个主管某省文教工作，他们又不是文艺界人士，我想给胡风介绍与他们相识和交往，或许可以破除一些生活上的寂寞，他们又都是从老区来的。而胡风本人也是个老留日学生，可以说，大家又有着共同的文化背景。

当我们告别时，萧军对我说："老贾，我住在什刹海那边，你尽管来闲聊。"我也满口答应了去看他，但走出胡家大门后，老潘却很郑重地对我说："老贾，萧军那里你还是不去走动好，省得人家说闲话。他在延安出过事，后来在东北又闹过事，他的问题并没有解决，他的行动还有人注意哩，我去的话倒没关系。"我刚进入新社会生活，并不懂得吃饭还得懂这些规矩，听了老潘这番忠告，真不相信自己的耳朵。又听老潘说起延安整风期间，萧军为此曾被停止供应，到三边地区自谋生活的经过。老潘那时在中宣部工作，后来是他代表组织把萧军一家从定边接回延安的。至于萧军说潘开滋是他的老顶头上司一事，则是在中央党校学习时，老潘是他的小组长……

我虽然接受了潘兄的忠告，没去什刹海看萧军，但在我们夫妇离京前，趁李春潮在"全聚德"请吃烤鸭的机会，他和胡风也都来参加了我们这次以三十年代留日同学为主体的宴会，而在我们回到上海一年以后，就发生了震动中外的胡风事件。

一九七九年初冬，我在与世相隔的二十多年后，进京参加一个学术会议。虽然头上还有帽子，但处境相对地宽松多了。我趁会议的间憩时间，走访了一些多年久违的旧友，如李何林、路翎、牛汉以及萧军等。也就是说，在时隔二十多年之后，我才如约到什刹海访问萧军。我一进门，正碰上他的二姑娘，"虎父无犬女"，这位小姑娘很直爽泼辣，我一敲门，她就迎面出来，用警惕而粗暴的口气诘问我："你找什么人？"我说："找萧军。"她顺手拿出一个簿子要我登记，并随口问我从哪里来，是什么单位，当我回答以后，她就夺过簿子，以训斥的口吻说："那里来的人没有好东西！'文化大革命'一次次来外调的，都是些红眉毛绿眼睛的混蛋！"她越说越来气，忽然把门打开对我说："他不在家，你请走！"我刚要迈步出门，萧军却笑哈哈地进来了，对他女儿说："这来的人却是个好东

079

西!"空气一下子就松弛下来了。我对萧军说："你还认识我吧?"他笑着说："怎么敢忘了你——胡风分子贾植芳!"说着,我们面对面哈哈开了。原来他是到北海练功去了,他说这是他的常课。

坐下来以后,我问他这些年日子过得怎么样?他激愤地说："怎么样?简直是他妈的混账透顶!'文革'一开始,我就被抄家,不瞒你说,我那些年购买了些古董玩器什么的,也给抢光了,我和文艺界的朋友被揪到雍和宫批斗,那些造反的浑小子,把我们一个个地按在地上,强迫低头跪下,拳打脚踢,有的用唱京戏武戏的行头——棍棒刀叉这些家伙砸我们,老舍就是从这里挨打后气不过跳了太平湖的。你知道,我会武艺,又有气功,凭我的本事,打死他三个四个垫背的没有问题,但我要这么干了,谁养活老婆孩子?所以我只能憋了口气忍着,反正我有气功,他们没本事打死我!我一个儿子,在他的学校,被打得昏过去了,造反派认为他已经死了,把他送到八宝山火葬场,并按照火葬手续,把他装在铁匣子里,以便送上化尸炉。那时候死的人,自杀的,被打杀的都有,反正都是横死的,火葬场加班加点还忙不过来,进化尸炉还得排队。我那个儿子已经编号排队了,但他忽然清醒了过来,不知道自己在什么地方,一抬头看到化尸炉正开了炉门,一个尸体被往里送,他才惊觉到这里是火葬场,就坐起来出了铁匣子跑回来了……"

他一口气说了一大篇,越说越激愤,说到这里,他控制不住自己感情似的,但又突然地沉默下来了。他的这篇讲话,又像燃火物一样地点燃了我的感情的火苗,我真想振臂高呼:"不忘民族苦,牢记血泪仇!打倒祸国殃民的'四人帮'!"

他抽着烟斗,我吸着廉价的香烟,在相对面坐的沉静里,任凭自己的激越的感情驰骋!他忽然冷冷地说了一句:"你知道吗?胡风和聂绀弩都判了无期!"关于这两位朋友的下落,我在这之前就知道了。这年(一九七九年)二月,我突然接到胡风在成都的来信,他说刚出了监狱,住在招待所里。妻子去年九月从我的家乡山西农村来上海,她在村里听同村的一个原国民党官僚从临汾监狱释放回村后说,他在临汾第三监狱和聂绀弩同监房,从日常谈话中知道了聂和我是朋友,所以特来对我的妻子说起这事。这个监狱关押的主要是国民党的党政军人员,聂是从北京押解来的。大约是一九七五年,毛泽东在去世前对在押国民党的战犯下令特赦。他们这个监房一下子都走光了，只剩下聂绀弩一个。监狱长对聂说："你就算成国民党战犯，出去吧！"这样，聂绀弩才沾国民党的光走出监狱大门。我听了，只感到荒谬，但心里却又为他终于获得自由而庆幸！

一九八六年二月，拖延了半年多的胡风追悼会终于在北京八宝山举行了，我们夫妇专程进京参加，和朋友作最后的告别。在追悼会结束后，我们走出大厅时，抬头碰到了萧军，我们双方都在原地站住了，但谁也没开口说话，我们相对而立，相视苦笑地站了许久，就各自东西了。时间虽然又过了六年多，但他那副默然苦笑的神情，却仍然清晰地留在我的记忆里。我还记得的另一点是，他的头发虽然完全花白了，身子仍然魁伟而结实。

现在说来，一九五四年春季那次在北京地安门内胡风京寓见面的朋友们，李春潮、潘开滋、胡风以及萧军都已先后地离开了这个世界，只留下我这个老头子在这里啰唆，走笔到这里，不禁潸然泪下……

但是，我认为历史是不会忘记他们的，因为他们在中国人民站立起来的过程中，以自己的勇敢与才智参加了这场壮烈的历史斗争……

一九九一年四月二十一日在上海

《中国现代文学思潮研究》 [①] 序

　　邵伯周同志根据自己的多年的教学实践和研读心得撰写的这部《中国现代文学思潮研究》，是一部从史实本身出发，并力求排除长期存在于中国现代文学研究领域的"左"的干扰和影响，以马克思主义的历史观点和美学观点，对"五四"以来中国现代文学思潮的发生、发展与流变的历史过程，做了全景式的叙述和描绘的学术专著。它以中国无产阶级文艺运动为背景；以马克思主义文艺思想为主线，从纵向上审视了中国现代文学思潮的发展过程；从横向上，在回顾了欧洲文艺复兴以来的各种文艺思潮——人文主义、古典主义、浪漫主义、现实主义、现代主义以及苏联的社会主义现实主义等文学思潮在我国的译介、传播和影响的过程同时，着重剖析了它们各自进入我国的来龙去脉、表现形态及其相互关系等等。这是一部内容扎实，材料丰富，证据确切，论述又比较公允和切实的有分量的学术专著。从全书的研究格局来看，我认为它具有下述两个值得注目的特点：

　　一、各种文学理论和思潮，都是一定的政治经济和社会历史条件下的产物。本书作者从这一研究视点出发，根据这一历史时期内中国的政治、社会特点，对中国现代文学思潮发展史，一方面根据文学本身的内部规律，一方面又密切结合中国现代政治形势的发展、演变的观点，来进行历史分期，而不同于一般习见的分期观点。这一点，很有见地和特色，也基本符合中国现代文学和发展的规律与特点。

二、本书对于中国现代文学各个历史时期社团流派的发生、演变以至消亡过程，它们各自的文学主张、创作实践、翻译活动，它们之间的思想理论斗争与论争，都做了比较全面的、翔实的分析评述，既能重视以现实主义为主导的文学流派的发展演变，也旁及其他各流派，如浪漫主义、象征主义、现代主义以至封建复古主义、民族主义等文学流派，都作为一种历史上的文学现象，一一进行分析评述，论点一般也都比较切合实际，有的放矢；其中对马克思主义思潮的传播、发展与影响的论述，更能把这一国际性的文学现象放在当时世界文学的大框架内来观察和审视，分析得比较深入、系统和全面，对"左"的影响的理论、创作与批评上的反映和表现的论述分析，分寸恰切，一般合于历史实际。

正像任何一部学术著作，都是以自己的学术质量，取得自己在学术界的存在权利一样，邵伯周同志这部花了力气写的专著，我认为应该有它自己应有的学术地位，因为它不仅在总结我国马克思主义文艺运动的丰富的历史经验和教训上提供了有价值的史料，也在这一研究领域内取得了某些新突破性成绩，抒发了不少新知新见。它不仅为当前我国的现代文学学科建设提供了新的学术积累，而且对于当前我国文艺理论、批评以至创作界，提供了一部有一定参考价值的理论性读物。

一九九一年四月二十八日写于复旦大学

注：

①本书由学林出版社一九九三年出版。

一个跨代诗人的历史命运

——《勃留索夫日记钞》中译本前记

　　日记是一个人灵魂的展览馆，尤其是一个内心生活丰富和复杂的诗人或作家，又处于历史激变，社会转型期的时代，他的精神世界的骚动，更其剧烈和纷繁。又因为作者写作的目的，是留给自己查看的，因此，它真实而纯净，像一个没有浓妆艳抹的妇女，倒显出她的天然风韵以及她的"缺陷美"——她的真实的自我。它是真正的写实文学，不仅是一个诗人或作家的生活记录，也是他的长成史、人格史和创作史的自然形态。至于当时的社会动态、文场风习，这里当然也有其真实的反映和清晰的折射。因此，它又是一个特定历史时代的聚光镜。

　　这里呈现在读者面前的《勃留索夫日记钞（1893—1905）》，我认为就是一本既有丰富的历史文献价值，又有它独特的文学风格的散文体作品。瓦·雅·勃留索夫（Брюсов Валерий Яковлевич，一八七三——九二四），作为一个跨越十月革命前后的苏联象征派诗人，是一个精神生活丰富而又复杂多变的文学人物。他出生于富裕家庭，受过完整的大学教育，是属于俄国上流社会的文人墨客。他既是俄国象征派（或被称为"颓废派"或"现代派"）的重要诗人，又是由十九世纪末到二十世纪初风行的俄国象征派文学运动的领导者和旗手，他在一八九四年编辑出版的诗集《俄罗斯象征主义者》，使俄国的象征主义诗歌与发源于法国又波及世界各国的象征主义诗歌遥相呼应，成为世界性的象征主义诗歌流派的一个重要的分支。而他所创导的这一象征主义文学运动又对俄国文坛冲击很大，影响深远，一直到十月革命后的二十年代，当时出现的新一代作家，无论是共产党员或同路人，在创作风格形成上，无不受到这一流派的熏染。象征主义仍红极一时。直到进入三十年代，斯大林的政治统治强化以后，随着政府对思想意识的控制与限制的加紧和深入，它才从文学地平线上逐渐消失于无形，以后则一直受到苏联官方学者的痛烈的政治批判，称为"逆流"，并列入禁区。

作为一个象征派诗人，他注重于抒写人的内心世界，认为象征比形象更能有效地反映世界的真实；他主张"创作自由"，"艺术独立"，讲究为艺术献身的操守。但他又不是一个纯粹意义上的象征主义者，他继承了俄国知识分子的激进倾向，因此他在接受了西方象征主义者许多美学观点的同时，又富有社会敏感和生活激情，注意于对本国的民族特点与社会现实的思考和观察。他的哲学社会学观点和诗的风格又与象征派的基本观点处于相矛盾的微妙地位。如果说，他早期的奠定了他在俄国诗坛上历史地位的诗作，如《杰作》（一八九四年）、《这是我》（一八九七年)，以及《第三警卫队》（一九〇〇年），具有浓郁的个人主义和神秘主义气息和倾向，那么一九〇六年出版的诗集《花环》，就表现了对革命的积极态度，热衷于社会性主题的开拓。他赞美革命，但他所理解的革命就是破坏旧事物，并以这个观点批评布尔什维克党人，为此受到列宁的批判，称之为"无政府主义诗人"。但他仍然不懈地积极探索社会性的新主题，歌颂劳动者。所以一九一七年的十月革命爆发后，他并未像他的同侪或晚辈的众多象征派诗人和作家那样，离开俄国，流亡西欧，而是继续留在俄国，对革命取坚决的支持态度，并立即参加了新政权，又于一九二〇年加入了布尔什维克党，与卢那恰尔斯基合作，主持教育人民委员会工作，成为苏联早期文化教育战线重要领导者之一。在革命后，他作为一个诗人，虽然努力探索表现新内容的新形式，竭力追赶时代的步伐，歌颂列宁和革命，但离官方的意识形态仍然有所差距，从而造成了他的苦闷而矛盾的心态。他的领导职位也终于为真正的无产阶级作家绥拉菲莫维支所取代。他于一九二四年十月于孤寂中死去，享年仅五十一岁，成为早期苏联文坛昙花一现的人物。

勃留索夫又是一位成绩卓著的外国文学翻译家。他最早接触法国象征派诗歌，并翻译了马拉美、兰波、魏尔仑、维尔哈林等人的作品；同时又广泛翻译了诸如维吉尔、莫里哀、歌德、爱伦·坡、梅特林克等，由古希腊到现代派的作品。他作为一个天才的文学组织家，在早期作为俄国象征派机关杂志《天秤》的主编，不仅培养了一代俄国象征派诗人，而且把这个杂志办成对外文化交流的渠道，刊登了像维尔哈林这样著名的外国象征派诗人的作品。他不仅对亚美尼亚文学有出色的翻译和论著，对于普希金的研究也独具慧眼。因此，他作为一个诗人、小说家、戏剧家、散文家、评论家的同时，又是一个渊博的学者。高尔基称之为"俄国作家中最有学问的作家"。虽然他逝世近四十年以后，苏联未曾正式印行过他的作品和研究他的论著，在苏联学者的文学史著作中，他也很少被提及。但他作为一个俄国象征派的代表性诗人，作为一个有才能和独创性的诗人，由于他在俄国诗坛上对主题开拓和风格创新方面，都有独到的建树和深远的影响，因此，在西方学者的俄国文学史论著中，仍占有自己的篇幅，并作为不断被译介和研究的对象。至于在我国，除过二十年代初期《小说月报》上译介过他的一篇诗论（见一九二三年七月出版的《小说月报》第十四卷七号上的耿济之译的《俄国诗坛的昨日、今日与明日——革命后五年来（1917—1922）的俄国诗坛略况》。勃留索夫在这里被译为布利乌沙夫）外，直到八十年代，才在张草纫、李锡胤两位教授译的《俄罗斯抒情诗百首》（一九八三年）中介绍了他的九首诗作。一般说来，我国的新一代文学读者，对他还比较陌生。正像这些年来，我们对俄国象征派文学运动的了解，缺少必要的介绍和研究那样。因为苏联学者，尤其在斯大林统治时期，对世界性的现代派文学运动，包括对俄国象征派运动，都作为一股文学上的逆流，取断然的否定批判态度。而这种反科学反历史的文艺观点，对我国文学事业的发展，长期以来曾发生过严重的消极影响。

这部日记钞，虽然是一个抄本，但它真实地反映了诗人在一八九三——九〇五年间，即俄国社会和文学都发生重大动荡和激变年代的生活、思想、读书、写作以至交游的实况；反映了诗人对世界、人生、社会、文学与自我的认识、思考与态度。正像他在自己的自传体小说《我的青春》中说的："诗人的精神本质上并不比他人的高贵，但他感觉敏锐，并善于表达自己的感情。就自传或日记而言，它所感兴趣的不仅是表达作者本人的内心世界，刻画他人的性格和传达时代精神，也是他所关注的。"我认为，作者的这段自白，正好说明这本日记钞的历史意义和文学价值。至于日记钞中对当时俄国文坛上不少大小诗人和作家的生活和言行的描绘与评述更有它的独特的文学价值，它补充了我们从文学史家的理论性论著中得不到的东西。因此，作为一本散文著作来读，使我们感到赏心悦目，别有风致。

我在好几年前，就接受湖南人民出版社李全安同志的嘱托，决心把这本具有自己散文特色的日记钞译出介绍给我国读者，但终因年老事杂，力不从心，前年才由在我这里攻读比较文学硕士学位的任一鸣同志接手，作为她的研究生作业开始翻译，因为我相信她的外文功力和文学素养，足以胜任愉快地完成这个译务。现在这个译本，只是由我做了必要的校改和文字上的润色，并加注了大部分的注文。鉴于我国读者对这个时期的俄国文学比较生疏，所以关于书中涉及的那些俄国象征派诗人和作家，都根据手头现有的中外文资料，做了尽可能详尽的介绍。英译者的注文，则酌予保留。

本书根据一九八〇年美国加州大学出版社印行的英译本转译。英译者格罗斯曼（J.D.Grossman）系该大学贝克莱分校的斯拉夫语言文学副教授，大概是个俄裔。她曾著有《爱伦·坡在俄国》（一九七三年）一书。她的关于勃留索夫和早期俄国象征主义文学运动的论著，曾得到英国的学术奖金。

英译者所写的长篇《导言》，对于勃留索夫的生涯和文学事业以至他的诗歌创作历程的论述，都比较翔实，有一定的学术分量，所以也一并加以译介，作为参考材料，以助于读者对勃留索夫的了解；本书英译本附录所收的勃留索夫的二十一首诗，被国外研究家认为是勃氏诗歌创作中的精品；在十月革命后流亡西欧的勃留索夫同时代的两位晚辈象征派诗人柯达塞维奇和茨维塔娃所写的回忆录，从另一个角度提供了不同的勃留索夫形象，都转介在这里，供大家研究、欣赏和参考。

最后，对于湖南人民出版社的李全安同志愿意把这个译本收入他所主编的《散文译丛》，我和任一鸣同志都在这里表示深深的感谢！

附记：本译稿，原为湖南人民出版社约稿，计划列入该社的《散文译丛》之内，并早已刊登出广告，发布海内外。孰料天有不测风云，书亦有旦夕祸福，交稿付排半年之后，该社竟"无疾而终"，或"寿终正寝"，这本译稿，只好另找婆家了。

《山西文学史》^①序

　　近年来，我国出现了一种新的文化气象：各省区的出版单位把出版的侧重点，倾注在对由古迄今的本地籍作家的作品集、选集、文集、研究资料和专著、纪念文集等的出版上。我认为这是一个可喜的历史性现象，它反映了我国的文学史研究向纵深发展和推进的势头。因为，正如各个民族或国家、地区的文学创造活动，是构成完整的世界文学史的内容，在总体上显示了文学发展的内在规律和特点那样，我国是一个幅员辽阔、历史悠久、文化积累丰富的泱泱大国，从古迄今，全国各省区都有自己的富有地方色彩、文化性格和审美观念的作家作品，继续不绝地涌现，对我国文学史的发生、发展和演变都各自有其独特的时代性贡献和历史性成就。也因此，正如中国文学是世界文学总体构成中的一个重要组成部分一样，我国各省区的文学活动，构成了我国文学衍生发展与流变的自我规律和民族特点。

　　山西大学中文系的诸位同仁，集体编撰的这部《山西文学史》，是继前几年山西社会科学院文学研究所编撰的《山西抗战文学史》以后，又一项有开创性意义的文学史研究成果。

　　山西是中华民族和中国古文明的重要策源地，也是中国古代文学的主要摇篮。历史进入现代以后，在当时的历史形势下，山西文学又曾成为我国当代文学的一面新鲜旗帜。由于山西的自然地理环境和它在中国历史发展中的政治、经济、社会、文化以至风土民俗等方面的特殊地方性格，从而形成了具有浓烈的山西地方风味、文化性格和艺术气质的山西作家群。这些作家，当以本省籍作家为主体，也间有在当时的社会历史条件下，在山西落籍或生活与工作的外省籍作家们。从总的历史发展形势来看，可以说，山西"江山代有才人出"，在历史的长河中，山西出现了像李悝、荀卿、韩非、王绩、宋之问、王勃、王昌龄、王维、柳宗元、司空图、温庭筠、司马光、元好问、萨都剌、关汉卿、白朴、郑光祖、罗贯中、傅山以至赵树理等等，这一连串的享有盛誉的各种文体的文学家，他们虽然在近代以来出现的各种中外学者编著的中国文学史著作中，甚至世界文学史著作中，都占有应有的章节和篇幅，但从地区性的视角，从山西文学发展史的总体上来加以研究和论述，从而揭示山西作家共有的生活气质、文学性格、美学追求、他们之间的启承流变关系。总结山西文学发展的内在规律和自我特色，我看不仅别具情趣，而且富有学术价值：对中国文学史的研究是一种充实和发展。

山西大学中文系的同仁们，正是凭借他们是土生土长的山西人及在山西长期生活和工作，或可称之为"半山西人"的外省同志这种得天独厚的优势，根据自己的长期生活实践体验以及在教学和研读上的感受心得，群策群力地编撰的这部洋洋数十万言的《山西文学史》，对从远古到当代的漫长的三千六百多年的纷纭复杂的山西文学活动诸现象，它的发生、发展和演变的历史行程，首次进行了深入的理论探索和历史总结，从我阅读部分书稿后的粗浅印象来说，我认为它具有下面两方面的特点与价值：

首先，编著者们能把他们所从事的工作，当作一件严肃的学术事业来进行，能尊重客观历史实际，从历史本身出发，通过对具体作家作品和各种文学现象的审视和评析，在勾勒出由古迄今的山西文学历史发展脉络的同时探讨了山西文学自我发展的内在规律，它们之间的启承流变关系，以及作为一种地方性的文学现象，历代的山西作家所共同具有的生活气质、文化性格、文学风格以至乡土气息和语言特点，他们在各种文体形成和发展过程中的自我特色与创新发展，以及他们的艺术创造对中国文学的影响和贡献。例如，编著者们认为，山西文学始终贯穿着一条淳朴、豪放、苍郁、直情的美学风格纽带，就很合乎实情，而非浮夸溢美之词。

其次，编撰者能从今天的历史高度上，用当代意识来观察和描述历史和现实中的一切文学现象、作家作品，探讨山西文学中各类文体流派的源流与兴衰，突破了习惯性的单一而平面地罗列作家作品的机械排列模式，从纵向联系和横向比较入手，环环相扣，以确立整体观念的文学史格局，在前人和今人的研究成果基础上，有所借鉴、更有所发展与突破，也提出了不少值得重视的创新之见。

总的说来，我认为这是一部内容丰富、材料翔实、立论也比较实在的具有自己学术特色的地方性文学史著作，作为一个开创性的学术成果，如果没有花过大心血，下过苦功夫，是难以达到现在这样规模的。因此，我认为这是一个很有价值的尝试，它的出版，对我国地区性的文学史研究，必然有它的启迪和促进意义，也为中国文学史研究向纵深方向发展，做出了可贵的贡献。也因此，它必然会受到国内外的同行和广大读者的注目和赞评。我作为一个大半辈子在外地生活和工作的山西知识分子，深深为故乡中青年学者在学术研究上的那种勇于开拓的精神和脚踏实地的严肃治学态度感到高兴和振奋。也正是出于这点激情，我写了这篇称之为序的小文，以寄托我的敬意和期望。

正如俗语所说："万事开头难。"这部山西文学史虽然是一部地方性的文学史著作，但所涉及的历史时间跨度却很大，光资料的搜集、鉴别与整理，就是一种千头万绪的难题。从全书的整体看来，如前所述山西大学中文系同仁们的努力成果，是积极的和有效益的，何况它敢于为天下先，是全国第一部地方性的文学史著作。但人是历史的存在，更是时代的产儿，历史总是有它的时代特点，也有它的时代局限性的。因此，我也相信，由于主客观的复杂原因，这部《山西文学史》所存在的某些不足之处，通过编撰者同志们以后在教学、科研实践中的自我检验，以至海内外专家和广大读者的审评和议论，必然会在它以后的再版本中，通过校补，达到更加完美的境界的。

一九九一年七月十日，在上海复旦大学

注：

①本书由北岳文艺出版社一九九三年十一月出版。

《中国文学史料学》^①序

中国文学史料学，作为中国文学和历史学的交叉学科，又是中国文学史研究的基础学科之一。对这门学科的理论与方法的研究，已有两千多年的漫长历史。它反映了中华民族一贯重视文化积累，以及在文化建设上积极进取的心态。随着中外文化的交流和融会，异域学者有关文学史料学研究的讯息和学术观点也进入了我们的学术视野，为这门学科的建设提供了新的借鉴。

潘树广同志多年从事中国古典文学与文献学、辞书学、编辑学的研究与教学，并在理论和实践上取得显著成果。我作为他的一个朋友和同行，就先后参加过他在苏州大学主持的全国性语言文学文献班的结业典礼和他的专业研究生的学位论文答辩：作为一个读者，我又从他的众多的著述中，获益良多。他的学术成果，不仅为国内同行所重视，也受到海外学者的注目，有的已译为外文出版。现在我又有机会阅读他主持编撰的《中国文学史料学》一书的总目及大部分原稿，深为这部探讨中国文学史料的研究和利用的理论和方法的新文献所吸引。树广同志约我为它写一篇序文，我也想在诵读之余，写下些我的体会和感想，把这部学术著作介绍给国内外的读书界。

这是一部搜罗宏富，论证充分，体例严实而系统的文学史料学专著。

它既是前人研究经验和成果的历史性总结，又能在前人对这门学科的理论研究和实际应用方面所取得的成果的基础上，进行深入发掘和新的开拓。我认为它有下列几个优点或特点：

一、全书视野开阔，不仅收集了前人的研究文献，也收集了今人的有关研究成果及动态，包括台港和海外华人的学术成果和研究讯息。它对于大量引证的史料，不是做机械的罗列和堆积，而是站在新的历史高度上，用新的时代眼光加以审视，并做出了相应的理论阐述。仅就本书所收集的史料和学术信息的丰富性而言，它又是这门学科研究者的必备的工具性读物。

二、我国过去的文学史料研究家，对中国文学史料的整理和研究，多从断代史着眼：或者是中国古代文学，或者是中国近代文学、现代文学，可谓划疆而治，壁垒分明，"井水不犯河水"。但中国文学史料学作为一门独立学科，实应贯通古今，视古今为一个整体。这个观点，已成为近年中国文学史料学研究者从历史实践中得出的一个学术共识：从事各种断代性文学史料学研究的学者之间理应进行交流与贯通，以利于这个学科的整体性建设和发展。这部《中国文学史料学》，则涵盖了中国古代文学、近代文学与现代文学，是一部跨越古今的会通之作，可称为对中国文学史料学的研究向前跨越的一大步，是一个新的起点，对学科的健全发展来说，是一部有开创性和奠基意义的著作。

三、书中对所引用的大量材料和论著，不是停留在静态的叙述介绍上，而是注重动态性的分析与评述，对其虚实得失提出自己的认识和见解，又能注重从论据上着眼，谨慎从事：对异国学者的研究动态和理论观点，也在注意引进的同时，进行分析和评价。全书始终贯穿着严肃的思辨精神。

四、本书注意将新的研究方法和技术手段（如复印、缩微、录音、录像、电子计算机技术等）引入文学史料学研究领域。在介绍这些新方法新技术的应用的同时，对于传统方法中的有生命力的精华部分，也注意选择和吸收。因此，本书在中国文学史料学研究的实际工作方法上的论述，也是有特色的。

总之，本书是一部既重视对中国文学史料学的基础理论研究，又注重对中国文学史料的搜集、鉴别与编纂等方法的研究的著作。它对中国文学史料学发展史的描述，对中国文学史料整理研究成果的评析，都富有新的学术见识。这又是一部对中国文学史料学进行整体性的历史考察和理论与方法研究的重要学术成果，它具有重大的理论意义和实用价值。它的出版，必将受到国内外的注目和欢迎；对于进一步推动中国文学史料学的研究和教学，它又必然会产生重大的学术影响力量。

一九九一年七月二十八日　上海

注：

①本书由黄山书社一九九二年八月出版。

《天声人语——日本散文选》^①序

　　散文，无论中外古今，都是一种内涵相当广泛的文体概念。我国古代一向有"文""笔"之说，刘勰在《文心雕龙·总术》中说："今之常言，有文有笔，以为无韵者笔也，有韵者文也。"这里的文是指诗、辞、赋等作品，"笔"指各种散文体。昭明太子的《文选》将诗文分为三十八体，属于散文的占二十一种。他们都把"有韵"和"无韵"作为划分韵文和散文的标准。

　　日本的"随笔"一词可能是从汉字移植过去的，同时借用了英语中Essay的说法，相当于我国现在狭义的散文概念。记得二十年代鲁迅翻译日本文艺理论家厨川白村的《出了象牙之塔》一书，其中就有两篇专门论述了Essay这种文体。厨川有一个比喻说得很形象，他认为散文便是信笔记下兴之所至的一切，"如果是冬天，便坐在暖炉旁边的安乐椅上，倘在夏天，则披浴衣，啜茗茶，随随便便，和好友任心闲话，将这些话照样地移在纸上的东西，就是Essay。"国安编译的这本随笔集，共收入日本文学史上均有定评的十九篇名作，随笔作者中既有文学史上的不朽大家，也有当代涌起的新人，作品的题材、风格、笔法，都各不相同，但在总体上却符合上述关于随笔的特征。

　　一般认为日本散文的开山之作是公元十世纪末出现的清少纳言的《枕

草子》一书。这时期正是日本文化"菊"的品性形成期。《枕草子》代表着那时期随笔文学的最高峰，也是日本随笔文学史上的精品。这之后直到明治时期，写随笔的作家渐渐多了起来，其中受到《枕草子》影响的鸭长明和吉田兼好，分别创作了艺术成就较高的《方丈记》和《徒然草》；后者的艺术成就和《枕草子》不相上下，并和《枕草子》一块儿被作为日本散文史上的双璧。明治初年，日本散文的审美天地被福泽谕吉等启蒙思想者拓展得更加开阔，出现了所谓"科学随笔"和"哲学随笔"。到了二十世纪，在西方"Essay"和屠格涅夫、华兹华斯等人的影响下，日本的散文创作出现了空前的生动活泼局面，不仅涌现出了一大批作家，而且也产生了许多艺术成就很高的传世之作。比如德富芦花的《自然与人生》、国木田独步的《武藏野》和岛崎藤村的《千曲川风情》，都是描写自然风景的典范之作。另外，和社会人生关系不大的科学随笔也有了显著的发展，出现了分别将星星、山岭、垂钓等做专一题材的随笔家，即所谓"星星随笔家"野尻抱影、"山岭随笔家"田部重治、冠松二郎、深田久弥，以及"垂钓随笔家"佑藤垢石等。当然，在写风景和四季这一日本散文重要的传统保留题材领域，也出现了一大批优秀作品。在战后的日本，随笔几乎成了每个作家都曾一试身手的体裁。

现代日本是一个国民文化素质极高的国家，因此，散文随笔所具有的包罗万象的开放性特征——几乎是"宇宙之大，苍蝇之小"无所不容的文体，正投合了日本各色人等描写日常生活的需要和习惯。我们从这本随笔集中也可看到，这些散文随笔的作者，除了职业性的作家外，更有许多从事其他专业工作的人们，这就使作品所表现的生活视野非常开阔，题材也非常丰富，这种作家以外的社会科学工作者和自然科学工作者创作出脍炙人口的随笔名篇的现象，也许正是日本散文的特征之一。

说到日本散文的艺术特征，我想国安在每篇散文后面附写的赏析中都已经有了精到的分析，读者可以作为参考。我这里只想谈谈对日本散文艺术的一些粗浅体会。日本散文虽也涉及人、事、情、理，但其中坚是绘景咏物。这些绘景咏物之作大都恪守"原原本本"表现自然的审美原则，虽也同时传达自然在心中引起的感受，但并不对自然进行夸张，也很少移情于物，甚至对自然的感受也尽可能简约和保持第一印象原生态般的直觉感。所谓抒情的狂飙突起和摧枯拉朽，所谓气势的排山倒海和情感的酣畅挥洒，在日本散文作品都是不多见的。日本散文大都具有野鹤闲云般的翛然风貌，从容疏散，随缘伸缩，而且，并没有我国现代散文所谓"形散神不散"的束缚。正如印度大诗人泰戈尔说："诗像一条小河，被两岸夹住，……流得曲折，流得美。散文就像涨大水时候的沼泽，两岸被淹没了，一片散漫。"

"散漫"，或许可以说是日本随笔的最大艺术特征。它在形式上是不拘一格，灵活多样，诸如随笔、日记、游记、报告、记录、讲演、速写、杂感、序跋，都写得那么翛然洒脱，富有人情味；在题材领域也表现得漫无边际，举凡风景名胜、风俗人情、感想述怀、一丝感触、一缕悲观、天上地下等等，一切天声人语统统被留在日本散文的审美磁带上了。本书取名为《天声人语》正是涵盖了日本散文的最大优点。

日本散文在中国的新文学史上产生过重要的影响，大概从甲午战争以后，大批中国政治亡命者和受官方派遣的留学生到了日本以后，日本就成为中国知识分子最初接触并接受西方文化的一个重要窗口。当时的知识分子不识西方语言文字，却能一知半解地读日文，他们通过日文翻译的西方文化及文学名著来认识世界。自然，在这传播与接受的过程中，日本现代文学作品及其审美趣味都对中国新文学发生过重要的影响。光是中国新文学史上最有名的作家中，鲁迅受过厨川白村的文艺理论影响，郭沫若、郁达夫、张资平受过日本私小说的影响，周作人、夏丏尊、丰子恺等都受过日本散文随笔的影响，田汉也受到过日本唯美主义作家的影响，这一些都是文学史上公认的事实。所以要研究中国新文学的发展成熟，日本文学的影响绝不能低估。

可惜在三十年代中期中日战争爆发以后，中日两国文化的正常交流，特别是我国对日本文学的翻译介绍，都变得不正常起来，较之清末到二十年代末要疏离得多，近十年才有好转。在大陆又出版了好几种日本小说流派的选集，但主要偏重于小说，而且都是以二十世纪初的日本作家作品为主，对当代日本作家作品介绍不多，对散文随笔的介绍就更少。至于台湾的出版情况怎样，我更不得而知。前几年去过一次香港，在书店里看到陈列的台湾书籍中，有川端康成、三岛由纪夫的小说和别的推理小说，但散文作品仍没见到。为此，我真心希望国安这部日本散文集，能够受到读者的欢迎。

最后，还有一点想说明一下，这本日本散文集是由张国安君编译的，除了选用了周作人先生的《枕草子》、金福先生的《武藏野》译文外，其他篇章都由国安自己译成中文。其中有些著名作品，如有岛武郎的《给幼小者》，早在二十年代就有鲁迅先生的译文，但国安还是重译了一遍，使其语言更符合现代人的习惯，我觉得这种做法是对的，因为翻译的本身是一种再创作的工作，多一种译文，也有利于读者的参照和鉴赏，它并不掩盖先贤们的劳绩和作品本身的价值。

一九九一年七月三十日

注：

①本书由台湾业强出版社一九九二年出版。

《现代文学散论》 ①序

　　钦鸿同志托我为他的第二本文集《现代文学散论》作序，我欣然地答应了，因为我们也算老交情了，而我们的结缘，可以说，也是以现代文学史料为媒介的。

　　七十年代末，我虽然头上还戴着那顶戴了二十多年的政治帽子，但在当时新的政治形势下，有关方面以"未再发现新的罪行"为由，让我告别了十多年的体力劳动，回到系资料室上班。那时候文艺界开始复苏，出于专业教学和研究的需要，人们从历史教训中深刻地认识到资料建设是学术建设的基础工作这个颠扑不破的历史真理。为了摆脱和肃清多少年来"左"倾教条主义对文学事业的干扰和危害，以及那种以非文学观点对文学现象指手画脚的怪现象，批判从单一的政治功利主义出发，即从一时的政治需要出发，不惜歪曲甚至捏造历史，以至"以论代史"的"大批判"开路式的学术风气，学术界不约而同地把眼光集中在对现代文学资料建设上来了。当时我回到资料室，面对这一新形势，也参加了这一资料建设活动，伙同几位中青年同志编了几种有关现代文学的资料书。所幸那时的出版形势还好，人们一如久于饥饿似的贪婪地找书看，充实自己，调养自己。对我说来，这很好，因为在与世相隔的二十多年以后，我又回到了书籍的世界，也正好以此为契机，重温和吸取新旧文化营养，"把失去的补回来"；也正是这段姻缘，我结识了徐迺翔同志，后来又结识和他合作的钦鸿同志，他们虽然都身处外地，钦鸿同志还远在边远的黑龙江克山县，但都是从上海出去的，因此，工作关系之外，又增加了感情这种酵母。当然，这种正常的友谊关系的建立，是八十年代以后的事了，这时我才真的由"鬼"变成了"人"。对于和钦鸿同志的交往说来，也可以说是从此开始的。以后，我就不断地在海内外报刊上读到他的各式有关中国现代文学资料性和学术性的大小文章。他后来从东北调来南通，见面的机会就更多了。

他们二位合编的《中国现代文学作者笔名录》，和由徐迺翔同志主编、钦鸿同志参加编委工作的五卷本《中国现代文学大辞典》，都是现代文学资料建设工程中的重大成果，也为中国现代文学史研究提供了重要的客观依据。因此，深为海内外学界所注目和赞赏。而作为一个老读书人，我深深从这两种大型资料研究著作中获益良多。再观乎近十多年来，我们在中国现代文学史研究和论著中逐渐形成的那种独立的学术品格，和欣欣向荣的发展态势，便不难从一个侧面说明了我们这些年在资料建设上的努力的实际效应和影响。因此也可以说，资料建设促进了我国学风的端正，而形成了一代尊重历史、面向现实、从实际出发的新学风。

钦鸿同志这部文集《现代文学散论》，也可以说是多年来他在中国现代文学资料海洋里浮游所获得的又一个新的学术成果。我认为这是一部学术性与知识性并重的随笔式的文集。它的最大特点是作者将这多年来不见于正史官书，或为历史泥沙所湮没的作家、刊物与作品，通过他在浩如烟海的原始资料海洋里钩沉提炼，重见了天日，并加以自己的品评。它的内容不仅包括新文学类，也涉及通俗文学和台港文学，以及文学史料学等类，其中有些篇章，是对某一文学现象（如关于新诗创作）的深入剖析的成果；另外，也还有一些文坛逸事、掌故逸闻之类。因之，除过学术性与知识性外，它又具有一定的欣赏趣味价值。语云"江河不择细流"，虽然这些素材，不过是中国现代文学史这股历史洪流中的一些细流甚至泡沫，但它们也都是构成中国现代文学这座宏伟的大厦的砖瓦木石。它们作为一种历史的存在，理应受到我们的重视和研究。因之，这些随笔式的文章，实在为中国文学史的建设起到了拾遗补阙的历史作用，使中国现代文学史的形象更加丰满，更富有血肉感。加之，作者是八十年代以来崛起的新一

100

代学者，他和他所研究的当时中国文坛并没有直接的利害关系和人事感情负担，他只是把它们作为一种历史上的大小文化现象，进行审视和述评，他所注意的是历史事实本身。因此，这本文艺随笔式的文集，我认为它的第二个特点，是言之有物而又能言之成理，既无陈言套语，也不是空泛浮夸之论的文字游戏，更不是趋时附势的应景之作。作者的这种独立的学术品格，尤其值得称道。至于作者的文字，我认为可以说是简洁明快，情真意切，严谨中不失其活泼，活泼中又不流于油滑，文章中始终洋溢着一种可贵的思辨精神和求实态度。它反映了我国新一代学者那种勤于思考、勇于探索和开拓的学术素质。也因此，我乐于把这本洋溢着新的学术生命的小书，介绍给广大的读者群，我相信，他们也会像我这个老人一样，从中获得一些新的教益——开阔视野和增长见识。因为，在这里，作者在对中国现代文学研究上，做出了切实的努力和认真的贡献。这本书作为一家之言，它是理应在文苑中取得它自己的存在权利的。

一九九一年九月初于上海

注：

①本书由新疆大学出版社一九九二年出版。

《中西喜剧研究》^①序

  于成鲲同志根据自己多年的研读心得和教学实践，将自己关于喜剧的研究成果整理为一部系统性的理论专著《中西喜剧研究》付梓出版，他约我为他写一篇序文。大概我的好凑热闹的习惯出了名，情不可却，当时我就漫然地答应了。但我拜读了成鲲同志原稿后，才想到自己的孟浪。我虽然从穿开裆裤时起，就开始在我那个偏僻的小山村里看当地的传统戏曲——蒲州梆子的野台子戏，进入城市上学以至进入社会生活后几十年来，又不断地看京戏、昆剧、各种地方戏，以至中外话剧和歌剧等等，自己青年时代也尝试过写剧本和译过剧本，但对于包括喜剧在内的戏剧的理论研究，至多只达到浅尝辄止的程度，而为一部学术性很强的理论著作作序，若没有深厚的专业知识和素养，无力对本专题有所阐发，借以达到对读者有所启迪和助益的要求，这种序文，老实说，是没啥大意义的。因此，实事求是地说来，我是没资格作序的。但我既然已慨然地应允了，而"重然诺"又是我国固有的传统道德信条，我不能自食其言。没有法子，我只有结合拜读成鲲同志书稿谈一些我对喜剧的认识与感想，以就教于作者及读者。

  我很赞成成鲲同志在书中所说的"人的性格中存有喜剧因素"的观点。中西尽管文化背景和传统不同，自然地理环境不同，社会历史条件与语言结构也不同，但作为戏剧品类之一的喜剧，可说是古今中外都有的一种普遍性文艺现象，虽然中西彼此的喜剧起源有先后，对喜剧的观念和理论，以至主题和题材的选择，艺术构思与表现形式、技巧、语言运用等方面也有区别，但人类向往真善美的生活境界，反对假丑恶的生活现象的信念和心理却可以说是人同此心，心同此理。因为人们都希望生活得美好、幸福、圆满、和谐与富足，喜剧作为一种笑的艺术，揭露和批判社会的矛盾和罪恶，伸张人间的正气，它嘲笑、讽喻一切丑恶的、鄙俗的、腐朽的、落后的、荒谬的事物和现象的同时，它更主要的是肯定人的价值与尊严，歌颂一切善良、纯真、正直、美好的人与事，赞扬公道与正义战胜邪恶、先进克服落后的胜利，它给人以愉悦的美感，鼓舞人的正确的生活信念与意志，激励人为真理与正义斗争的信心，也体现了历史发展的终极法则：人类的进化史，就是文明战胜野蛮，先进战胜落后，正义战胜邪恶与不义的胜利史。总之，是真善美的生活理念战胜生活中出现的假丑恶现象的胜利史。我认为，这就是喜剧在人类社会生活上发生、发展与兴盛的根本原因。马克思说："世界历史形式的最后一个阶段就是喜剧。"作者在书中也指出："喜剧是戏剧发展的未来。"大约就包含着这层意思。也因此，正像一切文艺现象一样，"艺术来源于生活"，喜剧来源于生活世界的现实，和生活血肉紧密相连。因此，优秀的喜剧作家或演员，总是把自己的剧作或表演艺术扎根于生活的肥沃土壤之上，从本质上说，他们是现实主义者，尽管他们所运用的艺术表现方式或表演手段，或是浪漫主义的，象征主义的，以至荒诞派的等等，但作家或演员的体验、感觉和艺术灵感总来源于生活的实践，这在中外戏剧史的著作中，皆可为证明。只有那些末流的作家或演员，如十九世纪初叶流行于法国的"佳构剧"（la pièce bien faite）或译为巧凑剧、工整剧等，出发于迎合那些有闲和有钱的上层分子和恩格斯所讽喻的灰色的小市民的消闲解闷，排除生活的困扰和烦恼，这种庸俗、低级与无聊的娱乐欣赏趣味，一味追求票房价值，才人为地生编硬造一些离奇紧张的喜剧故事或情节，以逃避现实为掩饰，使舞台与现实人生完全隔离，以浅薄的感情游戏博得观众的一笑。它们的艺术效果，大约观众一走出戏院大门就会淡然忘却了，因为它缺乏艺术感染力，缺乏真正的艺术生命力，因此也可以说，没有真正的生活情感就不会有真正的喜剧艺术，也因此，它在十九世纪中期以后，就遭到一些清醒的作家和批评家的抨击和非议，而终于退出了舞台。正如作者在书中所说，中国的封建统治者需要喜剧为它的统治服务，法国当时盛行的这种"佳构剧"流行时期，正是遭到马克思强烈批判的小拿破仑，即拿破仑·波拿巴这个流氓起家的冒险家和阴谋家独裁统治的历史时代……与此相类似的情况，我国二三十年代的舞台上也曾出现这类情节喜剧，如一对恩爱夫妻，由于一时的误会与疑心，引起家庭纠纷，甚至大打出手，但误会冰释之后，又是一对言归于好的好夫妻之类。尤其是在那个民族灾难深重的火与血的年代，这种至多只算是"茶杯里的风波"的故事，也只能供某些养尊处优的绅士淑女们茶余酒后的观赏，而在广大的观众群众中是很难获得知音的。

近十多年来，在我国改革开放的大的文化背景下，也就是中外文化重新碰撞、融会，即世界文化对话的新的历史形势下，以中西结合的世界文学视野，也就是我国重新崛起发展起来的比较文学研究的眼光，重新审视和论证一切文化艺术现象，努力从世界文学与人类知识的总体上，去做出新的阐释，并对与之有关的观念与概念，做出有理有据的有创见的理论新认识，正成为我国文化学术界的一种共识。从这个意义上说，成鲲同志这部新著《中西喜剧研究》，应该是一个新的可喜的收获。它以新的视点，通过对中西喜剧观念与理论、历史的对比综合研究，对喜剧这一艺术形式，从观念的比较着手，对喜剧性因素、喜剧性的特征与方法以及艺术史上的喜剧诸领域，进行了新的理论性的思考与探索，进行了专题性的新的理论概括，并提出了不少值得注意的创新之见。因此，这部以有益的新视野、新理论、新方法进行分析论证喜剧的理论著作，我相信，它不仅将以自己的独立的学术品格和在喜剧理论研究上的新建树，确立自己在文苑中的存在权利与价值，它对我国的喜剧创作（包括话剧、歌剧和各类传统戏曲）研究和教学，以及舞台表演艺术、演员的艺术修养等方面，都会有其重要的参考价值。对我国喜剧艺术的发展和繁荣也是一种有益的贡献。从比较文学研究的角度说来，多年来关于中西戏剧比较的理论与实际性的研究与论证，出现了不少值得注目的篇章与一些专著，而成鲲同志这部关于喜剧研究的专题理论著作，又为比较文学这一新兴学科在我国的建设与发展增添了新的学术积累，更值得拍手欢迎。

我与成鲲同志相识于"文革"这一荒谬的历史年代，作为同行和朋友，却是在新时期来临以后。我今天有机会把他多年的心血结晶介绍给广大读者，深深感到庆幸！人始终是历史的主人，而不是历史的原料。限于学养和时间，这篇在匆忙中草成的称为序的小文，写得实在并不高明，可能都是些老生常谈之类，有负成鲲同志的盛意，这又不能不使我感到深深的歉疚了！

一九九一年九月十二日，在上海寓所

注：
①本书由学林出版社一九九二年出版。

我话老年

　　人们说，老年人喜欢忆旧，或曰，喜欢回头看。因为人到了七老八十的年纪，随着体力与精力的日趋衰退，"心有余而力不足"这种自然规律的加紧运行，可以说和生活的接触面就越来越缩小了，和复杂纷纭的广大生活世界的距离越拉越远，而和自己的主体世界的距离越来越拉近了。在这种窄小的生活气氛里，总会自觉或不自觉地沉湎在记忆的海洋里浮游，从记忆里寻找自己，认识自己，总结自己的人生经历，即是说："我来到这个复杂的世界里，这么几十个春秋，是怎么活过来或活下来的，是为什么而活，干了些什么，是否活得还像个人的样子？而且也好像一下子还不会寿终正寝，打算怎么个活法，生命真正的价值在哪里？"之类，而我这一代七老八十的人，起码经历了中国历史上的三个时期：北洋军阀肆虐时期，被国民党骑在头上的时期，中间插入抗战八年、日伪横行时期，一直到了"东方红太阳升"的新中国建立时期，这当中四十多年，还插入了几次大的政治运动，尤其是被称为"十年浩劫"的"无产阶级文化大革命"。总之，近百年来，中国社会总处于历史振荡的变幻之中，我们这一代人，尤其是吃文化饭的知识分子，可以说，绝大多数是在"道路是曲折的，前途是光明的"历史振荡中，以自己不同的人生理想和价值追求，走着各自的不同内容和表现形式的生命之路。因此我常这么想，我们这一代吃文化饭的人，如果都能潜下心来，写一本直面历史的真实的个人生活回忆录，对历史来说，实在是功莫大焉！因为知识分子，尤其是吃文化饭的中国知识分子，在这个动荡不宁的中国社会生活里，生活的责任感和实际的处世存身的需要，一般总富于生活的敏感与时代激情；处身在生活的前沿地带，时代的变迁，历史的兴亡，在每个人身上都会有不同程度、不同方式的折射和反映。我们在这个世界里的追求、爱憎、信念以及种种个人遭遇和心灵感受，都可以作为历史的见证，为青年及后代提供一些比见之正史、官书中的更加丰富和实在的东西。"江河不择细流"，从我们个人在这个复杂世界里所经历的种种复杂里，正折射了历史本身的复杂性与丰富性。

我现在还活在这个激变中前进的生活世界里。要活着就得吃喝，就得消费。我没有儿孙绕膝、金玉满堂的老年欢乐；也没有养尊处优、延年益寿的理想和追求，甚至为活得长命些，给自己定些生活的清规戒律。生命是一种自然体，它总是按照自己的规律在宇宙轨道上运行。或者正如一位中国古代哲人所说："人法地，地法天，天法道，道法自然。"但活一天就得为这个国家和社会做些力所能做的事，"当一天和尚就得撞一天钟"，老牛破车拖到哪里算哪里了，所以我并不感到寂寞和空虚。

俄国作家契诃夫说："如果我再活一次，人们问我，想当官吗？我说，不想。想发财吗？我说，不想。"不用说来世的事，我今世也没有做过当官和发财的美梦，走中国传统知识分子"学而优则仕"的人生富贵之路。我则认为，生而为人，又是个知书识礼的知识分子，毕生的责任和追求，就是努力把"人"这个字写得端正些，尤其是到了和火葬场日近之年，更应该用尽吃奶的最后一点力气，把"人"这个字的最后一画，画到应该画的地方去。

有人说，中国"五四"以来的现代知识分子都是些理想主义者或浪漫主义者，他们在生命中上演的各式悲剧里，实际上包涵着积极的历史因素，或如马克思所说："历史的最后一个阶段是喜剧。"

一九九一年十月上旬于上海复旦园寓所

107

上海是一个海

　　我是北方山西人，但少小离家，大半辈子都是在上海度过的。我抗战胜利后那年来上海时，还是一个三十岁的风华正茂的青年人，我的妻子还是梳着两根小辫子的二十多岁的女青年，光阴似箭催人老，于今却垂垂老矣，我们都是年逾七旬的老人了。而且我在上海还增加了新的财富——一九八四年遇车祸骨折，走路多了一根手杖，由两条腿变成了三条腿；近两年耳朵也背了，谈话开会场合，得戴上助听器，又多了一只假耳朵，成了三只耳朵，真是成了《封神榜》上的角色了。

　　我在青年时代，在北平读书时，看新文学作家写的上海生活的小说，有这三件物事，都使我茫然费解："亭子间""老虎灶"和"老板娘"。我读过旧书，逛过风景名胜，知道有亭台楼阁这些美轮美奂的中国古典建筑物，认为那一定是个阔气的场所，可是从小说书上和电影上看，住在亭子间里的都是些穷困劳碌的人，像卖文为生的青年知识分子之类，后来知道周立波先生为了纪念他在上海滩上的生活，曾题名他的散文集为《亭子间集》。至于"老虎灶"，从文学作品的描写上看，这又是一般市井细民泡开水的地方，但为什么要叫"老虎灶"呢？真要是老虎开的店子，保管没有顾客敢上门。"老板娘"，我认为一定是老板他妈。可是这三样当时使我迷惑不解的上海事物，到我们跑到上海滩上生活时，却理所当然地进入我

108

们的生活世界。我们解放前基本住亭子间，甚至阁楼，由沪西到虹口，所谓由"上只角"住到"下只角"；我到上海后，又从书摊上买到一部敌伪时期出版的描写旧上海所谓"野鸡"(暗娼)的章回体长篇小说《亭子间嫂嫂传》(它的作家是周天籁，我认为这是一位熟悉他所描写的生活世界的有才华的作家，我还看过他的另一部描写上海下等妓院妓女生活的作品《欢场儿女》，这些都是了解旧社会上海底层社会以至黑社会的人情风俗的写实派作品)。而弄堂口的老虎灶老板和烟杂店的老板娘，则成了我们日常打交道的上海人。

有个朋友说，上海是个海。我看它颇像美国社会都是各国移民组成的那样，上海这个在三十年代被老外称为"东方的巴黎""世界的魔都"的现代化大工业商业城市，它的各行业的人员，也大都是外省移民构成的。如浙江的宁波、绍兴、湖州等地人在银钱业，无锡人在工商业，广东人在百货公司、新式宾馆酒楼业，安徽人开茶叶店、笔墨庄、当铺，山东人在饮食业和警界，我们山西人放高利贷，苏北人在服务性行业等。旧上海又被称为"冒险家的乐园"，上海滩上的大亨如犹太人哈同、沙逊，据说来上海时都是不名一文的瘪三。被当时上海人称为"罗宋瘪三"的白俄，也是流落到上海滩上的一种杂色社会力量。而它的真正的统治者则是以绅士淑女面目出现的西方各式冒险家（恶棍流氓）和以"绅商""闻人"面目而出现的黑社会恶势力，他们又与中国的当政者相互勾结，连成一档，互为表里，鱼肉小民。

正如一个外国作家说："一面是庄严的工作，一边是荒淫与无耻。"这就是旧上海的历史本色。这个华洋杂处的世界性大都市，可又是中国现代文化和出版的主要基地，是东西方文化交流汇合最活跃的讯息场所，中国现代科学与文化的建立、发展与演变，也离不开上海这个码头、这个窗口。因而，所谓海派文化，它的构成因素也可谓中外新旧文化杂交而又具有上海地方性格和时代烙印的历史产物。

上海真是一个海，我在上海生活近半个世纪，可是，在中国的政治台风掀起的冲天浪涛中，都曾被推到这个海里，又几乎被淹死——四十年代中期，也就是当时中国的统治者国民党宣布所谓"戡乱"时期，我被作为"政治犯""共产党走狗"被国民党中统特务逮捕关押了一年；五十年代中期，我又受胡风事件株连，被关押十一年；"十年动乱"中，当然作为"牛鬼蛇神"，继续在苦海里浮沉，又是十四年。

我在上海滩虽然生活了这么些年，但我的语言和生活习惯，却没有什么改变，我仍然操着气味十足的山西家乡话，乍听起来，像一种外国语言；而我的饮食，也是以面食为主，对大米、水产等上海日常食品，不感兴趣。过去，有人说我"顽固不化"，就从这点上说，也该不算冤枉的。

这近十多年，我因工作关系住在郊区，又因为年老体衰，腿脚不便，除偶尔因公务外，绝少进入市区，更不要说是去闹市了，连老城隍庙都好多年没去过了，虽然我们很怀念那个有民族特色的热闹地方。所以我们夫妇又都成了住在上海的一对"阿乡"了。

八十年代改革开放以来，上海又渐渐地恢复了作为一个海的生活世界了。

一九九一年十月十五日于上海寓所

《古今文学名著描写辞典》^①序

　　殷海国等同志穷数年之力编成了这部《古今文学名著描写辞典》，约我为它写篇序文。

　　编纂这类文艺描写辞典，从培养和教育文艺创作和研究人才的角度来说，应该是有其必要性的。因之，早在三十年代，就出现了钱杏邨先生用钱谦吾笔名编的第一部中国文艺描写辞典。或因其系草创之作，体例和选材上尚有其缺陷和不够严谨之处，因而曾遭到鲁迅先生的严厉批评，讥之为"赚吾钱"的出版物。但从历史发展的观点看来，这部辞典的首创之功却不可没，因为它为发展和扩大文艺队伍，充当了专业向导；为文艺爱好者和初学者提供了必要的文艺知识外，对诱发他们的创作热情，鼓励他们热爱和投身于文艺事业的献身精神，传授文艺写作技能，都起了一定的诱导和启迪的历史作用。也因此，新中国成立以后，在不同的历史年代，坊间也先后出版过同类性质的辞书，尽管它们的编选体例和要求，编辑方法和选材范围有所区别，但作为一种同一类别的出版物，可以说，都是在前人已问世的出版成果基础上，得到借鉴和启迪，吸取了必要的经验和教训，而自成体系，独立成书的。换言之，也可以说是在前人已奠定的劳动成果基础上，有所增益，有所删改，有所发展，有所创新的。而作为一种书类，它们又是互为补充，互为因果的存在。也可以说，这类辞书，是在不同年代的人们的群策群力的努力下，在质量上一步步地得到提高和趋于完善的。也因此，殷海国等同志他们这部新成之作，也应说是对前人业绩的一种继承和发展，革新和修订。正因为如此，我认为它应该是以自己独立的姿态，在出版界和读者中间取得自己的存在权利和意义的。更何况他们都是多年来在高等院校从事文学专业教学的教师，他们多年的专业知识积累和丰富的教学和科研心得与经验，也为这部工具性辞典的编选工作，提供了各种有利的条件和基础。正是出于这点认识和理解，我写了这篇称为序的小文。

文学是生活的形象性反映和表现，而把生活真实变为艺术真实的途径或方法，或一部文艺作品品位的高低之分，可以说，都取决于作家的描写技巧和艺术功力。描写，也可以说是文艺创作的基本表现方法，虽然它一如叙述、议论和抒情，都是作为语言艺术的文学作品的表现手段，但描写却无疑是占有中心地位的主要的艺术手段，可称为将生活真实变为艺术真实的桥梁和媒介物，是文学创作的基本功，文学作品的基本艺术特征。在过去极"左"思潮盛行时期，有所谓"三结合"的创作方法，即"领导出思想，群众出生活，作家出技巧"之论。换句话说，就是以政治功利主义观点来衡量文艺作品的高低的极"左"派，虽然视文学和作家都是他们进行政治统治的工具，但也不能否认艺术描写技巧在文学创作过程中的重要作用和地位。

本书虽然取材仅限于中国古代和现代小说作品，或用编选者的话说："试图局部地展现古代的和现代的写作大家如何运用我们民族的生动语言，来表现我国人民丰富多彩的生活的。"但我认为，这正是这部辞书的特色和长处，它的价值所在。因为它比较集中地反映了我国自古迄今的小说艺术的民族特色，和历代中国名作家的个人艺术风格。而且更值得欢迎的是，由于它"每一条目下，以创作年代为序，排列从名著中摘取的有关片段"，这就有便于从中窥测我国小说艺术的历史发展和嬗变的演进线索，它的继承性和革新性的历史过程，使读者对中国小说艺术，作为一个整体，对它的艺术特征和自我发展规律有一个比较完整而清晰的认识和体会。

又为了突出本辞书的主要着眼点——描写，编选者们还作为本书的第二个组成部分的内容，例举了我国小说创作中常见的或比较常见的描写方法，以本书摘选的作品中四十个具体事例为例，对其使用方法加了理论性的说明和阐释。因之，我认为，这部辞书作为工具书，它有其实用的意义——对读者学习创作，提供了丰富的参照系统和理论说明，便于在写作上从中得到启迪，获得借鉴。

当然，这绝不是说，它也为从事小说写作者提供了写作小说的"诀窍""捷径"，或开了迅即取得个人名利的方便的"后门"。因为小说创作是一种严肃的精神劳动和艺术创造，不能像小朋友搭积木玩似的，一册辞书在手，就为凑成一篇或一部小说作品，提供了各种丰富的艺术零件，然后按其所需，为我所用地，将各种零件部分加以选取配搭和拼凑，就算完成了一篇或一部小说作品。因为像我们常说的那样，"文艺来源于生活""生活是文学的取之不尽，用之不竭的泉源"，真正有志于文学创作者，首先应该是深入生活，有多方面的生活积累，和在生活实践中，体味生活，认识世界和人生，以自己对生活进行的体验与经历，认识和感受，才能写出富有生命力和艺术感染力的文学作品。但文学创作作为一种艺术创造活动，又有着自己特有的规律和要求，作家在形成和建立自己艺术风格的过程中，决不能排除从中外古今的成功作家的作品中吸取艺术营养，借以得到启迪和教益的努力。因此，就要读书，就要向中外古今的优秀作家作品学习。本书从二百五十种中国古今小说作品中，分门别类提供的各种艺术描写条目，就为读者提供了一种学习的便利条件。因为这些都是优秀或比较优秀的可以作为范例或典型的作品。因此，从它所选编的各类描写范例中，一一加了细心的揣摩，加了比较研究，融会而贯通之，从而从中得到提示与启迪，吸取有益的艺术营养，作为启发、培养和增长自己的文学创作的艺术描写能力和才干，培养自己认识生活，品味生活，描写生活的能力和技巧的参照和借鉴，进而通过艰苦的创作实践，建立和完善自己的艺术创作风格，开辟自己的文学事业。只有从这个意义上来理解，才是真正地认识了这部辞书的功用和力量之所在。

一九九一年十月末，在上海寓所

注：

①本书以《中国小说描写辞典》为名，由汉语大词典出版社一九九三年出版。

一部令人耳目一新的学术著作

——读栾梅健的《二十世纪中国文学发生论》

在我国几千年的文学发展长河中，二十世纪的中国文学确实是一个不同寻常的独特历史阶段。它不仅在语言上以白话代替了文言，以小说、戏剧、诗歌和散文平等并存的局面打破了传统文学中以诗文为正宗的一贯格局，而且在文学观念上也实现了一次彻底的解放，因而被称作"新文学"的二十世纪中国文学与"古代文学"并不仅仅是一个时间上的差异问题，而是有着不同的质的规定性。到底是什么力量促使了二十世纪的中国文学呈现出与传统文学迥然不同的面貌？它的根源是什么？对它的基本评价又该是如何？这确实是文学研究中的一个重要课题。所以，当栾梅健先生的这本《二十世纪中国文学发生论》一书专门着力于探讨古典文学向新文学转化的根源与契机时，便具有了文学史研究工作者可贵的史识与新颖构想。

由于二十世纪纷纭变幻的政治斗争形势与意识形态领域内的明显差异，对于二十世纪中国文学的研究往往会带有趋时性、政治化的倾向，稍一疏忽，便有图解政治之嫌。真正沉浸于这一阶段的文学史料中去进行深入的分析与探讨，保持一个纯正、冷静的学术研究头脑，才有可能得出一些客观公正、实事求是的结论。这也是文学研究成果长久地服务于人民、服务于社会的必然要求。在该书中，他把二十世纪中国文学发生转变的动力与契机放在《经济篇》《文化篇》和《人才篇》这三部分中加以思考，便是他致力于纯正学术研究的有力证明。当然这并不是说二十世纪的中国文学可以与政治毫无瓜葛，彼此之间毫无联系，但是只要对历史知识稍有了解的人都会知道，任何政治的运动与形式都是当时特定经济状况与社会情形的反映，都是不可能凭空产生的。因而，当栾梅健先生从二十世纪的经济状况与文化背景切入，去思考二十世纪的文学是如何产生与为何产生的问题时，便具有了更为广阔的思考空间与更为可靠的材料基础。在该书中，栾梅健先生对近代传播媒介的变革与文学兴盛原因的探讨，关于稿费制度的确立与职业作家的出现对文学观念转变的论述，指出科举制度的废除与读者群体的转变对二十世纪文学的影响，等等，都能道人之所未道，发人之所未发。这些令人耳目一新的研究成果的取得，正是得益于他纯正的学术研究心境与广阔的学术研究视野。

历史的脚步即将要跨入到二十一世纪。随着现代科学技术的迅猛发展，随着一些高科技成果对现有文学样式的冲击，二十一世纪的中国文学又将会在内容与样式方面发生巨大的变化。二十世纪中国文学相对于以往的几千年传统文学是一个极其独特的文学阶段，而与今后的二十一世纪文学也会有极大的差异。因而，从发生论的角度对二十世纪中国文学的研究，就不仅可以使人们了解二十世纪中国文学形成的由来，而且对于人们探讨二十一世纪文学的走向及其特点，自然也就有着相当重要的启示意义。愿这方面的研究引起人们的重视，并取得更为深入的成果！

注：

① 本书由台北业强出版社一九九二年出版，广西师范大学出版社二〇〇六年再版。

《〈勃留索夫日记钞〉①前记》之后记

　　这部《勃留索夫日记钞》译稿，也正可谓像勃留索夫的历史遭遇那样的命途多舛。它本是前湖南人民出版社的《外国散文译丛》编者李全安同志的约稿，并已预登广告，布告海内外。孰料交稿半年多以后，天有不测风云，书竟亦有旦夕祸福，该社突然寿终正寝，这部译稿又回到我们的手头来了。

　　感谢原《外国散文译丛》编者李全安兄的热诚相助，他又辗转把它推荐给百花文艺出版社，现在承百花文艺出版社的谢大光同志的美意，把它收留下来了，因此，它才从此获得出生问世的生存权利。

　　前年从某杂志的一篇莫斯科通讯得知，当时苏联文学界一些革新派人士有重写苏联文学史的倡议，即将过去由于政治、思想诸种复杂因素，被排除在多年出版的苏联文学史收录范围之外的那些在建国前后的大批苏联作家、诗人，包括被处决、流放、监禁以至放逐和流亡海外的作家、诗人，与虽然身在国内而受到批判，无权出版自己作品的作家、诗人，或被冷遇不闻的作家、诗人，重新进行了发掘、审视与清理，为他们恢复在文学史上的历史地位和应有的文学史评价，其中就包括这位勃留索夫。近日来得北京出版的期刊《苏联文学》一九九一年最后一期，从它的预告里，又看到译载勃留索夫中、短篇小说的讯息。我想，这大约也是对前苏联重写俄国文学史这一时代思潮的一种反响和表现。

　　苏联已经在历史面前解体了，作为一种历史现象或历史教训，值得深入研究和探讨的题目很大很多，包括在这个新式政权存在的各个历史时期的那些文艺现象（包括思潮、理论、运动、论争、政策、社团流派、作家作品等），它们各自应有的真实文学价值与历史评价，也都一一地摆在世人面前有待评说了。从这个意义来说，勃留索夫这个跨代诗人的历史命运，不是更值得我们深深思索和玩味的吗？

一九九二年二月末，上海寓所

　　注：

①本书由百花文艺出版社一九九二年五月出版。

我的称谓忆旧

二十年代末期，我在省城上初中时，由看旧小说入迷，以至模拟写章回体旧小说，曾以我们村子里一个富商家庭的纠纷为题材，写了一部可称为中篇的章回体小说《古堡笳声》，投寄到省城的大报《山西日报》副刊，不久就得到编辑部用讲究的红格白宣纸信纸给我的准备采用的复信，称我"贾植芳先生"，这是我出生十六年来第一次被社会上称为"先生"，觉得自己好像一下子猛长了许多，心里好生喜欢，并从此认定，我应该以"先生"的身份生活在这个世界上，做"先生"的工作。

随即我离开太原到北平上学，"先生"对我来说已成为一般性的社会称谓，比如坐在饭馆、咖啡馆以至住在旅馆里，那里的职工一律称我为先生，那是社会上习惯对男性的称谓，就像在新社会里，除了"阶级敌人"或"有问题"的人以外，人与人之间互称同志一样。过去我作为"政治犯"坐在旧社会的牢房里时，除了那些特别凶恶的看守人员，一般的看守人员在日常场合称我先生，因为他们知道我是读书人或知识分子身份，"万般皆下品，唯有读书高"，尊重知识和知识分子，原是我们民族传统的价值观念。他们直喊我贾植芳，那是提审过堂的时候，这时公事公办，他们职业性地把我当成看管的"犯人"。

一九五〇年秋，我到大学"插队落户"当了教授，学生们当然称我先生，正像我当学生时称老师为先生一样。这个称谓，在这个时代，即解放后的新社会里，可谓对所谓知识分子的专职称谓，学生们称你先生，除了是习惯性的用语，还含有丰富的感情色彩。因此我就主观主义地认为，大概这先生的称谓是我后半辈子的专称了。然而不然，用一句"最高指示"来说，是"阶级斗争不以人的意志为转移"，到了一九五五年胡风事件发生，当《人民日报》在五月十三日公布了所谓关于"胡风反党集团"（后来才知道，从第三批材料起，又提升为"反革命集团"。在把这三批材料汇总为一册出单行本时，序里又特别交代一句，原称为"反党集团"，现都改称为"反革命集团"以示一律云云）材料时，五月十五日一早，我就被学校的党委书记以到市高教局开会为名，把我送到市高教局，当时负责和我"谈话"的三位局长和市领导开始时还称我先生，但当他们认为我的态度不老实时，一位领导霍地从座位上站起来，宣布对我"停职审查"。这时，他就直呼我的名字。从此先生这个称谓就和我分手了二十五年！进了监狱，我连名字也消失了，变成一个代称："一〇四二。"三年以后转押到另一个监狱，又成为"一七八三"。直到一九六六年三月，即"文革"前夕，我被以"胡风反革命集团骨干分子"的罪名押上法庭，判处有期徒刑十二年，又押回原单位，在"群众专政"下"劳动改造"，我又当了八年的"一七八三"。

回到学校后，被安排到校印刷厂，在工人组成的监督小组监管下过日子，旋即"文革"风暴刮起来了，监督小组升级为专政小组，我作为"阶级敌人""四类分子""专政对象"等等（名目繁多，不及备载），在红卫兵和"革命群众"的拳打脚踢下度日，人们喊我的时候，用一种凶横口气大声叫"贾植芳"，有个别造反特别卖力的工人、干部叫我"牛鬼"，好像贾植芳这个称谓还不足以说明我的"反动本质"。

一九七八年，专政机关宣布因为未发现我的新罪行，所以"解除监督"，回原单位工作。

第二天一早，我就到原单位报到。在门口碰到系里的一位青年教师，他是我教过的学生，他用一种"文革"方式大声对我说："贾植芳，你怎么到我们系里来了？"好像我跑错了门，或者是趁清早还未上班时，窜来搞反革命破坏活动似的。我知道自己的政治身份，从一九五五年胡风案发生后，在以后的一浪高过一浪的政治运动中，似乎"胡风反革命"阴魂不散，比如在一九五七年"反右"时，从批"丁玲、冯雪峰反党集团"，到"文革"中揪出"四条汉子"来批判，后来批判刘少奇的"反革命修正主义黑线"，一直到批林彪、批"四人帮"，都以批胡风的文件（即"关于胡风反革命集团"的序言及众多的按语）为根据或参照加以对比论证，来说明这些被揪被斗的对象都是"一丘之貉"，并反复证明这些"一丘之貉"总要和我们做拼死的斗争。这条阶级斗争的规律，说明"他们人还在，心不死"，或是这个形象化的说法："阶级敌人好比冬天的洋葱头，皮干肉烂心不死。"但当我回到系里，坐在资料室上班后，大概是领导上的指示，人们都喊我老贾，算是高看一眼了。

　　一九八〇年底，胡风案作为冤假错案平反了，我由鬼变成人，恢复了政治名誉和原职称，并招收硕士研究生以至博士研究生，而我自己却进入到人生的暮年了。一般人与人之间的称谓，我普遍地被称为贾先生；学生们又省去贾字称为先生。又因为我是个老头子或老先生了，不少人在口头或文字上称我为贾老。在某些正式场合，在口头上或书面上称我贾植芳同志，这近乎一种官称或美称了。写到这里，我不禁又想起一个故事，我记在这里，就作为这篇短文的结束：一次，我托一位跟我攻读博士学位的研究生给一个熟人送一本书和一封信，这位女同志比我小几岁，是从抗战时参加游击队开始革命生涯的，是一位被年轻一代称为"马列主义老太太"式的人物，丈夫是个军级干部，虽然在"文革"中被"革命群众"活活打死，但早已举行过隆重的骨灰安放仪式。我的这位博士生被她的保姆领进卧室时（她因瘫痪卧在床上），他以为她是我的朋友，又是个上了年纪的老人，所以依照学生们对老师的惯例称她"某先生"，谁知这竟惹得她勃然大怒，大声训斥他说："谁让你叫我先生的，叫我同志！"这个八十年代的青年学生未经历过这阵势，吓得浑身冷汗。她既不让他坐，更不让保姆为他沏茶，只用命令的口气对他说："把我的眼镜拿来！"我的这个博士生诚惶诚恐地给她找来眼镜，双手递上去后，趁她看信的时候赶快逃也似的跑了出去。看来，称谓这个东西在有些场合，特别是对有些人来说，是非同小可的。

一九九二年三月三日于上海寓所

关于读书

　　我自幼顽劣，虽然五岁时，就被送上私塾启蒙，后来又改上新式小学念书，但对读书始终没有兴趣，因而逃学成性，为此屡屡受到老师和家人的"教育"——老师打我板子，罚我下跪孔夫子牌位，长辈斥责以至痛打我。大约是所谓"逆反心理"，在责骂和棍棒的威胁下，反而更激起我对书和读书的蔑视和反感。

　　但在进入高小时，一位同学从家里拿来一本石印本的绣像本《封神榜》给我看，书里的字虽然许多都不认识，但书里的故事情节、人物命运，却大体看得懂，并且使我入了迷。也可以说，以此为契机，书开始对我具有吸引力，因此把读书变成一种生活需要，最终由一个山野的顽童变成一个知识分子，以读书、买书、借书以至写书、译书、编书与教书为业，而不知老之已至——我成了一个戴着近视眼镜、拄着手杖、耳朵上挂着助听器的老读书人了。

　　而书籍又像是一把火，它不仅点燃了我的生命，也照亮了我周围的生活世界，使我看到了人生的价值和意义，生而为人应具有的责任和品格。因为正如我去年为二位青年朋友的散文集写的序文中说的："我不喜欢思而不学或学而不思的人。书籍本来是使人变得聪明而勇敢的东西，而不是使人变得愚蠢而狡诈的东西。"正因为我生活在一个在激变中前进的世界，时代把我塑造成了一个不安分的知识分子，因而在"政治犯"的监狱里进进出出，前后有四次之多，以至生命的一大部分消失在没有自由的狭小天地里。知识给人以智慧和力量，但在一个国家充满灾难的时期里，知识往往又成为知识分子的灾祸的来源。所谓"知识越多越反动"。历史上频频出现的文字狱，或曰"笔祸"，又成为知识分子的独享的专利权，原因盖于此。

虽然列宁在监禁流放中写下不朽的力作《俄国资本主义的发展》，尼赫鲁在监狱中写下他的自传，等等，都成为读书界的美谈，许多仁人志士都把监狱看成一所大学，但据我的亲身体会，不是所有朝代的狱牢，都被允许安心去读书甚至写作的。监狱作为一所大学，更主要的是它提供给我们读生活这本活书和大书的充分机遇，因为在这里的囚犯中，有各种层次和职业以至不同国籍的各式各样的人，它可以开拓我们的生活视野，丰富我们的人生体验，得到在正常的社会生活中无法得到的对人生和社会的感性认识，因为在这里面，人与人的空间距离大大缩小了，同时，多是以赤裸裸的自我呈现出自己。我在青年时代，从书本上读到一个故事，说的是一位法国富孀，为了培养自己的儿子成为一个作家，曾出资要她的儿子拜当时的著名作家福楼拜为师，福楼拜却对这位富孀说："太太，您叫儿子跟我学作小说的这笔学费，最好交给他，由他到社会上去闯荡，这才是培养他成为一个作家的正当途径。"这句在我学生时代读过的话，直到我进入社会，而又频频与监狱结缘的生活实践中，才真正读懂了。

当然，我在这里这么说，并不是要每个人为了读懂生活这本大书都去进监狱，去体验人生，我是说，读书除了要博读用文字写成的书籍外，还要从生活实践中获得知识和认识，所谓"生活之树常青"。生活是知识的直接源头，广义地说来，书籍不过是用文字形式表现出来的生活而已。因此，也只有多读生活这本大书，才能真正读懂弄通用文字写成的书。二者相辅相成，不可偏废，古人所谓"读万卷书，行万里路"，也说明了生活实践的重要性。

最后，抄一段我的一篇短文里的话作为这篇小文的结语："书使我从混沌中睁开了眼睛，它不断加深了我对世界与人生、历史和社会以及对自己的认识和思考，使我认识了生命的意义和价值，人应具有的品格和责任。因此，在漫长的人生旅程中，书始终与我结伴同行，没有书读的日子，比没有食物的饥饿感更强烈，更不能忍受。"

一九九二年于上海

我与陈瘦竹先生的交游

　　一个人与一个城市的关系史，也应该是这个城市的历史整体上的一个小构件。我和南京没啥直接关系，我没有在那里当过居民，也没有读过书，更没有做过事。但又有些关系，它是旧社会的执政者国民党的首都，而我却在三十年代、四十年代吃过这个政权的两次政治官司，几乎送了命。所以在历史上，一提到这个城市，我就会泛起一股强烈的憎恶情绪；但在五十年代以后，我却结交了一些在那里居住和工作的同行朋友。所以现在一提到这个城市，我又有了一种亲切的感觉，仿佛是一个很熟悉的地方似的。因此，我想写写我和已经过世三年的朋友陈瘦竹先生之间的交游史。

　　我和陈先生是由"神交"而发展为"面交"的。那大概是一九五三年或一九五四年，在上海举行华东地区作家会议，陈先生从南京赶来开会，我们在这个会议上碰头了，又蛮谈得来，所以在一天中午我约他到距上海作协不远的锦江饭店底楼吃了个便饭，喝了几盅酒，也算稍尽地主之谊。在我投身社会以来，每当结交到一位气味相投或相近的朋友，真像当商人的又发了一笔财似的高兴。那次吃饭中谈了些什么，当然无从记忆了，但却彼此畅所欲言，很放纵自己，很投入。那时我们都还年轻，他比我略长，我才三十多岁，可谓都是风华正茂、生气勃勃的好年纪。但从一九五五年以后，"由于众所周知的原因"，我就长期与社会隔绝了，直到七十年代末期，我的苦难历程才熬到尽头——告别了长期的关押和"苦力的干活"，坐在原单位的资料室里编资料，可以比较自由地和社会接触了。大约在一九七八年，因为一部现代文学资料集的出版问题，我由一位同事相陪，第一次到了南京。由出版社安排在一家挺不错的宾馆型的招待所住下以后，我们这部资料书籍的责任编辑汤淑敏女士，介绍我认识了她们的总编章品镇先生。我那时虽然头上还戴着那顶政治帽子——"胡风分子"，但这两位出版界朋友却没有把我当异类来看待。先是汤女士和我说好，由她先把我到宁的事向她们的总编章先生汇报后，再约好日子，由她带我去看章先生。但章先生听到我已来宁的讯息后，却立即跑到旅馆来看我，说我是他们请来的客人，理应由他来看望我，不应该先由我去看他。光凭这番话，我就觉得这位穿中山装、头发花白、身材瘦长的长者（其实他比我年轻），并不像是一个出版官，而倒是一个很重情义的知识分子，或者说，是一个没沾上官场习气、没变质的知识分子，一位从事出版事业的知识分子，正像我在旧社会上海滩上相熟的那些私营出版社的老板朋友一样。我当时就认定了这位章总编是个应该交的、可以长交的朋友。这可以说是我这次南京之行的最大收获，是我在大难之后的又一份"后福"。

闲聊中，我问起南京文艺界一些人的近况，当提到陈瘦竹时，老章脱口说："别提了！那年在上海开会，你在锦江饭店请他吃过饭吧？就因为和你吃过一次饭，一九五五年你出事以后，他也惹了一点麻烦……"他这么一说，我只有苦笑！想到在"文革"中学到的那些新知识，比如："没有无缘无故的爱"呀，"筷子头上也有阶级斗争"呀之类，再联系到我那次请客竟给朋友带来了一场灾祸，真是大开眼界，大长见识之余，我再不敢动去看望他——陈先生的念头了。因为"最高指示"说，"文化大革命"不是"七八年要来一次"吗……

一九八三年，我和妻子忽然动了外出旅游散心的念头，我们决定顺沪宁线而下，先到南京，再转到苏州。到南京就先投靠新交的老朋友章品镇先生。我们到南京的第二日清早，品镇兄就请我们一家人在秦淮河边的"六朝居"用早饭，品尝这一带流行的小吃——干丝、肴肉和小笼包子等。当然是以喝酒为主。我们刚喝了几盅酒，陈瘦竹先生和他的夫人也上楼吃早点来了，我才第一次拜识了他的夫人。多年不见，他似乎发福了。寒暄过后，我就开门见山地对他说："陈先生，我这次到南京，没有到府上看过你，你也不知道我要来，当然也没有来旅馆看过我，咱们这是在饭馆里偶然相遇，这个章品镇可以作证明。这样，将来万一又有个什么风吹草动，我们彼此交代起来就好办了。话先挑明白，你们两位就请入座喝酒，今天由章品镇请客！"我这么像说正经话又像说笑话的一喝叫，大家马上哈哈笑开了，一餐饭吃得挺快活……但谁想到，这就是我和陈瘦竹先生的最后诀别！

一九八九年，我突然接到南京大学的通知，说是要趁庆祝陈先生八十大寿时，为他举行一次创作和教学纪念活动，邀我来参加。我接到通知后，马上给南大的叶子铭先生写了信，说我听到陈先生正在卧病，很想趁这个机会，到南京去住两天看看他。岁月不饶人，我们这层年纪的人，在朋友的圈子里，越来越少下来了。随后接到叶先生的复信说，他将我去宁的意思告诉了病榻上的陈先生，他听了非常高兴，盼望我们能再见上一面。……但终因时局动荡，我的这次南京之行竟化为泡影，直到接到陈先生终于因癌病不治，离开了这个世界的讣告……

现在，陈瘦竹先生逝世已近三个年头了，我在灯下补写了这篇小文，算是对故友一份迟到的悼文。同时，我们这两个知识分子间的这段交游"故事"，也可作为一段特定历史时代的"逸闻""逸事"，为《南京大观》补白之用。

一九九二年于上海寓所

126

一个老读者的祝贺

今年欣逢上海图书馆建馆四十周年大庆，我作为一个老读者，很自然地回想起这许多年来我和她的交往，和她对我的无私的支援和帮助。因此，正如碰到一位有深交的朋友的生辰时日似的，我是那么高兴和激奋，我由衷地祝愿上海图书馆生存得更加健康、硬朗，不断开拓和发展馆藏数量，进一步提高服务质量，再接再厉地发挥自己的潜力的新的优势，为我国人民文化素质的提高和改变，为我国学术文化事业的超赶世界先进水平，一句话，为我国的社会主义现代化事业，即为完成近百年来我国的志士仁人为之艰苦奋斗、梦寐以求的历史宏愿的早日实现，继续克尽职责，做出新的奉献！

我多年来，总是对周围的朋友和学生们说，图书馆是我们做人治学的良师益友，是我们读书人在建设自己的学术专业过程中的衣食父母。我们在学业上的每一步前进，都离不开她的哺育功劳。因为我认为，无论是在校的各种专业大学生和硕士、博士研究生，他们在课堂上所得到的，只是专业的基础知识，教师只是个指路人；只能起到启发和引导作用，自己的学术道路，还得自己一步一个脚印地往前走。为了开拓自己的文化视野，完善自己的专业知识结构，不断增添学术讯息量，就得靠自己充分利用图书馆的馆藏，因为像样的图书馆，不但是古今中外典籍的庋藏所，也是各种新的学术讯息和动态的情报中心，图书馆就是第二课堂，只有以汉儒董仲舒的面壁十年，目不窥园的决心与工夫，埋头苦读、苦思，才能进行创造性的专业劳动，建立自己的学术事业，做一个名实相符的学有专长的中国现代知识分子，在专业上有所成就。即或是像我这样地走上专业工作岗位的知识分子，原来的知识储备，也只是相对而言的，"学无止境"，还是依然需要结合专业，求助于图书馆的力量，从那里吸取新鲜的精神学术营养，开拓和更新自己的知识结构，才能和时代同步前进，避免知识老化、僵化，不为历史所淘汰，做向隅而泣的可怜虫。而我这些认识和感受，也可以说是生活实践本身教给我的，是那些中外学术先辈的成长史启发我的。从某种意义上说，一个国家、地区，以至某个高等院校、科研机构的图书馆，她的馆藏和设施，以至服务质量，往往起一个橱窗或窗口的作用，从这里大可窥见和衡量这个国家、地区、高等院校、研究机构人员的文化素质和专业发展水平，以至学术动态。前几年，我曾有几年兼任本校图书馆的馆长职务，在日常的馆务活动中，对我感受最深的一点就是，因为我们这个综合性的重点大学，又处在上海这个世界性的现代大都市里，因此每每有外宾来校参观访问，不论是政府首要，或是专家教授，他们来校访问时，往往提出要参观校图书馆，而在参观时，又看得、问得挺仔细，从这些重复出现的现象中，我才醒悟出这其中的道理。

上海从开埠以来，由于她的特殊的历史地理条件，她不但是我国主要的工商业、外贸业和金融业的活动中心，也是我国近现代文化出版事业中心，或主要基地。新中国成立以前，上海虽然没有市级的综合图书馆，但还是有一些馆藏厚实的专业性图书馆，如新中国成立初易名为历史文献图书馆的合众图书馆，作为科技图书馆的明复图书馆，作为报刊图书馆的鸿英图书馆以及原为天主教会的徐家汇藏书楼等等。更主要的是社会的图书资源丰富，经营古今中外图书的新旧书店、书摊鳞次栉比，多不胜数。正是这些得天独厚的图书资源，所以，上海图书馆虽然建馆时间比之北京图书馆以至南京的中央图书馆建馆时间较后，但她的馆藏，相对说来，在全国范围内，还是屈指可数的，甚至有后来居上之势。尤其是关于中国近现代历史、政治、经济、文化、文学、艺术等类书刊，由于上海独特的历史地理环境，更可以说是全国首屈一指的。

从七十年代末期以来，即党的十一届三中全会以后，由于粉碎了文化的死敌"四人帮"，拨乱反正，清除了极"左"思潮的干扰和破坏，在新的历史条件下，我所在的工作单位，由于参与了由中国社会科学院文学所主持的两套有关中国现当代文学大型资料丛书的建设事业，为了完成我所主持的其中的几个重点资料项目，如巴金研究资料、文学研究会研究资料，外来思潮、理论、流派与中国现代文学的关系和影响研究资料等的编撰任务，在近五年的时间内，我和几位中青年同志，几乎是马不停蹄地每天到上海图书馆去"上班"，每日早出晚归，从她那浩如烟海的馆藏中查阅我们专题项目所需要的中外文资料，并就地复印、抄写，也可以说，我们承担的这个项目能够以较高质量得以完成，以至送交出版社公开印行，主要是得力于上海图书馆的鼎力支持和多方给予的协助。也正是在这个查阅书刊的频繁的接触中，我和上海图书馆的不少同志建立了友谊，我又多了一些说得来的新朋友。只是近几年来，我因年老事杂，腿脚不便，所以除偶尔因公务外，就很少进入市区了，也因此就绝少机会去上海图书馆串门了，正像我也很少有机会去看望住在市区的老朋友一样。但在教学和研究工作中，如有所需，我还是通过不断给上海图书馆的朋友写信、通电话求助，或是托学生前往借阅。而十多年来，无论是在我这里攻读硕士学位的中国现代文学、比较文学的研究生，或攻读中国现代文学博士学位的研究生，他们在攻读专业课程和撰写学位论文的过程中，也可以说，他们在长成为一个专业人才的过程中，上海图书馆是一位尽了重要哺乳力量的伟大乳母。又如这些年，在开放性的大的文化环境下，来校跟我进修的东西方汉学家，在完成他们所从事的专题研究中，也离不了上海图书馆给以的方便和支持。总之，这些年来，为了自己和我的那些学生，以至国内外友人在沪访书和查阅资料，我给上海图书馆有关部门的同志写了数不清的介绍信，而他们又都是有求必应。说到这里，我要再次地深深感谢上海图书馆这些年来对我以及我的朋友和学生们的无私的支援和热情的帮助！我在前文中说，图书馆是我的衣食父母，就是生活实践本身使我得到了这样的结论的。也因此，我也一再和上海图书馆相熟的同志说，我要给上海图书馆挂块匾，就写四个大字："衣食父母。"

近几年由于经济大潮冲击，社会上泛起一股读书无用，知识贬值的歪风，关心国脉民瘼者，莫不忧心忡忡。但每当我听见住在市区的朋友或同事说起，一大早在上海图书馆开馆以前，读者在大门口排队等待进馆的情

129

景时，我就非常激动，甚至不禁眼里涌现出一个老年人的泪花。因为从这里，我看到我们这个伟大国家的健康的有生力量。这些一早就在上海图书馆门前等候进馆的读者群，不仅是我国各种学术专业的强大的先进力量和后备力量，它又仿佛是一个象征，显示着我们这个向现代化进军的国家的光辉前程！

上海图书馆，我深深地向您致谢、致贺和致敬！

一九九二年四月三十日，上海

我的写作生涯

在我的一生中，跟命运一直进行着残酷而持久的战争，争斗的焦点之一，就是我的写作。命运之神站在那儿发过誓，绝不让我有写作机缘，而我却总是在人生道路上任何一个安定的瞬间匆匆忙忙抓起笔来，努力要留下些人生的感触。斗争的结果就是手稿的多次失落。每当暂时的安定过去，随之而来的厄运第一击总是摧毁我的作品。

一九四五年春天，我由驻扎在陕西黄河边的国民党工兵部队（我在这里做日文技术翻译工作）中逃出一条命来，惶惶地暂栖古城西安，准备转道去济南投奔伯父。我整理一遍自己的旧稿，从中选出几篇在当时恶劣形势下尚能问世的小说和散文寄给在重庆的胡风，余下的包藏在一个枯井中。后来几经辗转，早已消尸灭迹了。还有一些信件与手稿交与妻子任敏的一个亲戚保存，那同乡在西安一个钱庄当伙计。解放后回到乡下，一九五五年我出了事，他害怕牵连，把这些东西私下处理掉了。结果这一时期所能留下的作品，就是一本《人生赋》的小说集。

更早的一次，是一九三七年抗战时期，我从日本绕道香港回国参加抗战，在日本读书期间，我写了不少小说、散文与译稿，除了《人的悲哀》发表在胡风编的《工作与学习丛刊》上，后来收入《贾植芳小说选》，《记忆》发表在《七月》，后来收入了散文集《热力》以外，剩下的文稿都留在香港，那时我们一起回国的留日同学中有一位陈启新，是我在日本大学社会科的同学，是来往较深的朋友，广东新会人，他有亲戚在香港开木器店，我就把带不了的衣物书籍以及文稿都留在那亲戚家。其中有一部据英译本转译的俄国安特列夫的戏剧《卡列尼娜·伊凡诺维娜》的译稿，当时已和商务印书馆约好，准备将稿子寄给他们，收在《世界文学名著译丛》里出版，后因战争爆发，搁浅了。一九四六年我到上海后，开始在胡风编的《希望》杂志上露面，这个杂志由上海的中国文化投资公司出版，陈启新在香港看到《希望》，得知我的下落，给我来了一封信，由中国文化投资公司转的。我接到信后，首先想到经他手寄存在香港万寨木器店楼上的那批稿子和书物，因此托在香港《华商报》工作的陈闲去找陈启新，因为启新的信上没有提他在香港做什么工作。陈闲来信说，找了好几次才找到他，那里门禁很紧。一直到一九八三年我到广州碰到启新才得悉，他当时在香港从事地下斗争。陈闲从启新那里取来我的稿子和一部分外文书，由邮路寄回上海。不料这时我早已经蹲在国民党监狱里了。任敏当时已出狱，寄居在郊区的朋友家里。她收到邮条，去四川北路邮局取回这大包书稿，用新床单包裹，雇人力三轮车拉到胡风家里，她神情恍惚，到了胡风家门口竟径直上楼，把两大包书稿留在车上，待胡风问时才想起，赶快下楼去找，三轮车已无影无踪了。胡风跺脚叹息，说贾植芳还坐在牢里，你们的经济又这么困难，如果有这部稿子，卖几个钱也是救急的办法。许广平先生也在场，她出主意悬赏登报寻找，胡风立即拟稿，托人送到《新民晚报》登出来了，但译稿仍石沉大海，毫无下文。现在回头想想，老天给我安定写作的时间太少了，而让我遗失稿件的机会又太多。谁能料到一九五五年反胡风运动的风波里，我会再次遭遇劫难，使我在青岛隐居期间留下的生命痕迹，除了一本已出版的恩格斯的《住宅问题》译作，一切都荡然无存了！

一九九二年七月在上海

闲话老年①

  记得早年读鲁迅先生逝世前夕题名为《死》的文章里曾说，中国人过了五十岁，就会想到死的问题，大概因为这个魔影此时也侵袭了他，使他写了这篇文章。我们乡间的俗语又说："人老三不贵，贪财怕死不瞌睡"，也提出死的问题，可见中国人，无论智愚贤不肖，在这个自然规律面前，都有其共识与同感。解放以后，一般说来，由于人的生活比较安定了，有大锅饭吃，医疗保健条件也相应地得到了改善，我国人的平均寿命，似乎普遍地延长了，比如我虽然也年近八十了，但在我这个知识分子成堆的地方，比起九十以上或年近九十的老先生来，却还称不起老。我在青年时代读到一位外国作家的名言，他说，一个人只要经过两种生活境界的考验，即被投入监狱和上前线打过仗，经过这两种出生入死的磨难，人就可以获得自由了。我生平在政治犯监狱里四进四出，抗战军兴，就从日本弃学回国，投身抗战，曾在前线作战部队里做日文宣传翻译工作，上下火线，也可谓出生入死，反复经历了人生的锻炼，所以我虽然进入人生的暮境，但对死亡却可谓处之泰然。一次一位比我年事稍长的朋友来看我，因为许久不见，我们在抽烟时，我问他说："还写写文章吧？"他听了，竟漠然地回答我说："火葬场里没有办报刊的。"换句话说，对我们这类到了行将就木的老头子来说，唯一前进的目标就是快步或慢步地向火葬场前进，过去为了作文章吃过苦头，到了这个辰光，也可一身轻了。我和他的想法却有些区别：既然还活在这个世界上，要活着就得吃喝，就得消费，为了付饭钱，还要为这个社会做些力所能做的事，这也是一种自我精神安慰，并不是因为"人还在，心不死"，还想捞点什么，带到棺材里去。儒家说："未知生，焉知死"，或曰："死生有命"。生死就是这么一回事。

这些年来，我又常常收到讣文，大半都是我的同代人和比我年事稍长者，当然也有五六十岁左右的中年一代。外埠的我就打唁电，本市的一般我送花圈，遇到相交较深的朋友，我就坐车到龙华火葬场参加遗体告别或者追悼会，但凡这个场合，当举行告别仪式开始时，我们这些老年人，不少是像我这样挂了手杖的三条腿角色，当大家排成一排时，一般都被安排在前一排位置上，面对着墙上的用黑丝边围绕的死者的遗像，在哀乐声中低头默哀。到举行仪式完毕，大家退出会场时，我对相熟的朋友总喜欢发这样亦庄亦谐的议论：那颗钉在墙上挂遗像的钉子位置是永远固定不变的，只是被它挂的遗像每次都是旧人换新人，你我这次低着头站在他的遗像面前默哀，说不定下次轮到把我的遗像挂在这个钉子上，那你照老例，站在这个排里低头为我默哀；要是不幸把你的遗像挂在这类钉子上，我也会照例站在这一排里，为你低头默哀。风水轮流转，来者有份，谁也逃不了，只是不要当"积极分子"，革命加拼命式地往前赶，提前完成任务；要磨洋工，慢腾腾地往这里走，最好挪两步，又退一步地迟迟地向前走，就是说，争取长寿，多活几年，像过去一个时期大家口头禅似的说的："多做些工作，把过去失去的时间补回来……"这也可称为中国式的"存在主义"。但有一点：为了争取存在得久些，可又不能忘了存在的意义和价值，要给生命史画个滚圆的句号，不像阿 Q 似的，枉费了力气，却没有把圆圈画圆，怅然地离开了这个美丽的生活世界，因而成了一个被人指摘笑话的角色，死不瞑目。

注：

①原载笔会编辑部编《一个甲子的风雨人情：笔会六十年·珍藏版》，文汇出版社二○○六年出版。

134

书与我①

　　书与读书人的关系，我觉得可以用一个蹩脚的比喻来说明：它们正如《红楼梦》中的四大家族贾、王、史、薛之间的关系——"一荣俱荣，一枯俱枯"，也可以说是荣辱与共。

　　我国是一个有着几千年文化专制主义传统的老封建帝国，而中国历代封建统治者大都又是制造文字狱的能手，举其荦荦大者就有：周厉王用暴力弭谤，秦始皇焚书坑儒，东汉党锢之祸。宋代开国皇帝赵匡胤比较开明，虽然有不杀儒生的圣谕，但到南宋处于偏安之局的时候，又忘了祖训，有迫害陈山的冤狱事件。至于明代的东林党案，清朝的文字狱祸，更是使中国的读书人谈虎色变的历史掌故了。现代中国是一个在激变中发展的国家。辛亥鼎革以后，由北洋军阀袁世凯到国民党蒋介石，在这方面的"德政"，并不逊于他们的前辈历代帝王（战前的一九三六年，当时的救国会"七君子"之一的章乃器先生曾在一篇文章中说，蒋介石一九二七年上台以来，遭到他直接或间接迫害的中国知识分子有五十万之众。鄙人就被他先后"光顾"过两次）。

　　我们新中国成立以后，由于"左"的不断干扰，"罢黜百家，独尊儒术"的大一统文化观念的回潮，历次兴起的政治运动，就往往以知识分子为主攻对象，这已是我们自己所亲历的生活现实，恕在下就不在这篇短文

135

内一一列举了。有鉴于这些血泪斑斑、一再重复出现的历史事实，我建议有心的同志不妨定下心来，收集材料，撰写一部《中国文字狱史》，做个历史回顾与总结。前几年上海书店重新排印了三十年代北平故宫博物院影印的《清代文字狱档案》，可谓功德无量了。

我也算个读书人或知识分子，历经北洋军阀统治，国民党当政，中间插入日汪时代，以迄解放后的当代。由于我生性顽劣，每个历史时代，都免不了因文贾祸，身入囚室，经受牢狱之苦。而我生平不嫖不赌，不抢不偷，弄几个血汗钱，除必要的生活资料，以及吸烟喝酒需要花销外，都买了书。"黄金有价书无价"，每每碰到一本自己喜爱的书，不惜倾囊来买，甚至不惜告贷以求。可惜的是，我这些书籍藏存，每吃一次政治官司，都被官家抄家时搜掠一空，反而被作为犯罪铁证，受到监禁以至正式判刑的惩处。因此，直到一九八〇年我平反时，我手头只有四卷本《毛泽东选集》和小红书《毛主席语录》。这些年，世界太平了，我又买了不少书，加上文化界和出版界朋友的相赠，又积有满满七大架书，好像又有好几千册书了。我每坐在它们当中，环顾四周一排一排、一行一行的各色书脊，而以能与这些书的作者，古今中外的学者作家们共处斗室之间，感到人间万事已足，自我感觉非常良好。但每每想起它们的前辈在历代我落难时的不幸遭遇——它们都落在鲁迅先生所说的"三道头"（警察）手里，又感到不寒而栗，四顾茫然了。

注：
① 原载《青岛日报》，一九九二年十二月十七日第三版。

136

《新月下的夜莺——徐志摩传》①序

　　记得一个外国作家说过："序文总是写在最后，而印在最前面的文章。"炳辉约我为他的新著《新月下的夜莺——徐志摩传》写序，已是好久以前的事了，但因我年老事杂，加上其中又两次出外奔波，所以拖到现在才动笔，因而忽然想起很久以前读过的这句格言式的话，觉得真是说到了实处，很有意思。

　　我虽然只读了这部人物传记的目录以及其中的若干章节，但我觉得炳辉的这本传记书，落笔实在，他完全摆脱了多年盛行的以政治功利主义观念对历史人物指手画脚的老套数。他没有对传主做廉价的褒贬，有意夸大什么或贬损什么，或从传主的政治观点或生活经历上找碴口做文章，而是以一种严正的历史主义态度，把传主放在一定的历史环境之下来认识，从他的生活经历，生命追求，他所创造的文学世界上来着眼，着重研究徐志摩是以怎样的生存方式活了那么短短的三十五年，他是一个什么样的人，他为中国新文学建设和诗歌创作，增添了什么有个人独特价值的东西，即他在文学上的表现和成就，以及为什么在他离开这个世界六十多年以后，他的作品仍然那么具有艺术魅力，风行不衰？

　　徐志摩出身于江南名门，他像"五四"时代他那一辈中国知识分子一样，即对中国传统文化和古典诗歌有着精湛的素养，又出过洋，留过学，

137

在英美接受过系统的西方文化和诗歌艺术的熏陶。他的足迹遍及欧亚大陆，又性喜交游，与当时的西方文人学士多有过从。回国以后，又属于中国上层社会的文人骚客、学者名流。他可以说是活得真实而潇洒，死得浪漫又壮烈，他仿佛是出现在中国文学长空里的一抹转瞬而逝的绚丽的彩虹一般。对炳辉说来，徐志摩是六十多年前的一位历史人物了，他与传主所生活的历史时代，有着极大的历史反差，但好就好在他与传主一样成长于中国开放的历史时期，生活在中西文化又重新碰撞和交会的时代环境里，他身上没有旧的历史负担。因此，他能以开放性的文化心态，直面历史和未来。他通过深入阅读徐志摩各式作品，及其亲朋好友的回忆悼念文章，这几十年以来积累下来的大量中外学者的评价研究论著，尤其是从走访今天仍然健在的传主生前的亲友所得到的口述材料，经过自己的精心整理和深入分析，以自己的思路和笔墨，从传主的人生经历和追求中，从他所创造的文学天地里所得到的感悟中，塑造了自己意象中的徐志摩的历史形象。正像他自己说的，他"企图穿越这道时间的帷幕，企望得以一窥诗人当时的真实风采"，"我的写作也仅仅是一种回忆，以我自己的方式，回忆二十世纪初叶一位充满生命活力和创造精神的浪漫诗人、散文家，回忆他的生命历程，他的文学创造活动，以及这两者和时代文化背景的独特感应"。应该说，炳辉笔下的徐志摩，是一个落笔客观实在而又可信的历史人物，因为他写得干净利落，不拖泥带水，就更显示出它的可读性和文学价值。我相信我们的读书界是会喜爱这部以丰富的史实、诚实的心态和潇洒的笔触所描绘的这份真实的人生记录的，因为它是一个具有自己历史价值的逝去的生命的载体。

一九九二年十二月中旬，在上海寓所

注：
①本书由上海文艺出版社一九九三年十二月出版。

《鲁迅的创作与尼采的箴言》^①序

在我国的鲁迅研究中，关于尼采与鲁迅影响关系的研究，可以说是早在三十年代以来就已开其端倪了，但真正地作为一个研究课题，则不能不说是经过"文化大革命"的十年浩劫，从七十年代末以后，即在我国进入改革开放的历史新时期以后，随着中外文化交流的正常化，西方科学与文化作为一种新的历史冲击波，对中国传统的封建文化专制主义的新变种——"左"倾教条主义的冲击下，中国知识分子在第二次的新的历史觉醒中，第二次发现了尼采，引进尼采的结果。也正如在清末开放性的政治文化环境的大背景下，中国知识分子第一次的历史觉醒以后发现了尼采，引进了尼采一样；又正如经过这第二次大战的炮火灾难，西方世界又重新泛起尼采热一样。这种相似性的历史文化现象，很值得人们深思和研究。

但我国这些年的关于鲁迅与尼采影响关系的研究，一般还停留在宏观研究的角度。总的说来，其基本论点不外：①尼采作为资本主义文化的自身否定力量，他的摧毁一切历史旧传统的偶像破坏论者的战斗精神；②他的重新估量一切价值的激进思想；③他对超人的出现的呼唤和向往，以及对个人主观意志力量的赞扬。而这种对尼采思想在鲁迅以至"五四"前后一代的中国知识分子身上的影响关系的总结性的论点，也正是从一个侧面反映了背负了历史苦难的十字架的前后两代中国知识分子，在精神上的独

139

立性和挣扎中探索新路，倔强地前进的历史面影。

抗生是七十年代末崛起的觉醒的一代的知识分子和青年学者。早在他的大学时期，由于生性耿直，热爱解放后的新生活，因此以直言招祸，竟成为一九五七年那场反右运动中的"扩大化"对象。身遭厄运，使他年轻的心灵受到了意想不到的创伤。正是在他的痛苦的人生体验中，偶然得到一本《野草》，他深深地为它所开拓和描述的深邃的精神世界图境而兴奋、震动以至战栗，而引起心灵上的激烈的骚动。他为了把自己的感受弄个明白，开始了系统地阅读鲁迅、研究鲁迅和学习鲁迅。当中经过十年"文革"浩劫的磨难，连他的"好地狱"（《野草》）也失去了，更谈不上做什么鲁迅研究了。但也正是这场空前历史浩劫的磨难，由于"事实的教训"，反而使他开始懂得了《野草》中的那些篇章的深刻的内涵与意境，使他开始领悟到在那个黑暗的令人窒息的环境里，鲁迅的"不悲观，常抗战"的战斗精神和称赞在暴虐之下，敢于发出"活不下去了"的呐喊勇气。也因此，他虽僻处苏北一隅，而以学徒式的虔诚与审慎，在通读鲁迅全部著作的基础上，为了读懂鲁迅而研究鲁迅，积极投身于《野草》的研究，前后经过了二十年的春秋。他根据自己的生活体验和研读心得，终于写出了他的第一部研究《野草》的专著——《地狱边沿的小花——鲁迅散文诗初探》，于一九八一年出版，为在我国鲁迅研究领域里进行更深层次的开拓和发展，贡献了自己从探索中得来的心得。

在他对《野草》的第一部研究著作问世以后，为了进一步从《野草》中挖掘一些更深层的东西，进一步理解鲁迅，他从另一个新的角度——中外文学影响关系的角度，研究鲁迅与外来文化文学的关系。鲁迅对外来文化文学的接受，正像他那一代的中国知识分子一样，不是单一的，而是多元化的。抗生根据自己的认识与理解，集中精力于《野草》某些篇章与外来文学影响关系的专题研究，又经过了十载寒窗之苦，他终于完成了他的第二部《野草》研究新著《鲁迅的创作与尼采的箴言》。

他的这部新著，除了三篇是关于《野草》与屠格涅夫散文诗关系的比较研究，两篇关于尼采及尼采与鲁迅创作关系的概观性的研究，两篇尼采与《狂人日记》的比较研究以外，本书主要篇幅则是集中对《野草》的某些篇章与尼采的《查拉图斯特拉如是说》的微观性的比较研究。

我在这里除了作为引子概略性地对抗生这多年的鲁迅研究的历史背景

和学习研究历程做介绍外，我还想说抗生现在这本从比较文学角度研究鲁迅创作的新著，其最大长处，即他的论文，没有陷入七十年代末以后，比较文学作为一门独立的学科在我国新的开放性的政治文化大环境下又重新崛起以后的一段时间内，我国对中外文学影响关系的研究，用对号入座的方式，从中外两种文学具体作品之间的某些相似相近之处的表层现象着眼，进行简单的比附的新框架，而是能从根本上认识到，鲁迅在多元性的吸取和借鉴外来文化文学影响的过程中，是有所选择、有所吸取、有所扬弃、有所创造的，所有可称为影响了他的思想精神和艺术表现方法的外国作家和作品，都是他经过自己的选择和阅读、嚼咀以后，消化为自己的思想艺术血肉的，并不是简单地照搬和模仿。因此，抗生的论文中，不仅指出了尼采思想和精神在鲁迅文艺创作中的某些影响表现的迹象，他更能从见于具体作品中的它们之间相通相似之处，发现鲁迅自己在思想精神境界上的独立品格和艺术表现手法上的创新表现，他的带有明显的个人印记的思想艺术特色，他的独特的思想文化性格和文学风格。鲁迅以自己的方式，接受了尼采学说中的某些论点，化为自己的思想血肉，而又走出了尼采。还可以看出，在抗生这部新著中，有的观点和认识来源于他在阅读时和思考中的直观或直觉性的感触，有的则是经过反复嚼咀有所省悟的产物，它们都有较深层的意蕴，有一定的思想理论深度，而又隐含着一种从生活而来的激情。它们都是作者在刻苦钻研尼采作品和鲁迅原作后，通过对鲁迅和尼采影响关系的具体研究和论证，对《野草》的研究中所得到的自己的新感受、新认识、新论点，它为我国的《野草》专题研究以至鲁迅研究，走向更多角度、更多层次的开拓性研究，提供了新的学术积累。它或会有其不足之处，但我相信，他的努力是诚实的、严谨的。也因此，我认为这是一部有自己的新的思想境界和美学价值的学术论文集，它的价值，不是市场观点可以估量出来的。

我与抗生相识和相交，说来也有十多个年头了，我们虽然是属于两个不同年龄层次的人，但大约由于我们各自对生命价值的认识与追求、人生态度以至文化性格，基本上都形成于不同历史时期的开放性的文化环境气氛下，因此我们能一见如故，声息相通。在近几年的经济大潮冲击下，在有些文人学士纷纷弃文下海从商，去做各自的黄金梦的时代气氛下，抗生却仍然能甘于清贫和寂寞，僻居于苏北一隅，执着于自己对生命意义和价值的理解，坚持自己的人生选择，继续在鲁迅研究领域内，锲而不舍地埋头努力钻研，健步前进，并相继奉献出自己的新的研究成果。我认为像抗生这样的中国现代知识分子的精神境界和学术品格本身就是一种很有历史和现实价值的我们民族的精神财富。现在他又将自己近几年先后发表在那些有一定学术影响的专业刊物上的从中外文学关系影响的角度研究鲁迅创作与外来文化、文学关系的论文和札记，集腋成裘，整理成专著出版，并约我为它写一篇序文；我也正想借这个机遇，向我国读书界介绍一下抗生走上鲁迅研究道路的历史时代背景和他的具体研究的学术成果，所以很乐意地接受了他的约请，并且也为了纪念我们之间的友谊，在匆忙中写了这篇称为序的小文。

在目前文化出版事业日益陷入低谷的时势下，西北大学的《鲁迅研究年刊》主编阎愈新先生，毅然将抗生这本研究《野草》的新著推荐给他们与陕西人民教育出版社合编的《鲁迅研究书系》中，给它以问世的机遇，我作为这部书稿的一个读者，对于阎先生这种雪中送炭的高尚情怀，献身于鲁迅学的研究和出版事业的崇高的精神品格和执着的事业精神，顺致以我诚挚的问候和敬意！

一九九二年十二月中旬在上海寓所

注：

①本书由陕西人民教育出版社一九九六年出版。

《人道主义与中国现代文学》①序

我国自进入改革开放的新时期以来，由于反思与批判以"文革"为其发展顶峰的极"左"思潮在多年来通过文艺运动的形式，对人的惨烈的摧残与凌辱，对人的灵魂的扭曲与变异，从历史苦难中走出来的中国作家和理论家们，从对历史现实的反思到对"五四"现代文学运动的文化反思中，在我们民族的灵魂还时强时弱或时隐时现地受着极"左"遗风煎熬的历史转轨的时势下，在严峻的生活实践的事实和教训面前，重又继承了我国现代文学的战斗主义传统，在他们的创作实践和理论研究中，重新热情地呼唤久已丧失的人、人性、人道、人情、人的价值、尊严与自由的归来；人性和人道主义的大旗又重新在我们的思想和文学上空里飘扬起来。因为，就是按照曾被我们尊为"革命文豪"的高尔基的说法，作家本来就是"职业的博爱者和人道主义的生产者"，文学是"最富于人道主义的艺术"。文学本来就是"人学"，这也就是我们"五四"开辟的中国现代文学运动的基本思想特征和光辉的历史传统。

正是在这种新的政治文化大背景下，邵伯周教授继完成五十万言的《中国现代文学思潮研究》一书之后，作为它的姊妹篇，他又撰写了三十万言的这部《人道主义与中国现代文学》的新献。也就是说，正是新的历史际遇，为邵伯周教授提供了从人道主义的角度，观察和思考中国现代文学这一基本思想特征的必要与可能的时代契机。或者说，他是从新的历史高度，重新回顾和发扬了我国现代文学这一基本思想特征与历史传统。

《人道主义与中国现代文学》这本新著，对人道主义思潮与由"五四"发端的中国现代文学的历史联系，做了全方位多角度的论证与评述。因此应该说，这是对中国现代文学研究的深层次的发掘与深入思考的积极而可喜的学术成果，它为今天我们的中国现代文学研究填补了一个重要缺门，增添了新的学术积累。

作者能以马克思主义的立场、观点与方法，既从宏观的角度，深入而全面地从理论上探讨人道主义的思想特征及其历史作用，更从历史发展的角度，分析论述了人道主义思潮在中外思想史、文学史上的发生、发展与嬗变的历史过程。作者结合中国现代社会历史实际和中国现代文学的具体情况，深入审视了由"五四"以迄七十年代末这一漫长而动荡的历史时空内，人道主义在中国的艰辛而曲折的历史命运。作者又从微观的角度，进一步对中国现代文学史上的代表性作家鲁迅、郭沫若、巴金、老舍等的人道主义思想，做了概括而翔实的论证与评析。而本书的最后一章，作者对中国现代文学作品中人道主义的复杂表现形态的概括与评述，也具有一定的历史深度与广度，为这本专题研究著作画上一个完满的句号，本书视野开阔，观念更新，它的内容丰富，立论严谨，论证翔实。它于广征博引之中，又抒发了不少作者独到的见解，充满了新意。因此，它也是一部有开拓和创新意义的专著。

我与邵伯周教授不仅是同行，而且也是有交情的朋友。我在垂暮之年，又能为他的新著作序，写点介绍性的小文章，借此把它介绍给中外读书界，实在是我的人生中又一件值得高兴的大快事。

一九九三年一月八日夜于上海寓所

注：

①本书由上海远东出版社一九九三年十二月出版。

《贾植芳小说选》 题词①

这本小书是我青年时代学习写作小说的一个选本。它从一个侧面，反映了一个中国青年知识分子的时代观感，历史追求。

贾植芳

一九九三年四月，上海

注：

①根据费滨海编《书香缘：作家捐书题词集》，上海人民出版社一九九五年十一月，第二五八页。

《郁达夫研究》①中译本序

大约自二十年代中期，以鲁迅先生的《阿Q正传》的英、日、俄、法诸语种译本的先后出现为契机，东西方各国的汉学家开始侧目于对"五四"开端的中国新文学作家作品，以及文艺思潮与运动的译介与研究。五十年代以后，随着世界新格局的形成，新中国政权的建立以及我国在国际事务中地位的增强，对中国新文学（包括现代文学与当代文学）的译介与研究，成为东西方汉学界的一个重要课题，并得到深入与发展，出现了一代一代的中国新文学翻译家和研究家，甚至建立了专门研究机构，出现了专业杂志，并进入了大学和研究院的课堂，从而促使对中国新文学的研究成了一门国际性的专业学科。其中，以捷克斯洛伐克汉学家普什克为首，以捷克斯洛伐克科学院的东方研究所为中心所形成的布拉格学派，以其严谨朴实的治学风范，和它把中国新文学（包括现当代文学）视为整个中国文学发展中的重要环节，强调从中国文学的整体发展趋势中来考察中国现当代文学的发展和演变的学术观点，以及在实际研究工作中所取得的丰硕成果（例如普什克主持编撰的收有大量中国新文学词目，一九七四年在纽约出版的《东方文学辞典》等等），更受到世人的注目和称道。本书著者安娜·多勒扎洛娃，正如中国知识界所熟悉的马立克·高利克一样，她在这个学派中对中国文学的译介和研究，有突出的成就，是一位对中国文化和中国人民怀有深厚感情的可尊敬的女学者。现在黄川同志译就的这部《郁达夫研究》，正是她译介和研究的从我国春秋战国以迄现当代的中国作家和学者的众多著译中的一部重要论著，与她的《郁达夫与创造社》一书互为辉映，成为她对郁达夫进行专题研究中的两部力作。

这部《郁达夫研究》，由捷克斯洛伐克科学院一九七一年出版，黄川同志就是根据这一英语版本翻译的。据我所见，这是一部在国际汉学界很有学术个性和自我特色的专著。因为这是一部比较早的全面、系统地研究郁达夫思想和创作，尤其是他的艺术风格、创作方法的专著。由于作者对中国文化、历史与社会的精湛学养，对中国传统文学和现代文学的全面理解，使她能够把郁达夫的创作放在广阔的中国历史文化和社会变革的大背景下来认识和考察，而不是以一种封闭性的文化心态，只就郁达夫创作艺术本身就事论事地进行孤立与静止的论证。在本书中，作者紧紧抓住郁达夫创作的强烈自传色彩，以此为基础和出发点，在对郁达夫各个时期的创作进行分析阐释时，兼及对郁达夫的有关政治、社会、文学艺术论著的透视，从而较为全面地论述郁达夫创作之特征。正如译介者黄川同志所说的，安娜·多勒扎洛娃的这一专著的研究动机和题旨，是要在全方位、多元化和多角度的透镜检视下，对郁达夫文艺创作的特征，进行立体化的全面阐释评述。尤其是把郁达夫作品中的自我表现的普遍性和方式的多样性，作为专著的笔墨焦点进行深入细致的探究和考察、剖析。另外，专著还用了一些笔墨勾勒郁达夫的文学理论主张与他的文学创作的关系轮廓，指出了郁达夫理论和实践的统一性和相互阐发、彼此辉映的珠联璧合关系。当然，作为女性研究者的安娜·多勒扎洛娃，还特别在本书中探讨了郁达夫的小品中所寄寓的自我情感的敏感性，主观自我表现程度。这些特征，仅从全书的章节安排来看，便可一目了然。全书三章，第一章专门探讨郁达夫作品中自我表现的多种方式，第二章的标题便是郁达夫创作方法的特点，而最后一章则是把郁达夫的文学主张、文学观念与他的创作实践联系起来，重点检视了郁达夫的大量政治论文、社会随笔、文艺论著，在此基础上阐释和分析郁达夫的政治态度、社会观念、艺术理论。还必须一提的是，在专著的"结束语"里，安娜·多勒扎洛娃还着重论述了郁达夫的文学创作与中国古代文学的关系。

我和黄川同志也是关系已久的老朋友了。今天，我为他的多年苦心经营的译著终于能问世，感到无比的高兴。也因此，在这篇信笔写来称作序的小文的结尾，我谨向黄川同志致以热忱的祝贺和诚挚的问候。实际上，我早就接到了黄川同志从遥远的新疆寄来的信，说他译的安娜·多勒扎洛娃的书，找到了出版社，希望我为它写一篇序文。我接到黄川同志的信后，便很为他高兴，高兴的是这部外国学者研究中国作家的论著，黄川同志终于找到了使它和中国读者见面的机会了。在眼下商品经济大潮冲击下，人们的心态差不多全都是一切向钱看，文化出版事业日益陷入低谷状态，使具有学术价值和深远文化建设意义的学术著作的出版，困难重重，甚至不可能。在这样的困境中，那些具有重大的历史使命感和社会责任心及忧患意识的出版家们，实在值得人们深深地鞠躬感谢的。因此，黄川同志的来信，窃以为是一个特大喜讯，值得庆贺！

所遗憾的是，我终因年老事杂，力不从心，早就动手的这篇小序，一直拖了这么久才完笔，真是万分的抱歉！

一九九三年五月，在上海寓所

注：
①本书由新疆美术摄影出版社一九九五年四月出版。

148

《城市情感》①序

　　我的青年朋友斐高，是在批判极"左"思潮以后，在改革开放的历史大潮下，培育出来的新一代大学生。虽然在此之前，他为了生计，为稻粱而谋，也曾从事过其他社会职业。而对于一个有人生理想的追求和事业心，并已开始从事文艺创作的青年来说，这种平板而单调乏味的社会生活经验，却正是他理解人生、认识世情的大好课堂；何况那个时代，正是极"左"思潮为祸中国的"文革"时代呢？但我认为，在那个思想遭到禁锢，人性被扭歪变形，知识被宣布为罪恶的根源的黑暗时代，对于一个还有一定社会生活经验与书本知识积累，有着自己的人生理想与追求，并有文艺创作冲动的年轻知识分子说来，他并不会陷入这个历史的误区而沉沦或变得麻木不仁，在脱出生活常轨的丑恶的社会生活现象面前，他会在感到疑虑迷惘以后，陷入沉默和思索，只有在难得找到的书本中寻求力量与慰藉。因此，在历史揭去黑暗一页以后，他得以通过考试，迈入复旦大学中文系本科就读。随着改革开放大潮的激荡，在中外文化对话与交流的新的生活环境里，他才睁开了迷惘的眼睛，用现代意识审视历史，在新的历史觉醒时代，真正发现了自己的生命价值与意义，个人的社会责任与历史使命。大学毕业后，他作为电视台的编辑与记者投入生活的激流，而本职工作的需要与方便，又开阔了他的生活视野，接触到各种层次不同、年龄不同、职业不同的男女，踏遍了生活的角角落落。斐高性格内向，作为一个职业记者和业余作者，他首先集中精力，对他出生和长成的这个重新苏醒了的国际性的大都市——上海，投入新的注视眼光，走访了她的各种职业场景，并以一个青年记者的生活激情和诗人的敏感，以诗的形式，描绘了这个国际性大都市的人们，在改革开放的历史激流中的心态、感觉、意念和情绪，这就是一九八九年在上海学林出版社出版的他的第一本书——诗集《蓝色时期》中的主旋律。它反映了急剧跳跃的时代节奏，在骚动中投向改革激流的城市人的生活现实和感情世界；也从另一个侧面，反映了作者从生活中涌起的激越的感情和他对历史的追求与审美观念。这使我又体会到：生活，尤其是富有人生理想的亮光的生活，才是产生诗人和作家的肥沃土壤；而大动荡、大变革、大转折的历史时代的丰富而又复杂的生活现实，则是产生优秀的诗人和作家，产生有光辉和有生命力的诗篇和文艺作品的伟大历史时期。

由于一个职业记者的工作需要与方便，除过用诗的形式，反映了时代的心声和自己涌动的感情世界以外，斐高还用更直露生活本身的文艺手段——散文和报告文学形式，用另一副笔墨记录了时代，描绘了现实，抒写了自己的生活感受，这就是他的第二本书，也就是眼下他请我作序的这本散文报告文学集《城市情感》的写作由来。

由于他的职业活动所涉及的生活面的广阔和开拓性，这个集子里所描述的生活场景，比之他的诗集所接触的生活世界更加丰富和复杂。集子中的散文体作品，无论是写人记事，状景抒情，题材真是多姿多彩，各有风光。它的人物访谈和记述的对象，有画家，有教师，有企业家，也有政府干部，比如他笔下的前上海市副市长倪天增，他尽瘁于上海现代化建设事业，积劳而殁，而他的光辉的人格和业绩，却深深地留在上海千万人民的记忆里，作为一个精神形象，得到了永生。散文里的倪天增正是见之于生活中的活的倪天增的音容和谈吐。集子中的报告文学作品，除去记人叙事的篇章外，则以上海的现代化市政建设为主题。文中所记录的生活场景、自然风光与人文环境，范围更广泛，由现代化国际大都市到边远的地区，即由南国的海南岛到"葡萄熟了的时候"的西北边疆吐鲁番。他的记者笔触又由国内伸向国外——对西方的美国和东邻的日本，集子中都留有它们的某些自然和人文生活的场景。他这本散文报告文学集，不仅视野辽阔，素材多样，显示了一个在改革开放大潮中的青年记者的身影，也反映了一个业余文学作家以全人生、全生命投入生活的时代激情和历史责任感，它们既是记者眼中的生活现实，更是一个赋有诗人气质的作家情感中活生生的现实人生世界。即或集子中的报告文学作品，它们的写作表现，也不是干巴巴的生活素材的罗列与堆积的展示，而是洋溢着由作家的主观激情所扬起的丰富的感情色彩，抒情写意。这种诗一样的艺术气氛，往往会拨动读者的感情弦索，使他们在阅读中，不仅开放了视野，增广了见闻，从更广阔的层次上认识了自己所生存的现实生活世界的五光十色、光怪陆离的生活景象。因此，我认为，这是一部既有很大的可读性，又具有欣赏价值的集子。我乐意为这样写得认真而率直的文章作序。

　　我与斐高，虽然属于不同年龄层次的人，但大约由于我们都成长于不同历史时期的开放性的文化环境里，因此对生命价值的理解与追求，以至文学观念，颇多相通相似之处，这就是我们能成为忘年之交的根本原因。我已进入了人生耄耋之年，对于我这个曾穿越过漫长而阴暗的历史深谷又走向阳光下的生活的老人来说，和新时代长成和活跃的青年一代人相识与相交，可谓个人在生活的晚景中的最大的收获、满足与享受。

　　信笔写了这么一大堆的话，权作为我的一点心声，我和斐高交往的一点纪念，就让它以序文的形式，留在纸上吧！

　　　　　　　　　　　　　　　一九九三年六月五日，于上海寓所

注：
①本书由上海文艺出版社一九九四年十二月出版。

《妙言剪贴簿》 ① 序

　　严锋同志为人真诚，勤奋博学。近十年来，即由他的大学时代，硕士研究生时代，以至现在攻读博士学位的时代，在漫长的学院生活中，他为了不断地开拓自己的文化学术视野，丰富自己的知识储备，汲取人生的智慧，作为一种学习手段或方式，结合中国现代文学研究专业，他习惯于广泛阅读古往今来的文史哲著作，尤其是各种文体的文学作品，并随手摘录或剪贴各家的佳言美句，即具有做人为学处世等方面教益的，俗称为格言警句的片言只语，或有关段落。晨抄晚贴，孜孜矻矻，集腋成裘，蔚然而成册。

　　所谓妙语佳言的格言警句，实际上来自生活实践本身，或个人的生活经验结晶。我国过去有《处世宝鉴》这类读物，就是这类格言警句的集锦录。因为它们启人心智，拓人思路，开人眼界，发人深省，或给人以某种会心的微笑，因而广泛地受到世人的喜爱和欢迎，在人类发展史上，作为一种优秀的文化遗产，随着岁月的流逝，经过历代人的增补、筛选、提炼和纯化，作为人生指南或重要的生活观念参照系，对人类的延续与发展，起着不可或缺的传承帮带作用，世代相传，延续不绝，作为一种精神文化现象，正说明了它的强韧的生命力。而对格言警句的喜爱，大概首先要数现在在校的大学生或者初次涉世的青年人了，因为他们还站在人生的门槛上，面对这个复杂纷纭的生活世界，惊奇之余，往往会感到茫然失措，举步维艰。因此，他们仍需要指引、需要帮助、需要从古人与前人的人生经验中汲取智慧和力量，更需要获得精神的慰藉。而称为格言警句的文字，就往往在这个场合，起着一种良师益友的辅导作用；它们破迷指津，起着一种不可替代的精神营养剂或生活润滑油的作用。

严锋同志的这本多年积累成册的《妙言剪贴簿》，现在终于找到了问世的机遇。他作为一个青年人，以心度心，他围绕着年轻人感兴趣的主题，诸如学习、生活、爱情、友谊等为人处世的方方面面，选取有关素材，用中英文对照的方式，针对青年人的特点，和他们在不同的生活场合的具体需要，以欣赏性与实用性并重的原则而选辑成现在这个完型稿本。

本书选材，除出自不同样式的外国文学作品，如小说、诗歌、戏剧、散文，也包括一些外国民间谚语及思想家、哲学家著作中的摘录。它们既可供欣赏玩味，有益于提高大学生和一般青年人的素质与修养，作陶冶性情之用；也有针对性的对各项生活需要，给予睿智的指引，有益的劝告；还可以作为青年情侣、友朋间书信往返、贺卡、各类临别赠言或赠书留念的题词，手头的小资料库以及在晚会、演出以至家庭 party（聚会）的朗诵表演的材料来源。更可以作为学习英语的绝妙教材，作为精句背诵的选材。总之，它内容丰富，选材精当，可供大学生和一般青年人在多种不同生活场合需要之用，或说得实际些，它可以充当袖珍本生活手册之用。但要补充说明的一点是，要是想为了活得轻巧些，在这里寻找一点什么窍门，那是白费力气。因为生命是一种庄严的存在。

在书稿即将付排之际，严锋要我写几句话留念。现在我在这里寄语年轻的朋友们：请你们以这本小书作为现实人生的参照读物，或作为具有感受性的欣赏价值的本本。人生只有一次，是一次性的消费，望你们珍惜自己的生命价值，活得充实而快乐，活得有声又有色，在这个激变中的复杂生活世界里，潇洒地走它一回！

一九九三年六月在上海寓所

注：

①本书由江西人民出版社一九九四年出版。

153

曲阜行

前一个时候，我又有机会去了一次曲阜，参观了孔府孔林等名胜古迹。作为一个旅游点，那里现在是游客如云，财源茂盛。这是我第二次到曲阜。

第一次去曲阜，大约在一九八三或一九八四年吧。那次是去徐州参加瞿秋白学术讨论会，会后专程去曲阜参观的。当时带队的是当地孔子研究所的一位年青研究员。一路闲聊时，他对我讲起了这样一个笑话。说是笑话，却又是真实发生的故事。那是在"文革""批林批孔"的狂潮中，我的几位同事如已故的周予同先生和严北溟先生，都作为"孔老二的孝子贤孙"被造反派揪到这里，当场批斗殴打。但当时还有一位"响当当的造反派"的教授先生，却著文说道：孔老二的根子不正，他老子叔梁纥是个流氓阿飞，而他则是叔梁纥和他妈这对"狗男女"野合的私生子。这位青年朋友笑着说道，这位教授先生是在借今喻古，他大约是由当今的一些生活现象联想猜测而得出如此结论的。因为现在的城市小青年，即使搞了对象，甚至领了结婚证书，但由于没有住房，不能过正常的夫妻生活，所以有时只好夜间在公园或街心绿地的林荫处相互亲热，因而被警察或纠巡人员当场查获；这样的新闻，报上时有所见。于是那位教授先生也就受了启发。但孔子之父叔梁纥是鲁国的官僚，他倒是不愁分不到房子的。书上记

154

载的所谓"野合"，其实不过是指没有正式履行结婚仪式便同床怀孕了，因为据说孔子之母颜征在是叔梁纥的二房等等。

听到这个真实故事，还有那位年轻朋友的评点，我禁不住引发了联想。对在"左"祸为患的年代里，那种从政治功利主义出发，为了"革命需要"而不惜篡改甚至编造历史的学风文风，又一次患起了"感冒"。

那位青年朋友还对我说：在"文革"中，孔庙内的许多塑像被毁，孔林中那些由历代帝王立下的石碑也被砸断。现在看到的景象，是打倒"四人帮"后重新修复的。接着，他又引我参观大成殿两侧走廊内供奉的历代儒家高徒们的木制牌位，从孟子以下，有董仲舒、程氏兄弟、朱熹等等，记得最后一个牌位是清代的曾国藩，这之后就没有了，但那安置牌位的位置却还空着。我见到此景，便建议不妨补上一个当代的"大儒"，那位曾被鲁迅先生指为"才子加流氓"的头号文痞倒是很够格的，排在曾国藩之后也符合"历史的需要"。大家听罢，哈哈大笑一番散去。

这次我再去曲阜参观孔府孔林，是由山东大学外文系的一位年轻朋友做向导的。走到孔林时，他指着石桥下的河水，也讲述了一个故事，这回是个传说故事，不过也颇有意味。

相传这条河本是秦始皇时下令开凿的。作为焚书坑儒的补充，他命阴阳先生看了孔府孔林的风水，随后就下令在孔林前挖下这条河来，意在破坏孔家的风水，要孔门断子绝孙，实际上是要读书人，也即现在所说的知识分子灭种断后。谁知后来的事实却正好与秦始皇的主观愿望相反，因为此河一开，孔家的风水反而更好了，孔门的香火因而也就更加旺盛，念书人反而越来越多。不过到了"文革"，红卫兵与"革命造反派"们冲进这里，砸烂了孔府孔林，挖开了孔家的祖坟，倒是继承并实施了秦始皇未了的遗愿。……直到现在，才把这些又一一修复了。

我听完这些，不由得想起"文革"中的一段往事。在"批林批孔"运动中，我所在单位的红卫兵与"革命造反派"们，上挂下联，给正在"监督改造"的我也戴了顶"孔老二的徒子徒孙"的帽子。这真如马克思所说的，历史往往有着许多惊人的相似之处。我禁不住一阵苦笑。

一九九三年七月在上海寓所

胡风的《酒醉花赞——怀贾植芳》诗

　　前接本市有关方面通知，说是为了纪念我国著名诗人、文艺理论家、翻译家和革命文艺活动组织家胡风逝世八周年祭日，本市将举办"胡风生平与文艺道路展览"，并征求有关资料图片云云。我在阅读来件后，在感奋之中，翻箱倒柜地找到了一九七九年春，胡风先生刚从监狱外出，还住在成都的招待所里时给我的第二封来信中所附的那首旧体诗稿——《酒醉花赞——怀贾植芳》。这时我头上虽然还戴着戴了二十多年的那顶两吨半重的"胡风分子"帽子，但已在一九七八年八月被解除了"监督劳动"，回到原单位资料室坐班了。从一九五五年大祸从天而降之后，我们先后进入蚕室，彼此不明生死者已二十余年，直到一九七九年二月，我忽然接到他从成都的来信，说是他刚出监狱，住在市委招待所里，对他说来算是过着"养尊处优"的日子了。他急于知道我和我的妻子以及我们相熟悉的朋友的情况。我在惊喜激动之中，赶快写了回信，简单地谈了谈我们夫妇和我所知道的友人的近况。后来就收到他这第二封信，说是得悉近况，十分慰藉，并随信附来这首旧体诗。至于我们夫妇以及我所听说的受"胡案"株连的一些友人们这二十多年来真实的遭遇，一直到一九八五年他逝世以前，无论是与他几次会面和通讯中，我都不敢对他深谈。为了避免增加他的精神负担和影响他的体质的恢复正常。他在监狱里坐了二十多年，

"文革"前夕，他被判处有期徒刑十四年，"文革"中又被加刑为无期徒刑。他的命运已经够残酷的了，我不应该在他血肉模糊的伤口上再撒一把盐……

这第二封来信中，他还说，这首旧体诗是他坐在监房里时，在没有纸笔的情况下，随口吟成的诗篇之一。现凭记忆写出，由梅志抄出一份，他自己在诗前加写了几句后，寄我留念。

为了纪念我和胡风先生的生死情谊，现在请一位青年同志重抄了一份投寄《文学报》，算是我对即将召开的展览会的献礼，对我说来，它更是一个永恒的纪念。

一九九三年八月中旬于上海

附：酒醉花赞——怀贾植芳

原为《怀春曲》中《百花赞合集》中的《假日偶集》七曲中的第三曲，原稿《怀春曲》是为了能够在没有纸笔的囚室中能够记住，用自己捏造的"连环对诗体×曲"的形式吟成的。

I

酒醉花无忌，常披急义心；
能生师侠盗，敢死学哀兵；
懒测皇天阔，难疑厚土深；
欣夸煤发火，耻赞水成冰；
大笑嗤奸佞，高声论古今。

II

幼饮汾河水，唇沾烈酒香；
纯情怀护土，狡计笑奸商；

157

亮慕山中月，凌思塞外霜；
求真心肯热，负笈别家乡。

III

大京笼瘴气，异类大招摇；
鼠辈吱吱叫，狐群的的跑；
日旗颜色丑，木屐响声嘈；
结友欢声挚，寻仇壮气豪。

IV

敢吐豪情气，除凶誓自强；
狐群休跋扈，鼠辈慢猖狂；
挥剑奸狐死，扬汤黠鼠亡；
撕旗揩宝剑，焚屐煮高汤。

V

奋起临初阵，横眉入黑监，
流深潜厚地，翅健驶高天；
地实江河辟，天高燕鸽穿；
奔流嗤地大，展翅笑天宽！

VI

出狱奔三岛，深求创世真；
忧中须价外，破古始开今；
坦腹谈文哲，科头读马恩；
光波长计寸，气压重称斤。

VII

应战潜仇垒，谋兴地下潮；
怀刀量虎胖，袖火估楼高；
千赞楼梁木，稠嗤虎颈毛；
待挥刀猛砍，定纵火狂烧。

VIII

火后重相聚，忧时感慨深；
外仇伤后虎，内敌化前冰；
耻舞抓扒爪，倾谈忧恨心；
嗤奸嗤诡诈，惜义惜坚贞。

IX

内敌如伤虎，重伸毒爪长；
丹心羞怕死，赤胆耻闻降；
气压无穷气，光波不尽光；
傲松嘲白雪，毒菌怕红阳。

X

菌怕阳光热，松嘲雪气凉；
韬光能避谤，泄气会投降；
避谤欣陪友，投降愧对娘；
怀君怀炸药，着火石无强。

纪念我的朋友卢杨（克绪）先生

　　今年入夏以来，上海地区的气温不正，老天好像有些神经不正常的样子——忽冷忽热，乍雨乍晴，真有些变幻莫测。这对于处于风烛残年的老人来说，实在是一场严峻的挑战。我只好龟缩在寓所里，"花钱消灾"，用电扇或空调延续生命，心情也很难稳定下来。因此，只能看些闲书新刊，聊以度日，好在又值暑假时期，对于以教书为业的教师说来，也正逢淡季。

　　但今天中午吃饭时，却突然接到老友卢杨（克绪）女儿卢敏的来信。原来，她们的爸爸，比我还小几岁的我们的老朋友克绪兄，忽然仓促发病，住院检查为食道癌，开刀后，终于不治，匆匆忙忙地撒手离开了这个世界，并已举行了告别仪式。因为怕惊动我们这两个老人，所以事后才来相告……我和妻子听到这个噩耗，像万里晴空中突然响了一声炸雷似的，我们相觑茫然！请帮工撤去未吃完的饭菜，我们相对地俯下了头，为我们的朋友默哀！

　　我和克绪相识于一九四七年的上海南市看守所。那里当时是国民党中统局特务关押"政治犯"的监狱，这时牢房里关押的"犯人"，主要是知识分子和工人，我们两个都是北方人，又都是知识分子，所以很快地熟起来了，真是一见如故。他出身富家，大夏大学毕业后，独资在虹口三角地

160

小菜场附近开了一家食品店，经营洋酒、罐头、西点等类食品；他的堂兄卢志英从苏北老区来上海从事地下工作，就以这家食品店为掩护点。后来因叛徒告密，堂兄全家被捕，他也受到株连，被捉将官里去，他那家食品店也被查封，没收。我当时以卖文为生，一九四七年四月，因应学生们办的报纸《学生新报》之约，我为它的"五四纪念特刊"写了一篇《给战斗者》的短文，当时正值学生们掀起反内战、反饥饿、反迫害的民主运动。因此，此文以煽动学潮罪，我们夫妇被国民党中统特务深夜逮捕。正是这段因缘，奠定了我们夫妇与克绪兄友谊的政治思想和感情基础。在翌年深秋，我由友人辗转托人保释外出时，克绪已先我保释出狱，代价是他那家食品店被充公。我们出狱后，由于居无定所，更由于又受到追捕，需要随时搬迁。在危难中，我们找到了克绪，他利用其社会关系，为我们找到了栖身之处。得知我们生活贫困，又慨然在经济上相助。直到一九四九年春季，我们又用了假的行商身份的"国民证"，离开血腥的上海坐船流亡到青岛避居。他的原籍就是青岛附近的某县。他把我们安排在一家小店里，又托了他的一位在当地做小生意的堂叔夫妇照应我们，这才回到了他老家。也就是说，在上海解放前夕那段黑暗的白色恐怖的日子里，克绪和我们夫妇之间，在患难中结成了牢不可破的友谊。我们深深地认识到，克绪不但是一位有进步的政治思想追求和人生信仰的知识分子，在为人品性上，也具有我们北方人特有的正直与豪爽。他虽是个富家子弟，但并不是一个随波逐流，沉醉于享乐主义、自私与放荡的纨绔子弟。

　　上海解放初，我们又在上海相见。在我们刚回到上海时，也是克绪帮我们找到临时的落脚住处。但不久他与他的大学同学闫愈斌一同去了北京，为光华出版社创办北京分社去了。这个出版社是早在三十年代译过苏联列昂吉耶夫的《政治经济学教程》的翻译家胡明创办的，这是一家以出版胡明自己的译著为主，同时又以出版苏联政治经济学等社科类读物为中心的小型出版社。因解放初盛行的"以俄为师"的"一边倒"的国策，这家出版社的出版物很畅销。因此，主持者胡明才力图扩大经营，并决定在首都成立分社。胡明、克绪和我都是在中统监狱时认识的难友。新中国成立初期是个热火朝天、令人欢欣鼓舞的大时代，大家都分外忙碌了起来，相见相晤的机遇，反而难得有了。从一九五〇年起，我就转到大学教书，一九五五年反胡风事件发生后，我们夫妇又回到了才相别六年多的监狱，从此我们与社会又隔绝了近二十五年之久。因此，也就和诸亲好友一概断交了。在这漫长的不寻常的生活环境里，正值中国大地上"左"祸滚滚，以知识分子为基本对象的政治运动一浪高过一浪，以迄"史无前例"的"文化大革命"。在磨难中，我的记忆的银屏上也偶然显现出过去那些人与事的影子，其中也包括克绪。我想，以那时的政治环境，他作为一个从旧社会过来的知识分子（当时官称为"残渣余孽"）又为人慷慨，性喜交游，能否逃过一道一道的政治关口，就实在难说了……

时间一直划到八十年代中期，我忽然接到克绪的来信，说是偶然从报刊上看见我写的文章，才得悉我们尚在人间，并又在执笔为文，实在高兴！他早已结婚，这些年来，他们夫妇同在一个上海颇有名气的中学教高中课程，儿女业已长大成人，成家立业，并告诉了我们他们在愚园路一带的住址，希望得到我们的回信后，即专程来看望我们。我们得悉他的近况后，真是出乎意料的喜欢，并立即复了信和约好时间，请他们夫妇先来我家做客。在约定他来我家里的那一天，我们夫妇不时到宿舍门口附近的马路上张望他的到来。终于在午后，迎头碰上刚从公交车上下来的克绪。因为这一带是郊区，路上行人稀少，忽然迎面走来一位须发皆白，身材细高，满面皱纹的老者，他见到我们，上来向我们打听去我们住所的路径。我一怔，原来这就是克绪！他竟然那么衰老了！他看到我们惊异的神态，马上向我伸出了两手，惊喜地说："植芳兄，任敏嫂！我们又重逢了！"

那天，他和我们夫妇饮酒漫谈。他说，这许多年，他们夫妇在平凡的教学岗位上，专心致志地努力着，希望总多少能用自己的专业知识，为新社会的建设出一份力，但每次政治运动，包括一九五五年反胡风、肃反，一九五七年的"反右"，一九五九年的反右倾以至十年的"文化大革命"，他都受到不同程度的冲击、审查。反胡风时，也因我的关系被审查了一年；"反右"时是批判对象；"文革"中，不但被抄了家，也一再受到了批斗凌辱，进过牛棚。……原来正像我构想的那样，那些年来，他过的也是在滚水里煮、在碱水里泡、在冷水里浸的苦日子！这又使他感到理想的失落，人生的空幻，生存的悲哀！熬到了国家进入改革开放的新时期以后，他才恢复了对生活的信心和热情，振作了起来，重又回到原先的工作岗位上继续教书，但是这么一晃荡，他已是一个进入老境的白头翁了！我的妻子听完他的叙述，认为他的日子一定比我们还艰苦；尤其在旧社会，

162

在解放前夕，他无私地对处于困危中的我们解囊慷慨相助，救了多少次的燃眉之急。因此，在我们送他到车站上车前将要告别时，妻子连忙在他的制服口袋里塞了一千元钱，他发现后，忙掏出来，塞回到妻子手里来，经过几个反复，因车子到站，我们赶紧把他推向车门，他来不及把钱再退回给妻子，车子就启动了……

但过了两天，我们就收到了他的信，还附寄来五百元的汇条。信上说，我们是老朋友，是难兄难弟，他现在的日子过得还可以，可以维持小康生活，因为儿女都已工作了，因此退回五百元，留下五百元作为我们之间重又相晤的纪念品。

这以后，我们又恢复了来往，记得后来他还来过一次，但大多是通过电话或通讯交谈。因为我们彼此住地相距甚远，交通又很拥挤，再加上我们都是七十开外的人，体力精力两有不济，不像在四十年代那样地经常往来。那时我们正是精力旺盛，风华正茂的壮年人……

这期间，我和妻子一再说起，找个时间去愚园路他的住所，找他喝酒聊天，但又终因年老事杂，加上腿脚不便，力不从心，一直拖到现在，还不克实现。现在，我们就只能在另一个世界相见了……正如他的女儿卢敏的来信对她爸爸的评价："他为人忠厚善良，最肯帮助别人，一辈子勤勤恳恳，饱经沧桑，没有享过一天福。这回从查出病到他去世只有一个多月，走得太匆忙了。"是的，克绪作为一个在激变中前进的社会里受到完整教育的现代知识分子，在祖国和人民受难的日子里，在中国历史的大转折关头，支持了中国人民的翻身事业并做出了自己的贡献和牺牲。新中国成立以后，虽然在"左"祸的一再干扰和打击下，他在平凡的工作岗位上，以自己的一技之长为社会主义的建设事业克尽了自己的职责，然后，俯仰无愧地、安安详详地退出了这个世界。他作为我们的一位在患难中相交的朋友，又是一个把"人"字写得比较端正的人，因此，也是一位值得纪念的朋友。现在，市面上流行这么一句话，"潇洒地在人间走一回"。是的，克绪的生命价值，达到了这个人生的高尚境界……正因为有数不清的在平凡的生活里发光发热的人，我们社会才显出了它的动力和活力！

一九九三年八月下旬于上海

《20世纪学者散文百家》① 序

　　两位出版界的朋友编选了一本《20世纪学者散文百家》，约我为它写一篇序文。我翻阅了全书的选目后，觉得这是一本很有自己特色的选本。因为时下坊间流行的散文选本，一般都是按照传统规范，着眼于文学界的名家名篇，或某一社团流派的散文选本，以至以文章体裁分类进行编选的。而这个选本却超越了习惯性的选本观念，放眼于现代历史范畴内的整个文化学术界，除主要编选了某些学者型的职业文学作家的作品以外，还着重选取了包括人文科学、社会科学、自然科学以及各门艺术学科等类学术部门内的学者专家的散文体作品。它的覆盖面比较宽广，而且从入选的作者的选文写作时间看，时空跨度又很大：从二十年代到八十年代，书名："学者散文"，乍一看之下，就给人一种书卷气的直感和新鲜感。这里首先透露了一个历史讯息：即中国现代意义的知识分子，他们与传统的士大夫的根本区别，就在于他们生存于中国历史上的开放性时代，即是说，他们是在欧风美雨的侵袭下，在中外文化交流碰撞和融会的新的历史环境中长成起来的中国新一代知识分子。他们都受过比较完整的现代教育，其中的大部分又都是留学生或在国外居留过的，因此，他们的文化视野比较宏阔，他们的知识结构也比较完整和扎实，生活趣味和爱好又比较多样化。他们既有传统文化素养，又大都精于外文，学有专长。因此，他

164

们在致力于本身的专业活动的同时，又关心世态民情；他们读书涉猎面广泛，又习于交游。文学艺术既然是一种精神活动，一种生活的催化剂或滑润剂，因此专业之外，他们作为个人的爱好或为了丰富生活的色彩，在业余时间也偶然执笔为文，其中既有感时愤世之作，也有吟风弄月的篇章。而散文又是一种包罗万象的既没有一定写作程式，又没有什么条条框框的限制的最自由最开放的文体。举凡一切生活现象，自然景物，名胜古迹，异域风光以至个人身边琐事，感情纠葛，都可就地取材，随心所欲地任意抒写，自由发挥。这也就是在我国现代散文世界里，除了占有主导力量的专业文学作家的散文之外，还另有一角散文的新天地的历史原因和社会原因。因此这个选本就首先给人以开阔视野，耳目一新之感。

　　这里还要追叙一笔的是：散文作为一种文体或文类，在我国也是古已有之的。虽然我国传统文论中，并无散文这个名称。在我国古代文论中，它泛指那些无韵的文类，如记、叙、说、题、跋、书、札之类，概称之为"笔"；与之对应的有韵之文，如诗、辞、赋等类，则泛称之为"文"。散文的这一称谓，应该是"五四"新文化运动所引发的文学革命的产物，是来自西方的 Prose 一词的译名，而五四运动则是在当时开放性历史大背景下，在中外文化交流、碰撞与融会之中，接受了西方的现代科学和文化的中国新一代知识分子，面对自己生存的现实和历史环境，在深刻的历史反思和精神觉醒后的历史运动。正如史家所说，那是一个唤醒人性、发现个性、复苏理性的伟大时代。而散文又是一种最注重个人主体意识，富有个性色彩的文体，这也就是现代散文被认为是中国现代文学史上成就最大、成绩最高的一种文体的根本原因。但在我国历史进入五十年代之后，却又由于"左"祸的愈演愈烈，在那个封闭性的政治文化环境里，散文这种放手地抒写个人眼中的生活世界，透露作者心声的文体，就只能一蹶不振，气息奄奄了。只是历史在曲折中进入了八十年代以后，即我国进入改革开放的历史新时期以后，在开放性的政治文化环境里，在西方科学和文化的新的冲击和影响下，在新的历史觉醒的时代大潮激荡中，人性才得到了复苏，个性又获得了解放，理性重新回到了人间，散文才又得到了新生、繁荣和昌盛。我以为，从眼下这个选本的入选的诸家篇目，也充分反映了这种历史景观。

　　正因为散文是一种最具有个性色彩的自由文体，这个选本由于选材面宽广，时空跨度又很大，因此，这个选本丰富而多样的题材与风格，也从一个侧面反映了我们这个在激变和改革中曲折前进的国家的历史面影，人世沧桑。而这本带有鲜明的作者个性特色的散文选本，为认识和了解我国这一两代的知识分子和学人，即本书入选的各位作者的个人身世、思想、信仰、理想、情感、性格、趣味与心态，包括他们对现实世界的认识、感受、思考和评价，他们个人的人生理想和追求，他们的生活和感情世界，以至人生态度和审美趣味等提供了丰富的讯息素材。值得提一笔的是：编选这个别有风致的选本，选录书中大部分职业性文学作家的作品并不是轻而易举的事。因为，固然其中入选的文学作者大都先后有散文专集问世，但有些作家，却在近半个世纪以来，已在我们现代文学史里和出版物中消失了，为历史风沙所湮没了。因此，要选取这些作家的作品也正如选取那些文学界以外的学者专家们散见于各类报刊的这类作品一样的困难，甚至一时茫无头绪。因此，这个编选工作实在是一个繁杂而艰巨的劳动工程。从这个意义来说，本书的选者尤廉、任凤生两位朋友不殚烦劳地花力气，钩沉了这些文海遗珠，这种在文化建设上积极进取的心态和勇于知难而上的精神，很值得学习和感谢！

　　总之，我认为，这是一本内容丰富，选材也比较精当的有特色的选本。它不仅具有多方面的认识意义，作为多姿多彩的美文，它更具有一定的艺术欣赏价值。因此，我乐于把它推荐给中外读书界的朋友们，我相信你们也会和我一样地喜欢这个开卷有益的散文选本的。

一九九三年八月三十一日，上海寓所

注：

①本书由福建教育出版社一九九三年十二月出版。

世纪印象

——一个老年人的自述

　　记得鲁迅先生在一篇题名为《死》的杂文里说过，中国人过了五十岁，就会想到死的问题。大概那个时候鲁迅正在病中，"死"这个魔影开始侵袭他了。我们乡间又有句俗话："人老三不贵，贪财怕死不瞌睡。"也说到了死的问题。可见中国人无论智愚贤不肖，在这个自然规律面前，都有其共识与同感。让我渐渐意识到自己临近老年的标志，是在我接受的信件里，喜庆帖子越来越少，而讣文却越来越多。这些讣文的主儿大多是我的同代人和比我年事稍长者，也有五六十岁的中年一代的人。遇到较熟的朋友故世，我也常常到火葬场去参加告别仪式，每逢这种场合，像我这样拄着拐杖的三条腿角色，一般都被安排在前面一排的位置上，面对墙上用黑边围绕的死者遗像低头默哀。每当这种时候，一种幽默感就会在我心里油然而生：火葬场里旧人换新人，独独墙上那颗钉子一成不变，今天挂了这张像，我们在底下低头默哀，明天还不知道轮到谁在上面谁在下面。

　　所以我虽然进入人生的暮境，对死亡可谓是泰然处之。一次一位比我年长的朋友来看我，因为许久不见，我们在抽烟时，我问他："还写写文章吗？"他听了竟漠然地说："火葬场里又没有办刊物的。"换句话说，对我们这类行将就木的老头子来说，唯一前进的目标，就是快步或慢步地向火葬场走去。过去为了作文章吃过苦头，到了这个时刻，也可以一身轻了。不过我的想法与他有些区别，既然活在这个世界上，要活着就要消费，为了付饭钱，就得为这个社会做些力所能及的事情。这也是一种自我精神安慰，并不是因为"人还在心不死"，还想捞点什么带到棺材里去。

记得外国有个作家说过：一个人只要经过两种出生入死的境界的磨难，就可以获得自由了，这两种境界就是战争与监狱。我生于乱世，有幸经历过这两种境界的考验。抗日军兴，我从日本弃学回国，投身抗战，曾在中条山前线军队里做对敌日文宣传翻译工作，上下火线，也算是经历过出生入死。那时候，经常是跟了部队没日没夜地行军，在枪林弹雨里奔来奔去，也不觉得害怕。有时候长途行军，背上背了一个煮熟的牛腿，腰间挂了一个大酒壶，没日没夜地，迷迷糊糊地跟着队伍走，饿了割一块牛肉，渴了就喝一口土造的白酒。人生就是这样一步步地走过来了。再说监狱，也是我人生旅途中的驿站。我从小习性顽劣，不肯安分守己，走上社会后又接受了知识分子理想和传统的蛊惑，总是拒绝走做太平世界的顺民的道路。所以，命运之神对我的顽劣给了针锋相对的报复：把我一次次投入了监狱。一九三六年初我在北平读中学，因为参加"一二·九"学生运动而被捕；抗战后期我在徐州搞策反，被日本宪兵抓到牢房里，直到抗战胜利才被释放。到上海后不久又因为给进步学生刊物写文章，以"煽动学潮"罪而被捉将官里；转眼到了解放，总算可以松一口气了吧，且慢，批判胡风的乌云又慢慢聚拢来了，终于到一九五五年，一场风暴把胡风和他的朋友一锅端到监狱里去了，我又旧地重游，回到了相别六年的监狱里。许多朋友在突然来临的灾难面前感到绝望，有的过早地去世，有的精神错乱了，我因为有了前面几次吃官司的经验，所以虽然在苦海里浮了二十五年，还不至于被命运之神吓唬住，我还是我。但在铁窗里夜深人静的时候，每每扪心自问，也曾惶惑过：难道我这一辈子就是这么度过？监狱里的事情看得多了，人生的许多梦也做醒了，因而就像那位外国作家所说的，人就获得了自由。

我十几岁离开家乡，以后一直在外面东奔西跑，国里国外到过不少地方，其中待的时间较长的地方，除了监狱，就算上海了，如果把在上海监狱里的时间也算上，那就更可观了（这一点我的妻子没有我幸运，五十年代后期她受到反胡风运动的株连，被流放到青海许多年），我常常说，一个人年轻的时候是动物，可是到了老年就变成植物了，不能跑东跑西了。上海对我来说，是个奇异的地方，尽管我在这里生活了半个世纪，但我的语言和生活习惯却没有什么变化。我仍然操着十足味的山西土音，上海人乍听起来觉得像一种外国话；而我的饮食，至今还是以面食为主。对大米、海鲜等上海日常食品不感兴趣。不过上海人对我的顽固不化并不感到惊讶，上海是个国内的移民城市，在二三十年代里它的居民就是由各地来的移民组成的，甚至连一些冒险的老外也加入进来。它的各行各业的人员，都是外省人构成的。这就形成了活跃恢宏的海派文化，三十年代的上海成了全国文化的中心决不是偶然的。后来有了严密的户口制度，海派文化渐趋枯寂。直到改革开放以后，海外来客和外省民工又渐渐多了起来，上海这才又重新活跃起来。我在这个东西文化交流汇合最活跃的信息场所生活了几十年，深深感受到文化开放的重要性。

我在一九四六年和妻子来到上海时，开始是一个靠卖文为生的知识分子，自然生活在下层人民中间。我以前对上海这个城市并不了解，只是从作家写的上海生活的小说里知道一些，但有三件名称一直没能搞清楚："亭子间""老虎灶"和"老板娘"。我在北方从来没有见过这三样东西。"亭子间"我想一定是带有亭子的古代建筑，是个美轮美奂的好场所。后来才知道亭子间是最不值钱的房间，多半是穷困潦倒的人所租住。"老虎灶"是上海一般市民泡开水的地方，但为什么称它为"老虎"，我百思而不解。至于"老板娘"，我一直以为是老板他妈。到上海后我首先住进了亭子间，打开水也是找老虎灶，而且和弄堂口的各类烟杂店老板娘打着交道。就在这些下层社会里我认识了上海。后半辈子我在大学里教书和生活，被称为是知识分子成堆的地方，与市民生活又有了不同。尤其是近十多年来，因为年老体衰，腿脚不便，除偶尔的公务外，绝少进入市区，更不要说去闹市区了，连老城隍庙也好多年没有去了，尽管我很怀念这个有民族特色的地方。就这样，我又渐渐地变成了住在上海的"乡下人"了。

人生就是这么兜着圈子。这么颠颠簸簸地度过一生。现在我走路要用拐杖，谈话要用助听器，成了三条腿、三只耳朵的人，有时想想，觉得自己像个《封神榜》里的角色。回顾一生，自然感慨颇多。不过我并不怎样后悔，就像俄国作家契诃夫说过的那样："如果再让我活一次，人们问我：想当官吗？我说，不想。想发财吗？我说，不想。"不用说来世的事，就是今生今世，我也没有做过当官和发财的美梦，走中国知识分子传统的"学而优则仕"的人生道路。我觉得既然生而为人，又是个知书达礼的知识分子，毕生的责任和追求，就是努力把"人"这个字写得端正些，尤其是到了和火葬场日近之年，更应该用尽吃奶的最后一点力气，把"人"的最后一捺画到应该画的地方去。

一九九三年十月，上海

一个普通商人之死

当我第四次入狱后，我就仿佛旧景重访。在这里，我又看到了另外一个人的死。他既不像北平监狱中的那个老军阀，糊里糊涂地做了军阀斗争的牺牲品，也不像陈子涛同志那样气贯长虹，感天动地。他与我的种种经历，回忆起来，也像一场长长的噩梦。

一九四七年夏天，我与尚丁、耿庸等一群年轻人在一起搞了一个小组织"我们的俱乐部"。尚丁那时在黄炎培的中华职业教育社工作，地点就在现在的上海雁荡路南昌路口。中华职业教育社有两个刊物，一个《国讯》，一个《展望》，都是著名的民主刊物。因为尚丁的关系，我们经常聚在那儿开会，讨论一些时事问题。我记得参加者当中还有后来以翻译别、车、杜而著名的包文棣、泥土社老板许史华和著名教授林同济的弟弟。我在他们中间，年纪比较大一些。不久进步刊物《文萃》被查封，陈子涛等人被捕。我们都非常气愤，想办一个小刊物，继承《文萃》的战斗传统。这样就办起了一个小刊物，叫《杂文讽刺诗丛刊》，为了防止国民党特务的注意，冒名香港华侨出版公司出版。第一集《犯罪的功劳》八月出版，主要刊登杂文，有我的一篇《黑夜颂》。《编后记》是耿庸化名申右芷写的，故意用了一些关于香港的话，以障人耳目，真正出版是在上海，由我们几个凑钱印的。那个承印刊物的国光印刷厂老板，性情十分开朗，一口常州话，高胖身材，穿着绸布大褂，看上去很像个体面的商人。他在政治上也很进步，《世界知识》《展望》等进步刊物，都是他承印的。印这种"造反"刊物显然是要承担政治风险的，我们去找他，他一口就答应了。到第二集编好后，还没开印，我就被捕了，其他朋友便不敢轻举妄动，因此这个刊物只印了第一集便寿终正寝了。在编印第一集时，我们还欠了那个老板三百元印刷费，在当时这是一笔大数字。但我们出事了，老板也不曾向我们讨债。解放初，我又常在福州路的那些小出版社碰到他，他从不曾提起欠他三百元的事，好像根本没有这回事一样。这事就不了了之。可是到了第一看守所，突然一次我在监房里碰到了他，原来他也被抓了进来。不过他神态仍然很安详，脸上气色也不坏，不像那些新抓来的犯人吃不下饭。他告诉我，解放后他因表现进步，所以公私合营以后，政府还让他在区工商界做点事情，负点责任。这次被捕他说是误会了，原来他在上海提篮桥附近有一幢房子很宽大，除去自己家中用房外，还有空房，所以他在马路上贴了"吉房招租"的招贴，招来了一位房客。那个房客住了一个时期以后就退租走了。可是肃反以后，公安局来人对他说，那房客是个反革命，逃到台湾去了，结果就把他给抓起来了。他跟我说这事时很坦然，他说，贾先生，你是知道的，咱们上海人出租房子不作兴问人家职业，更不作兴问人家日常生活和交往，只要能按时交房租就行了，他是干什么的与房东不相干。所以他认为这场官司是个误会。他在狱中生活习惯正常，经常自己洗换衣服，把自己收拾得整整齐齐，只等着调查清了随时把他放出去。大约过了两个月，他就被调走了。我也一直以为他没事了，放出去过正常人生活去了。

从一九六〇年以后，监狱的伙食越来越差，所谓"差"并不是伙食质量，而是数量，即吃不饱的问题。我本来胃口很小，吃得不多，身体一向还不错，可到了那时也渐渐支持不住了，腿开始浮肿起来，一直肿到小腹。随即被送进了提篮桥的监狱医院。那时监狱医院里躺满了病人，都是因饥饿而浑身浮肿的重病人，天天有人死去。我在同一病房里，竟意外地遇到了那位前国光印刷厂的老板。他似乎整个变成了另外一个人，脸色蜡黄，浑身浮肿，看到我真是百感交集。他用嘶哑的嗓子对我说，那年他离开第一看守所后，就判了刑，以所谓"窝藏反革命罪"判了七年！这时，这老板身体精神完全垮了，得了黄疸病，没有气力再活动了。过了一两天，他就躺在床上，再也动弹不了了，人也陷入了昏迷状态。听同病房的犯人说，这老板的病发得很怪，他家属一次送来一瓶酱瓜（按监房的规则，已决犯家属可以按期接见和送东西），他因为饿得不行，一口气都吃下去了。黄疸病人忌咸，一下子就倒下了。那时监狱医院里有个规矩，病人临死前，伙房就会送来一碗蛋黄面，这在自然灾害期间是很金贵的。但是这些病人大都已进入昏死状态吃不下了，大抵总是便宜了负责病房杂务的小头目。我在这个病间里住了十二天，端来过十三碗蛋黄面。这一天，那老板床边也出现了一碗蛋黄面。不一会儿，他床的四周也被用布屏风隔离开来，大约黄疸病会传染吧。这时，他的妻子带着一群儿女来探监了。那女人大约四十岁，穿得整整齐齐，强作镇静地对他说话。我在一旁听着，她说的全是安慰性的套话，什么"我们在外面的生活很好"啦，什么"你要相信党，好好改造"啦，"争取政府宽大处理"啦，像是说给旁边看守人员听的。那老板早已进入昏迷状态，紧紧地闭着眼，嘴里简单地发出"噢，噢"的叫声。他的一群儿女围着他喊："爸爸！爸爸！"他也只应付似的"噢噢"地叫着。一会儿，看守人员过来说，探望时间到了，这一家人最后看了病人一眼低着头快快地走了。我看到临出病监门时，他的妻子掏出手帕，两手捂在眼睛上，快步跑出去了。

当天晚上，那老板仿佛是灵魂在向肉体告别，迷迷糊糊地说了一夜的梦话，全是常州土话，一句完整的句子也没有。他的病床正挨着我的病床。在我的另一侧，也睡着一个重病人，仿佛是个天主教徒，讲的也是常州土话似的。在梦中，无意识地应着那老板的梦话，声音都极为恐怖，像是地狱深处发出来的厉鬼的啾啾声语。我一夜未睡，被夹在这两种声音包围之中，直感到全身一阵阵发冷。第二天一早，老板死了，一张白布把尸体盖得严严实实，让别的劳改犯给推走了。这回他真的是走了。我还欠他三百元钱，永远也不用还了。

这是一个普普通通的商人，甚至连他的名字我也没记下。在大夜弥天的时候，他同情进步文化，不怕危险地给我们印书，不但赔钱，还承担了政治风险，结果却为了一件极微不足道的事情，把命也送了。而最使我不解的是，我们竟然在这个特殊生活场合相遇相处，他的死亡，仿佛一只巨大的拳头在我胸脯上深深地一击似的，直到我写这些文字的今天，还隐隐作痛。

一九九三年秋在上海

探索中国比较文学的发展前途

——《比较文学与翻译研究》^①序

　　天振把他近几年发表的论文编了本集子，题为《比较文学与翻译研究》，将由台湾业强出版社出版，付梓前托我写篇序文，我很乐意地答应了。

　　其实，天振的论文以前发表时我差不多每一篇都读过。总的印象是：不趋时，不媚俗，不尚空谈，有感而发，言之有物，每论必有自己的独到见解，且论之有据，广征博引，视野开阔，资料翔实。现在把这些文章集在一起通读一遍，又发现了作者更深一层的用意：引进、借鉴国外的比较文学理论与实践，分析、探讨中国比较文学研究的现状与问题，寻求、阐述中国比较文学的发展方向，探索中国比较文学的发展前途，开拓中国比较文学研究的新领域——这是贯穿收入这部集子的十几篇论文，也可以说，是贯穿天振最近十余年来的教学与科研活动始终的一条红线。

　　这种探索首先体现在作者对中国比较文学研究现状的深入思考上。我至今还记得一九八七年在西安举行的中国比较文学学会第三届年会暨国际学术讨论会上，天振所做的一次大会发言。他在发言中尖锐地批评了当时国内比较文学研究中存在的一种模式化倾向，即在研究两个中外作家，或两部作品、或两个文学现象时，满足于发现表面的"惊人的相似"，并把造成"深刻的差异"的原因简单化地归为"社会背景不同""民族特性有别"，等等。一九八七年正是国内比较文学开展得非常热火朝天的时候，天振的发言尽管得到大多数与会代表的赞同，但也有不少人以为他的发言未免"危言耸听"（他的发言题目即是《中国比较文学：危机与转机》）。然而，以后的事实证明，天振的发言绝不是无的放矢。四年以后，即一九九一年，中国比较文学学会针对国内比较文学研究中存在的问题，特地邀请中外著名比较文学家，组织两次笔谈会，其中心议题即是对"X 与 Y 模式"（抓住表面的相似现象进行牵强附会的比附）的分析与批判。天振参加笔谈的文章即是收入这本论文集的《没有"比较"的比较文学》，文章虽然不长，但对国内比较文学研究中"为比较而比较"的错误倾向的分析批评，都是颇中肯綮。

值得赞许的是，天振对国内比较文学研究中的某些错误倾向的分析没有停留在一味地批评上，在批评的同时，他总是满怀热情地向人们指出"有待深入研究的课题"。在"危机与转机"的发言中是如此，在《中国比较文学的最新走向》中更是如此。他结合国内比较文学研究的实际情况，具体提出了"比较诗学""中外文学关系""海外华人文学与留学生文学""跨学科研究""翻译研究""神话、民间文学研究""东方文学之间的比较研究""少数民族文学比较研究""文学的其他样式的比较研究""文学史研究"共十个课题，这样的治学态度对于国内比较文学研究的深入发展无疑是有启迪意义的。

我在这里要特别推荐天振对文学翻译的研究成果。他从比较文学的立场出发，对反映在文学翻译中的中外文化的冲突、变形、交融等现象，做了富有新意的诠释。例如，他认为，从传递文化意象的角度看，在特定的文学作品中，把 Milky Way 翻译成"牛奶路"比译成"银河""天河"还更为正确。这种观点确令人有耳目一新之感。（见《文学翻译与文化意象的传递》）

作为一名中国现代文学的研究者，我尤其赞赏天振对翻译文学在中国现代文学史上的地位的分析。翻译文学在中国现代文学史上发挥了巨大的作用，从鲁迅起的一代又一代的中国现代文学作家，无不从翻译文学中吸取到珍贵的养料。可以毫不夸张地说，没有翻译文学，也就没有由"五四"发端的中国现代文学。翻译文学理应是中国现代文学的一个有机构成部分。这点在一九四九年大陆解放以前，本是中国现代文学作家、研究家的一点共识。但是从五十年代起，在当时封闭性的政治文化大背景下，我们对翻译文学与中国现代文学水乳交融的关系的认识渐渐模糊了，以至有意无意地把翻译文学拒斥在中国文学史以外，这种做法是脱离历史实际的。近年来，天振接连发表了好几篇有关翻译文学的论文，显然是试图扭转迄今为止存在于人们头脑中的对翻译文学的偏见。正如天振本人所说的，"对翻译文学的理论界定，不仅牵涉到人们对翻译家及其劳动的评价，它对中外文学交流史，翻译文学史，乃至整个中国文学史的撰写，都有重要的直接意义"。现在，天振的这些论文结集出版，我希望它们能对重新确立翻译文学在中国现代文学史上的地位做出进一步的贡献。

我和天振认识、交往已有十多个年头了。说起来，还是比较文学把我俩联结在一起的。一九八三年，天振正在紧张地筹办国内第一本比较文学杂志——《中国比较文学》，而我恰巧是这本杂志的编委之一，由于编辑工作的关系，我们认识了。之后不久，一九八五年，我们又结伴赴香港出席香港中文大学主办的国际比较文学讨论会，并同住一个房间，真是同吃同住同进出，这样我们就从认识变成了熟识。回沪后，我们的交往越来越经常化，终于发展为一对忘年之交。

天振给人印象最深的是他的脚踏实地的实干精神，这一点在上海比较文学界，乃至全国比较文学界，都是有口皆碑的。为了创办国内第一本比较文学杂志，为了成立上海市比较文学研究会，为了推动国内比较文学活动的开展，多年来他默默地奉献了大量的时间和精力，做出了宝贵的贡献。每次比较文学会议，不论是上海的、还是全国性的，他不仅提交论文，做大会发言，而且总是担负着许多具体繁杂的组织工作和会务工作。但对于"位置"问题，诸如当什么会长、副会长之类狩取个人名位利禄的事，他却从不计较，从不去争去夺，这在今天的时势下，尤其难能可贵。我觉得他无论在做人或做学问上，他的人格和文格是一致的。"物以类聚，人以群分"，这也就是我们能由同行而成为朋友的根本因由。

同样感人至深的是天振对中国比较文学研究事业的执着追求。天振属"文革"以后开始从事比较文学研究的中青年一代学者。当时，比较文学在中国大陆刚刚重新崛起，搞比较文学成为一时时髦，一门"显学"，从业者可以说是多如过江之鲫。但是随着时间的推移，更主要的，也许是面对这几年经济大潮的猛烈冲击，不少人"落荒"而走，穿径而去，或"下海"经商，或出洋打工，热闹一时的比较文学"热"也渐趋冷却。但天振却不为所动，一如既往，默默地在比较文学的园地内埋头耕耘。他先后参与编写了《中西比较文学教程》《比较文学史》《中西比较文学手册》《比较文学三百篇》，翻译了《比较文学引论》《当代国外文学理论流派》，发表了数十篇比较文学的论文。他还完成了大型工具书《中国翻译文学宝库》（主编）《文学百科辞典》（三主编之一）和论文集《俄国形式论》（主编）。目前，他正在撰写专著《译介学》和《中国现代翻译文学史》。不难预料，凭着自己的勤奋与执着追求，天振一定能在比较文学领域内取得更大的成绩，为中国比较文学事业的发展，为让比较文学学科在中国真正确立，做出更多更大的贡献。

　　是为序。

一九九三年十月上旬，在上海寓所

　　注：
①本书由台湾业强出版社一九九四年七月出版。

《反思与原型：中国现代文学比较研究》^①序

　　冯锡玮先生结合他多年的专业教学实践和自己研读的心得与思考，写了《反思与原型：中国现代文学比较研究》这部专著，他给我看了这部专著的编写大纲和其中个别已在刊物上发表的专章，约我为它写一篇序文。盛情难却，我只能就我读过的这部专著的编写大纲之后的观感，写一些我的感触与感想，就教于作者和读者。

　　总的说来，我觉得这是一部具有自己独特的理论框架和研究视点的书稿，是一部很能体现作者自己的学术风格和治学方法的学术专著。它首先从理论上阐明了作者对"反思""原型""比较文学与文学比较"等基本理论命题的自我认识与思考，而作者对这些基本理论概念的理解就是构成这部书稿的理论框架。然后，从历史反思的角度，用比较研究的方法，将中国现代文学，即一九一七年发端的新文学，作为一个历史整体来考察，以中国现代文学史上的各类文体的作品为例证，分别从题材主题、人物情节、体裁风格、流派等方方面面，分析论证了中国现代文学内部之间，即不同作家作品之间的相互关系。然后，再掉转笔锋，就中国现代文学与外部文学之间的关系，即与外国文学与中国传统文学之间的影响关系，进行广泛的分析和比较研究。作者在这里把"比较文学"扩展为"文学比较"，他认为"文学比较是比比较文学更广泛的概念"。而他所说的"文学比较"

就包括了中外文学比较，中国现代文学内部的比较，中国现代文学与中国古代文学的比较这三个范畴。又因为作者认为反思是比较文学与文学比较的一个基本理论问题，而反思的回顾性和反复性特征又形成了文学反思链，因而反思也就是文艺创作的基本的心理视角，也是文学研究的主要思维形式，更是比较文学与文学比较的基本思维形式和理论基础。所以作者从反思的角度，透视中国现代文学。又因为作者认为，任何文学反思链都有其肇始环和反复出现的基本现象，而这种肇始环和反复出现的基本现象即是文学的原型。因此，他认为文学比较就是以研究反思链中的原型及其变异，发展与增殖。而作者对原型的理解与认识，就奠定了他这部专著的理论视角与研究方法、作者立论的出发点和立论根据。

正因为如此，我认为这是一部具有自己的理论个性和研究视点的专著。

比较文学作为一门新兴学科，又是一个发展中的学科。关于它的基本概念、理论与方法，随着历史的发展，人类认识能力的不断深化，它的基本概念与理论方法，也不断地得到发展和深化。因此，它又是一个在争议中发展的学科，也是一个边缘学科。就它本身的固有职能说来，它的研究对象，命名缘由，只是针对不同国家、民族、地区以及语言系统的文学现象之间的比较研究，是人类文化对话的一种表现。换句话说，它的研究目的是企图从不同文化背景下的关系中寻找人类精神现象的异同，从根本上认识文学作为人类的一种文化现象或精神现象，它的民族性与共同性。它无论对于进一步地认识本国、本民族、本地区文学和认识外国文学，都是一种有益的研究观点和方法。而人类用比较这一方法获得知识和交流知识，其本身则和人类思维的历史同样地古老和悠久。因此，如果对比较的意义做抽象的探讨，从方法论本身的角度，对比较文学再提高一步，将比较文学研究的范围进一步扩展，将用比较的方法研究不同空间之下的文学现象，扩展到研究不同历史时间之下的文学现象，即一个国家或民族文化在不同的历史发展时期所产生的文学现象，也有其必要与价值。因为它可以说明一些问题，如民族文化自身发展变迁情况，一个民族在不同历史环境下的精神特征和价值观念；了解它们之间的异同，也有助于认识民族文化的凝聚力和它的开放性特征。因此，早在八十年代中期，一位美国教授就提出这个命题与观点。我为一九八六年在美国召开的中美比较文学双边会议第二次会议提供的论文中，也以这个观点写了《中国新文学与传统文学》一文。这里冯锡玮先生又进一步将比较文学研究的对象与范围，进一步扩大到我国同一历史时期内的文学现象，即作家作品之间的内部比较研究，即由不同历史时期的文学现象之间的比较研究扩展到同一历史时期内的文学现象作家作品之间的比较研究，这就有助于进一步通过比较研究方法，认识某一作家的艺术个性、审美观点，也有助于对同一时期所产生的文学作品的共同特征的理解。因为，正像中国文学和外国文学、中国现代文学与中国古代文学之间有可比性一样，中国现代文学内部之间，也存在着可比性。作者将比较文学这一理论概念扩充为文学比较，大概其根据就在这里。也因此，从某一方面说，冯锡玮先生这个理论观点，无论对现代文学研究、比较文学研究，都是一种有意义的突破与探索，从理论和方法论方面说，对比较文学的定义与研究对象，也是一种开拓性发展。因为从中国现代文学本身的历史实践来说，冯锡玮先生的研究视角和理论观点是有根有据的。

冯锡玮先生的这部专著，视野开阔，论证细密而深入，表面上看，似嫌烦琐，其实它正显示了作者在治学上认真研读、深入思考、落笔谨慎、努力进取的精神。它对中国现代文学研究，中国比较文学研究，无论在理论或实践上，都做了有学术意义的思考和探索，并抒发了不少个人独到的见解。它看似标新立异，其实它反映的是作者在治学上的严肃的思辨精神。作者能立足于今天的历史高度，以开放性的文化心态，费力气地写了这部具有作者自己独立的学术品格的专著，从这点上来说，我相信，它是会在学术界取得它的生存权利的。

因为我乐意把这部专著介绍给我国的学术界和中外广大读者，就写了这篇称为序的小文。

一九九三年十月上旬，于上海

注：

①本书由上海社会科学院出版社一九九五年出版。

181

《世界文化名人传记丛书》序

　　上海世界图书出版公司将出版天振主编的《世界文化名人传记丛书》，我听说后很高兴，并且也非常乐意为此写几句话。

　　传记文学，无论中外，都是历史悠久、广受读者喜爱的一种文学体裁。中国的《史记》，外国的《希腊罗马伟人比较列传》（普鲁塔克著），都是人们百读不厌、在中外文坛上享誉千载的文学精品。但是，不知从什么时候起，"为×××树碑立传"在我国却成了一顶挺吓人的帽子，及至到了"文革"时期，"为×××作传"已无异于"为×××翻案"的同义语，更成了一件可以置人于死地的罪状，从此我国的传记文学园地彻底成为一片荒芜。

　　是改革开放的浩荡春风，使我国的传记文学创作重新呈现出勃勃的生机。自改革开放以来，各种各样的传记，从政治家、科学家、文学家，到各条战线的英雄模范，从歌星、舞星、影星、球星，直到那些对人类犯下滔天罪行的奸雄佞人，一时间竞相出版，令人目不暇接，我国的传记文学创作真是达到了前所未有的高潮。如果把改革开放的十五年说成是我国传记文学创作史上最繁荣的十五年，此言也决不为过。

　　但是，最近几年来，由于众所周知的原因，我国的出版界却出现了一种滑坡现象，一些不那么健康、甚至趣味低下的读物在市场上大行其道，而健康、严肃、高雅的读物却难以出版。在这种情况下，上海世界图书出版公司推出这套品味高雅、选材严谨的《世界文化名人传记丛书》，不仅表现出了一个国家出版社对民族文化高度负责的精神，更是对当前提倡高雅文化艺术、促进社会主义精神文明建设的热烈响应和有力支持。

和其他文学体裁一样，传记文学的题材也是极为丰富多彩的，而其中又以文化名人传记最受欢迎。所谓文化名人，主要指的是文学家、艺术家和哲学家等，政治家和科学家其实也可划入这一行列。这些人，或是因其所塑造的内涵深刻的文学典型而脍炙人口，或是因其谱写的不朽名曲而令人难忘，或是因其对人类社会的独特思考和深邃见解而彪炳史册……总之，文化名人都是在人类精神文明史上有过重要理论建树、做出过重大贡献的人。人们阅读文化名人的传记，一方面可以从文化名人们的坎坷经历、奋斗成才史中得到启迪、受到鼓舞；另一方面，还可从他们的人格品质、理论思想中汲取人生的经验，得到美的陶冶和精神的升华。文化名人传记图书之所以能在世界各国长销不衰，其原因恐怕也在于此。

世界文化名人类的传记，在国内似乎已有先例。但此前出版的多为直接照译国外的相关著作，这样做的好处是保存了国外原作的风貌，缺点是原作有些不甚切合国内读者需要的内容未能去掉。此外，由于受翻译的影响，文字也难免拗口。而现在这套《世界文化名人传记丛书》，大多根据作者对传主生平和著作的大量深入研究，针对国内读者的需要，去芜存菁编著而成，所以对传主的生平叙述线索清晰，内容充实，文字又非常流畅，可读性很强。在考虑入选丛书的传主的问题上，这套丛书也不落窠臼，即不对世界文化名人搞"论资排辈"，追求"大而全"，而是率先推出一批生平事迹丰富曲折、国内读者比较感兴趣的传主。这样的做法估计也会受到读者的欢迎。

我与天振交往多年，知道天振对文学传记一向兴趣颇浓，早在读研究生之时已开始涉足这一领域，并多有造诣。

相信这套丛书出版后会受到读者欢迎的。谨此预祝成功！

是为序。

《抗战时期的上海文学》^①序

　　抗战时期的上海文学，过去虽然有不少论著涉及，但由于多年来尤其是"文革"期间，资料损毁散失情况严重等复杂的历史原因，研究论著往往呈现出一种初尝辄止的粗散状态。因此，正像我们对抗战时期的其他地区沦陷时期文学（"东北沦陷区文学""华北沦陷区文学"以至"台湾沦陷时期的文学"）研究一样，成为我国现代文学史研究中的一个比较薄弱的环节，虽然它们都是我国抗战文学史、中国现代文学史的历史布局中的不可缺失的有机构成部分。这不能不说是一种历史遗憾。

　　从这个意义来说，陈青生同志的这部《抗战时期的上海文学》就显得十分惹人注目。因为就抗战时期上海文学研究来说，大都侧重在"孤岛"时期，即一九三七年十一月日军在侵占上海华界后，租界地区被沦陷区所包围，成为特殊地区的时代，以迄一九四一年太平洋战争爆发，日军侵入上海租界地区为止，为期四年零一个月这段历史时期，而对沦陷后的上海文学则涉及不多。本书则大大拓展了这一专题研究领域的研究视野，它将抗战八年的上海文学作为一个历史整体来考察和研究，全面而系统论述了这个特定历史时期的上海文学状况，描绘出了一幅清晰的上海抗战文学的历史全貌。应该说，这是一项具有自我特色和价值的学术成果。

　　全书的一个显著特色，是作者将当时上海地区的文学活动，按历史顺序，分为《战火篇》（抗战初期）、《孤岛篇》与《沦陷篇》三个篇章。而这样的历史分期，既符合历史实际，也便于考察时代的政治社会环境对文学的制约与影响作用，更易于反映抗战时期上海文学发展的历史连续性。同时，作者并未将上海抗战时期文学作为一种孤立的文学现象来看待，而是从宏观的角度，在横向上，将其置于全国抗战文学的大背景之下来考察；在纵向上，将其作为"五四"新文学运动以来的一个特殊历史时期来认识。这样就避免了就事论事的狭隘眼界。

本书在对具体文学现象的论述中，作者针对各种文体的作家作品以及文艺思潮、论争、社团流派，做出了全面细致的论述，尤其对向来被文学史家不屑一顾或漠视的通俗文学创作，也有比较客观的评价；对沦陷区的汉奸文学，作者也没有从单一的政治标准一概加以抹杀，而是结合具体的历史环境，既指出其在政治上有悖于民族大义和时代文化潮流，同时对某些创作的文学性，也予以实事求是的评价，这就较好地体现了马克思主义的辩证唯物主义和历史唯物主义的科学精神，也比较完整地反映了一个特定时期的文学历史风貌。

由于特殊的历史地理文化环境，上海从开埠以来，一直是中国近现代的文学出版、发行和文艺思潮与社团流派的策源地与活动中心，所以对抗战时期上海文学的研究，不仅对抗战文学，也对中国近现代文学研究，具有重要的历史和文学意义。作者多年来致力于这个时期各类文学资料的收集、整理和鉴别工作，正是在比较完整地掌握了众多有关原始资料的扎实基础上，才着手这部专著的撰写工作的。因此，才使他的论述，具有了坚实的资料依据，这应该是这部专著的另一个显著特色。

综观全书，可谓资料翔实，论述全面、具体与深入；评述又力求客观公允，既为这一历史时期的文学研究提供了富有价值的史实与观点，也体现了作者开阔的学术视野和扎实的学术功底与严谨踏实的正派学风。如果求全责备的话，则是它忽视了出现于这一特定的历史时期的翻译文学现象，而这一时期，尤其是沦陷时期，由于创作的发表与出版受到敌伪势力的严密的钳制，蛰居沪上的作家学者往往转而从事外国文学作品的译介，借他人之口宣泄自己的爱国抗敌心绪，也显示了中国知识分子，威武不能屈，仍然孜孜不倦地致力于祖国新文学建设的夙愿，那股浩然正气和严正的历史责任感。因而当时的翻译文学呈一时之盛。而翻译文学，则又是中国近现代文学建设事业的一个重要方面和成就，它和文学创作同样是构成我国近现代文学历史格局中的有机组成部分。我希望青生能继续努力，再版时补足这个重要的缺失部分，这不仅符合历史事实，也更显示出上海抗战时期文学活动中的一个显著的特色。

陈青生同志是我近几年才结识的一位同行朋友。一九八八年，在上海举行的中华文学史料学研讨会上，我们开始认识了。在这几年的交往中，我觉得他是一个朴实、正直、热诚而又具有事业心和责任感的朋友。正是基于这种认识和印象，我曾推荐他担任中华文学史料学学会的副秘书长工作。他果然不负所托，为学会的建设和发展，跑腿出力，做了不少有意义的工作。现在我看到他下了多年的苦功夫完成的这部《抗战时期的上海文学》，真是感到无比的兴奋和欢欣。正是出于对这部专题书稿的欣赏，我乐意为它提笔作序，借以把它推荐给海内外研究家和读书界，因为它对我国现代文学研究事业既是一种新的开拓，又是一项具有新知新见的学术成果。

一九九四年九月一日，上海寓所

注：
①本书由上海人民出版社一九九五年二月出版。

《艺术的失落》①序

　　灯下，我翻阅着孙正荃先生的文艺随笔集《艺术的失落》，像陷身在波涛汹涌的激流中似的。我衰老又近乎麻木的神经，在它激越而犀利的文笔下，不禁一再被深深地触动了，我的脑海里忽然跳出了早年读过的一位外国作家的名言：要记住，你是一个人，不是一种工具！

　　是的，艺术的失落，根子是人的失落，人格的失落，号称"灵魂工程师"的艺术家、作家的灵魂失落，被政治扭歪，被经济变形。为此，中国知识界有识之士，在沉重的历史反思和现实考察中，不得不惊呼：中国知识分子的人文精神的失落，道德操守的堕落。不过，许多论者将其归咎于商品大潮的冲击，我并不全然同意。我看这种畸形精神状态在生活激流中大面积地出现，追本溯源的话，其根源则在于五十年代以还的"左"祸的灾害。艺术家和作家长期在"为政治服务"，"为革命需要服务"的文艺路线领导下，作为一种政治工具，在这个历史误区内扎寨存活，甚至安居乐业，滋生一种阿Q式的自得心理。待"左"祸作为一种统治思想力量，在历史地平线上逐渐消失以后，在开放后的政治文化的新的历史大背景下，在走向市场的今天，作家、艺术家又从政治误区跳入了经济误区。在为市场需要服务的美名下，作家、艺术家又成为被金钱役使的奴仆。这叫从庙堂流落到市场，由政治的侍从仆役，成为金钱的雇佣，由一个极端跳入另一个极端，由政治拜物教到金钱拜物教，见物不见人，失落了自我。其具体表现形态，就是艺术本身的失落。

当然，这些文化现象，只是就历史和现实的某种趋向而言。在历史激流中，中国之大，仍然有头脑清醒的文人志士，"文革"及其以前受到批判甚至祸及人身的那些被指为"毒草"的艺术作品（比如"文革"后以"重放的鲜花"形式重见天日的作品），在经济大潮冲击下，仍然安于清贫和寂寞但又受到冷遇的艺术家和那些严肃的文学艺术作品，仍然一代又一代，一批又一批地涌现不绝，这又从另一个方面证明了，艺术在中国并没有完全失落。"石在，火种不会灭绝"，这就是历史的真理。但就历史和现实的大趋势而言，艺术的失落不仅是一种曾经存在过的历史文化现象，也是当前的一个普遍的病症。因此，对这种现象做一个理论上的概括，做一次历史的回顾与考察，我认为这应该是文艺界有识之士的一种不可推卸的责任。正是在这种认识和感触中，我看到孙正荃先生的这本文艺理论随笔，就感到分外的亲切、动人，因为它正切中时弊，符合时代的需要。

"黑格尔说：'正像一句格言，从年轻人（即使他对这句格言理解完全正确）的口中说出来，总是没有那种在饱经风霜的成年人的智慧中所具有的意义和广袤性，后者能够表达出这句格言所包含的内容的全部力量。'黑格尔这句话其实可以用来评价一个文人的全部功业，即道德文章。因为'亲履艰难者知下情，备经险历者达物伪'。'艰难''险历'就是生活途程中的忧患曲折，心志与筋骨的劳与苦。这些就是亚里斯多德所说的做学问（从事'纯粹的思想'）所'必需的东西'。因为经历了这种繁杂苦难的遥远途程，人对客观事物的本质，才能在思考和认识能力上达到和接近于真实的境界，而少些凌厉虚妄之气。"

这是我在八十年代中期，为故友范希衡教授的遗译《中国孤儿》（伏尔泰著）的译序中说过的话。把这句旧言旧语移植到这里，用来说明这本书稿的写作背景与成因实在是再恰当不过了。

我与孙先生是近年来相识的，但也许正因为他也经受过许多磨难和坎坷，所以我们一见如故。作为新中国早期的文科大学生，他早已心仪文学艺术，政治风暴不幸将他卷入后，他受过苦，坐过牢，沉入过社会最底层。但他始终有对文学艺术的热爱之心，始终没有放弃对各种文艺现象的观察与思考，同时，他从时代与社会的风云变迁中，更深切地领悟了文学

188

艺术的利弊成败得失，这十多万字的文艺随笔，就是他几十年来观察与思考的成果之一。作者以美学批评和社会批评相结合的方法，对当代文艺现象、文艺创作与批评实践进行概括分析，对于一些重大理论问题也做了深入浅出的阐释论证，文笔生动活泼而又不乏独到的见识。尽管如他自己所说，其中也有某些偏颇和疏漏，但因为这是他真实的所感所悟，因此，这些瑕疵不会掩盖住其中的真知灼见。

为此，我愿将此书推荐给海内外的学术界与读书界，相信它一定会裨益于当代的文学与文化建设。是为序。

一九九四年九月于上海寓所

注：

①本书由学林出版社一九九四年十二月出版。

《姑苏书简》①序

　　已故著名作家周瘦鹃先生的女儿周全女士专程从苏州赶来，说明年是她父亲一百周年诞辰纪念，拟赶在此之前出版他的遗作《姑苏书简》作为纪念，约我为它写一篇序文。我虽然与周先生素昧平生，但我久已心仪他的才学与业绩，所以很乐意地答应了周女士的约稿。

　　周瘦鹃先生，我们这些年出版的中国现代文学史都惯称他为清末以迄民国出现在上海这个大商业城市的文学流派——鸳鸯蝴蝶派或礼拜六派的代表作家，西方汉学家则称之为一二十年代城市通俗小说流派的代表作家，关于这一文学流派的形成及其作家群，我前些年曾在一篇文章中这么陈述了我的认识与观点：

　　中国一贯地把小说笔记这类文学作品称为"闲书"，由此，从晚清到"五四"一代，也就是这类作品大量涌现于文化消费市场的旺盛时期，当时那些被称为"鸳鸯蝴蝶派"或"礼拜六派"的通俗作家，也自认不讳地把自己的作品看成是供读者茶余酒后消闲解闷的东西，是一种"游戏文学"；也因而遭到了新文学家的迎头痛击，斥之为"文丐""文娼"等。由于种种原因，今天的读者对他们已经相当陌生。然而从文学史研究的角度来看，完全忽视这些作家作品作为一种文化现象的存在，却是不甚科学的。这类作品也总或多或少、或强或弱地反映了一定的社会生活内容和时代信息，有其一定的历史认识价值。即便是他们的文学观点，我认为也反映了某种文化价值观念，它看重文艺的欣赏价值和娱乐功能，从市民文化的角度对传统文学中占统治地位的儒家"文以载道""诗以言志"的正统文艺观加以否定，这正是中国社会由长期的封闭状态走向开放的历史特性的反映，也是商品经济社会所形成的文化市场开始出现后的一种标志，从晚清海禁洞开以后，随着西风东渐，而贯穿中国近代史的全过程。这类在传统文化哺育下成长起来的通俗作家，思想意识上虽然有较为严重的封建性的历史负担，但作为一个作家，他们只是一个卖文求生的文人，而并非为虎作伥的官府爪牙；他的衣食父母是读者大众，即所谓"看官"，而非"帝王家"。他们把自己的作品看成人们的消遣品，这也说明了他们已经自觉或不自觉地意识到了商品社会的价值观念。换句话说，随着新式印刷出版事业和报纸杂志事业的兴起，中国才开始有了职业作家，他们开始摆脱了在封闭性的农业经济社会里作家对官府的由人身依附到人格依附的附庸地位，成为具有自己独立人格和自食其力的社会个体，这是一种历史的进步。同纯文学作家一样，近现代的中国通俗作家也是这种历史环境里的产物。同时，他们作为平头百姓，也在"生活的地狱"里饱受煎熬之苦，因此在他们的作品里，也多少接触到历史事变、时局动态以及纷纭复杂的社会人生百态。有的也抉发了时弊和积习，甚至对国家民族的前途，对美好的生活前景，怀有某种模糊的憧憬和渴求。因此这类作品虽有传统文化中的儒家伦理道德观念的束缚，在审美情趣上有其庸俗性的一面，但总的看来，也自有一定的社会认识意义和娱乐欣赏的艺术价值。

我认为我前几年的这些观点，也可以移来认识和评价周瘦鹃先生在中国近现代文学史上的历史地位和他的创作在文学史上的价值。

我自幼性喜杂读，很早就从书刊上结识了周先生的文章风貌，但因禀性粗犷，又接受了"五四"新文化思潮和中国左翼文艺运动的影响，作为一名在时代风沙中奔走的文艺学徒，我对于中外文学中的谈情说爱，男男女女的悲欢离合的说部一向很不欣赏，虽然知道是杰作，却始终不喜读《西厢记》《红楼梦》；在上海住了这么些年，仍看不惯越剧。因此，周先生的哀情作品早年虽有所涉猎，却总觉难以进入，只当一种文学现象来认识和看待。不过对他的翻译作品，倒是一直颇为喜爱的，尤其他译的那些俄国和弱小民族的文学作品，使我心折。新中国成立初期，我曾在周先生长期定居的苏州住过年余，但机缘不凑巧，不曾结识周先生，至今引为憾事。关于周先生其人，只是先后听到过两个传闻（也是事实），一是在解放初期，上海文化界盛传当时苏联驻中国大使曾专程前往苏州拜会周先生，因为他是被称为"革命文豪"的高尔基作品的第一位中译者（关于这一传闻，施蛰存先生在他近年主持的《中国近代文学大系》"翻译文学"系列的导言中亦曾提及，认为是一则文坛佳话）；其二，则是在八十年代初期，听说"文革"中周先生也受到极大的冲击，多年精心收藏的古玩书画被毁弃，精心培育的园林盆景也被砸烂，他因不堪造反派的迫害和人身侮辱，愤而跳井自沉。这两个得自传闻的事实，前者令我对周先生在文学阅读与翻译选材上的开阔视野有更深刻的认识，以为颇似周氏兄弟当年译编《域外小说集》时的眼光；后者却令我感情激动。像他这样一位跨时代的作家、热情的爱国主义者，解放后在精心培育他的花草盆景之余，在海内外报刊上不断发表歌颂新中国的文章，并因此得到由中央到地方的党领导的亲切关怀和优遇、一心跟着时代前进的老知识分子，竟也在劫难逃，被迫走上绝路，这也从另一个侧面证明了极"左"思潮祸国殃民，仇视文化与知识、以知识分子为不共戴天之敌的滔天罪行！

在感情激动中我翻读着周先生遗作《姑苏书简》的书稿。这部以书信形式写成的优美的散文作品，字里行间处处洋溢着这位老作家热爱新社会、歌颂新政权的那种赤诚的真情实感，从中我们可以清晰地看到一个跨过旧时代的门槛，满怀喜悦和感奋的心情，不顾年迈体衰，努力追赶时代潮流，力图奋发有为的老知识分子蹒跚前奔的动人形象；虽然执笔写这些投入了自己充沛感情的清丽婉约的抒情性作品的时候，他决想不到前面等待他的竟是一个巨大的陷坑。历史就这么捉弄人，也这么令人沉思和警惕！

岁月不居，转瞬之间，我也步入了八十高龄的人生暮境，在匆忙中草就的这篇称为"序"的短文，就权当作一个后死者捧献于周瘦鹃先生亡灵前的一束野花吧！

一九九四年十月中旬，在上海寓所

注：

①本书由新华出版社一九九五年五月出版。

192

《世界历代禁书大全》①序

在我们中国，过去一直流行着这么一句话，即"雪夜闭门读禁书"。这句话的字面意思很容易理解，不过，若做进一步分析，则可看出它大致还包含三种意思。一是历史上曾有一些书是禁止公开出版的，但民间仍有人私下收藏或流传；二是这种书只能偷偷摸摸地闭门阅读、欣赏，而不能为外界所知道；三是被禁之书都有吸引读者的特别内容，否则，一些人也就不会甘冒一定的危险去偷着阅读。关于这方面的情况，章培恒、安平秋二先生主编的《中国禁书大观》（上海文艺出版社，一九九〇年）一书已有详细介绍，此处就不赘述了。

那么，中国之外，世界上其他国家是否也有禁书之事呢？回答是肯定的，而且，从具体情况来看，似乎一点也不比我们中国逊色，有时候甚至有过之而无不及。

比如说吧，鲁迅先生曾写过一篇有名的杂文，题目是《华德焚书异同论》，就将德国法西斯的焚书与中国历史上（如秦始皇）的焚书做过一番比较。在这里，"焚书"即是一种禁书举措，与禁止书的出版或书出版后禁止发行及毁版，在本质上是一样的，而且，在具体表现上更为严厉、张扬、疯狂。这里说的是由于政治思想的原因而发生的禁书事件，充任禁书角色的是德国法西斯暴徒。其实，在世界历史上，类似的事屡有发生，如沙皇俄国、麦卡锡黑潮甚嚣尘上时的美国等，都出于政治思想方面的原因，禁过有关与主流意识形态有违碍的书籍。此外，宗教势力也在世界禁书史上扮演了一个重要角色。如在被称为"The Dark Age"（黑暗时期）的中世纪，为维护自己的神圣地位及权威，罗马教会通过臭名昭著的宗教裁判所，就以所谓"异端邪说""亵渎神灵"的罪名禁毁了许多有价值的书籍，像伟大科学家伽利略的著作就是其中典型代表。虽然上述情况在世界禁书史上比较多见，但是，因道德、风俗方面原因遭禁的书籍也为数不少，其中又尤以文学艺术类书籍居多。它们往往被扣上"宣扬色情""有伤风化"等罪名，而摆脱不了被禁毁的劫难。在这方面，如法国作家福楼拜的《包法利夫人》，英国作家劳伦斯的《虹》《查太莱夫人的情人》，美国作家福克纳的《在我弥留之际》《野棕榈》等等，都是这一类作品遭禁的代表，尽管以后它们都开禁了，但它们都有过这么一段不幸的经历，却是不争的事实。

毫无疑问，能比较全面、系统地将世界其他国家的禁书情况介绍给我国读者，将会是一件很有意义的事。简单地说，一方面可以使我们的读者了解到一些国家历史上曾出现的文化专制及思想禁锢情况，从而加深对世界历史的认识；另一方面也可以消除一些我们过去的错误看法，例如有些人过去一直以为西方社会在"性"的方面是很开放的，其实满不是那么回事。多年来，我一直期望能有人编这么一本书，从而为我们提供资料、开拓视野、加深认识。令人欣喜的是，这一有意义的文化工作已由美国哈佛大学的教授和国内的一些专家、学者做了，由上海书店出版社出版的这本《世界历代禁书大全》，即是他们的学术成果。

客观地说，《世界历代禁书大全》编得还是不错的。它不仅首次以全新、系统、可读性强的形式向读者介绍了世界数千年的禁书史，披露了不少鲜为中国读者所知的外国禁书的内容，如英国女作家霍尔涉及女同性恋的代表作《寂寞的井》、前苏联作家阿扎耶夫揭露政治迫害的《囚车》、法国作家热奈的代表作《鲜花圣母》等；而且，尤其值得称道的是，本书在生动、择要介绍有关禁书的同时，还客观、全面地评介了这些作品遭禁的原因和过程，它们现在的历史地位及价值所在，从而使读者在充分领略原作韵味的基础上，还能了解到有关历史背景及社会潮流的变化。不可否认，这本书是一本填补空白（哪怕是部分）之作，而且，它的资料性及学术性都给我们提供了很有价值的参考。

当然，毋庸讳言，这本书也存在些许不足。主要表现在两个方面。其一，这本书名为《世界历代禁书大全》，但实际上它的主要篇幅是介绍欧美的情况，而亚洲、非洲、拉丁美洲及大洋洲的禁书却涉及较少。其二，书中所谈禁书的绝大部分是文学类书籍，而政治、科学类论著却介绍得极为有限。也许这是受资料所限，抑或是编辑重点本来就在于此，但不管怎么说，对广大读者来说，这不能不是一个小小的缺憾。

最后，我还想谈一点希望。六十年前，鲁迅先生的《华德焚书异同论》为中外禁书现象比较研究开了个好头，但自那以后，一直没有看到这方面有分量的新的研究成果出现，这不免使人感到有些遗憾。现在好了，有了《中国禁书大观》，又有了《世界历代禁书大全》，如有人能在充分占有资料的基础上，写出一本有深度、有力度的《中外禁书比较研究》，那无疑是颇有学术意义的一项工作，相信必将受到读书界的欢迎，而且，本人也将为此感到欣慰。

一九九五年五月三十日，上海

注：

①本书由上海书店出版社一九九五年出版。

《人之子——耶稣传》①中译本序

　　前几天，张新颖送来他刚译好的《人之子——耶稣传》书稿。这就是一年多以前，我送给他的那本德国现代戏剧家和传记文学家艾米尔·路德维希的《耶稣传》英文本的新译。这本传记，本来早在三十年代的中期，就有孙徇侯的译本，从英文转译。孙徇侯是我同时代的留日学生，好像当时在明治大学的法科经济系学习。但我一向认为，翻译是一种再创造的文学活动，译本的质量往往取决于译者的文学和语言素养，以及对原作的理解和判断程度，因之，总是有它的成就与不足之处；而对于享有世界性声誉的著作，就更需要一代人一代人的重译劳动，日趋完整地再现作品的原始风貌和它的真实艺术境界。同时，又由于社会和生活的变化，来自生活的语言本身也在变，无论词汇还是语法结构，都有发展和进步，当代人的重译，其语言和表达方式，会更适合于今天读者的阅读习惯，何况旧的译本，受主客观条件的局限，往往有漏译和误译之处呢！因此，当我看到新颖的译稿，就像看到一个熟悉的朋友换了一套整洁的新衣服一样，有耳目一新之感，同时也很兴奋，因为他完成了一种再创性的文学活动。所以新颖要我为文写序时，我便欣然命笔了。

　　耶稣，作为一个历史人物和宗教领袖，在中国社会的知名度没有像在西方那样达到妇孺皆知的程度，但至少近百年来，由于基督教的传教活动和在大城小镇建立教堂的关系，他的名字也接近普及。但人类文明史有一个怪异的社会现象，一个宗教人物，或者一个思想巨人，往往在不同的历史时空中被神化与鬼化，尊崇者敬之为神明，厌恶者憎之为恶魔。这是从蒙昧走向文明的历史的途程中，总难避免的一种扭曲的人物观。

路德维希的这部《耶稣传》，最大的成就是把耶稣从世俗的宗教迷信的装扮下剥离出来，还原为人的耶稣。这位作家曾经说，他刻画人物，追求的效果，就"好像在大街上邂逅故人旧友一样"。在眼前这部传记里，作者也并不刻意搜求特别的材料，而主要通过对四福音书等记载的耶稣生活行迹进行合乎情理的鉴别和分析，依托自己的人生体验与阅历，依托对于历史文化的积累和吸取，用自己的笔墨，写出了自己心目中的耶稣。他以惯于运用的刻画人物内心世界的艺术手法，塑造了一个怀有崇高追求却不容于时世，为拯救人类的沉沦命运而不惮于受难殉身的光辉夺目的人格形象。耶稣从宗教的迷雾中显现出来，有血有肉，有爱有憎，他被还原成一个真实可信的历史人物，散发着强大的人格魅力，堪称人类理想的化身。从这个过去的"政治犯"身上，传达出生命的庄严与伟大。由这个意义上来说，这部传记是一个理想主义者的颂歌与悼词。

艾米尔·路德维希在中国读者中并不是一个陌生的名字。他二三十年代完成的《拿破仑传》和《俾斯麦传》，我们已有译本；他四十年代流亡美国写作《德国人》一书时，正值世界反法西斯战争的进程，他对日耳曼历史和德国文化进行了严肃的反省，近年我们也有了译本流行。这部《耶稣传》新译本，对于我们更逼真地认识这位作家笔下的耶稣形象，了解和欣赏这位传记文学家描写历史人物特有的艺术手法和创作风格，都有很大的作用。

新颖是我带的研究生，攻读比较文学，前几年他取得文学硕士学位后，踏进社会，走上报馆的文艺工作的岗位，但在忙碌的工作之余，仍然埋头苦读，继续他从大学时代就开始的中国现当代文学研究，并在去年出版了论文集《栖居与游牧之地》，颇获文学研究界好评。现在他译出了这本《耶稣传》，我欣喜之余，写了上面这些话，向读者做些介绍，算是一篇序言。

一九九五年六月六日

注：
①本书由南海出版社一九九八年二月出版。

《巴金的世界》^①序

　　我所熟悉的日本同行朋友山口守先生早在今年四月就来信，说是他与他的同窗好友，也是我熟悉的另一位日本同行朋友坂井洋史先生，已经将他们近些年所撰写的巴金研究论文收集整理成册，交由北京东方出版社印行，并约我为它写一篇序文。

　　我得到这个信息后感到非常振奋。因为据我所知，外国作家和学者能为中国读者所认识与理解，一般都通过中国学者的译介这个渠道，即便他的著作在本国出版前可以先在中国出版（如五十年代初，法国汉学家——是个天主教神父——明兴礼 Jean Monsterleet 研究巴金的著作《巴金的生活和创作》，这是他在中国传教办学时取得的学术成果，因而首先在上海出版，但也是通过当时在震旦大学任教的王继文教授的翻译的形式出现的）。因此我得到这两位日本学者直接以汉语表达方式在中国出版的专著（因为其中大部分是他们自己用汉语写的，其中在中国书刊中出现的以译文方式发表的某些篇章，在此次收入专著时，也经过他们自己精心的校改），感到振奋，同时又感到新鲜，因为这是出现在中国现当代出版界的新事物。这首先说明在改革开放的新历史条件下，中外文化学术交流的深入发展的蓬勃势头；其次，它又使我想起不久前收到的韩国学者朴宰雨教授的《史记》、《汉书》比较研究》的赠书，这也是一本外国学者直接以汉语形式写作并首先在中国出版的汉学著作，因此在我看来，这应该是九十年代新兴的学术风尚，也反映了随着世界新格局的形成和中国进一步走向世界，中外人民，尤其是与我们，一水相隔，又在文化上具有源远流长之关系的中日两国人民之间，正显现出一次文化交流上的深化和正常化的新景观。这种大好的历史形势，是应该受到欢迎和祝贺的。

巴金，作为二十世纪中国文学的巨大存在，他经历了六十多年的文学生涯所创造的辉煌文学业绩，尤其是他的执着的人生追求、精神境界与人格力量，不仅影响了一代又一代的中国青年，作为一种精神财富，它也属于整个人类。因此，对这一巨大的文学存在，或文化现象进行深入的研究，是没有国界之分的。而山口守与坂井洋史先生的这部专著，其最大的特色就是首先着眼于对作为人的巴金的考察与研究，巴金的人生追求、思想信仰、生活经历与体验是他们研究的起点和前提。

作为日本研究者，他们的著作尤其重视资料的收集，鉴别与论证，不仅重视作家用文字表达出来的东西，同时也重视作家生活所涉及过的城市与乡村，对作家有一个整体性的观察与研究。如山口先生的《巴金在横滨》《巴金在上海》，坂井先生的《巴金与福建泉州》等篇章，都体现了这种日本学者所特有的学术传统。不仅如此，他们还能将巴金放在中国历史文化和社会变革的大历史背景下来考察，放在中外文化、文学的交流、碰撞、融合的历史潮流中来认识，而研究者自己虽然作为异国知识分子，有着自己独特的文化历史背景，但由于他们生活在一个开放性的社会文化环境里，又广泛接触外来文化与思潮，是属于走出日本国门的知识分子，他们尤其对一衣带水的中国历史与文化，传统与现实，有着丰富的知识素养，又有在中国生活的深刻体验，和与中国知识分子同行的比较广泛的交往与友谊，因此，他们对巴金的文学活动的体会与认识，就不限于书本范围之内的就事论事，而是将巴金的著译和他参与的一系列社会实际活动结合起来。在这两位学者的著作中，尤其显示出对巴金与无政府主义运动的细致考察和评价，如山口先生的《巴金与萨柯·凡赛蒂事件》《关于巴金与凡赛蒂往来书信》和坂井先生的《1920 年代中国安那其主义运动与巴金》等，不仅在资料的发掘与考据上丰富了巴金研究领域的成果，而且也在对巴金与无政府主义思潮的关系及评价上，提供了他们独到的识见。

总之，他们的文化视野开阔，思路活跃，不仅选题范围广阔，角度新颖，而且在治学方法，论点及评价等方面都有自己的特点与优点，富有自己的学术个性与风格。他们的学术成果，不仅大大开拓了巴金研究的学术视野，也为世界性的巴金研究提供了新的学术积累。

我在生活的暮年有缘结识这两位日本同行与朋友，感到一种莫大的慰藉和高兴，因为我们不只是学术事业上的朋友，也是生活中的朋友。早在一九七八年秋天，即在我经历了二十多年与世隔绝的苦难生活之后，刚刚告别了长期"苦力地干活"的劳改生活，在"解除监督"的政策下，又开始由鬼变成人，回到原单位资料室坐班。就在这个历史时期，当时在复旦大学外文系作为专家从事日本语言与文学教学活动的山口守先生，因其专业是研究中国现当代文学，便在外文系一位教授的引荐下，到中文系资料室来访问我。而在当时，由于传统势力的影响，我虽然解除了"监督"，但头上仍戴着那顶戴了二十多年的"帽子"；一般同事以至朋友仍把与我的接触和交往视为畏途，避之唯恐不及，而山口先生却不避忌讳，前来相访，并把我当作一个同专业的学术朋友来看待，虚心求教，相互交流，这在当时对我是莫大的安慰，他也就成了我二十多年后见到的第一个外国朋友。后来他任教期满回国，我们便开始了通讯联系，之后他屡次来中国参加学术活动，查阅资料或者观光旅游，都成为我家的座上客。一九九〇年秋天，我们夫妇应我的母校东京日本大学之邀回校访问与讲学，当时山口先生就在那里任教，教授中国语言与中国现当代文学。我们夫妇在东京十多天的生活和学术活动，包括到机场接送，都受到山口先生无微不至的照顾与帮助，这又进一步加深了我们之间的理解与友谊。至于坂井先生，从一九八九年秋天在青浦举行的首届巴金国际学术讨论会起，我们开始了结识和交往，尤其是九十年代初，他以访问学者的身份来复旦大学从事专题研究，我又挂名作他的指导教师，在他及其夫人在上海生活的一年间，我们除了学术上的交流之外，因为都喜好杯中之物，所以又成了酒友，古希腊学者说过，"酒中有真"，在杯来杯去中，我们加深了相互了解，为友谊奠定了基础。和山口先生一样，他们夫妇也是我们家中的座上客，我们并不把他们当"老外"另眼看待，我们常常以聊天的方式，交流学术见解，生活见闻和人生感受。正是因为这种友谊，使我在八十高龄的年纪，不避酷暑，写下这篇称为序的小文，借此也为我们之间的友谊留下一个永恒的纪念。

但我的体力与精力不允许我对他们两位的专著做深入细致的研读与品味，所以这篇短序，只是我凭借对这两位朋友的认识和了解，在粗略地阅览后的一些浮浅的印象，又由于记忆力的衰退，因而难免会有信口开河、贻笑大方、文不对题之处，但我的心是真诚的，为了纪念我在晚年所结识的这两位常来常往的朋友，我信笔写下如上这些话说，权作为纪念性的文字留在纸上吧。

一九九五年八月十日

注：

①本书由东方出版社一九九六年一月出版。

《放逐与回归——中国现代乡土文学论》①序

　　离乡背井者常常有一种极为浓烈的乡井之情，一种怀恋故土的情结。杜甫有诗句"露从今夜白，月是故乡明"；李白有诗句"举头望明月，低头思故乡"，透露出游子深深的乡思；王维有诗句"独在异乡为异客，每逢佳节倍思亲"；刘长卿有诗句"古台摇落后，秋日望乡心"，凸现出羁旅者沉沉的思乡之念。无论是"万里归心对月明"，还是"秋来见月多归思"，都情景交融地吐露出远离故土的怀乡病者难以摆脱的乡情乡思。乡土文学大多是离开故乡的思乡者的恋乡之作，其中融入了作者浓浓的乡土之情。中国现代乡土文学创作起始于鲁迅，这是勿容置疑的。在鲁迅的影响下，许钦文、许杰、台静农、蹇先艾、彭家煌、沈从文、冯文炳、王任叔等作家，也以其故乡农村或乡镇生活为题材，创作出许多洋溢着独特的地方色彩、充满乡井之情的乡土作品，形成了中国二十年代乡土文学创作的热潮。自此以后，关注乡村社会、描绘故乡村镇生活成为不少作家创作的主要题材，吴组缃、李劼人、蒋牧良、孙席珍、艾芜、沙汀、王西彦等人，成为中国三十年代中颇具影响的乡土作家，而赵树理、马烽、孙犁、柳青等人的创作，又代表了中国四十年代解放区乡土创作的主要成就。回溯中国现代文学发展的历史轨迹，乡土文学已成为其中极为厚实极为璀璨的篇章，倘若抽去了乡土文学，一部文学史定会单薄许多黯淡许多。

鲁迅曾说过："有地方色彩的，倒容易成为世界的"，这是极有见地的。乡土文学正是以其浓郁的地方色彩而为世界所瞩目，鲁迅、沈从文等中国作家的创作为别国人们所关注和喜爱，其中主要的原因之一也正是其作品呈现的浓浓的地方色彩。乡土文学也是具有世界性意义的文学，它能使人们领略到异国他乡山光水色、民俗民情，它能使人们了解到别一世界人们的心理性格，生活经历，因而乡土作家们具有地方色彩的乡土作品就常为读者们所偏爱，屠格涅夫的《猎人笔记》、哈代的《还乡》、福克纳的《喧哗与骚动》、肖洛霍夫的《静静的顿河》等作品，都成为读者钟爱的享誉世界的乡土佳作。展开乡土文学研究是一件很有意义的事。

剑龙的《放逐与回归——中国现代乡土文学论》是一部很有学术价值和个人风格的学术专著。近些年来他在教学之余执着踏实地在乡土文学研究的领域里勤奋耕耘，写出了这样一部颇有见地的乡土文学研究专著。剑龙在深入细致地研究了鲁迅的乡土小说创作后，论析了鲁迅对许钦文、台静农、冯文炳、蹇先艾等乡土作家创作的深刻影响，并评析了这些作家创作的独特风格。剑龙不仅对中国二三十年代的乡土文学创作做了综合性的研究评析，而且对中国现当代乡土文学的发展轨迹做了勾勒和梳理，构成了此著有点有面、有史有论、宏观与微观相结合的研究体例。鲁迅是中国现代乡土文学的开拓者已成为人们的共识，然而从乡土文学的角度研究鲁迅的小说创作都不多见，剑龙能以较新的方法和视角，恰如其分地从意象分析、文化分析、反讽手法、民俗色彩等方面，切入鲁迅的乡土创作，使他的鲁迅研究别开生面独抒己见。剑龙从接受美学的视角研究鲁迅对其他乡土作家创作的影响，材料翔实，论证谨严，在条分缕析、互比互照中剖析鲁迅作为乡土文学开拓者的巨大影响。剑龙的乡土文学研究具有较为开阔的学术视野，他不仅考察研究了中国现代乡土作家乡土创作的独特内涵和风格，还探讨了现代作家沈从文、废名对当代作家汪曾祺、何立伟的深刻具体的影响，为乡土文学创作的流脉在当代的承继和发展寻觅到坚实的例证。

总之，剑龙的《放逐与回归——中国现代乡土文学论》是一部见解独到、论证谨严的有相当学术价值的著作，作者踏实认真的学术态度、深刻深入的学术思维、扎实严谨的学术功底等，都可在此著中窥见一斑。该著的出版，对于总结中国现代乡土文学创作成就，梳理中国现代乡土文学发展的轨迹，促进中国当代乡土文学的创作与研究，都具有勿可置疑的启迪意义。

剑龙自认其为我的所谓"学孙"，他攻读硕士学位的导师曾华鹏先生曾是我的五十年代的学生和朋友，大约也是因为有了这一层"历史关系"，我们每次相见总感到格外亲切，他的学术著作即将出版，望我为其写一序，虽然我年迈体衰，又杂事缠身，也不便推辞，就絮絮地写下如上这些话语，权作为这部专著的序文。但望剑龙以此作为肇始，再接再厉，有更多更好的学术成果面世，为繁荣我国的现当代文学研究，不断增添新的学术积累。

一九九五年八月上海寓所

注：

① 本书由上海书店出版社一九九五年九月出版。

我的后来者

——潘世兹先生

　　克林顿那年访华的某些行程安排得颇有些怀旧意味，比如在北京大学，那当年的京师大学堂在传播西方文化上是开风气之先的；在上海则去了华东政法大学，它的前身便是上海开埠之后英国人办的圣约翰大学。这件事对我是个触动，使我回想起"文革"时的难友、圣约翰大学校长潘世兹先生。一九五二年大学院系调整时，外国人办的学校和私立大学都取消了，教师也全部统一分配。我从法国天主教会办的震旦大学调到复旦大学中文系，潘先生也由圣约翰调来，做外文系的教授兼复旦大学图书馆馆长。他的夫人陈永娟原是圣约翰大学的学生，是学校的"校花"，和潘先生结了婚，此时也跟着到复旦外文系当讲师。

　　开始我和潘先生不熟，他住在市区，我住在校内，有时彼此碰到了，不过点点头打个招呼，倒是同他夫人相熟一些。他夫人的家庭是英国太古公司的买办，她从小在西方接受教育，所以汉语倒没有西文来得好。有时在教师休息室碰到，她会向我请教一些英文汉译方面的问题，从此就熟悉起来，偶尔还开开玩笑。那时还没有许多约束，我不愿穿制服，常常是一件长袍。记得潘夫人是比较讲究的，打扮时兴，还化着妆。听说潘先生父亲是英国租界工部局的中国官员，文化不高，但很有钱，于是就送儿子去英国剑桥大学读书。潘老先生好藏书，收集了不少宋元明清版的古籍版本书，是位大收藏家。潘先生回国后历任圣约翰大学历史政治系主任、教导长、代理校长，思想进步，一九四九年大陆解放时留下来，一九五〇年参加了民主同盟，并将父亲的藏书无偿献给国家，是一件社会上十分轰动的新闻。当时我所知道的潘先生就仅止于此了。

"文革"前，我被上海中级人民法院以"胡风反革命分子"的罪名判刑十二年，在监狱蹲了十一年，一九六六年被押回复旦，由保卫科分配到印刷厂监督劳动，这才听说潘先生五七年被打成右派，受到降级降薪的处分。"文革"前夕，有人诬告潘先生和同在五七年被打成右派的历史系王造时、外文系孙大雨两位著名教授组织所谓"中国社会党"，图谋不轨。孙大雨是民盟成员，国民党统治时期组织民主党派反蒋，可称得上与共产党肝胆相照，是著名的民主人士。五七年被打成右派时不服，于是上书党中央，称上海及复旦文教方面的领导是暗藏的反革命集团，所以才将他这样的民主人士打成右派，结果以诬告罪判刑六年，押送苏北大丰农场劳改。当时的上海市市长曹荻秋关照下面给予适当照顾，并提前一年将其释放回上海。"中国社会党"事件发生后，孙先生刚回来不久，于是交里弄委员会严加管制，在南市区的城隍庙扫地。王造时和潘世兹则被抓进监狱。王先生是著名的"七君子"之一，抓进去后死在监狱里。潘先生被关了七年，放出来后也被分配到印刷厂"劳动改造"，我们于是就又成了难友。当时潘夫人仍在外文系教书，上海公检法机关给家属一纸判决书，判决潘先生"戴反革命帽子，交群众监督改造"，她不解其意，拿着判决书到处向人询问打听。

在印刷厂受管制期间，我除了管油印，还干些重活，比如扫地、打扫公共厕所、通阴沟、搬运重物、拉劳动车等等，总之是些最累最脏甚至最危险的活。潘先生年纪比我大，就做些相对轻些的事。如把大张的纸折叠整齐，再裁出来。接受专政小组批斗时，他不住低头、点头，说"我是洋奴、买办"等等，或者就在下面写检查及思想汇报。有一次，他对我讲："你的情况和我不同，你是共产党的宣传人员，我是洋奴买办，是帝国主义走狗。"我立即抗议道："你别胡说，我只是个作家，不是共产党的宣传人员。"潘先生知道我的事情，也晓得我进步教授的身份。我进震旦中文系当教授，一去就做了系主任，颇带点占领"资本主义学术阵地"的意味。我也知道像潘先生这样的人对左翼作家怀有偏见，一概将他们视为

"宣传员"而非作家。他听了我的申辩，笑着说："什么作家，共产党的宣传人员罢了。"他仍坚持自己的观点。

他原先住在沪西一幢挺大的花园洋房里，"文革"被抓的那天早晨，他还未来得及吃早餐，就被冲进来的造反派开了批斗会，并当场宣布逮捕法办，这时四个警察突然从厨房里冲了出来，立刻给他戴上了手铐。原来人家前一夜就埋伏在那里了。房子大，潘先生一家居然不知道家里还藏着陌生人。判刑后，房子就没收了，警备区的政委搬了进去，潘夫人和孩子则被赶进了一幢公共大杂楼的一间房子里，过起了与人合住的生活。但因为他们是所谓"反革命家属"，便被周围的房客看不起，备遭欺辱歧视。潘先生出狱后，他们家里换洗的衣服晒出去，因为有些是外国货，常常被别人顺手拿走，他们也不敢说什么。不过潘先生的确有钱，在印刷厂时带午饭，常有烤乳猪、炸牛排、叉烧、酸牛奶、矿泉水，面包里则夹果酱、奶酪，这类西式餐点当时很为工人们所新奇，不晓得那都是些什么。他没事时还吹个口哨，是个蛮率性有趣的人。

记得那一天，造反派神色严峻地命令我们去底下房间写检查，工人们则被通知到楼上开紧急会议，有重要情况通报。过了会儿，我围上围裙去楼上扫地，然后，一只手拿着扫帚，另一只手拎着一簸箕灰，出了印刷厂，往垃圾箱走去。路过历史系，忽然听到历史系二楼的高音喇叭传来哀乐声。我站定，立在路旁凝神细听，这时传来播音员沉痛而伤感的声音："中共中央和中央军事委员会沉痛宣告，我们敬爱的伟大领袖和伟大导师毛泽东主席离开我们了。"我这才把垃圾倒进垃圾箱里，返身回到印刷厂楼下，对正在写检查的潘先生说了。潘先生搁下笔，略微沉吟了一下，说了一句或许在许多人看来有些偏激的话，但我明白，潘先生的话并不是针对具体的人和事，他讲的是一个历史定论，远可以推溯到历史的深处，近则可以推溯到我们这些人多年备受各种运动之害的切身感受。这时，楼上会议结束了，人群拥了出来，我们看见有的人正在抽泣，有的人眼睛红红的，还有的人则面无表情。监督小组组长王荣得来到楼下，刚哭过的样子，满脸哀痛，对我们说："你们两个家伙先回去。"第二天，他召集我俩，面容严峻地教训我们："伟大领袖离开我们了，我们革命人民悲痛万分。你们两个家伙不要高兴得太早，从今天起，每天写思想汇报。只准规规矩矩、老老实实地接受革命群众的监督改造。若乱说乱动，就砸烂你们的狗头！"又对潘先生喝道："潘世兹，你每天下班后必须向里弄专政组汇报思想！"

一九七九年，潘先生平反了。当时我尚未平反，但解除了监督，回到中文系资料室工作。有一天遇见潘先生，我问他现在教什么课，他说教英美情况介绍，我说你介绍一下美国的监狱情况吧。大家都笑了起来。这也是一个典故。我和潘先生在那个时代都品尝过冤狱的滋味，一次不知怎么谈起来，潘先生跟我说，美国监狱在犯人生活待遇上和我们的监狱是不一样的，除了人身不自由，生活上是很人道主义的。早晨吃牛奶吐司，中午晚上吃牛排或猪排面包，到了周六家人来探访，狱方便安排 picnic（野餐），在监狱广场搭个帐篷，放留声机，跳交谊舞，犯人的人格是受到尊重的。这就是"介绍美国监狱"云云的来由。潘先生又问我是否还去印刷厂，他说他每天去外文系上课，中午还是带了饭到印刷厂去吃，然后略事休息。那里的工人现在对他蛮好，孙子出世的时候，他发给每人一块巧克力。他说那是咱们的外婆家，不能忘了，要去的噢！

"文革"后期，尼克松访华，潘夫人的姐姐在联合国做事，这时两家开始恢复通信。姐姐写信来给妹妹，说你在信上从不提潘先生，是他已经过去了，还是你们离婚了呢？姐姐要回国看望他们，那时家里除了一桌一床别无他物。潘先生要争中国人的面子，于是去找当时外文系革委会主任龙文佩，说亲戚从美国来，家里连张椅子都没有，虽然有床可坐，但按西方人的习惯，让客人坐床是很不礼貌的，于国家影响也不好，希望领导暂时给他们借一间旅馆房间来招待来宾。这位龙主任说："你是反革命，反革命就是这个待遇，你跟亲戚讲清楚你的政治身份，不必隐瞒！就在你家里接待！"当然，姐姐来了，是没有法子住在潘先生家里的，只好自己去住了宾馆。

"文革"结束了，潘先生在宝山插队的儿子先去了美国念书，随后潘夫人跟了去，并在那儿定居，潘先生退休后也去了。

但过了两年他又一个人回来了。当时新闻系一个叫朱莉的学生，在校报上写了篇文章，介绍了潘先生的近况。她告诉我，她去看过潘先生，一个人雇了三个保姆。图书馆新馆建成后，我以现任馆长的名义请前任馆长潘先生参加开馆典礼，并一起吃了午饭。以后潘先生翻译《三字经》，写信给我，用的是宣纸信笺，以毛笔小楷很郑重地写道：贾植芳大兄钧鉴，译《三字经》，想查有关版本，望吾兄大力协助云云。潘先生译的《三字经》后来在新加坡出版了。

潘先生是爱国知识分子，解放时留了下来，想为国家做些事，他捐书，受过政府的表扬，又参加了民主同盟。然而，五七年讲了几句话，便被打成右派，"文革"中又遭人诬陷，坐了七年牢。就这么坎坷半生，后来，也没有什么病，年纪大了，就过去了，享年八十四岁。我是在报上得知他去世的噩耗的，一直想写篇文章纪念他，但自己的年纪也大了，有点力不从心，然而他的神情谈吐却时时在我的脑海里闪现。我们相处在一段特殊的岁月，对潘先生的处世为人亲历过，他品格高尚，为人正直，是位值得纪念的朋友。

一九九五年十月于上海寓所

历史的经验值得注意

——晓风著《胡风传》①序

    时势变迁，胡风这个名字，对现在的读者来说似乎是相当陌生的；本传记前面几章所描写的有关中国大革命的历史，有关三十年代左翼文学运动的内部纠葛，以及抗战中知识分子在各种政治压力下从事进步的文学活动，在今天的读者看来恐怕也是难以理解的，就仿佛是有人在说一段古老的神话传说，让人似信非信，疑疑惑惑，甚至觉得不知所云。不过不要紧，只要读者耐心地读下去，慢慢地，一些令人感动的东西就逐渐清晰地显现出来——它就是历史，一部中国二十世纪知识分子的苦难历程，通过胡风这么一个现在似乎陌生的名字而得以流传。

    从五十年代开始，胡风的名字在中国就成了不祥的象征，一个知识分子罪恶的代表。但从本传记可以看到，胡风一生所追求的，恰恰是与历史所加在他身上的罪名相反，他虔诚地信仰马克思主义，信仰共产党领导的政治革命，在五十年代初，他还欢欣鼓舞地写了长诗《时间开始了》来歌颂毛泽东。可奇怪的是，他所有的追求、赤诚和歌颂都未能取信于当局，反而被视为异端，一再遭到不应有的批判、否定和怀疑，就像历史上的屈原，"信而见疑，忠而被谤"。由于对新中国成立以来文艺实践状况十分忧虑，而自己坚持的现实主义文艺理论又遭到宗派主义和教条主义的歪曲和批判，便向最高当局上书"三十万言"，直陈自己的看法和意见，希望领导能过问一下文艺这领域。他万万没想到，这样做的结果却是，不但自己身陷图圄，而且株连了家人和一大批知识分子，成了五十年代我国许多文化灾难中的第一件大冤案。这个"信而见疑，忠而被谤"的故事竟会发生在人类已经进化到现代社会的二十世纪，实在是令人太遗憾了，因而也实在是令人太心酸了！

本书写到胡风在一九五五年因"反革命"罪被逮捕以后，在监狱里写了一首诗，其中有两句是"空中悉索听归鸟，眼里朦胧望圣旗"。这就非常典型地说明了他的心态。可惜的是，这面"圣旗"，直到他生命的最后，还是在那儿"朦胧"着。传记里写到，历史像变戏法似的在那儿变着，可是胡风的遭遇却始终让人扼腕叹息：一九六六年，胡风的对手周扬一伙被打倒了，胡风并没有按照监狱当局的要求，对周扬他们落井下石，反过来"揭发批判"一通，因此，他的命运不但没有改变，反而罪加一等，由已到期的有期徒刑改判为无期徒刑。一九七六年，"四人帮"倒台了，胡风却因新出版的《毛泽东选集》第五卷中有毛批胡风的"按语"，又被与"四人帮"挂起钩来批判，而且似乎比"四人帮"还要可恶，起码是罪行不下于"四人帮"；"拨乱反正"以后召开的全国第四次文代会，一般文艺界的冤假错案都得到了平反，而胡风却仍然不能出席；直到所谓"胡风反革命集团"一案不得不被平反时，还对他的"政治历史"问题和文艺思想问题留下了"尾巴"，甚至在他死后，一篇小小的悼词，还闹了许多的风波，以至在去世七个月后，追悼会才得以开成！这么一件明摆着的政治迫害事件，却要平反三次，可以说是极耐人寻味。尽管有些当初迫害胡风的人后来自己也受到了迫害，可在这些人眼里，他们的受迫害是真正的冤案，而胡风却是活该！这种政治上被视为异己的滋味，在今天政治观念普遍冷漠的读者看来，似乎很难体会，但对胡风来说，这精神上的打击却是致命的，正应了前几年流传着的一句民谣：道路曲折走不完，前途光明看不见。于是，胡风从期望到绝望，从自信到幻灭，以至精神分裂，在幻觉中不断感到有人在迫害他，摧残他。但即使病到了这个地步，他心中真正期望的还是这面朦胧的"圣旗"，这面他至死也没有真正望到的心中的"圣旗"。在这个意义上，当我读到传记最后，胡风夫人梅志将胡风死后三年才给以彻底平反的一纸通知送到老胡灵前那段时，我的眼睛不觉模糊起来了。

我说这本传记越写到后来越精彩，还有另一个意思。作者晓风是胡风的女儿。她也是个命运坎坷的人，生于战乱的逃难途中，书中写到四川的老鼠将婴儿鼻子咬破一节，这婴儿就是晓风。长于患难之中，才念中学，就逢一九五五年的大难，可以说是家破人亡（梅志的老母亲死于忧患中），没能受到高等教育，不得不在农场劳动了二十年。苦难伴随了她的大半生。直到冤案逐渐平反，政策逐渐落实，她才调到胡风身边，担任胡风的秘书，帮父亲整理著作，编出了好几本有历史价值的书籍。这次写《胡风传》是她第一次执笔写长篇著作。看得出，前半部分的材料主要得之于她父母的文字材料，写起来多少有点距离，但写到后来，逐渐地把她自己所经历的一些感情放进去了，特别是最后几章，如胡风在监狱里的一些情况和出狱后的遭遇，可以说是用血写出来的文字，都很值得细读。记得抗战胜利后我来到上海，住在诗人覃子豪亲戚的洋房里，胡风带孩子来玩，走时将晓风留下陪我们。这时姑娘又瘦又小，病快快的，当晚就生起病发起烧来，我们夫妇没有带过孩子，急得不知所措，整个晚上就坐在她身边护理她，唯恐她病得太厉害。今天我读着晓风写我们这一代人命运的著作时，我眼前不断出现那晚上她烧得通红的小脸。这人世间许多不可捉摸的命运真是令人感慨不已。

现在，我为这部传记能收在负有盛名的台湾业强出版社的《中国文化名人传记丛书》内出版而感到高兴。胡风是第一个把台湾文学介绍到大陆来的作家，他对台湾文化和文学始终怀着极大的兴趣。后来，关于他的不幸遭遇和所谓"反胡风"事件，多多少少也在台湾及海外有过介绍，现在由胡风的女儿来向广大的海内外读者介绍她父亲一生的不幸遭遇，是件很有意义的事，因为它写了历史的真实。我在这里预祝这本书的出版成功！

一九九五年十月在上海寓所

注：

①本书由台湾业强出版社一九九六年六月出版。

一部发人深省的历史实录

——《苏门答腊的郁达夫》^①中译本序

郁达夫，是我所心仪的一位中国现代知识分子和新文学作家，我把他视为"五四"新文学运动的一个先行的历史觉醒者，和在新文学的建设中有着自己独特见解的作家，所以，一九三六年冬他重访日本时，我曾参加了当时留日同学在东京神田日华学会会堂举行的欢迎会，并聆听了他的长篇讲话。时光过了半个多世纪，我在饱经世变，进入人生的暮年时期，在一九八八年为陈其强先生编著的《郁达夫年谱》写的序文中，曾这样描述我对郁达夫的认识与评价：

"郁达夫是一位饱读洋书而又最具有中国传统知识分子品格和气质的中国现代作家，但他毕生命蹇，不见容于中国社会，他被加上'颓废''浪漫''放荡''色情'等各种恶号，无论在新旧社会，都受到新老理学家的蔑视和歧视，是一个所谓有争议的人物。

"在我们这个有着长期封建专制主义文化传统的国家里，儒学流毒严重，人往往被异化为失去主体性而充满奴性意识的驯服工具。在这种文化气氛里，知识界最易于滋生假道学、伪君子，'会做戏的虚无党'，以至利欲熏心，寡廉鲜耻的名利之徒和衣冠禽兽，却容不得一个直率而真实的人，一个不尚于虚饰敢于裸露自己的人。人们常说，读郁达夫的作品，使人有亲切之感，原因就在这里。他正是一个具有独立性格、自主意识和坚持自身人的价值的人。这正是在二十世纪前后，中外文化交流撞击中，中国新一代知识分子在思想意识和人格观念上得到了觉醒和更新的成果，是中国现代知识分子不同于传统文化培育下的封建士大夫的最大差异。这种历史的困惑，造成郁达夫终生飘零潦倒的命运，而他的最后以身殉国，死于敌宪之手，又更充分地说明了他不仅是个人生态度严肃、对生活对艺术有着真诚的热情和追求的作家，也是对人民对祖国怀有无限热爱和忠诚，充满历史责任感，而又重视个人节操的中国现代知识分子。他不仅是智者，而且是强者和勇者。正如鲁迅先生一样，他身上没有丝毫的奴颜与媚骨，这又是中国传统知识分子最可宝贵的精神品格，也是西方所谓真正意义上的知识分子的本质和特征。"

其后，在一九九三年，我又为新疆师范大学黄川教授译的已故捷克斯洛伐克汉学家安娜·多勒扎洛娃女士的专著《郁达夫的创作艺术》（出版时，易名为《郁达夫研究》）作序时，又对他的文学创作的思想艺术特点作了论述；现在李振声约我为他新译的日本铃木正夫教授的专著《苏门答腊的郁达夫》写序时，我又欣然命笔。

铃木先生为了查清太平洋战争时期，自一九三八年流亡苏门答腊岛的郁达夫，作为一个正直的知识分子和文学家的生活处境，以及在日本投降后，又被当地日本驻军杀害的真相，前后花了二十多年的精力，他在查阅了苏门答腊棉兰法庭审讯日本战犯的档案后，又三次身下南洋，做了广泛深入的调查，寻访了许多当时和郁氏有过直接接触的以原宪兵为主的日本人，直至追寻出那个下令杀害郁氏的凶犯，在此基础上撰成了我们眼前这本专著。这是一本内容丰富、史料翔实的历史记录，为我们重新认识那场置郁达夫于死地的战争、日军的侵略政策和日本人的国民性，提供了极富文献价值的依据，它足以引起人们严重的沉思和警惕。

今年是抗日战争胜利五十周年，又是郁达夫殉难五十周年。但时至今日，日本仍有某些朝野人士，顽固地不承认当时日本军国主义分子对中国及东亚各国所犯下的侵略罪行，某些内阁官员依然参拜靖国神社，祭奠战争罪犯，这对我这个曾参加过这场抗日战争，并在日本侵略军投降后才走出日汪监狱的老人来说，尤感激愤难忍！铃木先生在这部实录中写到，日本天皇是一九四五年八月十日向海内外三军宣布投降的，八月十五日，日本向中、美、英、苏四国正式投降，但延至八月二十九日，投降者一方竟将中国作家郁达夫秘密杀害，因为当时苏门答腊的日本宪兵已查清，曾被他们征用为翻译的赵廉就是鼎鼎大名的中国作家郁达夫，为了"灭口"，为了掩盖自己杀人放火的侵略罪行，他们遂下此毒手。当今矢口否认侵略罪行的日本朝野右翼势力，与当年苏门答腊的宪兵竟有着如此惊人的相似。而身为日本公民的铃木正夫教授，却在今年七月推出了他经过二十多年内查外调的历史实录，并希望它有中译本，尽快与中国读者见面。为此，他特嘱出版这部书的东京东方书店店主福岛正和先生，在书印出后直接邮寄给我，以便它的中译本能尽快地与中国广大读者见面。这也证明了"得道多助，失道寡助"这句老话。日本昨天的侵略者与今天的右翼势力，他们的罪恶行径不仅激起中国广大人民的义愤，也激起了广大日本人民与日本有良知的知识分子的义愤。这不禁使我想起一九三八年，我作为中国抗战部队的一名从事对敌宣传与翻译工作的抗战军人，在炮火纷飞的前线向日本侵略军的士兵所喊叫的一句日语口号："日本士兵兄弟啊，我们是朋友，不是敌人。""我们的共同敌人是日本军阀与财阀！"如今它们又在我年老的耳畔回响了起来。

现在，由李振声翻译的该书的中文版，承上海远东出版社的美意，已经付排了。在此，我谨向此书作者，我的同行朋友铃木正夫教授与东方书店的店主福岛正和先生致谢致敬，谢谢他们的赠书和寄书！

铃木先生，说来也是我的一位老朋友了。一九八三年他以访问学者的身份在复旦大学从事专题研究半年，我挂名作他的指导教师。他为人真诚热情，讲义气，重感情，因此，我们一见如故，成了有来有往的朋友。应该在这里提一笔的是，一九八五年铃木正夫先生曾专程来中国，在郁达夫先生的故乡富阳举行的郁达夫殉国四十周年学术讨论会上，作了《郁达夫被害真相》的报告，以确凿的证据，证实了一九四五年八月二十九日夜晚，驻印尼巴耶公务日军宪兵的一名班长，命其部属残害了郁达夫这位中国伟大知识分子和文学家的罪行，澄清了国内外所关心的郁达夫失踪之谜。而在这部专著里，铃木先生则第一次详细披露了事情的整个经过，他是如何追寻到当年下令杀害郁达夫的那个宪兵班长的，又是如何引出他的自供，对有关郁达夫被害日期上存在的种种传闻，甚至以讹传讹的一些说法，也一一力加廓清，从而使得这一长达半个世纪的历史疑案，终于有了一个信实的结论。铃木先生的日文本和李振声的中译本，都能在郁达夫殉国五十周年之际与世人相见，这是对郁达夫在天之灵的一个隆重的献礼，郁达夫先生地下有知，也定会感到慰藉的，也正是出于这一点，我才匆匆写了这篇称为序的小文。

中译者李振声，也是一位与我有来有往的青年朋友，他从事中国现当代文学的研究已硕果累累，是我国现当代文学研究界与学术界的后起之秀，他曾在日本庆应大学师从冈晴夫教授，从事中日近现代小说比较研究，在日语与日本文化方面有着较深厚的功底，由他来执笔从事这部专著的翻译工作，足以保证译文的质量，相信学术界的朋友及广大读者一定会喜欢这部书的。是为序。

一九九五年十一月二日于上海寓所

注：

①本书由上海远东出版社一九九六年六月出版。

《昨日丛书》总序

　　八十年代中期，当时我就为多年在上海市作家协会工作的艾以同志的那部记叙文坛逸事、衡文论艺的文艺随笔集《艺海一勺》写过序文，现在他与曹度同志结伙，在安徽文艺出版社的支持下主编一套《昨日丛书》，即"将在新中国成立后几十年间因各种原因被冷落、被遗忘的作家作品作为重点出版对象"，以便"发掘新文学的成就与全貌，便于读者拓展阅读视野，也为新文学史家提供治学与研究条件"，"为新文学做点辑佚工作，为继承与发扬新文学优良传统做些微薄的贡献"等等。作为一个多年在文苑跑龙套、打零工，又在高校从事现代文学教学的老文艺学徒，对他们这套丛书的编辑旨趣，他们对"五四"新文学以来的作家作品的历史命运的认识与思考，我是完全同感的，也可谓"心有灵犀一点通"，或曰"英雄所见略同"。因此，当艾以约我为他们这套丛书写序时，我不顾自己年迈身弱，就慨然从命，也可以说是为艾以的编著的第二次作序，大约这就叫"一客不犯二主"；但更主要的是，上文引述过的他们这套丛书的编辑旨趣中的话说，对我又是一种新的触动，有些"白头宫女话玄宗"似的，不胜感慨万千！

　　我觉得指出这一点是必要的或重要的。还是在粉碎了"四人帮"，清除了为祸我国社会与文学多年的极"左"思潮与路线后，在改革开放的大好历史形势下，在中外文化交流碰撞与融汇的时势下，人们立足于自己的生存的现实与历史环境，多年麻痹的精神忽而觉醒了，在沉重的历史反思中，人们提出了重写中国文学史的呼声。因此，将多年来被历史尘沙掩埋的作家作品，重新加以发掘、整理、印刷，正如岳飞在《满江红》词句中所说的，"从头收拾旧山河"，恢复中国现代文学的历史真面目，这应该是我国现代文学建设的基础工程。

也因此，我不仅赞同艾以、曹度同志兴建这项大型的文化建设工程，作为一个同业者，我更感谢他们的艰辛的劳动。

是为序。

一九九六年五月二十八日，上海寓所

应该写在前面的几句话

　　——关于路翎的七首佚诗

　　大约是九十年代初期，一个青年朋友为一家报纸的副刊组稿，希望我为他们做中介，向由于历史的原因多年来已在文坛近乎失踪的路翎约稿，我为朋友的盛情所感，马上给路翎写了信，说明原委，不久就收到他新写的这七首诗。但不知为了什么，或者说，由于众所周知的为了什么，该报很快就将原稿退还给我了。现在说来，路翎带着难以愈合的历史创伤离开我们这个复杂的世界已经两年多了，他生前未及见到印在报刊上的这七首诗，今天只能以遗作的形式与读者见面了。我在深深地感到无尽的怅惘与遗憾的同时，又感到慰藉与欢欣的是，由于时移世转，现在承蒙《作品》编者的盛情美意，愿意刊用他的这七首遗诗，使我对长眠在地下的故人与难友总算有了一个交代。为此，我深深地感谢《作品》的编辑朋友们。

　　　　　　　　　　　　　　　　　　　一九九六年五月，在上海寓所

《缀网劳蛛》^①序

我曾经见过许地山先生一面。一九三五年春天，我在北平美国教会办的崇实中学眼看就要毕业，却由于一些激进表现被开除。我碰到山西老乡赵化龙，他介绍我到他上学的艺文中学去插班读书。我在那儿读了不到两个月，这当中许地山和他夫人周俟松来过一次。这所学校是熊希龄出钱办的，附设幼稚园。许地山来，已经记不清是为中学生演讲，还是和夫人一起与幼稚园的小朋友联欢。就在不久以前，我还读了许地山发表在一九三四年《文学》杂志上的小说《春桃》，与他以前的作品有很大变化，给我很大的惊奇。他来艺文那一天，我清晰地记得，穿的是蓝布长衫。

此后不久，也就是这一年的夏天吧，听说许地山因与燕京大学教务长司徒雷登意见不合，遭解聘。适逢香港大学招聘中国文学教授，许地山举家南迁。许地山就任港大中文学院主任教授之后，做了不少改革创新的工作，中文学院面貌为之一新；同时又参加了香港文化界的活动，声望颇大。可惜到一九四一年八月，因病突然去世，才四十九岁。

许先生以笔名落华生发表作品。他一八九三年生在台湾台南府城延平郡王祠边的窥园里，三岁时，因台湾割让，随父母迁到大陆。由于家道贫困，许地山十九岁就开始自谋生活，一九一七年始入燕京大学文学院读书。他曾经和郑振铎、瞿秋白、耿济之、瞿世英等人编辑《新社会》旬

221

刊，发表了不少论文和杂感。一九二一年文学研究会成立，许地山为发起人之一。从这一年起，许地山在《小说月报》等报刊以落华生等笔名发表小说和诗文，正式开始文学生涯。

许地山在新文学作家中的卓尔不群，还不在于他既是作家，又是学者，而在于，不管是创作，还是学术研究，以及为人，都与宗教有极密切的关系。许地山在燕京大学文学院毕业后，又进该校神学院研读宗教，后又出国留学，先入美国哥伦比亚大学，后入英国牛津大学研习宗教史、比较宗教学、印度哲学、梵文等。以一九二六年回国任教为界，之前以创作为主，之后以学术研究为主。后期虽然创作数量不多，在艺术成就上却颇为人称道，《春桃》《玉官》《铁鱼底鳃》等与收在《缀网劳蛛》中的小说，《上景山》《先农坛》《忆卢沟桥》等散文与《空山灵雨》已表现出十分明显的差别。

我们一般对许地山后期的创作评价较高，这没有什么问题；但如果讲特色，还是前期的作品更显得别具一格，即使我们不以为这些作品有绝高的成就，我们也不得不承认，在新文学作品中，它们由于宗教色彩和异域情调，由于以特别的方式表达的人生哲理，几乎是别的作家的作品不能替代的。

张新颖编选许地山的小说，前后期作品都照顾到而又有所偏重，特别把许地山最早的小说集《缀网劳蛛》中的作品全都收入，我是很赞同的。许地山一生的创作，数量不是很大，从这个选本已基本可以见到他小说的整体面貌。在这个世纪将尽的时候，出版一个逝世已超过半个世纪的作家的作品选，抱着回头看的严肃目的和静穆情怀，应该说是有意义的。

一九九六年六月二十日于上海寓所

注：

①《缀网劳蛛》，张新颖编，《世纪的回响》丛书中的一种，珠海出版社一九九七年四月出版。

一双明亮的充满智慧的大眼睛

　　原来以为人进入了老年，感情就比较麻木，遇到关涉生死之类的大事，因为参透了人生的经验，也能处变不惊，不再像年轻人那样会有大的感情起伏。所以当年轻的朋友张业松和鲁贞银告诉我他们编了一本《路翎文论集》并要我写一篇序文时，我没加思索就答应了下来。谁知，当这部书稿放到了我的案头，看到了那两个年轻人四处奔波，辛辛苦苦地从当年的《希望》《泥土》《蚂蚁小集》等旧报刊上影印或抄录下来的文字时，我这个年过八十的老年人又不由得激动起来，只觉得脑子里"轰"的一下，浑身的血都涌了上来。我仿佛听到了自己感情深处发出的悲愤而嘶哑的呼喊："路翎！我的苦命的兄弟！"……也因此，笔握在手里却颤抖不已，画在纸上却不成句样。我只能把它搁在一边，自己才慢慢平息下来。

　　文章就这样拖了下来。每次拿起笔开了一个头，就感情起伏，思绪万千，不知从何说起。大概是心里总是搁着这件事，渐渐地，在我眼前浮现出一双眼睛，一双久别了的眼睛，大大的、圆圆的、充满了智慧的明亮的眼睛。这双眼睛在长夜弥天的时代里，曾经是那样闪烁着希望的火花：他从乡下女人郭素娥的感情"饥饿"里，看到了人性的原始强力；从财主儿子蒋纯祖泥泞般的生命挣扎路上，看出了中国知识分子追求个性解放的艰难历程……我是先从这些胡风送给我的小说作品里认识了路翎这个名

223

字——路翎当时的作品几乎都是经过胡风的手编成书介绍给读者的，感受到他有一副能够看穿这个黑暗世界，看到黑暗底处隐藏着无穷孕育光明的力量的眼睛。抗战胜利以后，我流落到上海，一度住在胡风家里，路翎那时在南京工作，经常来上海看望老胡，每次来都和我同住在胡风家的楼下客堂里，我们这才渐渐地熟悉了起来。那时候的路翎虽然在南京当个小职员，但应该说是他生活比较安定幸福的时期。他的文学创作活动也正进入了最旺盛状态，几乎每期《希望》上都有他的好几篇稿子，而且还出版了短篇集《求爱》和中篇小说《蜗牛在荆棘上》等等。那时的路翎格外有精神，有自信，他仪容整洁，穿着笔挺的西装，有点像当时上海人常说的"奶油小生"的味道。他对生活、对我们这个国家的前途，也抱着很乐观的向前看态度。我那时从徐州日伪警察局特高科的监狱里放出来不久，多年的华盖运已经狠狠地教训了我，比起单纯而充满亮色的路翎来就要粗野得多，也复杂得多。那时我们对生活的一些看法不尽相同，也会常常进行争论，但争些什么内容，今天想起来脑子是一片空白，唯一记得起来的就是路翎那一双明亮的眼睛，看世界充满着希望，但又有一些疑惑而调皮的神情。

这样，随着时间的积累，我们就成了有交情的朋友了。

可是谁也想不到，时隔三十年，当一场让我们彼此都不知生死的灾难过去以后，那双圆圆的大眼睛黯淡了，迟钝了，变得有些可怕了。那是在一九七九年初冬，我们头上的"胡风分子"的帽子仍然还没有摘掉，但似乎可以以"戴罪之身"为社会主义建设所用了。我在复旦大学已经离开了强迫劳动多年的印刷厂，用当时的政治语言说，是"解除监督"，回到中文系资料室里坐班，除过做一个图书管理员的日常事务性工作外，还参加了一些有关中国现当代文学资料的编辑工作。胡风也已走出了关押二十多年的监狱大门，住在成都的招待所里，但已经与我恢复了通信。当时中国社会科学院文学所正在筹划国家"六五"社科规划中的一套大型资料丛书，复旦中文系也参加了其中的一部分工作。社科院文学所通知派有关人员去参加会议。后来会议在发给我的通知书上特意用墨笔批写着："贾植芳同志何日进京，请电告车次车厢，以便安排车接。"这是一九五五年以来第一次称呼我"同志"，并且在我的问题平反之前，第一次恢复了我"教授"规格的待遇。我把将去北京开会的事写信告诉胡风，他随即来信，说："你代我在北京看看嗣兴和李何林。"并把两人的地址抄给我。徐嗣兴就是路翎。我看他的地址在芳草地西巷六号，到了北京一问，说路不远，离我当时住的总工会招待所不过是一站半路程，同时还听人说，芳草地是中国文联的宿舍。一天下午，我抽了个空余时间，事先也没有打招呼，就买了一瓶二锅头和一包花生米、猪头肉之类的熟菜，自己一人找去了。到了芳草地，果然有一幢文联宿舍大楼在那儿，大约是三四层的样子。可是我在里面走来走去，问上问下，却没有人知道路翎或者徐嗣兴的家住在哪里。我失望之余，只好一人跌跌撞撞地走出那幢大楼。外面一片空旷，那是个大阴天，北风在呼呼地吹，人影也没有一个。我不甘心，独自绕着大楼走，终于发现大楼背后有一排平房，破破旧旧的，有几个小女孩在巷子口踢毽子，我上去一问，总算问着了。一个女孩用手指着那排平房说，那间没有门的屋子就是。我走过去一看，果然是有间屋子没有门。我一走进去，正好路翎一家三口全在，路翎、他的妻子余明英和小女儿徐朗。路翎枯坐在床边，看见我马上就惊异地吆喝说："贾植芳，你还活着？"他迎上来，我们俩就在这光线暗淡的屋子里面对面地看着，就仿佛是两个幽灵在地狱里相会一样。

这时，我打量着这间小屋里的陈设，除过一张大床、一张小床占了屋子的大半空间外，还有一张写字桌和一个书架，但看不见有书，书架上摆着些瓶瓶罐罐的，装油盐酱醋等调味品。书桌上只有一张《北京晚报》，乍一看，像是外地逃荒来的三口之家，这哪里像是一个由四十年代到五十年代初期就出版了两百多万字的作品并驰誉海内外的作家路翎的家庭呢！

我更想不到路翎竟这么苍老了！头发全白了，像刺猬一样，乱糟糟地向上翘着；眼睛还是那么大大的，圆圆的，可没有一点锐气，没有一点亮度，浑浊的眸子里充满的是疑虑和恐惧。现在我回忆起这个场景还觉得心酸。他与我面对面坐着，没说上几句话，就一个劲地问："老贾，你说我们这些人到底是属于什么性质的矛盾？是人民内部矛盾，还是敌我矛盾？"反反复复地问着，似乎我不是与他一样的同案犯而是公安人员。他女儿徐朗在一旁看着我不知如何回答的模样，忍不住对她父亲说："你又来了，碰到人就老问什么矛盾！"路翎听了，忽然撇下我，一个人冲到屋子外面，站在院子里向天大声号叫，发出的声音好像受伤的野兽的哀号，恐怖、凄厉，惨伤里夹着愤怒和悲哀……余明英母女看我有点惊慌，才告诉我，路翎自一九六四年起就患精神分裂，病时好时坏，清楚的时候还能写点东西，但经常要发出这种号叫。我默默地听着，这哪里是疯病？就像太史公说的，"劳苦倦极，未尝不呼天也；疾病惨怛，未尝不呼父母也。"路翎与胡风一样，在文学领域如同奥林匹斯山上的宙斯，能所向无敌，可是一离开文学领域进入社会，他们就变得单纯而幼稚，特别对于中国历史社会发展中的黑暗与野蛮，知识分子命运的复杂性和残酷性，都缺乏深刻的认识，所以一旦天塌地裂，他们的精神都会受不了。胡风是这样，路翎也是这样。他们始终不明白，他们为什么会碰到这样不公正的遭遇。他们不能想象，他们如果得不到他们所衷心拥护和信赖的政府和社会的承认，活着还有什么价值？可以说，胡风和路翎直到他们凄凄凉凉地离开这个世界，这个心病依然纠缠在他们的心头，他们是十足的书生。

路翎号叫以后稍稍平静下来，又回到屋里与我说话。他告诉我：他在狱中犯病以后，一度保外就医，不到两年，又被送回劳改队，他上书中央为自己辩护，结果被判了二十年徒刑。一九七五年刑满释放后，就住在这里长期扫街，接受监督。余明英在街道办的麻袋车间缝麻袋。最近才让他到戏剧家协会当编辑，也不用去上班，剧协的人曾经送来一篇稿子让他审读，他读得很认真，写了两大张意见送回去，以后就再也没有回音，也不见人再送稿子给他审读。他说到这里，脸上显得很忧郁，担心人家嫌他审读得不好，再也不要他工作了。我听了很难过，就劝他说："这是人家落实政策，你看也行，不看也行，没有人会在乎你的意见，也不会不发你的生活费，你就放心静下心养病，别的什么都别管吧。"话虽是这么说，但当时我们头上的"胡风反革命集团骨干分子"的帽子还没有摘掉，中国事情又特别复杂，谁知道下一步的命运是怎样呢？我们的心情当然是沉重的。

大约是因为路翎的态度影响了我，在北京开会期间，我也开始注意一些有关我们这个案件的命运。但听来听去，似乎也没有什么值得高兴的消息可以去安慰路翎。我听人说，周扬在第四次文代会前曾表过态，胡风的问题是政治案件，非文艺界所能解决。他还有个说法：胡风在文艺理论上比他有成就，但有一点不如他，就是没有他那么对党"忠诚"。后来我又听人说：胡风问题最终也会像"右派"问题那样，也是扩大化问题，真正的反革命还会有几个的，等等。风风雨雨，这些话我都无法让路翎知道，无法帮助他恢复起对自己的信心。在我离开北京的前一天傍晚，我又去看他，本来是想随意地告别一声，但他这次看上去情绪好一点，他动情地说："上次喝剩的二锅头还有半瓶，咱们就继续喝吧。"于是，余明英又忙着去烧菜，我们又在一起喝了一回酒。那天告别路翎出来，我独自走在街上，脑子里不断出现路翎年轻时那对明亮的大眼睛，不断出现过去契诃夫小说里写到的"负伤的知识分子"的形象，我不禁想起罗曼·罗兰的话："屠杀灵魂者，是最大的凶手。"

路翎已经死了，他不安息的灵魂终于归复于平静了。他去世的时候我没有写什么文章纪念他，可是今天我看到这本《路翎文论集》的稿子，感情一下子就像关不住闸门的洪水一样哗哗地流出来。我对这本文论集不想多说什么。路翎是以小说和戏剧创作贡献于中国文学的，他年轻的时候生活在社会底层，接触各个社会阶层的生活，他把握创作题材的方法和审美精神，都来源于他的特殊的生活经历，他用他创作的成功，证明了胡风许多文艺理论观点的正确；同时，他也努力学习中外文学特别是俄罗斯文学的成功经验，接受了胡风文艺理论的观点，并在生活和创作实践中，充实和完善了它，又通过自己的理论活动捍卫它和宣传它，这些文论就是一个证明。"五四"以来中国作家都有比较开阔的文化视野和比较完整的知识结构，他们不但从事创作，同时还有自己较稳定的文学观点和理论主张，像鲁迅、茅盾等都是这样。胡风也是一边写诗，一边探索理论。因此，对于路翎来说，有了这本文论集，他在文学史上的形象就更加完整、更加真实。为此，我很感谢张业松和鲁贞银两位年轻朋友做完了这件很值得称道的工作。我认为，他们花了力气与下了功夫编就的这本文论集，不仅为研究路翎的为人与为文，研究胡风派或"七月派"的文学业绩与理论活动，保存了一些基本史料，也为中国现当代文学的研究，提供了富有历史意义与学术价值的文献资料。

写下这些文字，可以作为本书的序文，但在我的心里，它更是我对小我八岁却先我而去的路翎兄弟的祭文。他因为他的文艺创作与理论活动而受难，也会因为他的文学创作与理论活动而永生，这就是历史的辩证法。他的灵魂应该得到安息了。

一九九六年七月在上海寓所

《外国幽默故事精选》 前言

欧洲有句俗语："一个丑角进城，胜过一打医生。"丑角使人发笑，欢笑使人身心健康，这个道理不言而喻。然而在现实生活中，我们不能总是靠丑角进城送笑，于是就遇到了一个基本的人生问题：如何培养自己的幽默能力，微笑着面对世界？

现代白话文的"幽默"一词，是"五四"新文化运动后由英文"humour"音译而来。在英文中，这个词又源于拉丁语，原指人由于体液成分结构的不同而形成的性格和气质特点。拉丁语中的这个意思尽管不大科学，却表达了人类一种很古老的认识：幽默是人性最不可缺少的一种禀赋。俄国作家契诃夫后来说得更精当："不懂得幽默的人是没有希望的人！这样的人即使额高七寸，聪敏绝顶，也算不上真正有智慧。"从这个标准看，我们生活中确实有不少聪敏而不幽默的人，在各种公共场合、人际交往甚至学校讲台上，幽默风趣的言谈举止相当少见，而且越是重要的社会活动中，越有一种严肃有余的气氛。这不利于人性的丰富展现，使人的幽默智慧得不到发展，更无益于社会关系的融洽与协调。

现在几个年轻人（伍飞、蓝关、唐奇、陈斯旸、黄琼等）编写了这一套《外国幽默故事精选》，我很高兴。培养幽默感的一个重要途径，就是多读些幽默故事和小品。读得多了，潜移默化，人就会增加几分幽默感。

这套书的内容包括了各行各业、三教九流、家庭社会，不少故事虽然淡淡几笔，却给人很深的触动。给我印象最深的是书中那些幽默人物的幽默语言，这些话或化用，或借题发挥，或正话反说，或迂回委婉，有时还带些假痴呆相，表现出高超的语言艺术，充分证明了幽默的智慧内涵。无论从事何种工作的人，闲暇之余翻翻这些书，一般都会有所收获。

　　这几年出版了不少幽默方面的书，有幽默作品，也有研究著作，其中相当一部分是翻译引进的。我觉得这个势头很好，对我们的民族心理和国民性格大有益处。中国古代也有优秀的幽默传统，早在春秋战国时期，那些使臣谋士文人侠客的言谈举止中，幽默的智慧处处可见。现在很有必要从中外对比的角度去研究一下幽默问题，从这个具有喜剧性的领域探讨不同民族的审美取向、思维方法、感受方式等等。这样，我们就可以从更高的人文角度去认识幽默的价值，把我国的"幽默事业"扎扎实实地进行下去。

　　　　　　　　　　　　　　　　　　　　一九九六年七月于复旦大学

《暮年杂笔》前记

八十年代前后，我国历史发生了新的转折，我终于告别了二十多年的囚禁与劳役生活，回到了人间，完成了又一次由鬼变成人的历史手续，这时我早已过了耳顺之年，踏上人生旅途的最后一个驿程了。真所谓本性难移，积习难改，这时我又拿起了废置多年的笔。而在一九五五年大祸从天而降以后的漫长岁月里，我只能用它写交代材料与所谓"思想汇报"，那是一种劳役而不是写作。这本小书里收辑的各色小文章，就是我这十多年写的各类小文章的一个选本。它里面说了些什么，书里都有明确的交代。可以总括地说一句的是，如果我青年时代的创作表现（小说、散文等）反映了一个青年知识分子的时代观感与历史追求，这些我写于垂暮之年的杂色文章（包括也写于晚期的生活回忆录《狱里狱外》），则反映了我的人生体验和对历史的沉思与展望。

记得一九四八年深秋，我从关押了经年的国民党中统特务监狱出来后，为了筹措路费离开我不能立足的上海，在朋友们的帮助下，仓促间从图书馆查找出了我从三十年代到一九四七年被捕前写的十多篇短文章，我题名为《热力》，交给我熟悉的一家出版社印行，因为那时我才三十多岁，正值人生的壮年时期，那也是我的第一本散文集。而眼下编选这本我经历了又一次大难之后所写的这类各式短文时，我已是一个年逾八十的老朽了，所以我题名为《暮年杂笔》。据说，性格就是命运，但个人的命运又总是受着社会政治历史拨弄的，作为一个中国现代知识分子，我相信这个生活真理。

九十年代初，乃修曾为我编了个序跋集，我命名为《劫后文存》，但从此以后，我又写了不少这类文字，这里选用了几篇，作为这本小书的一个构成部分。它们也类同于这本小书中的第一部分《故人旧事》，因为它们从另一个侧面，记录了我与友朋之间的交游活动。

记得鲁迅先生说过，"老"在中国也是一种资本。我多年混迹于文场，又执教于学府，这仿佛是一个营业执照似的，应邀为各类著译写序，好像又成了我的一个专业，去年南方的某刊物上，就曾抬举我为"写序专业户"。我在苦笑之余，又觉得自己真像是旧社会在邮局门口摆个小桌子以代人书写家书和状子谋生的潦倒江湖的落魄书生。顾炎武说："人之患在好为人序。"我就得了这个不治之症。一九八九年前后，我在乃修编的那本序跋集《劫后文存》的《前记》中说："……但大半是为中青年两代人著译写的序文，目的是起个广告作用。用商业语言说，是为了'以广招徕'，因为这年头，严肃的文艺著译与学术著作，出书尤其不易，为了对他们的劳动成果给以应有的品评，把他们推向学术文化界，我应义不容辞地为他们的破土而出摇旗呐喊。"这就是我的自我交代。但现在我已步入耄耋之年，心有余而力不足，这种营生，就只好宣告憩业了。

炳辉在繁重的教课之余，费时费力地为我编选了这本小书，近年结交的文友倪墨炎兄又大度地将它收入他所主持的《书友文丛》。这些盛情厚谊，使我又一次体会到"在外靠朋友"这句旧话的历久弥新的意义；也又一次使我尝到了"以文会友"的甜头。这可说是我步入晚境以后又一大精神收获。我真得谢谢他们！顺便也谢谢这多年来在工作和生活上帮助和照应我的亲人和朋友们！话就说到这里。

一九九六年七月下旬，上海寓所

231

她是一个真实的人

——悼念戴厚英

作家戴厚英过早地离开了人世，又因为死于非命，社会上因此沸沸扬扬，一时间几乎成为人们所议论的一个热点话题。

我获悉戴厚英被害的消息，是在案发的第二天早上。是我的邻居，一位生物学教授特来告诉我的。我感到十发震惊，在震惊和疑惑中，我一直关注着这一事件，等着案情的水落石出。开始时，凶案还未破获，报端的报道又语焉不详。接着，文艺界的许多朋友相继打电话告诉我。吴中杰同志来我家时又详细地讲述了惨案的经过。许多天以来，戴厚英倒在血泊之中的场景，总是在我的眼前浮现，挥之不去。作为一个与她有过交往的朋友，我一直为她的惨死而感到震惊、悲愤和痛惜。中外作家当中，有死于非命的，也不乏自杀的，他们或为黑暗的环境所吞噬，或为殉情殉义，或为厌世轻生，但直接卷入刑事案件而惨遭杀害，以我的寡闻，在文学史上还是一个很特殊的事例。作为一个作家，一个教授，一个清贫的知识分子，又偏偏被当作谋财的对象而倒在残暴的屠刀之下，戴厚英的身份和她的死亡方式，形成了一个荒谬而令人触目惊心的对照。

因为所谓众所周知的原因，我曾与社会脱离了二十多年的时间，所以在八十年代初以前，戴厚英的名字对我来说是陌生的。八十年代初期，我因为参与现代文学研究资料丛书的编撰工作，开始接触一些中青年教师。一天晚上，我在一位年轻同事家做客，碰巧戴厚英也在座。经主人介绍，我知道她是复旦分校中文系的教师，与我也算是同事。当天我们只是相互寒暄了一阵，没有深谈。她给我的印象是颇热情，也较直爽。时隔不久，她送我一本她的小说《诗人之死》，之后我们就开始有了交往。

随着与文艺界朋友之间交往的恢复，我慢慢也从侧面了解到别人对戴厚英的不同看法，并知道了一些她在五六十年代的一些经历。记得在一九八六年的一天，我应邀参加在金山某宾馆召开的一个"国际汉学家会议"，负责会务的同志驱车前来接我，又顺道去复旦第一宿舍接了戴厚英，之后又来到虹口山阴路接另一位与会者，这位先生是现代著名的编辑出版家，和我也是老朋友了。但那天他上车后，看到戴厚英也坐在车上，只与我招呼了一声就再也没有言语了。去金山的路程不短，在路上的一两个小时里，这位老朋友总是一言不发，端端正正地坐在车上，使我很感到纳闷。来到会址的休息大厅，我们一行便坐下休息。许多与会者已先到了，认识的不认识的都有，不一会儿，坐在我身边的戴厚英就起身离开了，便有人前来与我打招呼："老贾，你怎么和这个女人混在一起了？"我一看是位诗人朋友，比我还年长些，朋友们相互间难免开个玩笑。但看神色，这回似乎并不像是开玩笑，当我说明自己其实与戴厚英并不熟悉，只不过是同路赴会而已。老诗人听后，叹了口气说："这个女人好厉害的……"接着他对我说了一些"文革"中的事，我这才明白，一路上那位出版家朋友为什么反常地沉默。后来，我渐渐了解到了戴厚英的一些经历：她出身于皖北农村的穷苦家庭，是五十年代中期进入华东师大中文系读书的。当时属"立场坚定，旗帜鲜明"的所谓"红五类"学生。听说入学以后，以对她的一位提倡"文学是人学"的文艺观点的老师曾毫不留情地当众批判而著名，因而为当时主持上海工作的那位"好学生"所赏识。毕业后被分配到作协文研所工作，作为重点培养对象，在后来的一系列政治风浪中，尤其是在"文革"中，有许多老作家都领略过她的"革命行动"。也难怪文艺界的一些老朋友对她至今还有这样那样的看法。在我们这个动荡的时代，历史的阴影当然不会轻易抹去，我很理解他们的态度，长期以来的坎坎坷坷不能不让人心有余悸和预悸。

不过，像我这种经历过长期的牢狱生活，几度在生死线上跌爬滚打过的人，对那些曾在政治运动中风云一时的人物，倒有另一种眼光，那就是看他当初的行为是否出自真诚的信仰，虽然从历史的结果而言，对别人的伤害终究是一种伤害，但如果是出自真诚的信仰，毕竟与那些为了私利己欲而投机害人为虎作伥趁火打劫者有别；盲目地轻信当然需要严肃的反省、深刻的忏悔，以总结历史教训，但也不能完全无视当事人的那一份"真诚"，尤其对我的晚辈和年轻人来说，更应如此，因为人既是历史的存在，又是时代的产儿。他们其实也是受害者，即所谓年幼无知，误入歧途者也。当然老朋友们对戴厚英的戒备心理，不能说对我毫无影响，在后来与她的交往中，我也总有某种程度的顾忌心理。

后来，通过在周围朋友中的了解，并读了《诗人之死》之后，我从她与诗人闻捷的感情纠葛中，看到了戴厚英的另外一面，或者说她的本质，即她在"文革"后期的人生转变，这也开始改变了我对她的看法。她与闻捷的相识本来就很有时代特色，一个是"反动作家"，是敌人；一个是监督者，批判者。但后来事情却发生了戏剧性的变化，他们的这段经历使我想起了苏联的二十年代"同路人"作家涅维洛夫的小说《第四十一个》。通过对诗人经历的了解，她发现闻捷并不像当时对他的政治宣判所说的那样面目可憎，也并非如她想象的那样不共戴天。相反，她看到了诗人的真诚、才情和不幸，她由对诗人的憎恶发展到关心、尊敬；由同情、理解而萌生爱情。这种与当时政治气氛极不相容的感情，其实是一种人性的复苏，而在当时则被作为一种"阶级斗争的新动向"遭到批判，被认为是"反革命对革命者的腐蚀"。闻捷后来的自杀，同这份感情在当时所受的巨大政治压力也有很大的关系。诗人之死给戴厚英的精神刺激很大，它促使其从过去所坚信的极"左"路线和教条中跳脱出来，开始意识到那一套政治理论的反人性、反历史和反社会的荒谬本质。《人啊，人!》和《诗人之死》的创作，正是作者从新的立场对极"左"政治思潮认真反思的产物，正是对这种祸国殃民的思潮的有力的反击，从这一点看，戴厚英是一个真诚的人。

再后来，她的小说在一九八三年受到了种种超出学术范围的非难、批判与围剿，但她在一次次的风浪中都坚定地顶住了冲击，没有背叛自己，表现了她敢作敢当的生活个性；又听说她所在的单位曾不准她上讲台上课；职称的评定也因此搁置起来，但她并不沉默，她据理相责，直言不讳。只是一段时间内，在各种文艺集会上不大见到她的身影了。一九八六年以后，国家改革开放的步子加快了，才又常见她在文艺界的一些场合露面，有时她也来我家坐坐。因为某种顾忌心理，我与她谈话总还有些拘束，但我生性又是个放言少忌的人，所以这一本性总会时不时显露出来。记得有一次因为什么事情，戴厚英打来电话，说起她正在专心读佛经，并想进尼姑庵念佛诵经了此一生。我想到她在"文革"前后的表现，便不禁用玩笑的口吻说道："你这是'放下屠刀，立地成佛'！"话一出口才后悔起来，心想这句开玩笑的话，或许会伤害了她，因为这等于揭开了她的旧疮疤。但过后不久，她又上门来了，送来了她新写的小说《脑裂》和新版的《人啊，人！》，似乎并没有在意我的那句玩笑话。从谈话中才知道，她早就离婚了，只有一个女儿，在美国打工留学，因此她每年都去美国探望女儿一家，以求得精神的慰藉。又说她准备多买两间房子，以便给来上海出差谋事的安徽同乡们过宿息脚，看来她的乡土观念很重，也很有人情味。

据我的观察，她除了因为写作而养成的吸烟成瘾这一生活习惯外，其他方面的生活都很朴素。而从近几年她在报刊上发表的大量作品可以看出，她读书很多，阅读面很广，写作也很勤奋。她的年龄并不算大，她的作品已在海内外有了广泛的影响，又正是创作的大好时期，本可以在文学上有更大的发展与成就，却不料遭遇到如此的残害，不能不令人分外地痛心和惋惜！

在我看来，戴厚英是一个真实的人。她出身于贫苦的农村家庭，所以天然地相信当时党的理论观点与方针路线的绝对正确性，相信党发动的各次政治运动的必要性与重要性。"文革"发生后，她曾真诚地相信"斗私批修"的必要，坚信非如此就会亡党亡国，劳动人民就会"吃二遍苦，受二茬罪"，"千万人头落地"，所以她理所当然地成了"响当当的造反派"。这种信仰的背后，有着很大的盲从性，因而她也伤害了许多不该伤害的人，做了那些不该做的事，使许多人（甚至至今）都对她敬而远之，怀有敌对心理；但经过切身的生活体验和理性思考，她醒悟了，有了认真的忏悔和反思。听说后来她曾当面向她的那位老师认错，为当年对"人性论"的盲目批判和给这位老师带来的伤害而表示歉疚。在这之后的风浪中，她能够坚持住这一经过理性思考而获得的信念，并始终刻苦自励，勤奋工作。她一生敢笑敢哭，敢怒敢言，敢作敢为与敢当，犯过错误，有过过失，但一旦醒悟却又真诚地悔过，在风浪中不动摇。她是一个直率、坦白、纯正的人。对于她敢于面对历史，勇于正视自己的失误这种坦荡的做人品格，又使我对她十分敬重。

她活着时是真实的，她的人生真实地折射着时代的种种杂色；她的死也是真实的，死得让人惋惜，让人痛心，也让人悲哀。醒悟后的戴厚英很有人情味，很重乡土之情，也乐善好施。家乡遭了灾，她捐资相赈；为了家乡的教育事业，她几乎倾囊相助；家乡来人，她不但热情相待，还积极为他们介绍工作。但恰恰是其中的一位受惠者，却对她见财起意，见利忘义，残暴地杀害了这位真诚善良的女性，一位不乏才华的女作家就这样倒在了血泊之中。其实她十分清贫，据说凶犯盗去的寥寥几件项链手镯，也都是不值钱的仿造品，而且都是与她共同生活，又一起被害的侄女的东西。从戴厚英被害的惨案中，我不由得联想起"严重的问题是教育农民"，这句话，今天仍有其重要的现实意义。

作为一个与之有过交往的朋友，我为戴厚英之死而痛惜、悲愤和震惊。自从惨祸发生以来，我的心情一直不能平静，早已有写一点纪念文字的打算。但每当提笔，她那倒在血泊中的惨象总扰乱着我的思路，只希望能在情绪稍稍平静之后再动笔。前两天吴中杰老弟又前来，说是要相约朋友们编写一本戴厚英纪念文集，因为我与厚英也有交情，请我也写一篇纪念文字，期限又紧迫，因此，仓促间就这样信笔写来。这篇小文就权作为我对一位值得纪念的朋友的悼念文字吧。

厚英，你虽然不幸过早地离开了这个世界，但你仍然活在朋友们的记忆里；你的悲剧性的历史命运，将连同你那些基于自己的人生体验与生活感悟所写的文学作品，也将作为中国当代文学史的一个篇章而永存人间！厚英，你静静地安息吧！

一九九六年十二月中旬在上海寓所

怀念庄涌

——《庄涌和他的诗》^①序

——《庄涌和他的诗》①序

　　江苏运河师范学校的程荣华先生来信说，他为曾与我同遭劫难的"七月"诗人庄涌先生编了一部书，收录了庄涌遭难前的主要诗作和有关资料，将由中国文联出版公司出版，嘱我写几句话作为序文，我为他的盛情所感，便答应下来了。

　　我与庄涌先生虽同于一九五五年被划为"骨干分子"，被结合到同一个"胡风反革命集团"中，但无论此前抑或此后，我们实在并不相熟，记忆中只是抗战胜利后在上海的胡风先生家里见过几次面，算是认识，但见面谈了些什么。现在早已淡忘，想来总是不至于在一起"阴谋"过什么勾当的吧。抗战初期庄涌以流亡中学生身份为全民抗战的热潮所鼓动，奋身投入，写了许多激情高昂、气概雄壮的诗歌向胡风先生主编的《七月》杂志投稿，成为七月诗派的"初来者"。后来胡风先生将他在《七月》上发表过的那些诗作编成一个集子，取名《突围令》，列入《七月诗丛》第一辑，交上海海燕书店出版了。亡友路翎曾为它写过书评，一方面对作者的才华和成就多所肯定，另方面也表达了希望作者能在逐步开展的大时代中"试炼"和提高自己的良好愿望。这些事情，我是知道的，并以为他的诗作在当时的历史和现实条件下是起到过它们所能起到的积极作用的，即使放在今天来看，也应该不失为对于特定历史时期的有价值的个性化文学记载。但除此而外，我对庄涌先生几乎就全无了解了。抗战胜利后我们见面时，他似乎已不太写诗，那时以及此后究竟在做些什么，有着怎样的遭遇，我是看了程荣华先生寄来的材料才有所了解的。作为一位抗战初期成名的有才华的诗人，庄涌在此后日益复杂险恶的政治和文学环境中几乎被彻底吞噬了，不仅没能获得天赋潜能的正常发展和发挥机会，反而因其初期的一度闪耀而背负了从此洗刷不掉的耻辱和罪孽，弄得一生惨淡，晚境凄凉。对照他的经历，回想自己的人生，我不禁为现代中国知识分子的苦难命运深感不平和悲哀。同时，我想，作为一种历史文化现象，我们这些人的命运与遭遇，也是值得后人与今人深思和研究的吧。

迄本书出版之前，有关庄涌生平和文学活动的史料见诸载记者可谓少之又少，以致其人其事几乎完全不为世人所知。程荣华先生数年来不计名利，本乎"为遭受劫难的文人做些事情"的单纯而高尚的学术动机，搜集整理出这本资料翔实的庄涌文献，为后人打捞和钩沉有关"七月派"和"胡风集团"的历史真实提供了一份有价值的原始记载，他的劳动和成绩无疑是值得肯定和赞扬的，作为庄涌的同难者之一，我更有理由对他的劳绩深表感谢。

我因在病中，运笔乏力，就简单写这么几句，借以寄托我对孤身一人寄居在其故乡乡村的难友庄涌先生的问候和祝愿吧。

是为序。

一九九七年二月二十日于上海寓所

注：

①本书由中国文联出版公司一九九七年出版。

238

《巴金：永生在青春的原野》①序

　　宋曰家先生长期从事巴金研究，继《巴金小说人物论》之后，最近他又完成了一部新著《巴金：永生在青春的原野》。他嘱我为他写一篇序，我非常高兴地答应下来。通读了他寄来的全书提纲和部分章节后，我感到很欣慰，因为在这些文字里面，闪烁着当代知识分子为之努力建构的人文精神。

　　宋曰家先生在《巴金小说人物论》中已经接触到巴金的人格，其中一章《现代人格的探索与追寻》还就巴金人格精神的两个基本层面"独立人格"和"生命放散"做了初步的探讨和分析。在这部新著里，他把"独立人格"和"生命放散"作为巴金人格精神的基石和核心，并紧紧围绕这个基石和核心展开他的立论和分析。全书由三篇组成。上篇《生命的开花》，通过详述巴金的人生道路和思想发展，特别是他晚年在《随想录》中体现出来的人格精神，以及追溯这种人格精神与无政府主义的关系，客观真实地写出了巴金的人格精神的形成过程与基本状貌。中篇《把生命之船驶行在悲剧里》，从四个不同的、但又互有联系的方面来分析巴金的创作，通过研究巴金的创作分析巴金对现代人格精神探索追求的思想历程。下篇《用作家的生命之水写成》，研究的是巴金的艺术思想和审美观念，但在论述的过程中处处都不离开对巴金人格精神的评说。在他是把巴金的人格与艺术精神看作是同一的，视为一个不可分割的整体。他在这部新著里，以翔实的史料和理论分析说明：巴金是一个为"五四"精神所唤醒的人，又是一个在安那其阵营里有过十年经历的人，他既张扬个性、坚持做自己命运的主人，又追求生存的价值和意义，坚持做一个为人类放散生命的人，这便形成了他独有的人格和人类关怀方式，他以他特有的人格和人类关怀方式生存和写作，奋斗了一生，追求了一生，表现了他博大的人道主义情怀、坚定的理想信念和执着的探索精神。

探讨并发扬巴金的人格与艺术精神，是宋曰家先生近年来从事巴金研究的一个根本出发点，也是他作为一名正直的知识分子，参与到当代文化建构中来的一条路径。正如西方学者所说"风格即人格"，中国儒家强调"道德文章"，无论中外古今都把作家的人格素质、为人道德看成第一义的、最本质的东西，所谓"文如其人""表里如一"，正是证明了文格与人格的一致性或统一性与不可分割性。因此，我一贯认为作家的生活史和创作史实质上就是他的人格史的反映和表现形态，人格是第一义的，文是第二义的，作家的人格境界决定了他的写作态度。正是从这个意义上，我非常欣赏与赞同宋曰家先生眼下这本巴金研究专著的研究视角与立论方向。因为从道德的角度来看一个作家的创作生命，这是最高层次同时也是最基本层次的文学研究，由此而获得的研究成果，特别是当研究对象是具有高尚人格的作家时，往往是对文学史和时代精神具有重大意义的巨大贡献。正是从这一点来看，他这部新著以及由他担任主编、策划的这一套《人格与艺术精神》丛书，我认为不仅对更深层次地开拓研究中国现当代文学史和作家作品具有重大的历史意义和学术价值，更主要的是，对于重新构筑与发扬中国"五四"新文化运动所培育的中国现代知识分子的人文精神传统，具有深远的时代意义与思想理论价值。

我与宋曰家先生是近几年才结识的同行朋友，我们虽然属于不同年龄层次的知识分子，但大约由于我们都是在不同程度地经历过历史风雨的磨难与锻炼之后，进入改革开放的新时期的时空内生活和工作的，我们的生命追求、价值取向、人生选择有着某些相通相近之处，因此我们能一见如故、声气相通，成了有交情的朋友。所以我虽然以老迈之身，又在一场大病之后，仍然认为为他的新著写序，是一种义不容辞的社会职责。在我看来，他以自己的思路与笔墨，经过多年的钻研与深思，结合自己的人生体验与生活感悟，在参照前人及今人的研究成果的基础之上所撰写的这部巴金研究新著，不仅为国际性的巴金研究事业增添了富有个人学术见解与文化品位的新的学术贡献，进而丰富了二十世纪中国文学研究的历史积累，并且通过这本专著以及他主持、策划的这套《人格与艺术精神》丛书，为海内外同行与中国文化文学研究者和爱好者奉献了一套具有时代精神与新的学术见解的专业性读物，为研究与认识这些不同性格与人生际遇的现当代中国作家的人格素质与文学成就、艺术表现，他们在中国现当代文学史上所做出的具有独特的个人风格的文学贡献，提供了崭新的学术成果，也为人们认识历史与社会，认识我们这个在由传统向现代化社会转型的历史动荡中，包括作家在内的中国知识分子所走过的曲折艰辛而又辉煌的生命历程，提供了有益的参照系，有助于人们开阔视野，品评文学与人生。正是出于这点感触，我在匆忙中写了这篇称为序的小文，除了向亲爱的读者郑重推荐宋曰家先生这部新著和他主编、策划的丛书之外，也为纪念我们之间的友谊留下一点文字的记录。

一九九七年二月下旬，在上海寓所

注：
①本书由山东文艺出版社一九九七年出版。

庄严的责任，光辉的形象

　　近年来曾引起我很大注意的关于上海民警形象的热点社会新闻莫过于三桩：其一是戴厚英的被害案；其二是某女教师出于嫉妒以浓硫酸残害其情夫的妻子和十岁幼女案；其三便是新近发生的杨浦、宝山两区"敲头案"。这三件大案都是名副其实发生在我身边的事情，其中一案的受害者戴厚英还是我近年来有来有往的朋友，她的惨死，与她作为一位国际知名的文学家的身份相比，反差之大，实在令人深感震惊。事情发生后，就曾有好几位外国研究者和留学生到我这儿来访问过，对此表示了严重的关切。发生在我居住的五角场附近的"敲头案"。一时之间闹得我们这儿鸡犬不宁，人人自危，据说境外传媒对此也曾做过一些及时而不确切的报道。硫酸毁容一类的事情，由二三流艳情小说中的故事变成了日常生活中的现实，幼儿何辜，遭此毒手，而凶犯竟是一位女教师，这真是成何体统，想起来不免令人愤怒和胆寒。从二十世纪三十年代以来，上海就是一个国际性的大都市，现在更是世界上人口密度最大的城市之一，八方杂处，鱼龙混杂，加上开放搞活，吸引了不计其数的流动人口来这里谋生存、求发展，它的城市社会治安综合治理的难度，我虽身在局外，推想起来也是能够体会一二的，所以，当上述恶性非常事件通过各种渠道突如其来地闯进自己的生活世界中来之后，我与普通黎民百姓一样，也只能一方面承受着它们带给自己的惊惶和不安；一方面密切注意着事态的发展，静待其变。

这就要说到我对如今的上海民警形象的看法和感谢了，正是他们对上述三桩重大恶性案件的迅速、准确和负责的侦破与处理，促使我在提笔草此小文时，郑重写下"庄严的责任，光辉的形象"这样的标题。这是我的真情实感，我想借此表达的，是一个寄居上海五十余年的老市民对本市人民警察的理解和支持、放心与感谢、期望与赞美。你们出色的工作，不仅有效解除了我个人生活中的数度惊扰，同时也有效维护了上海这个有着优秀文化传统的国际大都市的国际形象。你们肩上的担子、责任和义务都不轻呵，我作为一个老市民，由衷希望你们能更出色、更有效地肩负起自己的神圣使命。

最后还要说到的，是在我寄居的高校宿舍区内，有一支由退休民警组成的小小的校卫队，队员的年龄都不小了，仍然每天骑着与他们年龄相仿的旧自行车，排成一列，风雨无阻准时准点地来宿舍附近巡逻几趟，每当我与老妻相偕在院子里散步碰到他们时，总要打个招呼，说几句闲话，日子一久，大家也就混得很熟，成了朋友。有他们作为一种"威慑性力量"在我的生活世界的周围巡逻着，阿猫阿狗总要有所顾忌，我感到了安全，而且在我们这个宿舍区内，也确实多年没有发生过刑事案件。

《海派文化长廊·小说卷》总序

　　海派文化是指二十世纪初以来以上海地区为代表的文化审美现象。它是在中西文化冲突和融合中，在传统文化艺术与现代化都市的经济文化相结合的过程中，在文学、绘画、音乐、戏曲、建筑、时尚以及各类文化生活艺术等领域中相继产生的一种综合性文化形态。

　　自从"五四"新文学以来，海派文化一直处于尴尬的地位。本来北京为皇家之地，皇城根下多的是奴才顺民和忠臣烈士，士大夫式的文人站立在皇城头上目空一切，要么以天下为己任，好像国家兴亡全系于他们身上；要么以传统文化的顾命大臣自居，宁可跳河也不愿与现实世界同流合污；也有的因清高而自命不凡，因为爱惜自己的羽毛连飞翔都不愿意；他们在文学艺术上自有贡献，但要在他们的创作里嗅出时代跳动的脉搏、生活变革的气息和人们处于方生未死之间的精神特征，似乎也勉为其难。京派士大夫式文人的三种类型，一类适合做领袖，一类适合当学者，还有一类便是所谓纯粹的艺术家了，高的、大的、雅的，几乎全让京派文人给占了，他们大多是教授学者名流，出入的也都是高雅讲学和沙龙，因此他们瞧不起人，尤其是瞧不起海派文人，也是顺理成章的。比如"五四"初期那会儿，郭沫若从日本回来办创造社，刘半农就轻蔑地称他为"上海滩的诗人"；到了鲁迅来概括上海的文人时，干脆就用了"才子加流氓"，一锤而定音。其实刘半农和鲁迅，都是江浙一带的南方文人，相比其他京派文人来说，似乎更海派一些。

与北方地区的高大雅文化相比，海派文化显得低调、松弛和杂乱，但同时也就自在得多。海派远离皇城，正统思想和传统道德到底少了许多，而且有着十里洋场的半殖民地背景，在藏污纳垢的同时，也保存了各种离经叛道的思想生气，文化气氛相对要轻松一些。从文人一方来说，他们一开始就面对了市场，他们需要用新的文字技巧和审美感情来征服读者，把读者从传统文化的读者市场中争夺过来。这就是为什么北京文人出思想明星，上海文人出文学先锋；北京文人讲载道，上海文人讲创新；北京文人提倡为人生，上海文人讲为艺术而艺术，什么唯美派、现代派、颓废派、新感觉派……全出在上海。还有一点是海派近商，一方面是将文化当作商品，难免媚俗；另一方面是文化艺术得到了传播，走向社会。三十年代，京派作家一大拨，却没有一个像样的出版社，他们的创作不得不降贵纡尊，到上海四马路的文化图书市场来找出路。

从文学上说，海派也有着鲜明的特征。自晚清以来，北京成了各派政治力量斗争的场所，而文学创作的重镇则被开埠后经济繁荣日盛一日的上海取代了。当时最大的诗社——南社成员主要都是在江南一带活动，晚清政治小说和谴责小说也是在上海流行。"五四"以后，新旧文学在思想上的交锋主要在北京，而文学上的竞争擂台却摆在上海，支持文学研究会的商务印书馆和支持创造社的泰东书局都设在上海，形成了代表新文学主流的作家群，而旧文学（鸳鸯蝴蝶派）的文人则转移阵地，垄断了当时上海的大众传媒——小报副刊、通俗杂志、电影戏曲、连环画报、无线电台……三十年代，上海更是各种创作流派角逐的战场，从左翼知识分子的社会批判（如鲁迅的作品）的对现代都市生活的揭露（如茅盾的《子夜》），到各种现代艺术流派的泛滥，真是群雄逐鹿，百花斗艳，有龙吟也有虾跳，但长期纷争而形成的多元并立的文化格局终于成了海派文化的独特面貌。

因此要定义海派文化或海派文学确实是个难题。

本丛书取名为《海派文化长廊》，包括小说、随笔、艺术、人物多种专辑，企图对二十年代到四十年代的海派文化做一全面的展览。第一辑小说卷，主要所指的海派小说，与通常所说的海派文学的学术含义不完全一样。后者是指发生在上海地区的一般文化现象，它包括多种风格流派的融汇和并存；而本丛书因篇幅有限，也考虑到有些现代文学作品已被反复出版，不宜重复，所以入选的作品，主要偏重于反映二十世纪二十年代以来上海现代经济文化发展以及现代都市形式的发展对小说审美趣味的影响。这种影响对现代小说形式和内容表达都产生出新鲜活泼的效应，使人性在一种特殊的环境氛围下得以释放。从艺术上说，这类小说也是中国现代文学史上独树一帜的奇葩。

还有一点值得说一下，本丛书所收入的现代作家作品，过去长期被排除在文学史以外，像唯美主义作家滕固、叶灵凤，以及社会小说家周天籁等人的作品，几乎没有得到过研究者的重视。近年来随着学术界对重写文学史的重视，出版市场多次显示出重新出版现代文学史上一些被遮蔽或遗忘的作家作品的兴趣，如东方出版中心和上海文艺出版社在这方面做了大量的工作，产生了较好的学术反响和社会影响。最近珠海出版社推出一套由上海文学基金会策划的《世纪的回响》丛书，也做了大量有益的工作。本丛书的小说卷将显示自己的特色：从"海派"的专题角度，推出一些海派作家的全部小说作品和相关的小说翻译，并以一种新颖、特别的装帧来显示"海派"文化的特色，这套丛书是属于积累海派文化历史资源的文化建设工作，并从装帧到内容都以"海派风格"来吸引读者，希望能得到读者的喜爱。我们也以能为当代文化的建设，做一些拾遗补缺的工作而感到自慰。

一九九七年四月，在上海复旦寓所

"他们人还在，心不死"

——《芳草斜阳忆行踪》^①序

　　老友尚丁兄将他近些年写的生活回忆性的文字编选成册，起名为《芳草斜阳忆行踪——伟人、师长、朋友的故事》，交付出版，并约我为它写一篇文字，我虽然已是个年逾八旬，最近又生过一场大病的老朽了，但当我捧读了全书的目录和部分章节后，慨然相允。这不但因为我们相交已半个多世纪，有着共同的人生理想与追求，也有着近似的历史遭遇与生活命运，更因为这是一部内容无比丰富的人生记录，是一部具有重大历史价值的生活档案，我应义不容辞地为它走向读者走向社会摇旗呐喊。这是一种庄严的社会责任。

　　说到这里，我不禁想起我前些年写的谈老年的文章中的一个心愿式倡议。我说：

　　"近百年来，中国社会总处于历史振荡的变幻之中，我们这一代人，尤其是吃文化饭的知识分子，可以说，绝大多数是在'道路是曲折的，前途是光明的'历史振荡中，以自己不同的人生理想和价值追求，走着各自的不同内容和表现形式的生命之路。因此我常这么想，我们这一代吃文化饭的人，如果都能潜下心来，写一本直面历史的真实的个人生活回忆录，对历史来说，实在是功莫大焉！因为知识分子，尤其是吃文化饭的中国知识分子，在这个动荡不宁的中国社会生活里，生活的责任感和实际的处世存身的需要，一般总富于生活的敏感与时代激情；处身在生活的前沿地带，时代的变迁，历史的兴亡，在每个人身上都会有不同程度、不同方式的折射和反映。我们在这个世界里的追求、爱憎、信念以及种种个人遭遇和心灵感受，都可以作为历史的见证，为青年及后代提供一些比见之正史、官书中的更加丰富和实在的东西。"（见《文化老人话人生》，上海文艺出版社）

而眼下尚丁兄写的这部回忆录书稿，可谓正中下怀，与鄙见不谋而合，这真是老话说的"英雄所见略同"或曰"心有灵犀一点通"了。我感到高兴，得到慰藉。这一点，也可说是我不顾自己年迈体衰，下决心写这篇小文的又一个缘由。

尚丁兄早在四十年代初即在抗日战争时期，就参与了中国知识界抗击国民党的腐朽的封建法西斯专制统治，参与了当时的爱国民主运动的实际政治斗争和文化出版活动，当时他追随中国民主政团的发起人黄炎培先生，并以此为机缘，结识了当时的社会各界名流、文化精英，而且以此为起始，数十年如一日，乐此不疲，一直为中国民主建设事业而奋斗，因此，他眼界开阔、见多识广，同时勤学苦练、博览群书、自强不息。这部回忆录以单篇形式逐一记录了他生平直接或间接接触的人与事，记录了他的所见与所闻，也记录了他的人生追求与生活历程。历史的主体是人，历史原本就是由人的活动所构成的，了解人、体味人的思想性格、才学人品与他生存的时代环境与精神追求，才会正确地认识历史，把握生活脉搏，体味时代精神、历史走向。从这个意义来说，尚丁兄这部以自己的亲身体验为依据，而又在历经劫难后在生命的暮年所撰写的以现代史上的历史人物为主体的新作，不但使人眼界洞开，增广见闻，而且对于把握历史、认识社会、品味人生，都是大有裨益的读物，更何况它所提供的大量富有历史价值的文献史料，足以补充流行的历史教材的缺失与不足，并有助于人们走出空洞抽象以至虚妄的历史概念，走向历史实际，获得对历史的理性判断力量。因为这部书稿中所接触的人物，大都是政治风云人物与社会各界名流和文化精英，如毛泽东、周恩来、陈毅、黄炎培、沈钧儒、梁漱溟、陈嘉庚、史量才、章乃器、李公朴、马寅初、郭沫若、茅盾、叶圣陶、丰子恺等等。书中具体地描绘了他们的言行举止、人品才学、功业文章、性情与交游。如书中所记黄炎培四十年代访问延安时，与毛泽东的"窑洞对"，就是罕见的史料，至今读来，仍然发人深思，为研读中国现当代史提供了一个最根本的视角与论点。

这就是我读了尚丁兄这部新著的全书目录和部分章节后的一点感想与认识。

我与尚丁结识于抗战胜利后的上海，那时我们都是风华正茂的血性青年。那时他仍在黄炎培先生主持的中华职业教育社工作，并且是民主同盟的上海地下组织负责人，又先后主持《国讯》《展望》两种进步刊物的编辑出版工作。我则是在日寇投降后，走出徐州日伪警察局特高科监狱，来上海卖文为生的文坛散兵游勇。在那个中国历史大转折的前夕，为了一个共同的目的，我们走到一起来了。以他所供职的中华职业教育社为基地，我们自发地集结了二三十位志同道合的青年朋友，组成"我们的俱乐部"这个小团体，每周举行座谈，评论时政，关心国事，注视文化出版局势。当一九四七年进步刊物《文萃》被查封后，为了填补进步舆论阵地的空白，我们自掏腰包，集资创办《诗与杂文》丛刊，借用《国讯》的出版关系，由国光印刷厂印行，又利用《国讯》的发行渠道上市，为了逃避文祸，托名编辑出版地点为香港。但在一九四七年秋，出版了第一期《犯罪的功劳》，第二期截稿后，因我在非法报纸上写文支持学生们的民主运动，我们夫妇双双被国民党中统特务以煽动学潮罪逮捕关押。这是我第二次吃这个反人民政权的政治官司。朋友们为了避祸，这个小刊物就无疾而终了。我的妻子先我出狱后，尚丁兄为了照顾她的生计，用中华职业教育社的关系，为她安排了个小学教师的职业，虽然旋踵因校方查出她为我的妻子而又被解聘，但事后我对尚丁兄这种不顾个人安危、热情相助的侠行义举感激之余，对他的为人道德又多了一层认识与敬重。一九四八年深秋我出狱后蛰居西郊乡间，又承尚丁兄大力相助，他借用黄炎培先生所创办的鸿英图书馆的收藏，先为我编集自己的散文集《热力》提供有关报刊，又为我撰写《近代中国经济社会》一书搜求有关史料与专著，这样直到一九四九年初春，我们夫妇又被迫离沪走避青岛。他这种屡次在患难中相助的深情厚谊，至今想来，犹使我激动不已。

一九四九年秋上海解放后，我们夫妇又回到了上海，与尚丁兄快乐地见面了。他仍担任《展望》社总编，同时，作为民主同盟的主要成员，他又忙于参政议政活动。我则转入高等学校任教。大家都心情舒畅地忙碌着，见面聚谈的机会反而显得少了，但我们的心是相通的。为了建设我们的新国家，大家一心一意扑在工作上，好像有用不完的精力似的，都想多干点什么才过瘾，因为我们多年的理想与追求总算变成了生活的现实，我们真正成了国家的主人，这是天大的喜事。但是，我们高兴得太早了，当时还不懂得"前途是光明的，道路是曲折的"这句名言的深刻内涵和它的严重意义。五十年代初，随着对《武训传》和一些文艺作品的政治性批判，极"左"思潮和观点逐渐抬头，发展至一九五五年的胡风事件的发生，达到一个新的高峰。我们夫妇就受到株连，被扫地出门、收监关押。长夜漫漫，经过二十多年的天路历程式的关押劳役生涯，直到八十年代前后我们重新回到社会，夫妇得以团聚后，才又与尚丁兄再次聚首，这时，我们都已是六十开外的白发翁了。此后我才逐渐知道一九五五年胡风案件发生时，他因为在主持《展望》时邀请后来被打成"胡风分子"的王元化、耿庸参与负责编辑工作，再加上和我们夫妇的那段"历史关系"，也被收监关押了一年多，不久又当了"五七战士"，被流放青海牧区战天斗地，在互相不知情的情况下，与同样曾流放青海的老妻任敏结下了一段"寄籍"乡缘，"历史关系"又加深了一层。一九五六年出狱后，他曾被宣布恢复政治名誉，并被任命为新知识出版社和古典文学出版社（即现在的上海古籍出版社）的副社长兼副总编，进而创办了《学术月刊》。一九六二年从青海回到上海后，再被安排到辞海编辑所，和一些也在运动中受到冲击并被打入另册的文化名人，如徐铸成、傅东华、曾彦修等被任命为"编审"，实际上是在资料室做管理图书、整理资料的工作，一如我在一九七八年秋被"解除监督"回到原单位复旦大学中文系资料室坐班干的活一样。而后"文革"中他又入了"牛棚"，不断受到批斗与凌辱。直到一九七九年才得到平反，由鬼变成了人，复职后创办了《辞书研究》，筹划成立了"上海辞书学会"与"中国年鉴研究会"两个学术团体，并连任三届会长。从一九七九年起，他还当了二十年市政协常委并兼任了民盟市委副主委和中央委员，在公务繁忙之余，不顾年迈体衰，仍然笔耕不辍，先后出版了传记作品《黄炎培》以及根据自己五十年代后期流放青海时期的生活体验与感受创作的诗剧《仓央嘉措》等等。

现在又读了尚丁兄这本新著中的某些篇章之后，不仅使我对老友的生命历程与人生体验多了一层认识与理解，更使我激动的，是他在屡遭磨难之后还能荣辱不惊执着如一的精神境界与生命追求。

有人说，中国知识分子有一种知难而进的韧性品格，他们的可贵之处是在季节转换、深陷绝境之后，并未沉湎于消沉麻木与怨尤逃避的无为或无所不为的历史泥泞之中，而是仍然能以昂奋之姿，肩负起历史与时代所赋予的重任，忧国忧民、埋首工作，"要把失去的时间补回来"。为了社会进步和文化建设，蹒跚前进，发挥自己的余光和余热，诚如"文革"中流行的一句名言所形容的，"他们人还在，心不死"。读尚丁兄的书稿，使我对这种说法又多了一层新的认识与感受。

为了有助于读者读其书而知其人，我不惜笔墨就我所知与所见地介绍了尚丁兄的人生经历与精神人品，因为"文如其人"，文格就是作家人格的一种外在的表现形态和精神境界。

俗话说，"秀才人情半张纸"，信笔写了这么一堆话，就权作为我与尚丁兄半个多世纪以来风雨同舟的友情的一点纪念，留在纸上吧。

一九九七年四月末于上海寓所

注：

①本书由上海文艺出版社一九九七年出版。

优雅闲逸之美：《应诗流画集》①序

　　我一辈子与文字和文学打交道，中国的文房四宝中，虽也离不开"纸笔"，却总与墨砚无缘，于绘画艺术可说是个外行。但只要是优秀的绘画作品，总会给人以心灵的触动和审美的愉悦，因为在艺术精神上，文学与绘画并无二致。

　　应诗流先生的画作，优雅闲逸，充溢着一股清新空灵之气，这使终日在都市的喧闹中生活的我，眼前呈现出一片宁静清悠的世界，顿时有一种心纯气爽的感受。

　　应诗流的画以花鸟为主，也以花鸟画最具特色。花鸟画是中国画的一个传统流系。在中国画历史中，有着深厚的艺术传统。按我的理解，作为一种绘画题材，花鸟画的意义并不限于写实，尤其是在现代照相摄像术发达和普及的今天，再惟妙惟肖的花鸟画，总还比不上一张彩色照片逼真。所以，花鸟画的价值不在花鸟本身。在过去一个时期的文化意识中，有人总将花鸟虫鱼与风花雪月看作一类，那是因为眼里只有花鸟虫鱼而没有画。花鸟显情致，笔墨写意趣，某种程度上，中国画里的花鸟虫鱼其实同样是画家借以疏遗胸中块垒之酒。不过作为一种艺术，这酒不是从他人处借来，而必须由私家独酿。所不同的是，绘画既要继承传统的"祖传配方"，又非得有属于画家本人的独特创意。应诗流先生就是一位具有独特创意的画家。

应诗流的画风在总体上归于写意一路，但从这些画中可以看出，他具有深厚扎实的工笔画和中国书法的功底。他既继承了中国文人写意画的传统艺术精髓，又不拘泥于古法，能够在传统的基础上，将自己的气质、禀赋、个性和才情，将其作为一个现代都市人的独特的生存体验融铸于笔端，把传统中国画的写意手法同现代艺术的夸张变形有机融合，形成了一种富于个性的表现手法。他笔下的花、鸟、树、石，分开看时常不免显得怪异，那夸张与变形，也正可视作画家在现代都市中的异化生存感受的形式显现；合起来看时，却又相得相益、浑然天成、妙趣横生，透逸出一股似淡又浓的特异的审美意趣。因此我认为，在继承中国画的艺术传统，并使这一传统融合进中国人在当代生活中的生存体验，于世界现代艺术的流变中更显其独特的艺术魅力的进程中，应诗流先生的画作是一种勇敢的开拓和富有成效的创新。

应诗流先生正当盛年，对中国绘画艺术素有拳拳之心和勃勃雄心，他的艺术事业也可谓方兴未艾，前景辉煌可期。他在这里所取得的成就，是一个良好的开端，已经走出了一条富于艺术个性的创作道路。我期待他在这条道路上继续走下去，走向更大的辉煌。

一九九七年五月四日

注：

①本书由天津人民美术出版社一九九七年九月出版。

253

皮鞋的故事

——暮年杂忆

　　一九九〇年十月，我应母校东京日本大学文理学部邀请，偕老妻任敏回母校访问与讲学，因为战前的三十年代中期，我是这个大学社会专科的一个中国留学生，一九三七年七月，抗日战争爆发，我弃学回国投入神圣的抗战活动，想不到半个世纪以后，该校查出我在学时的档案材料，特地派了他们文理学部的今西凯夫教授与青年讲师丸山茂先生专程来沪相访，并携来该校文理学部部长邀请我偕老妻任敏回校访问讲学的请柬。于是同年十月间，我与妻子任敏重访了相别五十多年的日本，这时，我已是个年逾七旬的扶着手杖的老人了。

　　去日本前，妻子到南京路花了五十多元买了一双当时比较时兴的轻便皮鞋，她就穿着这双新鞋踏上了日本的国土。居留东京期间，一日，我们这对老夫妇闲中在街头漫步，想不到走到一条小街时，她脚上一只皮鞋鞋底掉下来了。这是条较偏僻的小街，一时弄得我们很尴尬，我只好扶着她慢行，一边东张西望地找鞋店。真是时来运转，没有走几步，路旁就闪出一家一间门面的鞋店。日本的商店，入口处都用玻璃橱窗摆着样品，并标明价格，妻子看到一双黄色女式轻便皮鞋与她脚上穿的这双差不多，我瞄了一眼价格，却把阿拉伯数字"1"字后面的三个圈圈，看成了四个圈圈，真是老眼昏花。我们进店后，一个五十多岁肥胖的小老头鞠躬如也地表示

254

欢迎，妻子试好鞋，觉得很合脚，我就摸出一张一万元的日钞付了鞋款，店主人鞠躬致谢时，我们已走出店门。但走了好一阵路，快走到路口了，忽然听到在这个行人稀少的路上，我们身后，有人大声地半喘气地喊："摩西，摩西！"我们扭回头，却看见刚才卖鞋的矮胖的店主人快步地向我们追来了。我想，大约是我看错了标价，少付了钱，他发现后追来了。当我们站住脚时，这个矮胖的男店主已走到了我们的面前。只见他站定后，先向我们鞠了一躬，然后双手捧上一个摆着钞票的小木盘对我们说："您给太太买的鞋定价是一千元，您付了我一万元，现在我找回你们九千元。当时没有留意，就收下了，实在失礼！"说着见我们收了钱，他才慢步地回头走了。这个遭遇与场景，不禁使我们这对老夫妇肃然起敬，惊叹日本国民道德素质的高尚。这不禁又使我忽然想起五十多年前在日本留学时的一则关于皮鞋的故事。

我们这代知识分子，按解放后的标准说，都出身不好（被称为"阶级异己分子"），但我们是在"五四"精神的培育下生长的，把精神生活的自由与丰富，视为人生的第一要义；相对地说，对穿戴服装之类物质生活要求却马马虎虎。我生平最大的乐趣，是逛新旧中外文书店与书摊，虽然现在已是个步入耄耋之年的老头子了，但这个从青年时代就养成的生活习惯，却依然故我。三十年代中期，我在日本东京留学时，住在早稻田大学附近的户冢町的一家小公寓的楼上，楼下住着一家姓川口的日本邻居，他家开设一家速记传习所，开业授徒。这对中年夫妇有一个小男孩，还有一个从北海道来京照料兄嫂生活的胞妹。这是一个肥胖、开朗又热情的女性，也有二十几岁的年纪了，比我当时的年龄还大几岁。我每天进出这家叫斋藤公寓的寓所时，在玄关（大门入口处）关闭大门的声音往往惊动住在楼下的这家日本邻居，他们往往要走出门房看看，我们之间处于一种相近而又相远的礼貌态度，偶尔我下楼到盥洗室时与这对夫妇相遇，也只是说几句客套话，只有他们那个从乡间来的胞妹，仿佛为排除她生活上的寂寞似的，除过热心地为我照料一些生活事务（如代收邮件，有来访的朋友不遇而留条时，代为传达之类），也常常喜欢和我东长西短地谈些闲话。

一天下课后，我坐在惯常去的住地附近一家店吃茶时，忽然发现脚上那双黑皮鞋有一只鞋帮有些脱线了。所以走出茶店时，顺路走进了一家小鞋店，我对这家店的主人说，要买一双与我脚上穿的这个样式一样的黑皮

255

鞋。男店主顺眼看了一下我脚的尺码，就在货架上翻出相近似大小的一双，他要我先试穿一下，要是不合脚，他再另找一双。我不愿为这类琐事费神，就对他说："就买这双，不必试了。"顺手就付了钱，提上鞋盒走出门。回到住所后，就把鞋盒放在门口公用的放皮鞋或木屐的木架子上，按日本的生活习惯，脱下自己脚上的皮鞋，换了拖鞋上楼回房。第二天一早我下楼出门时，先从木架子上取出昨天买的新鞋，楼下的邻居看到我买了新鞋，都不约而同地站在门口参观我买的新鞋。我穿上新鞋时才发现尺寸太大，穿在脚上太宽松。这家日本邻居就用惊异的眼光看着我，打量我，似乎觉得我这双鞋来路不明。我一声不吭，就脱下脚上的新鞋，放在原处，并从木架上取下我的旧皮鞋，穿上出了门。然后先到附近的一家小皮鞋店重新买了一双，这次是先试穿了一下，觉得不合脚时，又调换了一双，一直到穿得合脚时，我才付了钱。店主人把我脱下的旧皮鞋放在鞋盒子里。我穿着新鞋，提着放旧鞋的盒子又回到了住处，听到我推大门的声音时，这家邻居全家又从房间里走出来。我仍然一声不吭地将木架上昨天买的那双不合脚的新鞋，连同手里提着的放旧鞋的盒子一同扔到门口的垃圾箱里。在这家日本邻居的惊异的目光中，我扬长而去……

这是中日战争爆发的前夜。这家日本邻居，虽然不过是一般的市民阶层，但在军国主义分子当权的舆论的熏陶下，他们有一种民族优越感，虽然在日常生活相处中，他们对我没有歧视的表现，但我作为一个中国青年，中国留学生，我要以自己的行动，在日本市民眼中，显示出中国民族的高大形象。因为在这天早晨，我在穿昨天买的那双不合脚的皮鞋时，从他们惊异的目光中看出，似乎怀疑我这双新鞋来路不明，虽然这只是一场误会，但在那个中日关系紧张的时代，我应该向他们显示中国人不可侮的崇高形象。这是一种民族自尊心的自然流露。一九三七年七月，抗战爆发，同年八九月间，我就弃学回国，投入了神圣的抗战活动。

一九九八年四月下旬，上海

《踩在几片文化上——张承志新论》^①序

　　马丽蓉女士，是我进入人生的暮境时所结识的来自新疆的回族女青年学人，她以养育她的西北黄土高原的真诚与朴实的生活性格和在治学上的勤奋与博览，经过几回曲折，考进复旦大学中文系，攻读中国现当代文学专业博士生课程，在她的人生旅途上，迈开了新的步伐。在学期间，她并不是我直接指导下的学生，大约由于她在此之前在济南山东师大攻读硕士生课程的导师朱德发教授，以及她在来复旦之前任教的新疆师大中文系的领导黄川教授和在复旦攻读博士生课程的导师陈鸣树教授都是与我有一定交往的同行朋友，加上她性格坦率，为人真诚，和在治学上的勤奋向上的心态，所以我们之间虽然在年龄层次上相差很悬殊，但她经常出入于我的家门时，就显得熟门熟路地自在与自由，我们之间并不存在"代沟"的隔膜，而是近乎先天性的和谐。从她的日常谈吐所显现的她在阅读上的博览与思考，在治学上的勤学与好问，追本溯源的反诘中，我省悟到这是一位在学业上大有发展潜力与广阔前景的新一代后起之秀，在我国现代学术传承事业的历史链条中会走出自己的学术路子，并做出自己的贡献的下一代学人。

　　现在呈现在读者面前的这本专著《踩在几片文化上——张承志新论》就是她的博士学位论文的订正本，作为她的学位论文答辩会的一个参与者，我在阅读她的论文打印本时，根据自己的印象，写下如下的评语：

"这是一篇写得比较优秀的学术论文，在我国当代的张承志研究中，它是一篇具有自己独立的学术品格的论文。

"张承志是一位在'文革'的废墟上，在寻根文学思潮中崛起的用汉语写作的回族作家，本文最突出的特点，是作者从回族作家特定血缘文化背景来解读张承志文学创作，从作家一再强调的'一腔异血'的情结上来审视与探讨对其人格塑造与精神追求所产生的深远的制约力。作为一种特定的历史文化现象，论文认为，因回族的血缘前定的宗教属性，因而决定了伊斯兰教的无可选择性，而张承志的皈依宗教，实为本能的、正常的文化寻根意识的具体表现形态，因而论文更从作家的母族宗教文化切入，剖析了作家因受非议与误解的精神孤独的悲剧根源；论文能力求在较为开阔的多元文化参照中，对这位'混合—再生型'的文化人格的作家及其创作表现进行新的探讨与审评。上述三个观点的描述与评析，便构成了本文使人耳目一新的学术景观，从而也廓清了多年来围绕着张承志研究的盲区与误点，形成了一篇有自我独特的文化品位和扎实的学术见解的专题论文。从这个意义上说来，这也是一篇对张承志研究的具有总结性意义的学术成果。

"论文在研究方法上也有自己的特色与成就。中国儒家说：'道德文章'，西方学者（如法国的布丰）说：'风格即人格'，无论古今中外都把作家的人格素质与境界看成第一义的，最本质的东西，所谓'文如其人'，'表里如一'，正是说明了文格与人格的一致性与不可分割性。作家的生活史和创作史，实质上就是他的人格史的反映与表现形态。作家的人格境界决定了他的写作态度与艺术精神，正是从这个意义上，我颇为欣赏论文分为人格论与艺术论两个单元或层次来研究的立论视角与研究方法，并在论述中，依据自己的阅读经验，将张承志纳入几片文化理论视野下做出全方位、多层次的探讨论断，在参照前人成果的基础上提出自己的新知与新见。论文文化视野开阔，思路活跃，角度新颖，而且在研究方法、论点与评价等方面都具有自己的特点与优点，富有学术个性与风格，也为张承志研究提供了新的学术积累。这是一篇花了力气，下了功夫的严整的学术论文。它反映了作者马丽蓉同学的专业素养与写作功力已达到中国现当代文学博士生所达到的学术水平，我同意她参加论文答辩，并建议授予马丽蓉同学文学博士学位。"

现在得悉，她的这部专题论文经过修订后，即将收入北京师大王富仁教授主编的《文化与文学》丛书中，我为她感到高兴的同时，并对我这位久疏问候的远在京城的同行朋友王富仁教授提携后进的学术热忱，感到高兴与振奋，并深深感受到"五四"文化传统的薪火在知识分子群落中一代一代向下传递的慰藉。

小马约我为她的这部即将面世的专著写几句话，我就随手写下上面这些话，就权当我与新生代学人在学术交往中所建立的友情留在纸上的一点纪念。

一九九八年六月，在上海寓所

注：

①本书由宁夏人民出版社二〇〇一年出版。

一道醒目的历史风景

——《上海现代文学史》①序

    二十世纪上海文学研究，过去只有过一些专题性的成果，如"孤岛时期的上海文学""抗战时期的上海文学""三十年代在上海的'左联'作家"等，王文英同志主编的《上海现代文学史》是第一部较为系统而全面的上海地方文学史。这里的所谓"地方文学"，并不仅仅是一个狭隘的地方性和区域性概念，而是一个开放性和历史性的概念。所谓开放性，是指本书论及的文学现象虽然都发生在上海，但具体的作家、作品来源，实际的文学效用、影响等远不仅以上海一地为限，而是具有八方辐辏、影响广泛的特征和海纳百川、有容乃大的文化开放气度；所谓历史性，是指从二十世纪中国文学的实际发生发展历程来看，随着开埠以来的上海逐渐成为全国性的政治、经济和文化出版活动中心，上海的现代文化和现代文学也逐渐摆脱了地方性、区域性的狭小格局，至迟到二十年代末三十年代初，即已成为名副其实的领袖群伦的全国文学中心，而且直到一九四九年中华人民共和国成立，并即学术界通常认定的"现代文学"阶段结束，上海始终葆有了作为全国文学中心的历史和现实地位。

    从这样的社会历史文化高度来分析探讨上海现代文学史，就使得这一成果在学术眼光的开放性、研究思路的系统性和研究方法的扎实性等方面都具有了较为突出的特色与成就。这是一部摆脱了多年来在封闭性的政治文化环境里受政治功利主义支配而形成的文学观念和文学史模式，从历史实际出发，融会了研究者独特的学术个性和文化品格，因而花了力气、下了功夫、做了创新，甚至在某些方面填补了学术空白的高质量的学术著作。

我与本书主编王文英同志以及本书主要作者袁进、朱文华等同志都是近些年才结识的同行朋友，我们虽然属于不同年龄层次的知识分子，但大约都是经历过不同程度的历史风雨的磨难与锻炼而进入改革开放的新的历史时空内生活和工作的，我们的生命追求、人生选择，有着某些相似相近之处。所以我们能成为有来有往的同行朋友，这也就是我不顾自己年迈体衰，冒着盛暑，写这篇称为序的小文的原因。

我认为它既为国际性的中国现代文学学科建设，增添了新的学术积累，也为我们建设新时期的上海文学事业，提供了某些可资借鉴的历史经验与教训。他们的劳绩与贡献，是理应得到广大国内外读者和专家的感谢与敬重的。

是为序。

一九九八年七月上旬在上海寓所

注：

①本书由上海人民出版社一九九九年出版。

忆林同济先生和杨必女士

　　说起林同济，就不能不提一提"战国策"派。四十年代初期，即抗日战争后期，中国学术界和文学界出现了一个"战国策"派的社团。在哲学观上，他们推崇尼采的"唯意志论""权利意志论"和"超人哲学"；在历史观上，推崇斯宾格勒、汤因比的历史形态论及维科的历史循环论；针对时事，他们提出了"战国重演""尚力政治"的观点。这是一群西南联大的教授学者，其中就有林同济，还有陈铨、雷海宗、沈从文，在国势危亡之际以自己的方式参政议政，却受到左派知识界的批评，认为他们的观念实质上迎合了当时当政者蒋介石的统治，他们是为蒋介石的暴力统治制造舆论。其实，从历史上看，这一统治法术是中国长期封建社会的政权统治者的传统观念，是以农业经济为基础的社会形态的必然产物。在一九一一年辛亥革命推翻大清帝国进入共和以后的漫长历史时期内，虽然政权还有更迭，正是鲁迅诗中所说的"墙头变幻大王旗"，但是换汤不换药，旧瓶装新酒。"战国策"派所推崇的"权利意志""尚力政治"等观点，仍是袁世凯以后历代中国当政者的一脉相承的意识形态。在中国没有摆脱农业经济进入现代化工业社会之前，这个封建主义的历史幽灵始终在中国的大地上阴魂不散，兴风作浪。林同济、陈铨们的书生论政，是他们对中国历史和现实的认识和思考，因为他们当时都在国统区的大学教书，就被左派认为是为国民党出谋划策。事实上，他们既没有参加国民党政权，也没有接受一官半职，走中国传统文人"学而优则仕"的老路，甚至连什么参议员之类的荣誉职位也没有。当然，他们也未像左派那样受到国民党的严厉镇压与迫害，所以就受到左派的反感与反对。一九四八年，郭沫若写了《斥反动文艺》，将文艺界分为红黄蓝白黑五类分子。其中"战国策"派便被归到蓝色。蓝衣社是国民党的文化特务组织，因此所谓"蓝色"，即是指责他们是国民党文化特务，替国民党服务，这是左派惯用的将思想问题上纲到政治问题的老套数。因为是从文艺角度论述，所以还提到作家陈铨和沈从文。解放后，沈从文被迫放弃了写作，被弄到故宫博物院研究古代服饰，算是苟活了下来。陈铨是留德学生，三十年代曾经写过《中德文学关系的研究》的专著和《天问》《革命前的一幕》等小说及《野玫瑰》等话剧。大陆解放时留了下来。他原在同济大学教书，教授德国语言与文学，一九五二年院系调整时调到南京大学外文系，后来就不知所终。八十年代初，我去南京时就曾经向我熟悉的一位江苏文化出版界的领导同志打听过他的情况，他说，南京解放后，文艺界召开各种活动从未邀请过他，最后竟致湮没无闻，为历史的泥沙埋葬了。

林同济在解放前是复旦大学政治系教授，解放后转到外文系，大概因为利用他精通外语的一技之长。他是美国留学生，获加利福尼亚大学政治学博士学位，著有《历史形态观》等著作，精通英德法文，足迹遍及欧陆各国，而且与国外学者作家多有交往。夫人也是英国人，但大陆解放后就回国了，留下林先生一个人。我来复旦的时候，就看到他家里只有一个保姆照顾日常生活起居。开始我认为他是英美派的 gentleman（绅士），多少有些隔阂。但一来当时复旦教授不多，二来我的邻居是外文系系主任杨岂深副教授，他们常来聊天，慢慢就熟了。他家里藏书很多，大都是外文书，有政治、历史、哲学、社会学和文学各类书，还有中国的古旧书，可见其知识面之广、兴趣之多样与文化素养之高了。卢卡契和他是朋友，写的英文著作都有赠书给他。听说当时他正在译莎士比亚，后来出版了《丹麦王子哈姆雷的悲剧》。我认为他首先译此，是表现了接受过西方现代思想文化的知识分子在当时的生活环境下徘徊、愤懑和不安的心态。接触下来，我觉得这是一位纯粹的中国传统文人，一介本色书生，很有人情味，喜交游，生活却很朴实。他年轻时在北京住过，有一天就跟我说哪天找家北京的小饭馆吃水饺去。他一再提起，我也很赞同。但我来复旦不到三年，不久就因为胡风案进了监狱，这个水饺就始终没有吃成，我们这一愿望也始终没有实现。

我在震旦大学的时候认识杨必，她是杨绛的妹妹，在外文系做讲师。思想改造期间，由上海市委派到大学的思想改造工作领导小组，即称为"学习委员会"的，说震旦女子文学院加拿大姆姆回国时把财产都交给杨必保管，因此要她检查，给她带来不少苦恼，于是这个大家闺秀对新政权产生了一种抵触情绪。但后来也没有查出什么结果，估计只是猜测。院系调整时，杨必不仅调到复旦大学外文系，而且提升为副教授，我想这件事恐怕是无稽之谈，否则是不会轻易放过她的。她是一位新潮的小姐，人也漂亮，大姐夫何某解放前是公共租界工部局董事，抗战胜利后又当上了国民党上海市副市长，解放前夕跑到了巴西，她就和大姐同住，大姐是个虔诚的天主教徒。大概她从在震旦大学我们的接触中，感到我这个"进步教授"并没有八股气和官气，比如那些进城的干部或积极分子，一本正经，不苟言笑，而是生性豪爽，平等待人，又喜欢喝酒，颇有江湖义气的一条汉子，所以她来复旦后，继续和我保持联系。每次来上课，都给我带一瓶茅台酒，来我家看看。大家关系融洽，我就用开玩笑的口气说，你三十多了，年龄也不小了，中国有句老话说，"女大当嫁"，我给你找个对象吧。杨必的眼界很高，要找二姐夫钱锺书那样的大学者。我说，钱锺书只有一个，你们外文系林同济我看不错，原来的夫人回了英国，他是个学者，又在欧洲长期生活过，你们会有共同语言的。这件事我也同林同济讲过，然而这个媒还没保好，我就进了监狱。后来，我在监狱里看报，知道林同济在一九五七年也被打成了右派。他在鸣放时说："肃反时讲坦白从宽，抗拒从严，我理解实际上是坦白从严，抗拒从宽。"针对解放后人口流动的限制，他说："人本来是动物，现在却成了植物，不能动了。"这都是接受了西方思想文化的自由主义知识分子的观点，追求自由，反对专制。他因此而贾祸，降薪降职。"文革"时期，新老账一起算，受到批斗。"文革"前，我被关押十一年后，又被判处有期徒刑十二年，押回复旦大学印刷厂监督劳动，苦力地干活。我在校门口看到过他们，都比以前见老了。我想，在那个"知识越多越反动"的疯狂时代，他们的日子也不好过。他们看到我，都很吃惊，站住看了我老半天，但又不便说话，我知道我的形

264

象也变了。我出事以后，林同济和杨必都没有迎合时势，写文章批判我。或许他们都是接受过西方现代文化的知识分子，认为我的遭难是左派内部的矛盾和斗争，和解放区出来的干部不一样。

八十年代初，林同济恢复了名誉，应邀去美国讲学，在课堂上心脏病发作，就故去了。我听说，骨灰盒送回来后，学校开了隆重的追悼大会。后来又听说，他弟弟是国外有名的建筑家，七十年代末，曾出资在华侨新村给他买了一套房子，他搬出了第二宿舍，并和一个护士结了婚，由她照料他的生活。杨必在"文革"初，外调人员说她和西方天主教反动教会有勾结，逼她限期写出交代材料，她不堪受辱，在恐怖和绝望中，服大量安眠药自杀了。当时我听见外文系的高音喇叭广播说，她是坚持反动立场，畏罪自杀，自绝于党和人民，带着花岗石脑袋见上帝去了。五十年代，她曾译过英国文学作品《剥削世家》，以后又翻译了英国萨特雷的《名利场》，译文评价很高。

记得一九五三年，有一天晚饭时，伍蠡甫和林同济来我家聊天，他们刚从系主任杨岂深那儿过来。伍蠡甫说："我们去看我们的天子去了。"林同济说："杨岂深不是真龙天子，是草龙。真龙天子是党员助教龙某。"龙某是外文系一员女将，极坚定的革命"左"派，历届运动都非常积极，一帆风顺，"文革"期间升至外文系革委会主任。林同济果然看得准。我们被捕后，原来居住的第五宿舍日式二层楼房就被她占住了。她很晚才结婚，丈夫是个老八路。现在有时在街上碰到我也点点头，因为这时我已经由鬼变成人了。

这些事都是历史了。我老了，林同济和杨必是在极"左"时代受到迫害、学养深厚、具有独立人格意识的知识分子，给我印象很深。写这篇文章，表示我对他们的怀念与敬重。

一九九八年八月下旬于上海寓所

为姜云生《细读自己》^①序

　　我生平喜欢广交朋友，虽然为此吃过官司，也从不后悔。特别是在人生的晚年，每遇到一个能谈得来的新朋友，心里总是很兴奋。所以，当松江姜云生老弟写了一本散文集并嘱我写一篇序言的时候，我立刻就答应了。虽然有一位青年俊杰在上海《青年报》上要给我"上课"，教导我如何写文章，但我还不至于自惭形秽到不敢提笔写作，这个"写序专业户"的帽子倒是我自己要戴上去的，为的是与那些年轻朋友的友谊。不过要说明的是这篇序言本来早该完成，只是天有不测风云，就在我动笔准备开始写的时候，与我五十年患难与共的老妻任敏突发脑溢血住院治疗，我一个人留在家里度日似年，百事皆废，直到老妻病情得到控制并出院以后，我才放下心来，才能静下心来读那些堆积在桌上的论文和信件，也才想起了这篇拖得很久的小文章。

　　我与姜云生先生最初相识是在一九九四年，他陪同台湾《中央日报》副刊主编梅新先生来访，他建议梅新先生在上海见一些文学界的朋友，好像有陈思和、陈村、黎焕颐、顾晓鸣等，都相约在我家里会面。我记不得这是不是出于老姜的建议，可能是考虑到我年纪比较大，外出不太方便吧。不过我现在可以从实招来，当时乍听到台湾《中央日报》的人来访，不觉有些愕然。因为我在二十世纪三十年代和四十年代的战前和战后，都

266

被以"危害民国"的罪名投入国民党政府的监狱，虽然他们在一九四九年跑到台湾去了，但我在他们眼里还应该是个有"前科"的人，怎么会在相隔半个多世纪以后突然又想起我这个人来了？一想到"历史"这两个字总让人感到啼笑皆非，在后半个世纪里，我又因为与胡风的友谊关系被以"颠覆中华人民共和国"的罪名投入新中国的监狱，直到一九八〇年才恢复过正常人的生活，所以说，我在后半生的生涯里也算个有"前科"的人，现在到了生命的最后历程，大概是对谁也构不上威胁了，所以海峡两岸的"前科"都一笔勾销了。现在梅新先生远道而来，我当然表示欢迎，但心里总感到有些滑稽。后来见了面，发现梅先生是一个朴朴素素的人，丝毫没有我在生活中见惯了的一种混迹官场的习气，这才知道自己有些误解。后来我听老姜介绍，又知道梅新先生是台湾著名的诗人，他主持的《中央日报》副刊也是台湾文学创作的重要发表阵地，他近年来一直在从事促进海峡两岸的文化交流工作，对大陆的文学创作也非常重视，在他主编的副刊上发表过不少大陆作家的作品。那天谈些什么我都已经忘了，但谈得很高兴，有一种相见恨晚的感觉。听说梅先生在北京还访问了长期住院、很少会见客人的曹禺和冰心以及萧乾，还在上海访问了施蛰存和柯灵等老一代作家，并且录了像。两年后，我受到梅新先生的邀请，和老姜、思和、顾晓鸣等先生去台北参加"百年来中国文学研讨会"，在开幕式上看到海峡两岸著名老作家的发言录像，才领悟那次梅先生的来访是为这个大型学术研讨会做准备工作的。那次研讨会突出了百年中国文学是一个整体的观念，应维护中国文化的统一性和整体性。会后，梅先生抱病陪同大陆代表游览日月潭和阿里山，充分体现了中国文人重情义的高尚人格。不幸的是一年以后梅先生积劳成疾撒手西去，应验了我当时说他"舍命陪君子"的戏言。我近年写文章常常会感到思路散漫，明明写的是与老姜的交往，却扯到了梅新先生，不仅仅是为了表示对这位早逝朋友的深切悼念，更主要的是正因为他的来访和筹备会议，才使我有机会结识了老姜这个忘年交的新朋友。后来相处久了，我才比较了解老姜。他是在一九六二年考入复旦大学历史系，当时还算比较重视文化教育，所以他有幸听过陈守实、周谷城、周予同等教授的课，但不久就开始批判所谓的"修正主义"，接着又发生了"文化大革命"，大学里就再也放不下一张书桌了。他的父亲在四十年代去台湾定居，虽然与政治无关，但他从小背了个"海外关系"的包袱，在那个年代里遭受的精神压抑是可以想象的。其实在那个无法无天的社会环境下，他这种特殊的家庭背景也给他带来了有利的一面，使他游离了当时的政治主流，自己去埋头学习外语和独立思考人生的道路。我看他的生活过得还算平静，大学毕业后分配在上海的郊县当教师，有相濡以沫的妻子和青出于蓝的儿子，相依为命地共度艰难人生。到"文化大革命"结束以后，他在台湾朋友的帮助下找到了失散几十年的父亲，重叙天伦之乐，而且原来给他带来精神负担的家庭包袱现在反而成为一种优势，他因此还在所居住的县里担任过几年可以举举手吃吃饭的职务。但是，这表面上很平静的生活并没有把他拖入庸俗的生活泥坑，他也没有面对现实功利的东西沾沾自喜，正相反，从他写的散文里可以看到，他对于生活于其中的环境始终持有警惕性。他从短暂的大学经历里吸取了勤思、好学、耿介、清醒等复旦知识分子的好传统，对现实和历史怀有深刻的批判精神。他利用业余时间创作的科幻小说和散文，曾在海外获过奖。现在，他的科幻小说在日本和大陆都已经出版，而散文作品也结集为这本《细读自己》，编入由思和主编的《逼近世纪末人文丛书》。听思和说，这套丛书原先是为在文化出版界享有盛名的《火凤凰文库》第三辑准备的，后因种种所谓众所周知的原因，改为一套新的丛书，移到山东一家出版社出版，想必其选择取舍的标准都是非常有特点的。光从这套丛书里有胡风的遗稿、唐湜和彭燕郊的回忆、章培恒的杂文、胡平的报告文学和香港女作家小思的散文等书目，聪明的读者大致能知道这套书的意义和价值。云生老弟的文字特点，恐怕也应从这套丛书的整体风格上去把握，才能更加显示出来。

　　这本散文集的内容，老姜说是"细说自己"，也就是围绕了他前半生的人生经验、所见所闻、所思所虑而展开的。他根据自己在历史风雨中的人生经验，用自己的语言和笔法，通过写作来认识历史和人生。他的文字细腻平实，情意融于日常生活的琐事当中，如《你我》诸篇，把中年人的情感世界写得丝丝入扣，很平淡，但淡得有情趣，有味道，有当年叶圣陶、朱自清的遗风。老姜是个读书人，写成文章有些矜持，像我这样一个从粗粝的人生环境里走过来的老头子看来，我更喜欢读他的另一类文字，如《饿乡旧梦录》《我心目中的三个士》《往事》诸篇，虽然文字也一样地细腻平淡，但感情世界里包含了对历史经验的严肃思考，直面惨淡人生的勇气也由此而升腾。有些写历史的文字，在今天读起来还是感到火辣辣的。如《饿乡旧梦录》中作家回忆性地描写了六十年代三年困难时期的一些逸事以后，又写到今天官场糜烂之风和平民小康之风，但其意不在对比而颂今，却是对历史的深刻反思，他沉重地说："不过'斯民醉饱定复哭，几人不见今年熟！'几人呢？那确切的数字，恐怕永远无人知晓了。"有人常把历史看作是一场噩梦，其实不然，人的生命的消失和心灵的伤痛，是非常实在、非常真实的，决不像一场梦那样不留痕迹地过去。这种对历史的反思超越了个人的意义，因而也给他的散文带来某种较开阔的境界。老姜正值中年，人生道路在他前面还正远正长。我希望这本散文集只是老姜青壮年时期的人生影痕，因为生命的过程就是不断发现和重新认识的过程，世事变化、人生沧桑，每一天都有可能发生许多意想不到的事情，生命只有充分沉浸在生活的漩涡当中，不断催发新生、扬弃衰亡，才会有更大的收获。我期待着老姜有更多的作品问世。

　　是为序。

一九九八年八月在上海

注：

①本书由山东友谊出版社一九九八年出版。

269

一位值得纪念的长者

——郑超麟先生

　　我知道郑超麟先生的名字很早。三十年代初期，我在北京读高中，因为接触到海内外的进步力量，参加了地下党领导的社会政治活动，接触到以下当时被目为"反动"的出版物，如当时共青团办的《中国青年》杂志，在该杂志一九二四年某期上看到过他翻译的列宁的《论青年团的任务》，还有一九二五年二月发表在《民国日报·觉悟》上的列宁的《托尔斯泰与现代工人运动》，一九二六年发表在《中国青年》上的列宁的《党的出版物与文学》（即后来流行的《党的组织与文学》）。从此，郑超麟的名字就深深地藏在我的脑海里。但是直到八十年代以后，我才有机会跟他认识。那时候上海书店要编一套《近代文学大系》，由我的朋友范泉先生任主编，我被列为这套丛书的编委之一。一次，负责的编辑郑晓芳给我讲她是郑超麟的孙女，我对她说："见到你爷爷时，请代为问候。"时间不久，晓芳来给我讲："爷爷说他知道你，过几天他自己要来看你。"我说："郑先生是我的前辈，我应该去看他。"晓芳后来告知我，郑先生是从一九五五年"胡风反革命集团"的"三批材料"上知道我的名字的。那时候他已被抓到提篮桥监狱里关了三年。"反胡风"时监狱里要犯人学习时"理论联系实际"，于是他这个老托派便挨了一顿打。他开玩笑说："我知道贾植芳的名字，还挨了一顿打呢！"无独有偶，一九五二年"肃托"时，我对郑先生也有所耳闻。当时我已经到了复旦大学教书，正是学校大考的时候，我正在监考，外文系的俄文教授西门宗华突然跑到教室门口，把我叫出去问道："贾先生，怎么你还在，昨晚没有让抓去？"我吃了一惊，问他是怎么回事？他说："原来你还不知道，昨天晚上抓了很多托派分子。"我说我又不是托派。西门先生说："怎么你不是托派？我一直以为你是呢。"于是就告诉我谁谁都让抓去了，他自己也很着急担心，其中就提到了郑先生。

这位西门宗华先生和当时也在复旦大学外文系教俄文的樊英都是二三十年代留俄学生，三四十年代在上海商务印书馆出版过不少介绍苏联的专著。"文革"结束后，我一次在国权路上与他相遇，他显得更加衰老了。我问他，这些年日子过得怎么样？他叹了口气说："像我这样的人能有好日子过吗？"他告诉我，他已经平反回校被调到世界经济研究所，研究苏联农业经济。至于他的留俄同学樊英，因为在上海苏联办的塔斯社当过记者，"文革"中被打成"苏修特务"，已被迫害致死。这一次路遇后，就再也听不到西门先生的信息了。

却说过了几天，我们夫妇就和友人谢天振教授及博士研究生张业松专程去郑先生家里拜访。郑先生一九七九年平反后，从监狱里出来，在政协里挂了个委员的头衔，就住在政协分给他的位于普陀区一条普通弄堂里的两间房子里。我们去的时候，因为事先打过招呼，加上是公休日，晓芳也在家。平时她照料郑先生的生活，也当郑先生的工作助手。后来听说除过公休日外，白天就他一个人在家，孙辈都上班或上学去了。他给我们讲，平时午饭也就自己一个人弄点东西吃，有时候邻居也来照顾他，帮他弄点东西吃。只有在晚上与公休日，孙女与重孙女都回家了，一家人才可以聚在一起吃饭，享受天伦之乐。因为知道我们要来，所以他已经在等着。他坐在轮椅上，扶着手杖，穿了西装，打了领带，头上戴了一顶贝雷帽，耳朵上挂了助听器（后来才知道他平时就穿西装，打领带，这是他多年的习惯，并非因为有客人来而特意打扮的）。房子里的陈设也很简单，半新不旧的，只是还有一些外文书，显示出其主人曾经有过的修养与身份。我们来以前就听说他虽然年已高龄，但仍笔耕不辍。当时他拿出一本《郑超麟回忆录》对我说，这本书在国外有好几种译本，又拿出一本日语的《托洛茨基研究》，里面有介绍他的文章，日语他不懂，就让我给他翻译。天振

271

还为我们照了几张相，临走时他又送我一本《怀旧集》，里面有一些很重要的史料。那时候我还注意到八十年代后期，由三联书店出版了一本俄国梅勒史克夫斯基的小说《诸神复活》的中译本，后来才知道，这本书是他三十年代在国民党监狱里翻译的。这位梅勒史克夫斯基和他的妻子诗人吉皮乌斯，这对作家夫妇在十月革命后因反对布尔什维克的暴力革命流亡西欧，成为俄罗斯侨民文学的重要作家，最终客死他乡。郑先生在国民党的监狱里待了不少时间，直到抗战开始，国共合作，才被放了出来。解放后，一九五二年抓托派，他又被抓进去，直到一九七九年出狱，前前后后在监狱里待了三十四年。郑先生早期到法国巴黎留学，是"少年共产党"的发起人之一，与周恩来、邓小平、李富春等同是最早的参与者。邓榕写的《我的父亲邓小平》有几次提到他的名字，大型文献纪录片《邓小平》第一集里也有对他采访的三个镜头。他后来从法国到苏联莫斯科东方大学学习，外语很好，通晓好几种欧洲语言。一九二九年后他赞同托洛茨基的观点，成了中国几个有名的大托派之一。托派有这么一个理论观点，即托洛茨基等人认为俄国由于社会经济条件落后，基本上还是农业国家，又有长期的沙皇专制政治的历史传统，"俄国一国建设不成社会主义"，如果强行建设的话，很可能会出现亚细亚专制主义的复辟。事实上，列宁早期也有这样的担心，因为根据马恩经典理论，只有社会由农业经济发展到以工业经济为主体的工业社会，才有可能进行社会主义革命。但后来列宁的想法有了改变，认为在布尔什维克的坚强领导下，人定胜天，可以跳过商品经济阶段，直接建立社会主义，俄国一国也能建成社会主义。列宁去世后斯大林当权，宣布托洛茨基理论为非法，并把他放逐到墨西哥，又派间谍暗杀了他，对国内被目为托派的人加以无情的镇压。中共三十年代在苏区和长征后，以及一九四二年的整风运动时，都对托派镇压过，比如著名的"王实味事件"——王氏就是被以"托派"的罪名逮捕处决的——托派分子被称为"托匪"。可是后来托洛茨基的理论却真的在苏联的历史上不幸而言中；一九九一年苏联解体，也证明了这种理论的正确性。三十年代上海有个王礼锡在神州国光社办了个《读书》杂志，专门出了三个特辑，是关于中国社会性质问题论战的。当时也有人认为中国是个半封建半殖民地的国家，除了沿海地区商品经济有所发展外，绝大部分是农业经济地区，要建成社会主义，必须经过商品经济的发展阶段，否则可能导致封建主义与亚细亚生产方式的复辟。这显然是比那种所谓的"马克思加秦始皇"的社会主义要明智而且人道得多。邓小平搞改革开放，也是为了避免出现像苏联那样的结局。郑超麟有篇《九十自述》的文章，里面说他一直觉得苏联是以农业经济为主体的社会经济条件，加上俄国长期的专制主义历史传统，建设不成社会主义，除非英法等发达国家先建立了社会主义，再扶助苏联。郑先生为了他的思想而数度入狱，半辈子在监狱里度过，但却不肯改变自己的观点。我自己也曾数度入狱，但跟搞实际政治斗争的人不同，我从未参加任何党派，我虽然是当时左翼政治力量的"同路人"，但我始终清醒地保持自己的独立人格。我不是务实的现实主义者，而是个浪漫的理想主义者，或者说，我只是个始终站在民间立场上的知识分子。我只作为在"五四"精神培养下走上人生道路的知识分子，反对封建专制主义的历史传统，追求社会进步和个人思想自由。但郑先生的这种坚持自己思想的凛凛风骨我是非常佩服的，他相信自己，相信历史，好在他高寿，晚年终于看到自己坚持的理论观点变成生活现实。

那天从他家回来以后，他又托晓芳给我带来了一本《郑超麟回忆录》。他的居住条件也有所改善了，搬到赤峰路上。由于经历有些相似之处，此后我们就有了一些来往。但遗憾的是，我还来不及去他的新居看望他，就在今年七月，晓芳突然打来电话，说郑先生病危，住进了医院。我立即打电话给谢天振，告诉了郑先生的病危情况，并请他马上来我家，陪我去医院看望郑先生。我们到了医院，问讯之后，才知道郑先生住在高干病房。进了病房，房内已有几位来看望他的人，其中大半我不认识，也大都上了年纪。晓芳对他爷爷说："爷爷，贾先生来看你来了。"他躺在床上，双目紧闭，呼吸很急促，说不出话，但头脑似乎还清楚，听了他孙女的话还能点点头。我们进病房之后不久，陈思和也闻讯赶来了。我想不宜多打扰郑先生，妨碍他休息，坐了一会儿，向晓芳询问了郑先生的病情，并一再嘱咐她好好调护，并随时和主治医生联系，就和天振告辞出来了。但万万想不到，这就是我们在这个世界上相见的最后一面。我从医院回来后的第三天早晨，晓芳就打来电话通知噩耗，说她爷爷于当天凌晨四点钟停止了呼吸，并说定于八月七日进行告别仪式。我也上了年纪，不能远行到龙华殡仪馆为他送行。但我心潮澎湃，就根据我对郑先生的人品事业和生活遭

273

遇的理解，写了一副挽联：

文章垂千古，
风骨映千秋。

并找到我的一位工于书法的老学生周斌武代为书写，随后又叫我的学生张新颖将我的挽联送到郑先生的新居，面交晓芳，聊表我们夫妇对郑先生的哀思。新颖为学林出版社的《印象书系》丛书编的《陈独秀印象》一书选录了郑先生的两篇有关陈独秀的文章，和晓芳有所接触，互相熟识。我特意嘱咐新颖，请他代我在先生的遗像前鞠三个躬致哀。直到上海政协给我发来郑先生的讣闻，我才知道告别式的时间突然提前了两天，改在五日举行。后来又听说告别式由原来的八月七日下午三点提前到五日的十一点，属加场。再后来才听说，由于告别式的时间临时改变，所以来吊唁的人不多。但令人不解的是，在告别仪式上各方送的挽联一律不准挂出，只能摆花圈。看来郑先生一直到去世，也没有受到公正的待遇。由于恩格斯所说的"历史的惰性"，在某些人心目中，他还是个有"前科"的"异类"，虽然苏联已经被我国称为"前苏联"，像我青年时代时俄国被称为"旧俄"一样……

郑先生在监狱里过了几乎半生，可是他宁肯长期坐牢，也不肯改变自己的观点。但他作为一名知名的知识分子，还可以在监狱中从事各种翻译活动。除了上面提到的以外，像纪德的《从苏联归来》一书，也是他在三十年代坐牢时翻译的。一九九六年我应邀到台湾参加一个学术会议，又看到台湾盗印的他与王凡西合译的托洛茨基的《俄国革命史》。事先，郑先生也看到了这个盗印本，所以他托我给他找找这家出版社，以便索要样书与稿费。我托自己熟悉的出版社的老板打听，才知道盗印书的是一个"野鸡"出版社，这件事只好不了了之。就我所看到的郑先生的译著，我发现他无论是译政治性的读物，还是文艺性的读物，都以契合他的政治理想和人格追求为依归，是有所为而为。这也从另一侧面反映了他高尚的人格境界，真正做到了文如其人、人如其文。郑先生晚年还写了不少的回忆性的文章，都是秉笔直书，向历史负责，绝不因时势变迁或处境险恶而曲笔成章，"改造"历史或自我欺骗，这也是他的风骨的具体反映与表现。他到

274

底译了多少东西，现在还没有一个很好的统计。他的孙女郑晓芳女士来看我时，我让她整理一下郑先生的译著书目。过些天她送来了香港天地图书有限公司出版的《史事与回忆——郑超麟晚年文选》（第一卷），其他几卷还没有出来，其中收录了他的回忆性的文章。这本书不但印刷得很精致，而且内容也比大陆出版的要全，大陆版有所删节，而这里采用的都是未经删节的原文本，因此很有历史文献价值。郑先生坎坷一生，临终还能有机会留下历史的见证，也算聊可告慰了——只是遗憾的是他未来得及见到这本书，当样书从香港寄回时，他已于这天凌晨离开了世界。这也是命运对他的不公正吧！可是不管怎样，郑先生的著作与遗作会在这个世界上继续流传下去的，因为它们有继续存在的思想和历史价值。他的风骨也会受到后人纪念的，因为作为一个关怀自己国家的命运，有自己独立的人生追求，并为之付出过沉重的生命代价的中国现代知识分子，他确实值得人们永远纪念。想到这一点，我和朋友们送的挽联即使没有被挂出来，也就不算什么了。

郑超麟先生，我的前行者，您安息吧！

一九九八年八月中旬在上海

《鲁迅与高长虹》 ① 序

    大中从八十年代以来，就致力于对我们山西的近现代地域性文化历史现象的研究。这里所说的地域性，其实是指他注目的研究对象都是出生于我们山西的作家，而他们的影响却是全国性的。我认为大中的这种学术研究方向，很有自己的特色和风格。因为作家与研究者都是生养于三晋文化土壤上的不同历史时空内的存在，他们有一个共同的文化根基，由他们的后辈青年学者进行新角度新层次的研究，使人读之感到有一种新的亲切可信，多一层新的乡土文化气息。

    八十年代初，大中首先对赵树理的佚文做了发掘钩沉，偕同有关同志编辑出版了五卷本《赵树理全集》，使中外研究者对赵树理的认识和理解更加全面和深入。一九八二年、一九八六年和一九九〇年，又由他倡导与亲自承办，先后召开了三次国际性的赵树理学术研讨会，并以这几次会议上与会的中外学者所提供的专题论文为基础，又广为搜求各个历史时期所出现的中外专家有关赵树理的论文，编辑出版了三卷本的《赵树理研究文集》。他自己以多年来搜集整理的资料为依据，独立撰写了《赵树理评传》《赵树理年谱》和《赵树理论考》。可以说，在国际性的赵树理研究事业上，大中的贡献与学术成就是很突出并富有历史意义的。从这个意义来说，称他为"赵树理研究专家"当之无愧。

大中完成了赵树理有关资料的收集、整理与研究工作之后，把目光移向二十年代以至三十年代以山西作家高长虹、高歌等为主干，并得到鲁迅先生大力支持的，而且在文坛消失多年的狂飙社的史料的搜集与研究工作。他协助高长虹的家乡山西盂县政协，致力于《高长虹文集》的编辑整理工作。记得他为搜求高长虹的作品，专程来上海图书馆查阅资料，并满载而归。终于在一九八九年在盂县政协大力资助下出版了三卷本的《高长虹文集》，基本上收入了高长虹这个传奇性的作家的各种文体的创作和论文，以及未刊手稿。接着，编辑出版了《高长虹研究文选》，收入了各个历史时期对高长虹其人其作的评介和议论文章。更难能可贵的是，作为该书的附录，还收入了未见之于《高长虹文集》的若干则高长虹的佚文和书信。这一浩大的文化建设工程，为多年来在历史风雨中遭到湮没的狂飙社——这一在二三十年代崛起的文学社团流派有关作家作品的研究，提供了翔实的史料，填补了我国现代文学史的研究在资料及研究材料上的一个重要缺口。

　　因收集和整理高长虹的资料，大中又萌发了对鲁迅与高长虹关系变化的史实的研究兴趣。在此感触中，他把自己的文化视野放开了，专题致力于鲁迅与山西关系的研究。他通过鲁迅的全部著作和浩如烟海的史料，既注重鲁迅在各个历史时期与山西人士的交往与接触，又注重鲁迅藏书中的三晋文献和晋人著述，更注重鲁迅对山西新文学发展的影响以及鲁迅逝世前后山西对鲁迅的研究纪念活动的文献史料，跟朋友合作撰写了《鲁迅与山西》这一专著，并于一九九八年初由山西北岳文艺出版社印行。

　　正是在多年来致力于高长虹史料的收集、整理、研究的基础上，大中又动手写《鲁迅与高长虹》这部专题学术著作，并来信希望我为他写几句话。

　　关于鲁迅与高长虹的交游关系与变异的议题，是文坛多年的一宗历史公案，向来为学术界所注目。比如我与范伯群和曾华鹏两位教授主编并由我写序的大型专业学术著作，由江苏教育出版社一九八九年出版的两卷本《中国现代文学社团流派》一书中就收录了一位青年朋友汤哲声同志撰写的狂飙社专题，以及我应约为之写序的山西大学中文系的教授崔洪勋和傅如一主编的《山西文学史》，都对这宗历史公案做了专题论述。现在大中根据他多年来搜集、整理的史料，以自己丰富的阅读经验和深入的历史思考与钻研，写了这部《鲁迅与高长虹》的专著。论述内容比《鲁迅与山西》一书更详细、更深入，材料也更丰富，并提出自己对这一历史公案的新知与新解，为这一历史公案的研究重新进行了新的发掘和审视。正如我在《中国现代文学社团流派》一书序言中所说："撰稿同志能在尊重前人和今人资料和研究成果的基础上，又有许多新的发掘和探索，抒发了不少新见；对历史上一些有争议的人和事，又能采取公允的审慎态度，做出尊重客观史实的理性陈述和分析，即未从主观感情色彩去看人论事，又能避免多年来那种直观武断的立论旧习。他们能从今天的历史高度，从更高的认识层次上，来审视和分析那些复杂纷纭、纠葛多端的历史上的文学现象，把历史研究作为一种认识手段，在冷静地论述和评价了这些文学社团和流派的历史活动的全貌的同时，更能从这些历史上的文学社团和流派在它们的思想和艺术实践中所积累的丰富的经验教训中，来吸取对我们今天建设社会主义文学事业所可提供的真正认识价值、理论意义与艺术营养，为我们专业的研究者和爱好者提供了一部既有丰富的史料价值，又有新的学术意义的专题论著。"我虽然未曾目睹大中的这部《鲁迅与高长虹》的原稿，但从大中寄给我的全书目录及论述要点上深切地体会到这部新著的历史意义和学术价值。因此把我多年前写的一篇旧文中的某些话移植到这里，我认为这并不是画蛇添足，而是表示了我对大中新著的评价、欣赏与认识。

我与大中既是新朋，又是旧识。拉杂地写了上面这些话，除过记述了在我国改革开放的新时期以来大中的学术历程和心路历程外，又为我们的乡谊与友谊留个纪念。

大中正是人到中年的一代，他的人生道路还长，我希望他利用自己的生存环境和条件，为我们山西近现代文化文学研究，不断做出富有自己的独特的学术个性和新的文化品位的新的努力和贡献！

是为序。

一九九八年九月下旬在上海

注：

①本书由河北人民出版社一九九九年出版。

在历史的背面

——关于自选集的自序

因为年老事杂，加上老妻因脑血栓住院治疗，我心不在焉，因此欠了一屁股信债与文债。知我者不罪，想必能获得朋友们的理解与谅解。

谢谢山东教育出版社的领导和朋友们抬爱我，使我在《世纪学人文丛》中获得一个出自选集的机遇。关于自序，今年七月我为香港《大公报》写过一篇短文《雕虫杂语》，其文如次：

早年读《水浒》，我对"及时雨"宋江宋三郎特别瞩目，尤其是他充军江州，在浔阳楼醉后在壁上的题诗："自幼曾攻经史，长成亦有权谋。……他日若遂凌云志，敢笑黄巢不丈夫。"在我看来，他这段自白中所反映的志向与心态，可以用来概括历史上那些草莽出身的开国皇帝，如刘邦、朱元璋、洪秀全之类的人生境界。他们都是闯荡江湖的流氓无赖，言伪而辩，行诡而诈，视民命如草芥，无毒不丈夫。正如俄国一个虚无主义头目所说："他们的心是冷的。"

清末四大小说之一的《孽海花》中，有一位官僚说："帝王将相的权力只有一百年，文人的权力有一万年。"从历史来说，屈原的名气比楚怀王大，虽然后者可以贬黜他、流放他，但《楚辞》却千古流芳；汉武帝可以囚禁司马迁，以至割去他的生殖器，但《史记》却是千古绝唱；乾隆皇帝在弄权之余，也算是业余诗人，作品不少，但他的诗作倒不如他大兴文字狱的丰功伟绩在历史上驰名，而他治下的曹雪芹的《红楼梦》却名列世界经典作品之列；再后来，鲁迅的名声盖过权倾一时的蒋介石，等等。这就叫作历史无情而又有情。

历史使人沉思，又给人力量，使人们奋起！

有人说，中国现代知识分子都是些理想主义者和浪漫主义者，他们在人生中所上演的各式悲剧里，实际上正包含着积极的历史因素，或如马克思所说："历史的最后一个阶段是喜剧。"

这几段话，凝结了我八十多年来的人生体验与感悟及对人生、社会、历史与现实的认识、思考与展望。我把它挪用在这里，拟用它作代序，想来也很别致。其他的事情，因为文稿内的《辑一：且说说自己》和《附辑：别人眼中的自己》以及其他各辑都从各种侧面说明了我自己，张业松君的《编后记》，也介绍了成书背景及经过，我就不再重复了。本书稿所收各辑文字，除业松发掘出来而我早已忘记的旧文，有些是第一次面世；其他大部分收入此集的文章，都在不同时期，在报刊或文集内用过，但由于各种复杂的原因，发表或收入其他文集时，大都被编者同志删节过。为此，我曾有过说不出的苦恼。此次重新收入时，大都用的是原文文本，我希望它们都能以原始面目刊出，少受些凌迟之罪，那就阿弥陀佛了！

一九九七年秋，在上海寓所

附记：写好前文交稿后，我又在读书与生活的思悟中，续写了一则《雕虫杂语》，几经辗转，在今年九月份的《羊城晚报》上刊出，因为它的内容也契合这篇自序的思路与内涵，所以照录如下，作为这篇自序的补充：

"文革"前，我遵循儒家教导，对人、对事、对当政者，"听其言而信其行"，即孔子所说的"始吾于人也"。经过五十年代一浪高过一浪的"阶级斗争"的理论与实践的磨炼、反思，我才真正懂得了孔子所说的："今吾于人也，听其言而观其行。"因为实践是检验真理的唯一标准，实践出真知。但对我来说，年幼时，在山村读私塾时就耳熟能详的这个知人论世的儒家观点，经过五十年代以迄七十年代中期，才真正做到"理论联系实际"，读懂弄通了，但其代价是我的生命力的超负荷支出。正如莎士比亚在《皆大欢喜》这出喜剧里所说的："时间是审查一切罪犯的最老练的法官。"

一九九八年秋，在上海寓所

探索翻译研究的新领域

——为谢天振教授的新著《译介学》^①而序

　　天振把他刚完成的专著《译介学》的小样拿来给我看，问我有无时间给他写篇序言，我当然是一口答应。

　　近几年来，经常有中青年朋友送来他们的书稿，希望我帮他们写序，我总是乐意地答应。序写多了，我有时就以"写序专业户"自嘲。然而话说回来，写序虽然花掉了我不少时间，我却是乐此不疲，因为我觉得为中青年朋友的著作写序，实际上也是一个与中青年学者交流思想的很好机会。在写序的过程中，我也从他们的著作中掌握了不少当代学术界的新信息，看到了不少新思想，也学到了不少新知识。眼前这本《译介学》就是如此。

　　对于不搞比较文学研究的人来说，译介学也许是个比较陌生的术语。事实上，译介学也确实是从七十年代末随着比较文学在中国大陆的重新崛起才逐渐为国内学术界所了解的一个新的文学研究术语。所谓译介学，据天振介绍，从宽泛意义上说，就是指的从文化层面上对翻译，尤其是文学翻译所进行的一种跨文化研究。随着当前各国之间文化交流的日益频繁，已经有学者预言，这种研究势将成为二十一世纪国际学术界的一个研究热点。

　　天振自九十年代以来，就一直致力于译介学的研究，至今大约已发表了二十篇有关译介学的论文，还为好几本比较文学的教材撰写过有关译介学的专章。前几年台湾出版了他的论文集《比较文学与翻译研究》，我也曾为该书写过一篇序。该书出版后在海外颇得好评，认为是国内翻译研究中的"开创性"著作。如今他又推出了他的专著《译介学》，可见他的研究更加深入了。我没能来得及细读天振送来的全部小样，但我前后大致翻阅一下，重点读了其中的几章，就已经能强烈感受到书中透露出来的一股当代学者的学术锐气，感觉到作者宽阔的学术视野以及他独特的研究视角。

天振的研究，虽然称作翻译研究，但是他并不局限于此，或者说几乎就不讨论某字某句如何翻译如何处理等一些语言转换的具体问题。我的感觉是，天振的研究，与其说是翻译研究，倒不如说是一种文学研究，一种文化研究。譬如，本书第三章谈翻译中的创造性叛逆，认为任何翻译总是存在着创造性的叛逆现象，他说正是这种创造性叛逆延长了原作的生命，赋予了原作以第二生命，许多杰出的作品正是有赖于这种创造性的叛逆才得以流传于世。这里，尽管谈的是翻译问题，实际触及的还有对外来文化的移植和接受问题，甚至还包括了对传统文化的继承和接受问题。再如，第四章有一节在讨论文化意象的传播问题时，提出一直被国内翻译界视作"错译""乱译"典型的赵景深先生翻译的"牛奶路"②从译介学的角度看反倒比译成"银河""天河"还更为正确。这里涉及的也已经不是简单的两种语言如何移译的问题了，而是触及了中外文化交流中的文化意象错位、文化意象变形和文化接受等一系列文化问题了。

作为一名中国现代文学史的教师和研究者，我对本书的第五章《翻译文学——争取承认的文学》和第六章《翻译文学史的名与实》最感兴趣。我一直认为，中国现代文学的历史，除理论外，就作家作品而言，应由小说、诗歌、散文、戏剧和翻译文学五个单元组成。由中国翻译家用汉语译出的、以汉文形式存在的外国文学作品，为创造和丰富中国现代文学所做出的贡献，与我们本民族的文学创作具有同等重要的意义和价值。有人曾把翻译文学与我们自己民族的创作比喻为中国现代文学的车之两轮、鸟之两翼，我以为这个比喻极为形象贴切。但有些人却看不到翻译文学在中国现代文学史上的巨大作用（其实翻译文学的作用又何止于中国现代文学呢，譬如佛经翻译文学，不是对我国的古代文学也做出了巨大的贡献吗?），一直以来存在着对翻译文学抱有偏见，总觉得翻译文学要低民族创作文学一等，还把翻译文学排斥在中国现代文学史之外，使得翻译文学，如同天振在书中所说的，成了中国现代文学史上的"弃儿"。现在天振从翻译文学的性质、地位、归属等方面，从理论的高度论证了翻译文学与民族创作文学之间的关系，指出"对翻译文学的理论界定，不仅牵涉到人们对翻译家及其劳动的评价，它对中外文学交流史、翻译文学史，乃至整个中国文学史的撰写，都有重要的直接意义"。他从文学翻译的再创造性质、从翻译文学作品的国籍判断依据等方面的分析着手，令人信服地指出，翻译文学是中国文学的一个组成部分。这可以说是对文学翻译家的创造性劳动的最有力的肯定，也是对那些对翻译文学抱有偏见的人们的最好的回答。

我还特别赞赏天振对翻译文学史的研究。他认为，翻译文学史究其本质，应该是一部文学史，而作为一部文学史，它就应该具有其他文学史一样的三个基本要素，也即作家、作品和事件。他还进一步提出，翻译文学史应该有对翻译文学作品在译语国的传播和影响的分析和评论，翻译文学史里的"作家"应该不仅仅指的翻译家，还应该包括那些"披上了中国外衣的外国作家"，他把翻译文学史看作是一部文学交流史、文学影响史和文学接受史。这样一些观点应该说是抓住了翻译文学史的本质的，是道前人所未道、很有见地的观点，不仅如此，他还收集了大量国内外关于翻译文学史的编写理论和实践方面的材料，尤其详细地考察了自二十世纪三十年代阿英撰写《翻译史话》以来，我国自己在编写翻译文学史方面的实践，其中包括五十年代末北京大学西语系学生编写的、从未正式出版过的《中国翻译文学简史》，并在此基础上提出了他自己的编写翻译文学史的具体设想，这就表明天振对翻译文学史的研究不尚空谈，而是理论联系实际的，这样的学风我觉得也是很值得肯定的。

在我的印象中，国内像《译介学》这样既有理论的高度，又有大量丰富的实例，把翻译作为文学和文化研究的对象进行分析、评述，从而得出与文学史的编写、中外文化的交流等有直接关系的重大结论的著作，恐怕还没有过。《译介学》的研究，不仅在国内处于学术的前沿，即使在国际学术界，也同样处于当前学术发展的前沿（这一点，熟悉最新国外翻译理论研究的学者恐怕比我更有发言权）。《译介学》的出版，揭开了从比较文学和比较文化角度研究翻译的新层面，开拓了国内翻译研究的新领域。我对它的出版表示衷心的祝贺！

　　是为序。

一九九八年十一月于上海寓所

　　注：

　　①本书由上海外语教育出版社一九九九年出版。

　　②二十年代末，赵景深先生把契诃夫小说《樊凯》（现译《万卡》）英译本中的 Milky Way 一词译为"牛奶路"，引起当时文坛的一场风波。

一九七九年进京记

　　一九五五年"胡风事件"以后，我们夫妇都被扫地出门，先后被关押起来。我被关了十一年，"文化大革命"前夕，被上海中级人民法院以"胡风反革命集团骨干分子"罪名，判处有期徒刑十二年，被押回原单位复旦大学下放到印刷厂"监督劳改"。任敏后来下放到青海，一九五八年以后在青海的监狱里关了三年，三年困难时期又被遣送回到我的家乡当一个普通农民养活自己，在贫困和歧视中苦度春秋，一待就是十八年。我刚到印刷厂时，每月给三十块钱生活费。一九七五年邓小平复出，老干部又被重新任用，印刷厂的支部书记也是原来的老干部，他对我讲："你回校后我们没有发现新的罪行，你的问题不仅学校党委无权解决，就是上海市委也无权解决，这是中央的事情。但生活上可以照顾你，从下个月起，你的工资按二十二级干部待遇，涨为六十五块。但你要明白，你并不是二十二级干部，只是拿这个级别的工资待遇。"那时一个熟练老工人的工资才四十几块钱，刚被分配来厂的中学生每月只有二十七元工资，印刷厂的工人议论纷纷："怎么'反革命'的工资反而比我们革命群众要高！"

　　可是形势确实一点点改善起来了。由于大家都明白的原因，几十年来，中国知识分子的命运总是与政治形势息息相关。到一九七八年十月，中国的政治形势又发生了新的变化。上海市公安局发了一个公文，上面说："'胡风分子'贾植芳没有发现新的罪行，解除监督，回原单位工作。"后面还有很多好话，说"贾植芳同志多年在教学岗位上工作，教学经验丰富，相信回去后一定可以为教育事业做出新的贡献"。这是多年以来我第一次被称为"同志"，听起来自己也感到陌生。这样我就又回到复旦中文系，在资料室做一个普通的图书管理员。这以前在印刷厂时，人家喊我时直呼其名："贾植芳！"回到资料室后，人家客气了点，称我"老贾"。那时粉碎"四人帮"不久，百废待兴。由于多年为政治服务的结果，现当代文学研究除过歪曲历史的大批判以外，一片荒凉。于是民间自发成立了一个当代文学研究资料编委会，因为资料建设是学科建设的一个基础工程，这在多年歪曲历史的情况下尤其显得必要。我回到资料室后也参加了这个工作。当时分给复旦的是赵树理、闻捷、巴金各作家资料专集的编辑工作，我回来后就与资料室和现当代文学组的几个青年同志一起编。到了一九七九年，这套资料收归国有，由中国社科院文学所主持，作为"六五"重点科研项目，同时也编辑一套"现代文学研究资料"，分为两辑，一辑是作家专集，一辑是社团、流派、论争的资料集。复旦分配到两个题目，一个是文学研究会资料，一个是外来思潮、理论、流派对中国现代文学的影响资料集，也由我负责，与其他同志一起合编。一九七九年十一月，文学所通知复旦派两个人到北京参加编辑会议，中文系派我和一位姓苏的同志进京（我当时"反革命"的帽子还没有摘除，而苏同志是党员讲师，系里这样安排，也带有监督的意思）。汇报上去，社科院发来通知，给我发的油印的通知后面用墨笔写道："贾植芳同志何日进京，请速电告时间、车次、车厢，以便安排车接。"苏同志的通知上没有这个附言，中文系里于是议论纷纷，因为我被解除监督，回到中文系报到后，系总支一位从山东来的女组织委员曾在开会时向全体教职工宣布说："贾植芳回到中文系来了，但他还是反革命！他的一言一行，大家随时向组织汇报。"这是我后来才知道的，但我自己也明白自己的处境，也知道别人对我还是另眼相看。有些教授见了我，睬也不睬，如当时的系主任，是我多年的老同事，他见了别的人，包括普通工人，满脸笑容，有说有笑，见我却将头扬起来，或者转过脸去，视若无睹。回到系里后，我的工资比在印刷厂时又高了些，比照十八级干部工资待遇，增加到九十二块钱，这已经遭到某些人的嫉恨，因为除过教授高工资外，解放后历届毕业留校任教的青年教师每月工资只有六十元，称为六十炮，三十年一贯制，没有改变，虽然除了两个被窝、几本马恩列斯毛的书——后者还是一九五五年抄家以前的财产，因为是革命领袖著作，不好没收——以外，我们夫妇什么也没有。这时我的妻子已经从我的家乡回到上海。学校在托儿所附近、菜场旁边一个大杂院式的二层小楼分配给我一间小房，俗称阁楼，妻子回来后，我们这个一九五五年被政治风暴摧毁的家，才重新建立起来。按照当时政策，年纪大的知识分子，没有儿女的，身边可以有个年轻人，照顾生活，户口可以解决。我们这个两人世界就又多了一个人，即任敏的侄女，作为我们的养女，改名贾英，也从山西来到上海，照顾我们两个老人的生活。从此我有了一个独立的生活空间，上班之暇，我就重新拿起了废置二十多年的笔。我根据多年的生活体验与人生感悟和当时的境遇，写了一些散文，题名《花与鸟》，其中一篇是《屋檐下的花》，一篇题名为《笼中的鸟》，这是经过多年政治生活的风暴之后我们的处境的一种写照。全家靠九十几块钱的工资，吃饭以外几乎没有剩余。去京开会因为是冬天，我没有大衣，向学校事务科借了一件草绿色的棉军大衣与一双棉军鞋。里面穿的衣服除了一件毛衣和套衫外，也没有其他的衣服，邻居工人小卞不嫌弃我们是未摘帽的"分子"，借给我一件棉背心、一条青色的裤子和几十块钱，我上京去的东西才准备好。

虽然我知道自己仍然是异类，还是受歧视的，但还是带着这个身份去京了。苏同志给我们买的是硬卧车票，我也没有什么行李，就这样出发了。第二天天亮到京，车上上来一位穿干部装的人，问哪位是贾植芳同志，说是社科院来接我的。又问我有什么行李，他可以替我拿。我说除了两包蹩脚烟外，没有其他行李。出了站，我的侄儿侄女们都在外面排了一队在等我，我的大侄儿的女儿，已经上小学了，也一起来了。我哥哥在社科院工作，知道我要进京，所以派他们来接我。不过当时我还认不出他们——几十年没有进京，我的哥哥已经是"儿女忽成行"，而且都已成人了。那个干部向我逐一介绍，这是你的大侄儿，那是你的二侄女，那个又是谁谁。自己的亲属让不认识的人来介绍，听起来有些滑稽，可是当时确实是这样的情况，我们感觉也是挺正常的。这件事过去快二十年，才回味出当时的情境所包含的滑稽与悲苦。干部介绍完后，先开汽车带我去哥哥家。我们哥俩多年没见面，听说我来，哥哥一宿未眠，见了我后又是一番激动。那时我的嫂子李星华刚刚去世，哥哥本来就很悲伤，见了我更是相对黯然。不过去京开会，时间安排非常紧迫，我们兄弟也没有时间话旧。那天在哥哥家吃了一点早点，那个干部就带我们到了总工会的招待所。这时文研所的同志已经来了，由他们安排招待我们，所里的一个工作人员把我带到楼上，安排我住宿的地方有客厅、沙发、地毯等等，在当时算是很高级的地方。我说我们同来的还有一位同志，社科院的人说："他不能住这儿，我们对他另有安排。"我知道我的身份，也知道同来的同志身负监督我的责任，就对他说："我们同来，有共同的工作要商量，分开住不大方便。"于是他就带我们去安排了一个较差的双人房，自然客厅、沙发、地毯等都没有了。他们安排好我的住房后，一位工作人员对我说："你要外出，就请先关照一声，我们准备车子。"

当时文学所的所长是陈荒煤，副所长是许洁泯。第二天就开了个预备会，指定各专题的负责人参加，苏同志就不能去了。开会是洁泯讲话："各位同志来了。我们这是预备会。今天被邀请参加的都是主席团的当然成员。作家专集都已分配好，这次开会是研究社团、流派、论争部分。我们开会也不举行什么仪式了。共有三十四个题目，我们拟定个讨论程序。正式开会后，上午、下午、晚上大家都开。我们拟个名单，每次开会讨论一个题目，由在座的各位分别主持，先由承担单位报告，然后大家提意见。目的是把这一套材料编好。"第三十三个题目赫然是"胡风反革命集团研究批判"（自然以后又不能不改动，先是改为"胡风集团研究材料"，以后又改为"胡风等人文学理论材料"），宣读名单时，我才知道由我主持第三十三个题目的讨论。我经历的事情多了，"政治经验"丰富，知道这里有文章。会上他们对我的生活待遇的安排，我心里很清楚，是事先就商量好的。从对我的高规格的生活安排和对我主持的选题的安排，这让我想起鲁迅先生的话："当你并不认识的人向你笑的时候，你要特别注意。"因为我当时还是个资料室管理员，头上还戴着"胡风反革命集团骨干分子"的政治帽子，并未平反和恢复原来的职称待遇，这次对我的安排，其中必有内情。我是个久经政治风浪的人，也是个有一定政治社会斗争经验的人，他们要看看我经过二十多年的关押与劳改，是否把我改造过来了。我多年来虽然"身在奴中"，但我的精神并没有被奴化，我仍然保持着人格的独立性和清醒的头脑。因此，我在会上的种种表现，如不住他们安排的高级房子，出门不通知他们，也不用车，以及下文就要提及的在会议上对"两个口号论争"、反"胡风"问题等等不表态……使他们——当时文艺界的上层领导——非常失望，甚至愤怒。因此我想到：这就是一九八〇年中共中央为"胡风"案平反时为我也留了一个所谓"汉奸"的帽子的深层原因，虽然这个文件并没有向我正式传达过——而且听说只传达到县团级以上的干部，但我从侧面早已知道了。所以当时主持我的平反的本单位的党委监察委员会的同志（虽然我并不是党员）——向我传达的是上海市委的平反文件，上面写道："同意上海高等法院党组关于处理胡风案件的意见，贾植芳撤销原判，恢复名誉，费明君撤销原判，对其历史问题免予追究。"我看了这个文件后，就向对我宣布这个文件的党委副书记质询，说："中央还有个文件，其中还为我留了个政治尾巴。"他说："那是他们北京的事，我们上海可没有说你不好。"我向主持中央党务工作的胡耀邦写信质询，经过两年多的时间，才得到彻底解决。而在我回资料室上班的这一年多日子里，因为头上还戴着"帽子"而受到某些一贯正确的同志，包括我过去的一些同事和学生的冷视与蔑视。

这扯得有些远了，回过头来，话说那天议程安排好后，主持会议的许洁泯说："今天大家休息半天，明天举行李星华同志的追悼会，贾植芳同志要去参加，我和陈荒煤同志也要去参加。我们休会一天，大家休息休息，也可以去探亲访友。"第二天我先去哥哥家，碰到了我的一个堂弟，他是行伍出身，参加过抗美援朝战争，曾经在朝鲜战场上负过伤，复员回国后先在地区当人民银行行长，以后调了工作，任地区科研处处长。这次他也特地从山西老家赶来了。多年不见，他告诉我他从朝鲜回来，在大连结了婚，丈人是开菜馆的。他说："二哥，我现在已经不叫小名了。我现在叫贾学忠。"我奇怪道："你什么时候改名的？"他说是在部队时领导改的。我又奇怪道："你在部队才扫了盲，怎么能当科研处长呢？"他说："二哥，这有什么稀奇！当了七年了，当得很好呢。"我才知道自己被封闭的时间长了，外面早已改天换地，我是跟不上这个时代了。联想到出车站时那由别人介绍自己亲属的一幕，恍然犹如身在一个荒诞的梦中还未醒来。开追悼会时由我与堂弟照顾哥哥，搀扶着他。在贵宾休息室，哥哥向大家介绍我说："这是我的弟弟贾植芳，复旦大学教授。"其实我当时还没有恢复原来的职称和待遇，头上的"帽子"也还没有摘除。参加追悼会的文化界的人士很少，基本上都是各方面的领导干部。哥哥介绍完毕，几乎很少人反应，只有旁边一个人从沙发上站起来，向我做自我介绍说："兄弟是廖沫沙。"并和我握了握手。

追悼会由林默涵主持，陈荒煤致悼词。悼词里提道："李星华同志一九四一年通过家属关系到达延安。"我想起当时的情境，她与她的弟弟李光华及我的大侄子森林，都是我设法通过八路军办事处送到延安与我哥哥团聚的。悼词中仅说"家属关系"而不提我的名字，显然是因为我的罪名没有撤销，仍然是个敏感人物的缘故。

提起送李星华等人到延安，可真是说来话长。有必要先说一下此前我的经历。一九三九年武汉失守以后，国民党提出"溶共""限共"的反动政治纲领，清查因抗日关系参加国民党军队或机关的共产党员和"左"倾分子。其时我在中条山前线第三军第七师做日文翻译，有一天突然从一个秘书那里得知上司打算把我送到洛阳第一战区长官司令部"受训"，实际上就是政治上的"清查"或"审干"。我虽然不是共产党员，但是个左派，在部队里和他们采取同流不合污的态度，而且在后方的进步刊物上投稿作文章，自然成了他们怀疑的对象。我对这一套向来反感，因为我参军是为了参加抗战，不是来找生活出路或借机谋个一官半职的，就以请假看母亲为由，借机离开了这个部队。接着从家乡辗转到了西安，在那里因为朋友黄和材的帮助辗转到了重庆。在重庆街头流浪的时候碰到了留日同学谢挺宇，他在《扫荡报》当编辑，就接我去他那里，在那里我见到了曹祥华、朱剑农、谢爽秋、李哲愚、周治国等同学。在日本的时候，他们都是进步同学，在颠沛流离中相遇，更加觉得亲热。后来我才知道他们都是地下党员，曹祥华是支部书记。他们叫我不要走了，并在《扫荡报》为我找了一个编辑的工作。《扫荡报》是国民党的官方报纸，名声不好，所以我对去那儿工作很踌躇，但曹祥华打消了我的顾虑，他叫我放心，说这是对我的信任。我不是党员，但是个左派，这一点他们都知道。但是不久，我在《扫荡报》做编辑就出了事，社长何联奎找我去，说可以调我到重庆日本战俘管理所去管日本战俘。我本来就不愿在《扫荡报》干，更不愿受他们调遣，所以借口水土不服、想回北方回绝了。曹祥华知道这件事后来找我，说既然你想回山西，我那里有一个朋友吴岐，也是留日老同学，是国民党军事委员会战时新闻检查局局长陈卓的小舅子，你可以通过他的关系

291

到山西新闻检查处去工作。曹祥华还开导我说，这些位置都是国民党控制新闻喉舌的地方，我们应该尽量利用机会占了它的位子。他还说了一句很通俗的比喻，说这叫"占着茅坑不拉屎"。我当时很信任曹祥华，把他当成老大哥，就答应了他（我后来知道，曹祥华安排我和其他留日同学去《扫荡报》和战时新闻局工作的事，都曾经请示过中共西南局的领导同志，并得到同意。这样，我去这两个机关工作，实际上是地下党安排我去的。但在"胡案"发生一直到我彻底平反，却竟然成了我的一项挥之不去的罪名）。这样，他就引我去见吴岐，吴岐很高兴，在见过陈卓以后给了我一个中校的军衔，任命我为山西战时新闻检查处副主任。我立即动身，在一九四〇年二月份回到陕西省秋林镇，这里就是阎锡山的第二战区长官公署和山西省政府所在地，离宜川县不远，半年以前，我正是从那里独步南下，现在又回到了那里。

也就是在这里，我才有机会和能力将我的嫂子李星华送到延安。我在去秋林镇路经西安时，找到了半年前与我结伴南下的老乡王某，请他帮忙办公。我在那时也结识了八路军驻山西办事处处长王世英同志，与他发生联系。一九四〇年夏，我嫂子李星华在周作人的帮助下，带了弟弟李光华和年幼的儿子森林，离开北平去延安，先由我在济南经商的伯父派他的伙计送至山西汾城老家，再由我父亲派一名长工把他们送到秋林镇，在我处住了一个多月。由于这一带政治形势复杂，有敌伪占领区，有阎锡山二战区，有国民党统治区，我通过《新华日报》西安分馆经理孙世义（沈颖）的关系，设法与西安八路军办事处接上关系。常来这里走动的王世英说，由他派两个警卫员直接送他们到延安，不必绕道西安了。但我考虑到我所处的环境复杂，稍一走动马上会引起别人注意，所以只能托一名职员，作为亲戚把他们送到宜川县，再雇马车到西安。《新华日报》西安分馆经理沈颖是我哥哥的同学，是留法回来的，我们早在北平相识，一九三八年夏天又在武汉相遇，我由重庆回山西经过西安居留期间，又无意间相遇，有了来往。李星华三人到西安后，又在我家在西安开的铺子里等了近两个月，才等到办事处从延安开来的大卡车，坐上到了延安，和一九三八年就去延安的哥哥团聚了。

那时候送人到延安，是要冒生命危险的，万一给国民党方面抓住，就要送进西安集中营（劳动营）。李星华刚从北京逃到我们家乡，又间道至我当时的工作地时，同行的李光华才十六岁，我的侄子才四岁。为给他们准备去延安的各种各样的日用品，吃的、用的，我把当时的一千多块钱积蓄都用光了，可以说是倾囊相助。那时候我的父母住在山村，家里逃难时还剩了两头骡子，我把父母接出来，长工用两头骡子跑单帮在山西与边区之间贩盐，因为边区生活太苦，赚的钱也多半送给哥哥过日子。也许因为这些原因，我又引起了国民党的注意。在秋林没有待满半年，第二年春节前后，我突然收到曹祥华通过吴岐打来的密电，说重庆方面怀疑我带有"色彩"，要我赶快离开，以免意外。我早预感到会有这种结果，趁此机会，写信到重庆局里，向他们正式辞职，一面就悄悄离开秋林，又回到西安，重新开始我的流浪生涯。

这就是我送李星华到延安的前前后后。悼词里有意回避不提，好似不存在这件事一样。可巧的是在追悼会结束时，我在门口碰到了李光华，他当时任某个学院的党委书记，穿着毛货做的西装大衣，走过来与我哥哥握手，到我跟前时理也不理，昂首挺胸而去。在追悼会大厅也碰到了我的一个堂妹，她在人大上过学，后来由我哥哥介绍和一个公安部队的团长结婚，后者一直升到了北京某部队的参谋长。她看见我，既不喊我"二哥"，也不向我介绍自己的儿女，几十年不见，她也不问我现在的生活情况，就说了一句"你来了"，然后扬长而去。我后来听任敏说，"文革"中我的那个堂妹与她的丈夫一起去临汾干休所休养，我的妹妹与任敏一起去看他们。到了以后，她对她们的态度非常冷淡，一见面就哭穷，意思当然是怕她们开口借钱。他们的墙上挂着一个大火腿，可是招待她们吃饭却是非常的简单。一想到这些，就让我想起鲁迅先生说的"一阔脸就变"，这确实是阅世之言。

当时的香港《文汇报》上报道李星华的追悼会说：出席的有两个人值得注意，一个是她的哥哥李葆华，一个是她的小叔子贾植芳，前者曾被称为"安徽的赫鲁晓夫"（因为我嫂子李星华是中共先烈李大钊的长女，她的大哥李葆华也是个"高干子弟"，"文革"中我从报上得知，三年自然灾害期间他任安徽省委书记，执行"包产到户"的农业政策，后受到批判，媒体称他为"安徽的赫鲁晓夫"式的修正主义分子，是所谓"刘邓修正主义路线"的执行者，"妄图复辟资本主义"），后者是一九五五年因胡风案而入狱，都是多少年来第一次亮相。从北京回来后，我的一个五十年代的学生，多年不见，后来听说"文革"以后去了香港与家人团聚，有一天忽然来找我。我问他怎么知道我的情况的，他说就是因为在香港看到了报纸上登的李星华追悼会的新闻报道，才知道我还活着，而且恢复了自由。我这才知道我出席这次追悼会还有这样的反响。

追悼会结束后，我和堂弟贾学忠陪着哀痛的哥哥坐在车子里，等候治丧人员办理火葬手续。这时一位治丧人员跑来请示哥哥备办骨灰盒的问题（因为他当时还在台上，是中国民间文学研究会会长兼党组书记，"文革"前听说是中国社科院文学所的党组书记），哥哥问他："最贵的要多少钱？"对方回答说："一百二十元。"哥哥马上接口说："就买一百二十元的。反正她只有这一次用钱了。"办事人员去后不久回来说："一百二十元的骨灰盒只有部级以上的干部才能用。星华同志是个局级干部，按政府的规定，只能买七十元的。"哥哥只好无奈地点点头应允了，因为这是党的政策原则的问题。工作人员走后，我为了替哥哥解忧，转换一下车内沉闷的空气，也是实事求是地说："像我这样的平头百姓，又是有案在身的，只要能买三块钱的就不错了。"哥哥听了，横看了我一眼，好像是责怪我改造了二十多年，头上还戴着"帽子"，怎么说话还这么放肆，忘了自己的身份，也忘了这是什么地方。

文学所的会议正式开始后，每次开会，主席团成员都要参与。中间有一回是讨论"两个口号论争"的资料，原来分配是别的单位承担。晚上开会时，文学所现代组的马良春突然来找我，说原先主持的同志进城有事，讨论会就由你来主持。那时录音机还不普遍，开会时旁边坐了四个小姑娘来做记录。开会了，我作为主持人先说话，我说："今天讨论'两个口号论争'的资料，先由承担单位把设想、内容讲一讲，大家提意见，目的是把材料编好，向历史负责。"我知道自己的身份，而这份资料又是个敏感问题，周扬、胡风结怨起因于此，所以对其内容不做评论，多余的话一概不说。可是北师大的教师朱金顺马上站起来说："这个题目是由文学所自己承担的，他们自己已经编好了，今天开会来只是由大家来通过的，走个过场。从汇报来看，他们有倾向性，把提倡'国防文学'方面的文章收得很多，把主张'民族革命战争的大众文学'的文章收得很少。前者似乎成了正统，而后者成了逆流。倾向性太重。"这时会场上乱了起来，我仍然不发一言。马良春站起来说："大家不要吵了。我们自己都不是当时论争的参与者，而是解放后党培养起来的现代文学研究者。我们没有个人恩怨，只是要按当时的资料来说话，目的是把资料编好。"我这时发言说："刚才马同志讲了，大家继续发言。大家'知无不言，言无不尽'，目的是把资料编好。"会场上吵了半天，最后还是没有结果，大家就散伙了。

后来讨论"胡风资料"。承担这一课题的广西大学的一位姓陆的同志，他前一天晚上来看我，说："我们承担这个资料。我们认为这是文字狱！把文学问题当成政治问题。"那时候"冤假错案"这个词还不流行，但我们老祖先却已经造好了"文字狱"这个词，陆同志很率直地用上了。现在看来倒很贴切。他很气愤地讲了半天。我没有直接表示自己的意见，对他说："老陆同志，开会时你们怎么想的，就怎么说。"次日开会，我不提题目，因为题目还是"胡风反革命集团批判材料"，我只说："今天讨论第三十三个题目，先由承担单位广西大学陆同志发言，大家提意见。还是那句老话，大家'知无不言，言无不尽'。"我说完后陆同志就站了起来说："我们认为这是一场文字狱！把文学问题当成政治问题来看，脱离实际。"那时候刚粉碎"四人帮"，许多人都受过苦，受过罪，大家说话都比较大胆，也比较活跃，于是就七嘴八舌议论起来，赞同的占多数，也有少数不同意，说："这是党中央、毛主席定的案，怎么会错呢？"吵了半天，又得马良春站起来收拾残局。他说："胡风问题是个政治问题，政治问题由公安部处理。我们只是来编资料，没有权力处理这个问题。我再讲一件事情，在第四次文代会上吴奚如、聂绀弩要为胡风翻案，抱打不平。事前周扬同志知道了，就找他们谈话，对他们说：'我们这次会议，目的是开一个文艺界团结的大会，胜利的大会，你们这么一提，必然有许多同志不同意，就必然会发生争吵。这就失去我们开会的宗旨了。我们的目的是开一个文艺界欢聚一堂的团结的大会，不是开一个吵架大会。'周扬同志还讲：'胡风在文艺理论上比我有成就，我不如他。但有一点我比他强，我对党绝对忠诚。'我把周扬同志的话给大家提一提，大家不要争论。我们开的是学术会议，目的是把资料编好。"我发言说："我们的目的是把资料编好，对历史负责，对历史忠实。大家心平气和地从事实出发，把资料编好。"会议开得很尴尬，大家不欢而散。这时候周扬等人都已复出，重新主持文艺界。如果我当时在会场上检讨一番，痛哭流涕，说"我对不起党，对不起毛主席，没有学好马列主义、毛泽东思想，上了胡风的当"，

295

也许会议就能开下去。但我不吭气，不表态，更不认罪，后来一九八〇年平反时给胡风和我留了尾巴，可能就和这次我不识抬举，没有把自己臭骂一顿有关。因为不识抬举，所以还留了"尾巴"，揪住不放，一直到后来我给胡耀邦写信申诉，才摘掉保留的"汉奸"帽子，而胡风一直到死，也没见到自己彻底平反。这使我想起我的一位老同事来，百花齐放时人家都纷纷激动地提意见，他一声不吭，但后来还是把他也划为"右派"，他去找领导理论，说："人家发言的划为右派，怎么我不作声也划为'右派'？这是什么道理！"领导一句话就把他顶回去，领导说："你不讲话，比他们讲话的还厉害！你自己心里清楚！"可怜我这位同事，一直到死心里还不清楚。我平反后，复旦中文系的一位老同事乐嗣炳来看我。他是老左派，三十年代就与解放后担任复旦大学校长的陈望道积极参加大众语运动，因为他与陈望道都是搞语言学的，解放后各种运动也一直积极参加，但后来还是给弄成了右派。聊天时他说："老贾，我当右派还是开后门的。"我觉得奇怪，问他："人家升官发财有走后门的，你当右派怎么也能是走后门的？"他说："不是这样讲。解放后我一直紧跟党的政治路线，遵照领导指示积极参加各种政治运动。反右时党委书记来找我，说：'你虽然不是党员，但可以说是党外的布尔什维克，我们一直把你当自己人看待。现在党遇到困难了，党的困难就是你的困难。教授中的右派名额还短一个，就把你补上吧。'我那时认为党委书记对我说话真诚，自己也很感动，以为反右只不过是短时间的过程，很快就会过去，全然不知这右派帽子的厉害，一戴上，马上被送去劳改。这一去，可就是二十年。"听他们的经历，好像是一场糊里糊涂的噩梦，又好像是一出荒诞剧，而我自己这次进京，就仍然带着这场噩梦与荒诞剧的阴影。就因为编"胡风集团理论资料"的不欢而散，闭会时，文学所现代组组长马良春宣布说：按上级指示，关于胡风和周扬的研究资料，决定暂时不编，如果以后需要编时再另行计划。到今天为止，这两个人的研究资料编写工程，如石沉大海，再无下文。

在北京开会，我想去看些朋友，就把苏同志支开，让他去北大、北师大去查资料。这次在北京，我看到了牛汉、绿原、路翎、萧军和李何林。不过见了朋友，虽有多年以后重逢时的欣喜，更多的却是物是人非的悲凉。路翎经过多年的牢狱，已经有了精神病，看到我时时而一言不发，时而冲到外面发出悲愤的号叫。萧军也满头白发，在"文革"中也被揪斗，受了不少罪，他的一个儿子有一次被打昏过去，送进火葬场，自己醒过来才发现不妙，从火葬场跑回来，听起来让人心酸。还有一次我去北师大找我在国民党狱中结识的朋友，经济学家胡明，在校门口询问时，看门的看了我半天说："你是从外国来的吧？胡明早在一九五七年就跳楼自杀了，现在已经死了十几年了，你竟然还来找他！"这些事情我已经在文章中写过了，有兴趣的朋友可以去翻看我的《暮年杂笔》与《狱里狱外》，这里就不唠叨了。我在会议开始时就看到了牛汉，牛汉过来问我："老贾，你现在挣多少钱？"我说九十二块。他告诉我，他与路翎也是九十二块，人家××揭发、检讨、改造得好，现在挣一百多块。

在去北京以前，我给胡风写信说了这件事。他那时已经从监狱里出来，但人还在成都。他给我写信，说除去看路翎外，还可以去看看李何林。他已经给中央写了十七万言的意见书，李何林那儿有副本，"你可以去看看"，并把李的地址——北京东单史家胡同×号——给了我。我到北京的事，胡风可能也给李何林写了信。有一天回房后，门上有一张纸条，是李先生留的，上面写道："植芳兄：来找你三次都不见。请你明天晚上到我家吃饭。你多年不来北京，怕不认识路，给你画个地图。地图上标明了路线与乘车的车次。"那时已是晚上，我不能再让苏同志去查资料，这事不必也不能瞒他，就对他说："老苏，李何林是我的老朋友。明天去他家吃饭，你去吧？"苏同志说他不认识李，就不去了。第二天下午，我就出发了，换了几次车，到了史家胡同，正在东张西望，来了一辆小车，到我身边停了下来，李何林从车上走了下来，对我说："我一进胡同就看到你，东张西望的，像个乡下人！"我们到了他的家里。李有"鲁迅的凡是派"之称，"文革"中也没有受到大的冲击，他现任鲁迅纪念馆的馆长。住的房子很大，生着火炉，他对我介绍了他的夫人后我们就坐了下来。他的桌子上放着香烟，我拿起烟要抽的时候，李何林把烟夺了下来说："不要抽烟，我给你拿糖去。"我笑道："你现在成了戒烟协会会长了？"他拿来糖说："抽烟对身体不好。"李坐定后问我："老贾，这次是谁让你来开会的？"我说是文学所让来的。他说："文学所都是周扬的人，你来干什么！"然后又问我都见到了谁，我说见到了××。那是一次开完会，××长得胖乎乎的，过来找我，笑嘻嘻地说："老贾，二十年不见了，你还是老样子。"

××有些市侩气，我本来就看不起他。他编《文艺月报》时，在"反胡风事件"中非常积极，周扬把他调到文学所当研究员。李何林对我说："××这个人，很有意思，他多次运动都检举过别人，'文革'中，批判'四条汉子'，他又出来检举周扬。现在'白衣秀士王伦'又出来了，谁谁检举过他都有他手底下的人向他汇报过，所以周扬心里有数。何其芳去世后，××又写信给周扬，说是：'何其芳同志去世了。文学所群龙无首。我这个党员身体还好，愿意为党多负点责任。'周扬就是不理他，派了小说家沙汀去当所长。后来所里又成立鲁迅研究室，××又写信给周扬，又是：'我身体还好，而且年轻时受过鲁迅先生熏陶教诲，愿意为党多负点责任。'周扬还是不让他当，而让一位年轻人去做。"我后来听说，三十年代柯灵与××本来都是浙江来的小青年，关系相当好，用现在的话说就是小哥们。没想到"文革"中他写信检举柯灵。柯灵坐了三年牢。出来后别人把××的检举信拿给他看，两个人从此就绝交了。××是个海派，很会投机。几年后，我的《契诃夫手记》重新出版，我在报纸上看到一个报道，说是北京的教授们在街上摆摊设点咨询，指导青年人如何学习文学。××对青年们说："你们要学习文学创作，一定要看贾植芳译的《契诃夫手记》。那是契诃夫做的创作灵感与素材的记录，可以从中学到很多东西。"这其实等于为五五年的事情向我道歉，因为他当时也检举过我。××死后，他的女儿写了一篇文章，说××病重时，家人把他送到医院高干病房，医院里的人说没有床位，他的家属拿出证明，说他享受的是"副部级待遇"，也没有用，因为享受这个待遇并不证明你是副部长。看到这篇文章，我又同情又可怜。这里插入的话太长了点，言归正传，那天我问李何林说："李先生，胡风给我来信说，他上书的十七万言书，在你手里有副本。给我看看吧。"他说不在手头，看不看其实也无所谓，十七万言书还是三十万言书的那一套话，现在在鲁迅纪念馆放着。我觉得李何林可能还是有顾忌，因为胡风让我找他，目的就是看看这份材料。

我到北京当时还带了另一个任务：编辑当代文学研究资料的几个负责的年轻同志，在我进京前托付我去找茅盾先生为他们这套资料丛书写一个序言，因为他们这套资料要由油印变为公开出版物，需要请一个德高望重的文艺界人士写个序言，以利于其出版、发行和影响。当时我虽然还是"分子"，但他们知道我在文艺界的历史和人事关系。到北京后，我打听到

298

茅盾在北新桥交道口的地址，事先也没有打招呼，就在一天下午贸然去了。茅盾当时已经恢复了原来文化部部长的职务，住在一个比较高级的独门独户的四合院中。敲门后，是他的儿子韦韬来开的门，他把我领到上房茅盾的客厅兼书房，就座后，去里间卧室把他父亲搀扶出来。茅盾当时已经八十多岁，有些糊涂了。我向他说："沈先生，多年不见。我是贾植芳。"并向他说明了来意。茅盾说："这套资料编得很好，但我与叶圣陶不同，我不常给别人写序。"韦韬在旁边说："你也不少写。"茅盾这才不推辞了。他对我说自己眼睛不好，视力只有零点二三度，晚上睡觉要吃三四种安眠药。我们又慢慢聊到其他事情，我问他："沈先生，你是浙江人，我在北京念书的时候，认识一位严既澄先生，他在中法大学教书，曾在商务印书馆出版过用楚辞体译的《神曲》。他也是浙江人，你们熟悉吗？"他告诉我他不但与严既澄很熟，而且与他父亲也很熟。他父亲是地主，还放高利贷，越说越远，说的都是他们老家浙江的事，似乎把我也误作他们浙江人了，虽然我对他自报家门，说了自己的姓名，但他可能一时想不起来我的"政治身份"，说话的兴致也上来了，指手画脚，有说有笑，用上海人的话说，有点"神之舞之"。突然，他好像清醒了，似乎想起了我就是那个"胡风分子贾植芳"，一下子打住不讲了，对我说："我老了，疲倦了，你们谈，我进去休息。"韦韬一边搀扶他父亲进卧室，一边回过头对我说："你放心，我一定催他把序写好给你寄去。"从他父亲的卧室出来后，他和我聊天，说闲话，说，由于他的母亲去世了，所以他从部队转业回来，专门照顾父亲的生活，并当他的工作助手。他还向我说起茅盾的其他事情，由于老先生当时上了年纪，他们害怕他一个人晚上睡觉万一发生什么不测，就给他的床上安了一个电铃，要他有事按电铃。老先生一到晚上，隔一段时间，就把电铃按响，进去后，却并没有什么事情。这是一件很小的事情，但也似乎可以说明茅盾晚年心境的寂寞与凄凉。

趁这次进京的机会，我还访问了冰心先生，因为我们当时编"文学研究会"的资料，而冰心是该会的重要作家。年轻时我读过她的书，当时我觉得她是个自由主义知识分子，写的都是大海、母爱、儿童之类，不喜欢凑热闹，印象中解放后各种运动中她也没有积极投入。我和苏同志去中央民族学院访问她前，事先也没有通知。见到冰心后，我先介绍了自己的情况，让她有个心理准备，冰心连说："知道，知道。"一九五五年的事情搞得轰轰烈烈，可以说是妇孺皆知，不过老太太仍然记得我的名字，真是难得。她说一九五七年她也差点变成"右派"，"'大鸣大放'时费孝通响应郭沫若的文章，写了篇《知识分子的早春天气》。费孝通这个人是写理论文章的，文章写得干巴巴，他们说我是写抒情散文的，让我帮他改改，增加一些感情色彩。后来费孝通被打成'右派'，他幸亏没有坦白交代，交代了，我也是右派！"我原来以为这个老太太只写一些"大海""母爱"之类的美文，谈话过程中才发现她的思想其实很解放，很大胆，头脑很清醒，也很关心现实，并不像我想象的那样"脱离现实"。她对我说："老人家说讲真话要有'五不怕'：'一不怕开除公职，二不怕开除出党，三不怕离婚，四不怕坐监狱，五不怕杀头。'我现在是什么也不怕了。开除公职，我现在早退休了；开除出党，我不是党员；离婚，你问问他愿不愿意——（说到这里，她笑着指指客厅对面卧室里面中风尚未复原的吴文藻，他原任北京大学社会学教授，一九五七年被划为右派分子）；坐监狱，我现在已经八十岁了，监狱里还没去过，倒可以增加人生阅历；杀头——死了以后是烈士！"这时候还是一九七九年，仍是"乍暖还寒"的季节，"左"的势力还很严重，更何况她知道我是什么人，头上的"帽子"还没有摘除，冰心说出这段话，给我的印象是蛮开放，也蛮勇敢，经过三十年的风风雨雨，却一点没有人格萎缩的痕迹。过了一些年读朱珩青女士送来的《冰心近作选》，其中有两篇给我的印象很深刻：一篇是讲知识分子待遇的，一篇是从中国历史的角度谈官民数额比较的，里面讲现代的干部与人口数额之间的比例，是历朝历代最大的。从谈话及《冰心近作选》来看，她晚年不但没有脱离实际，反而更加关心社会生活，具有关怀社会的责任感，保持了"五四"知识分子的优良传统。这是很让我钦佩的。今年初冰心先生以近百岁的高龄辞世，我突然想起了二十年前的这件旧事，拉拉杂杂将这些记忆的碎片插叙在这里，也算是我的一点悼念吧。

当时进京后的一个强烈印象便是北京人素质变得厉害。我去看李何林先生的时候，在公共汽车上碰到一个小青年，他说话还保留了北京人传统的幽默。他问我："老大爷，你是第一次进北京吧？咱们北京人比较齐全，你要当心。"我那时候穿一身制服，呆头呆脑的像个乡下人，难怪他这么问。我问他："去过上海吗？"他说"文化大革命"时串联，没有来得及去，"下次毛主席再发动第二次'文化大革命'，我再去那儿串联。"

300

那时毛泽东已经去世了几年，这个青年当然是说笑，可是我还是有些不寒而栗。换车后，在第二辆车上，低头一看，我脖子上围的进京时借的围巾不见了，我才明白那个小青年说的"人比较齐全"是什么意思。下车后我想人家李先生比我年纪大，我不能空手去。附近有个大的食品店，我就进去买了二斤橘子。在上海买橘子时，一般会给一个竹筐盛橘子，这个食品店却没有，我问售货员："你们这儿有竹筐吗？"售货员恶声恶气地说："没有！"我问有塑料袋吗，还是："没有！"再问有旧报纸吗，也没有。我说："那这些橘子怎么拿？"售货员更加没好声气："那是你自己的事，我们管不着！你不是穿着制服吗？装到你的口袋里去！"二十多年不进京，北京人真是变了。当时我与她争吵了起来，围了一大圈人看热闹。吵完后，摸摸口袋，才发现我这次进京的命根子——借的三十块钱不翼而飞了。这样的事情碰到的不止此一次。在我嫂子的追悼会上，碰到我的堂弟贾学忠，才知道我的一个姑母还在世。我到一个食品店买了点蛋糕托他给姑母带去，结果又是跟买橘子一样，没有盒子，服务员的态度也一样恶劣蛮横，说："老头，这是你自己的事，你自己想办法去！"结果还是自己找了一张报纸带走。在东来顺吃饺子，先要排很长的队去买票，买票时服务员也是待理不待理的冷漠态度，顺手把票与找的零钱从窗口里扔出来。这不由使我想起三十年代在北平读书时的情境。那时我们学生常常去东来顺吃水饺，酸辣汤，有时还喝点酒，点一个葱爆羊肉，总共花不到两毛钱。吃完饭叫伙计算账，伙计还要客气："算我的吧！"客人说："哪能呢！"算了账，给伙计一枚铜板，他马上大声喊道："小账一枚！"于是楼上楼下的伙计都齐声喊叫："谢谢！"出了门，管账的先生——穿着长袍、戴个瓜壳帽，留着小胡子的中年人——马上站起来，说："叫您破费了，叫您破费了。您走好。"看着客人出了门，才坐下。今昔对比，想不到北京人会变得这样没有礼貌、蛮横和冷漠，把客人当敌人，人都变成野兽了。其中的原因，斗争哲学难辞其咎。多少年的运动中，儿子检举老子，妻子与丈夫划清界限，学生打老师，朋友出卖朋友，中国的五伦关系与道德准则完全被破坏，都是在这种"对敌人残酷，就是对革命忠诚"的斗争哲学的指引下做出来的。尤其是"文革"中的"红卫兵"和"造反派"，把"打砸抢"这种强盗流氓行为说成是"革命行动"，多次运动以迄"文革"，破坏的不仅是社会生产力，而且人的精神被政治扭曲变形和兽化。生产破坏还可以恢复，人的精神破坏是很难恢复的。每当看到现在的报纸上，动不动就举手打人，动刀子杀人，车有车匪，路有路霸，社会治安受到严重威胁的社会新闻层出不穷，就让我想到这一点。礼仪之邦让破坏成这样，让人感到的不仅仅是痛心。这使我想到儒家的名言："始作俑者，其无后乎！"也让我想起民间谚语说的："递刀子的，比杀人的还可恶，罪加一等！"教唆犯比罪犯更可恶，更可憎。

从北京回来后，我还是当资料员，但是待遇慢慢有了进一步的改善。一次资料室主任告诉我说："你年纪大了，以后就上半天班，下午可以不来了。"再后来又告诉我可以不用上班了。这样一直到我的问题彻底解决，我又恢复五五年以前的教授职称与待遇，回到相别近二十五年的教学科研岗位上来。还要说一点的是，当时我以为北京之行就这样结束了，后来才知道其实还有一个并不太光明的尾巴。与我同去的苏同志一回到家，前脚刚进门，中文系一位管政工的干部后脚就进来了，对他说："老苏，贾植芳在北京，见了哪些人，说了什么话，你要老实向党汇报！"北京之行已经过去快二十年了，我之所以把这些事情写下来，是想给那个"乍暖还寒时候"留下一点记录，让以后的人知道：这就是我们所经历过的历史。

　　　　　　　　　　　　　　　　　　　　一九九九年年初于上海

历史的悲剧　悲剧的历史

——为刘挺生的《分裂的美人——路翎传》①而序

　　翻阅着青年朋友刘挺生的《分裂的美人——路翎传》的书稿，我心潮起伏难平，好几次拿起笔来为它写序，结果都颓然地搁下笔，沉重地叹了口气，真有"一部二十四史，从何说起"的茫然之感。

　　历史真是一个奇怪而复杂的东西，既是一个庄严的东西，还是一个荒诞的东西——它往往充满了悖论。二十世纪的中国是个在曲折反复的震荡中前进的国家。随着历史舞台场景的转化，舞台上的角色——生、旦、净、丑、末也往往互易其角色与位置，但大幕并未从此落下，或者说，戏剧故事结束了，但它的人物和情节留给广大观众的惊奇、震撼或振奋的印象或情结，仍然作为一个"结"，滞留在历史的空间里，作为现代剧或历史剧，为今人与后人所记忆、所审视；作为文献材料被梳理、认识、思考与研究，何况即使这一出戏结束了，还会有下一次戏剧，下一次以后还会有再下一次……

　　挺生是华东师范大学张德林教授的开门弟子，攻读中国现代文学博士学位，而他的导师张德林正是新中国成立初期复旦大学中文系的高才生。德林与他的结发妻子陈秀珠，因为在学期间听过我的课，由师而友，因此五十年代中期发生那场骇人听闻的"胡风案件"时，我们夫妇被扫地出门，送监关押，他们作为我的学生也受到了株连，都被戴上了"胡风影响分子"的政治帽子，身陷困境，虽然他们与胡风素昧平生，从未有过任何接触。秀珠为此被开除出党，撤销领导职务（她原是华东师范大学中文系支部书记），带病延年至八十年代初胡风冤案平反后，她才闭上了眼睛离开了这个世界。德林却又因为在一九五七年"大鸣大放"中为"阳谋"所陷，以"反革命翻案罪"被加官晋爵，加戴了第二顶政治帽子——"右派分子"，在苦海里浮沉了二十多年。历史曲折地走到了八十年代，水落石出，随着胡风案件的平反，我又一次"由鬼变成人"，回到了相别二十五年的教学岗位，过正常人的生活，他们也被解除了精神枷锁，回到了原来的教学和研究岗位上来，"重打锣鼓新开张"，建立他们的学术工程。挺生就是德林名下的第一位中国现代文学专业的博士生，他的博士学位论文则是以所谓"胡风反革命集团"的代表作家路翎为对象的专题研究，而我作为这个"集团"的"骨干分子"，又成了挺生博士论文答辩委员会的成员之一，这实在是一出荒诞性的历史悲喜剧。"人间正道是沧桑"，历史无情而又有情，这个根本的历史法则又多了一则生动的例证。

八十年代末期，我曾对一位来访的专业报纸的记者说："对中国现代文学的研究，这项工作应该更多地由年轻一代人来承担，他们没有历史恩怨，更没有个人的利害关系。"（见《文艺报》一九八九年五月二十七日第三版）挺生出生于一九五三年，是胡风案件发生前二年来到这个世界上的，又是在"文革"后中国走向改革开放的新时期成长起来的大学生与研究生，属于我称为"新生代"的研究者。这些在八十年代以后成长起来的青年知识分子，与我们这些在三十年代成长起来的知识分子在思想上和精神上是比较容易沟通与认同的，因为我们都成长于相对开放的政治社会环境中，都是在中外文化、文学交流、融会与结合的文化环境中受到教育和熏陶的，相对说来，文化视野比较开阔，知识结构也比较丰富和多样化，人生观念、生活态度、价值取向、审美精神等等，都有许多相似与相同之处。因此，这一代青年专业学者把发生在五十年代的"胡风案件"本身及其当事人（胡风和所谓的"胡风分子"们）作为专题来研究，其研究成果是把这一历史事件看成一种历史文化现象，从新的历史高度对之进行个人的深思、审视、认识与研究的历史反思性的学术成果。

值得在这里补叙一笔的是，正如前文所说的，历史是个复杂而奇怪的东西，它往往充满了悖论，随着历史舞台场景的转化，剧中人物往往互易其角色和位置。我这种感慨和思绪是一九九四年我作为挺生博士论文答辩委员会成员之一走入会场时，在沉重的心情中又产生一股喜悦、感奋与慰藉的感情起伏状态中萌发的，因为这时我忽然想起青年时代读的《拿破仑政变记》中马克思在论文开头所引用的黑格尔的名言："一切伟大的历史事变和人物，可以说，都出现两次。"马克思说："他忘记补充一点，第一次是以悲剧出现，第二次是以喜剧出现。"遥想当年，即一九五五年，毛泽东亲自发动和领导的这场政治运动，用他自己的话说，是"趁机做点文章进去"。除动用专政机器，将胡风和所谓"胡风分子"以及他们的亲属友人以至学生，一锅端地投入监狱的同时，又开动全国的舆论工具，掀起大检举、大揭发、大清理、大批判的热潮，动员了全民力量，有老中青三结合的知识分子群体以及工农兵群众、城乡居民，投入这一场"新人民战争"。以那种震动海内外的政治运动的场景和声势，来映照在历史转轨、社会转型的新时期以后二十多年来，在拨乱反正、清除极"左"思潮、平反冤假错案的新的时势下，以"实践是检验真理的唯一标准"为标志的思想解放热潮中，在文化界掀起的对五十年代以来包括以"胡风案件"为起始以迄"文革"的历次政治运动的反思热潮的勃发，成为八十年代以迄九十年代中国思想界、文化界、学术界的热门话题，其间历史反差之大，今昔对比之尖锐性、强烈性与鲜明性，又成为这个世纪末一股强烈的台风式的景象，它们不仅给人以震动，而且给人以启迪和深思，更给人以警惕。

据挺生业已成书出版的博士学位论文，这部研究路翎的思想创作与影响的学术专著中的"后记"介绍说：当他在确定这部论文的选题时，偌大的华东师范大学图书馆竟找不到路翎的相关资料索引，这在更坚定了他从事研究的决心的同时，难免也有"巧妇难为无米之炊"之虞，结果是一位出版社的朋友为他寄来路翎的全部作品，才解决了这个燃眉之急。我在阅读到这几句话时，一方面认为挺生是和我们这一代人处于同一时空结构中，作为新一代对于我们这一代人的苦难史和这一份沉重的思想精神遗产进行新的历史审视、研究与探讨，不仅是作为一种权利而且是作为一种责任来从事的，这种朴实的人文情怀，勇于知难而进的治学精神，也是我答应为他的新作写序的根本原因。其次，他所说的在确定研究专题时，曾为寻找路翎的作品的困难而苦恼，这对我又是一种触动。作为一个长期和图书馆打交道的人，我听有关人士说，五十年代以来的历次政治运动发生后，有关当局都命令图书馆将此次运动中涉及的人员的著作全部销毁，把其发表在刊物上的文章全文撕去，目录上用墨笔涂掉，将其发表在报纸上的文章以"开天窗"处理。对"文革"时的材料曾三令五申下令全部销毁。这又使我从另一个侧面认识到每次运动的发起者和掌权者用心之细密、周到，在动员全民力量投入正面批判、斗争、扫荡的同时，也注意到清除"隐患"的处理方法，而发展到"文革"，全国舆论工具又正式成为专政机器的构成部分，"在上层建筑包括文化的各个领域，对资产阶级实行全面专政"的政治工具，但对历史来说，又增添了新的研究领域，认识到研究这类课题的重要性与迫切性。抢救历史中的人物和事件，目的是解读历史、认识历史，汲取历史的经验和教训，所谓"前事不忘，后事之师"。从五十年代中期兴起的由"胡风冤案"为起始，以迄一九六六年"文革"爆发，这一系列有组织、有计划、"一浪高过一浪"的历次政治运动，都是以文化及文化的载体——知识分子，即接受过现代科学和文化、在"五四"精神培育下、走上自己的人生道路的各专业知识分子尤其是人文知识分子为首当其冲的对象的，摧残、扭曲、迫害知识和知识分子（所谓"知识越多越反动"），就是这些接二连三的运动爆发的原因和目的。因此，"文革"结束后，留下一片文化废墟，但历史的发展又有力地说明了这个历史法则：历史的发展不以个人意志为转移，正如尼采所说："墨写的谎言，决掩盖不了血写的事实。"践踏历史的，必然为历史所践踏；污蔑历史的，必然为历史所污蔑，所谓"天网恢恢，疏而不漏"，这就是历史的辩证法。

话说得太长了，那么就言归正传，我认为挺生对路翎的专题研究是分两个层次或两个阶段来进行的，如果说他的学位论文《一个神秘的文学天才——路翎》是对作为作家的路翎的思想创作和影响的研究成果，那么眼下这部传记作品《分裂的美人——路翎传》则是对作为人的路翎的研究，他的研究思路是由文而及于人，我认为这才是认识到问题的根本，因为作家的创作史就是他的生命史、心灵史、人格史的不同历史时期的综合性的艺术表现形态，人是第一义的，文是第二义的，它们又是互相一致的，所谓"文如其人，人如其文"，二者是二而一的东西。

为此，我认为挺生的这部新作，其最大的特色和长处，是站在新的历史高度上，以开放性的文化心态，以直面历史和未来的庄严的社会历史责任感，在通读了路翎的全部作品和大量文献资料基础上，又走访了路翎的亲属，以及他的仍然健在的"同案犯"——所谓"胡风分子"等路翎的诸亲好友（路翎本人已于一九九四年初春，亦即挺生踏进他家前两个月离开了这个世界），然后对路翎作品和这些口述材料以及家属及诸亲好友的回忆悼念文章、中外学者大量的评介研究文章，通过自己的整理、咀嚼、消化和回味、分析和思考，以自己的人生体验与历史感悟为依据，从路翎的出身环境、生活经历、思想和艺术追求，以及他的悲剧历史命运的前因后果，和他所创造的文学天地里所得到的认识和感悟中，以路翎所生存的历史时代社会、政治、文化环境为参照，塑造了作者心目中路翎的历史形象、他的生命过程和精神历程，应该说这是一部别具匠心的传记文学作品，一部富有自己的学术个性与文化品位的历史人物研究。作者虽然是一个专业学者，但他的笔下却一扫传统历史学令人难以接受的学究气，具有深刻的思辨精神。而且能以生动活泼的文学笔调、亦庄亦谐的笔法，将一位活生生的有血有肉、有爱有恨、有怨有愤的历史人物呈现在你的眼前。在他的笔下，并不着力渲染重大的历史事变和当时的政治文化人物，而是将之作为背景，从其言行中烘托出传主面对历史和现实的态度，他的不退避、不怯懦的生活品格；从他的作品、论著以及生活言行中来勾画出他的生命的历史悲剧的必然性和尖锐性，以及他的富有魔力的人格力量，从而给人以启迪、深思、领悟与警惕。作者笔触生动而细腻、泼辣，又具有很大的吸引力和可读性。

作为传主路翎的一个朋友和"同案犯"，我感谢挺生同志把这部传记的写作作为一种庄严的历史社会责任来从事的崇高精神境界和他的有重大的思想分量和历史分量的写作成果。我拉拉杂杂地写下了这篇小文，就权作为本书的序文，因为这也是我这个后死者应该尽的一份庄严的历史责任。

最后，引用九十年代中期我为在复旦大学攻读博士学位的韩国留学生鲁贞银小姐和她的同窗张业松先生编的《路翎文论集》所写序文中的一段话作为本文的结语：

"他（路翎）因为他的文艺创作与理论活动而受难，也会因为他的文学创作与理论活动而永生，这就是历史的辩证法。他的灵魂应该得到安息了。"

一九九九年二月初于上海寓所

注：

①本书以《思索着雄大理想的旅行者——路翎传》为名，由华东师范大学出版社一九九九年出版。

背　影

——悼念公木先生

　　近日读报，才惊悉公木先生以八十八岁高龄，离开了这个世界。我在震痛之余，也不免有些物伤其类，推人及己的感触与伤痛，因为我比他只小了四岁，也是个行将就木的老东西或老人了。

　　世界有些事情真像日本人所说的"不思议"，即"不可思议"。我与公木先生也算是多少有些来往的同行朋友。大约是八十年代中期，我一次应邀进京参加中国社会科学院文学所主持的"八五"科研项目评审会议。到京后，被安排在国谊宾馆居住，我入室不久，又住进一位比我年事稍长，头发花白但身体健好的陌生人，彼此相见，我们互相自我介绍。他说他叫张松如，惯用"公木"的笔名写诗。这时，我的耳旁就自然响起一首声调雄壮、慷慨激昂的军歌"向前！向前！向前！我们的队伍向太阳……"这首从五十年代以来流行的军歌，它的作者就是公木。想不到我们竟然萍水相逢。我向他自报家门后，他热情地握着我的手说："知道，知道，我们虽然是第一次见面，但我与令兄贾芝同志却是老相识了，我们都是从延安出来的。"这样，进入谈话后，他才又进一步自我介绍说，他是河北人，参加革命时间较长。五十年代中期反胡风运动时，他当时负责天津的作协或文联领导工作。当时主持中央胡风专案的刘白羽通知他说，天津有个叫林希的青年作家，也是个"胡风分子"，应该批判审查。他抗拒了刘白羽的通知，说，林希是个初出茅庐的青年写作者，至多认识天津作协的方纪、鲁藜、阿垅，找不出他与胡风有什么直接关系，不应该无证无据地随便抓人，随意地划成什么分子。由于他拒绝执行刘白羽的通知，被调离了职务，五七年又被打成了"右派"，下放到东北的一所大学教书。我听了他的仗义执言、感情激忿的叙说，不禁肃然起敬，感到他是一个可以相交的朋友。因为他的身上仍然保持着知识分子的良知和正义感。在那个荒谬的时代，这是非常难得的做人品质。这时我忽然想起古语所说的："燕赵多慷慨悲歌之士。"为此，我们虽然是初交，但形同旧识。原来他对我的情况也颇为了解，并为之不平，虽然我们相处时间短暂，会议结束后，就各自东西了，但彼此都留下了通讯地址，我觉得真是不虚此行，又结识了一位与我声气相通，有共同语言的同行朋友。

大约是九十年代前后，我们夫妇应邀到沈阳参加一个叫"翻译与中国文化"的国际性学术会议。当时我相携在我这里攻读中国现代文学博士学位的博士生张国安同行，因为我们的专业研究方向是二十世纪中外文学关系史。国安通晓日文，他的研究方向是中日近现代文学关系。在学期间，他结合专业学习，先后编译出版了《天声人语——日本散文选》《苏曼殊传》《川端康成传》等。我建议他的学位论文以伪满时期在东北的日系作家作品为研究专题，借此机会到东北各地走访有关人员，查阅相关资料。而这次学术会议也关涉到他的研究专题。会议在沈阳开了五天后，又转移到大连续开。我人生地不熟，加之会议时间短暂，我们无暇看望公木先生，他当时在长春大学工作，并兼任文学研究所所长。会议结束后，我们夫妇由大连乘船回沪。国安继续留在东北住一个时期。因为我希望他到沈阳、长春、大连、哈尔滨等地走访有关人士，到当地图书馆或档案馆查阅相关资料。我给东北的文化、教育界有关朋友写了介绍信，为国安工作提供方便，其中就有公木先生。后来国安回沪对我说，张先生接待他很热情，比如为了走访一位伪满时期的作家，张先生不顾年老体衰，亲自领他爬上五楼，去看望这位作家，以便当面介绍。我听了国安的介绍，对公木先生不失赤子之心，而又乐于助人的为人品格又增添了一层新的敬意。

中国老话说："无巧不成书。"一九九六年十一月，我应邀进京，参加中国作家协会第五次代表大会，老妻任敏也同时被邀，以便在生活上有所照应。会议期间，一天下午，我们上海代表团的负责人之一，当时的上海作家协会主席罗洛要我到代表团驻地京西宾馆某层楼照相，这里有个摄影师，专门为上了年纪的出席会议的作家照半身标准相。当我们进入照相室时，不意间，又碰到了公木先生，他也是来照相的。真是岁月不饶人，几年未见，他现在显得很衰老了，由他比较年轻的夫人搀扶着，但他的热情仍不减当年。他见了我，连忙过来握手，叹息说，他的身体也越来越不行了，耳聋眼又花。我说，我也过了八十岁了，耳朵也聋了，眼睛有白内障。因为我们的谈话互相都听不清，由他的夫人从中翻译传达，这是位精明强干的中年妇女。他和我谈起东北的民情风俗，叹息说，当今社会风气不正。比如这次来京乘火车买火车票，通过正式手续就根本买不到，必须买"黑票"才行，因此耽误了好几天。他言下不胜愤慨。我们彼此照过相后，又重新握了手，我看到他由夫人搀扶着离开了照相室，虽然像我一样扶了手杖，但走起路来仍显得非常吃力的样子，我又不禁想起前些年在国谊宾馆相处的日子，那时他身体非常强壮，讲话声调洪亮，而这次他讲起话来，却显得非常吃力。现在从报上看到他逝世的消息，才想到我们那次在京的相遇，竟是我们的永诀纪念！想到人生一世，也不过是匆匆而来，匆匆而去的过客而已，正像李白在《春夜宴桃李园序》中所云："夫天地者，万物之逆旅也；光阴者，百代之过客也。"

也是在这次会议上，我有缘结识了林希同志，并承蒙他赠送了他的好几部作品集——长篇小说，中短篇小说，诗集多种。他大约是听到梅志大姐的介绍，才找到我的住室的。闲谈中，才知道他的身世。他出生于天津，所以他的小说作品多以天津社会生活为题材。这不禁让我想起三四十年代以写天津社会生活驰名的通俗作家刘云若。并得知，一九五五年他还是被打成了"胡风分子"，一九五七年又被打成"右派分子"，从此先后被送到工厂、农村接受"监督劳动"。直到一九八〇年"胡案"平反后，他才又回到了写作岗位。听了他的自我介绍，我忽然想到八十年代中期我在北京国谊宾馆与公木先生相遇时，他谈到的因公开抗拒刘白羽通知把林希打成"胡风分子"的指令而被去职，五七年又被打成"右派"的故事……

近日接到林希同志的来信及新作——以自己的生活体验与亲身经历为参照，写胡风冤案的纪实性作品《白色花劫》。因为这是第一部所谓"胡风分子"写胡风案件的作品，有其特殊的历史意义与文学价值。也正是收到他的书信和新作的不久之后的几天，就从报上看到公木先生不幸逝世的消息。而曾作为一九九六年十一月的北京第五次"作代会"会议负责人之一，又任上海作协主席，也是五五年被打成"胡风分子"，被流放青海多年的罗洛，以七十一岁的年纪也于去年离开了这个世界……

从林希的《白色花劫》的"后记"中，我又知道，他这部完稿于九十年代初的纪实性作品，几经辗转，直到今年初才获得出版的曲折经历，这对我又是一个触动，不禁想到上海的一位老报人，在经历劫难后，于八十年代去世前的一篇遗文中留下的一句名言："江东子弟今犹在！"

一九九九年三月中旬于上海寓所

回忆王中

　　前华东新闻学院校友会的两位同志来访，说他们准备为自己当年的老师王中先生编一本纪念集，因为认识王中的老人已经不多了，所以他们执意要我写一点东西，说："可以当作历史材料。"我与王中谈不上有什么深交，可是又不便拂这两位先生的美意，只好拿起笔，再写一篇命题作文了。

　　一九五二年院系调整时，我从震旦大学被统一分配到复旦大学。因为复旦原来是国民党的国立大学，所以在解放初实行军管，新政府派了一些老八路干部来改造大学里的知识分子。王中就是这时候作为干部来到复旦的。那时我是中文系的教授，讲授三、四年级的俄苏文学，中文系和新闻系的学生合上，我和时任新闻系系主任的王中虽然认识，但却没有什么接触，那时候开会还没有现在这么多，偶尔见面时我们彼此只是点点头而已。王中一九五七年被划为右派，到"文化大革命"中批判他，说他大鸣大放时对党的新闻政策不满，还有攻击"肃反"的言论，我才由此知道了他的一些经历。他原来是山东大学外文系学生，一九三六年加入共产党，曾经在张学良部队中做过地下工作，后来担任过山东《大众日报》社的社长。解放后被派到华东新闻学院工作，这个学校是对旧的新闻从业人员进行鉴别、审查、改造的。再以后就被派到复旦大学，担任新闻系系主任、

312

统战部长、教务处副处长（实际负责教务处的工作，划成右派以后降为科长）等。他老婆在图书馆工作，也是干部。他们是个标准的革命家庭。可是在五十年代我和他同事期间，我们这些知识分子，对派来的干部总隐隐约约有些不信任心理，所以尽量和他们保持距离。在旧社会，我是共产党的同路人，解放初算是进步教授，但是这种对干部的不信任心理，和其他人也并没有什么两样。也因为这个原因，在这段时间，我和他们家没有什么来往。

一直到"文化大革命"后期，他因为"右派"问题，也被算入"牛鬼蛇神"之列，下放到"五七干校"，我才和他算正式认识了，那时候有一件事情到现在还让我很感慨。在"五七干校"时，我们住在一个机关连队里。房子是浦东海边茅草搭的临时建筑，条件非常简陋，里面支了两三层床，一间房子住十几个人。干校中一般人员称为"五七战士"，我则属于"反革命"，是"监督对象"。因为条件简陋，洗澡很困难，就在房间一个角落拉一个布帘，用盆子打点水揩揩、冲冲。一次我在洗澡时，房间地上有个火油炉，我没注意，踩了一下。房间里有个积极分子发现了，他原来是"地下党"，革命干劲一直非常高，这时就趁机作文章，批判我，说我是有意的，搞反革命破坏，属于"阶级斗争新动向"。房间里乱哄哄的，眼看我难逃一劫，王中这时出来了，说："那个火油炉是我的！踩烂都没有关系！"那时他头上还有"右派"帽子，还是有"问题"的，但在这时候却没有趁机起哄，落井下石，借以"戴罪立功"，而是正义凛然地站出来，说真话，真是难得。这件事情让我很激动，也很感激。我也由此发现王中的正直，还有知识分子的正义感，这大概也是他在一九五七年被划为"右派"的原因吧。但是在原则问题上，他还是有他的看法，正统得甚至有些"左"。在干校里，他的身份跟我们还有所不同：他是革命干部，虽然划为右派，但是属于可以改正之列；我的身份却是"专政对象"，属于"敌我矛盾"的"反革命"之列。上文已经说过：我总觉得从解放区进城来的革命化干部，本来就有这么一个倾向，即对社会上的知识分子总是怀疑的，不能平等看待，总是看你不一样，总觉得你是有问题的，有什么政治背景，只能是他们团结、教育、改造甚至专政、批判的对象。你过去倾向革命，或者做过什么革命工作，他会认为你是混进来的，投机的，甚至是敌人派进来的，这么看待你。王中也不能免俗。即使在"文革"当中，他也已经被打翻在地，却仍然以革命干部的观点看人，觉得他们当"右派"，乃是他们自己内部矛盾，和我们根本不同，我们是搞"反革命"的，觉得"我们党"是不会冤枉好人的。要说冤枉，只有邓拓这些人才是冤枉的。而你们社会上的知识分子，本来就形形色色，"我们党"怎么会弄错呢？说到底，他还是一个很正统的党员，而且有很强的优越感，一直到平反以后，他和我们在精神上还是有距离，觉得我们在精神上还是"反革命"。

不过话又说回来，王中到底是知识分子出身。知识分子参加革命，总是带着自己独特的理想，所以他还有些知识分子式的良知与社会责任心。他之所以被划为"右派"，就是因为"大鸣大放"时期，他对"肃反"扩大化很有看法，认为是乱抓人。对那时国家的新闻政策，也有些意见，认为是搞舆论一律，搞到最后，报上没有什么广告，也没有副刊，报纸没有什么好看，他认为这是"寡妇脸"。在新闻理论上，他还是很有自己的看法的。平反以后，他还用张德功的名字写过一些很尖锐的杂文。也因为他是知识分子出身，所以他还懂些人情，还有一些知识分子式的良知，虽然在思想上对我们有看法，但在"文革"当中对我并不怎么歧视。这也是我和他还有一些交往的原因。"文化大革命"中，我的妻子从被下放到我的家乡——山西农村来上海看望我，有时住在招待所里，王中也在复旦大学招待所（现在的第一宿舍，那时候是给家属来的时候临时住的）里面弄了一间房子，晚上在里面住。因为过去认识我，他有时过来和我聊聊天。有一些他过去的朋友，当时在军队里做领导，送给他一些中华烟，他有时敬我一根，说："老贾，你抽一根。这个烟好，是我的老战友送我的。"有时有些好酒，他也给我喝喝。一直到一九七九年他的"右派"问题改正了，继续当他的系主任，我一九八〇年平反，继续当教师，带研究生以后，我们还有一些来往。那时我出版的一些译著，也送过他一些，后来我带的学生很多，太忙，跟他来往就减少了。但他临去世前，我去看过他，那时候他已经坐也坐不起来了。到现在，他的两个儿子有时候也来看看我。

王中晚年，感觉理想幻灭了，身体也不大好，行动上就显得很乖僻，有时候表现得很"左"，有时候又表现得很荒唐。这其实也是很自然的事情——知识分子参加革命，内心始终有一种社会责任心，有知识分子的良知，知识分子参加革命的，大多是理想主义者，有自己的社会追求。王中以地主阶级的出身而参加革命，那是因为三十年代的左翼知识分子认为马克思主义是体现了人类科学和历史经验的先进社会思潮，是改造中国社会的利器。但解放后一段时间，中国又变得封闭而自高自大。封建时代我们认为周围的国家都是蛮夷戎狄，解放后我们认为它们是帝修反，在开放环境下成长起来，受到各种外来思潮影响的知识分子也在各种运动中受到冲击，尤其"文革"时期，鼓吹什么"在上层建筑领域对资产阶级实行全面专政"，知识分子由"改造对象"变成"专政对象"，说什么"知识越多越反动"，知识成了罪恶、原罪。原先积极参加革命的知识分子，这时也几无例外地受到冲击。他们的个人功利心虽然很小，社会功利心却很强，然而眼中所见，与理想总是有很大距离，那么原来的激进也就很容易导致幻灭了。听这次来访的王中的学生讲，王中在"文革"时写给他的朋友的信中说："'五四'时追求的民主、科学，离我们还是很遥远。"这让我想起王中晚年的抱怨："我们被整得这么惨，如果国家变得富强起来，我们也没有什么可怨恨的。可是……唉！"这让我又一次感觉到王中晚年的幻灭，说到底，他也是一个悲剧性的人物。

一九九九年五月中旬于上海寓所

315

反思的历史　历史的反思

——为《中国近现代通俗文学史》①而序

　　苏州大学范伯群教授主持的国家"七五"重点项目——《中国近现代通俗文学史》终于完工而且要出版了，他来信要求我为之作序。伯群是我五十年代的老学生，一九五五年"反胡风"时，他和其他同学因我的关系受了不少牵累，而几十年后的今天，我又是他主持的这个项目的成果鉴定小组的负责人，深知这个项目的重要价值和意义。因为这两层关系，作序也就成了我义不容辞的责任，所以我就愉快地接受了。

　　在这个项目刚立项时，我就认为这是一个好题目，是做着一件前人忽略了的工作，对某一段文学史进行梳理和挖掘，对某些在文学史上做过一定贡献的作家，给予公允的历史的和美学的评价，是一件功德无量的事，因此，在这个项目进行过程中，我也非常关心和不断进行鼓励。当《中国近现代通俗作家评传丛书》出版后，我曾在一九九五年五月十日的《新民晚报》上发表过题为《一项开创性的学术工程》的评介文章，还在一九九五年八月三日的《人民日报》上写过推荐文章《开掘现代通俗文学的研究宝库》。我在这两篇文章中说：范伯群与苏州大学中文系的同事们以及他指导的专业硕士、博士研究生们，倾注全力投入近现代通俗文学研究与教学，最终要将这一领域整合进我国近现代文学史的范畴，以便使我们的近现代文学史的反映面更丰富、更完整、更符合历史的实际。正像伯群在本书的《绪论》中说，他们做这个项目是有感于"现有的中国文学史是一部残缺不全的文学史"，"这残缺的程度严重到我们过去只研究了半部中国现代文学史"。由于某种历史的"误解"与"误导"，我们的文学研究曾经自觉地将通俗文学这一支系排除在现代文学研究的视野之外，即或偶尔提及，也是当作文学史的逆流来批判的。这种误解出于一种偏见，偏见导致无知，而无知又进一步导致了偏见。要破除这种偏见和无知，就不能不采取一种研究的态度。范伯群等现在做出的成果，其意义正在于为中国现代文学史"找回另一只翅膀"。

中国人一向瞧不起通俗文学，历史上一贯把小说笔记这类文学作品称为"闲书"，由此，从晚清到一九四九年以前，也就是通俗文学作品大量涌现于文化市场的旺盛时期，当时那些被称为"鸳鸯蝴蝶派"或"礼拜六派"的通俗作家，也自认不讳地把自己的作品看成是供读者茶余酒后消闲解闷的东西，是一种"游戏文学"；也因此遭到了新文学家的迎头痛击，斥之为"文丐""文娼"等，连同他们的作品一起，遭到严厉而彻底的批判。此后几十年，这一重要的文学部门被排斥在二十世纪中国文学史的研究范围之外，以致今天的读者对他们已经相当陌生（最近几年有些改变），然而从文学史研究的角度来看，完全忽视这些作家作品作为一种文化现象的存在，却是甚不科学的。这类作品总也或多或少、或强或弱地反映了一定社会生活内容和时代信息，有其一定的历史认识价值。例如，新文学作家由于其出身教养和生活世界的局限性，他们的作品的取材面也显得比较狭窄和单薄，从所反映的生活场合与人物类型看来，最成功的往往是知识分子与农民这两大类形象，对于范围广阔、结构复杂的中国社会的各种生活领域，由于接触面不广不深，留下了许多空白之处，而通俗作家却是另一类人，他们出身教养和求职谋生手段的复杂性和多样性，正像他们所涉足的社会领域的复杂性和多样性一样，为他们的作品取材开拓了广阔的领域，因此他们笔下出现的生活场景和人物形象的多样性、丰富性和复杂性往往为新文学作家所望尘莫及。即便是他们的文学观点，我认为也反映了某种文化价值观念：它看重文艺的欣赏价值和娱乐性质这种艺术功能，从市民文化的角度对传统文学中占统治地位的儒家"文以载道""诗以言志"的正统文艺观加以否定，这正是中国社会由长期的封闭状态走向开放这个历史特征的反映，也是商品经济社会开始出现后的一种标志。我去年

317

在《〈鸳鸯蝴蝶派散文大系〉再版感言》中说过："应该看到，这派作家虽然在思想意识上有较为沉重的封建性的历史负担，但是作为职业作家，他们摆脱了在封闭性的农业经济社会里知识分子对官府由人身依附到人格依附的附庸地位，成为具有独立人格的自食其力的社会个体，这是历史的进步。他们以普通人的心态，用普通人的语言，写普通人的生活，着重文学的欣赏娱乐作用，从市民文化的角度对传统文学中占统治地位的'文以载道'的正统文艺观加以否定，在使文学由庙堂走向民间、从知识分子精英走向普通大众方面也具有积极意义。况且，他们的作品也从不同的角度和方面反映了近代中国社会的文化、社会现实，具有一定的文献和资料价值。这一文学流派的出现和流行本身也是中国社会由封闭走向开放、由传统走向现代的反映，其中包含着丰富的文化、历史信息，值得认真对待和研究。"到现在，在这一问题上我的看法仍然没有改变。

因此，在我看来，伯群主持的这一项目，其意义不仅在于填补了中国近现代文学史上的空白，它还完善了文学史研究的科学体系，更新了文学史研究领域中的某些观念，改变了现代文学史的编写格局。同时，它对近现代文坛上的一个主要通俗文学流派——"鸳鸯蝴蝶—礼拜六派"予以客观公允的评价，指出它是一个继承中国古代白话小说传统的、在近现代大都市成型的过程中繁荣滋长的通俗文学流派，既肯定了它的历史价值，也指出了它的历史局限。此外，这部专著也是较为全面和真实地反映了中国近现代通俗文学的基本面貌的。它涉及了通俗文学的"四大金刚"——社会、言情、武侠、侦探，同时还涉及通俗文学的两个重要品种：历史演义和滑稽幽默，面广量大的通俗期刊也在他们的视野之内，而"大事记"则更能一目了然地了解通俗文学的重要发展状态，将来还可以与纯文学的大事进行对比，从中找出若干规律性的东西。总之，这一项目的终期成果历史线索梳理清楚，视野开阔，涵盖面大，能使读者对中国近现代通俗文学的历史有一个较为全面的体认与思考，对当今的通俗文学创作，也具有一定的参考和启迪的意义。

这部《中国近现代通俗文学史》本来是国家"七五"重点项目，因工程的工作量大，曾向江苏省社科规划办公室和中宣部社科规划办公室提出延期结项申请，得到过正式批准。从现有的中期成果和终期成果来看，成绩斐然，可见在期限上宽延，是很有必要的。现在的这部专著，是在相当丰富扎实的中期成果的基础上写出来的。在这些中期成果中，不仅有作品选、作家评传，而且也相当重视有关通俗文学的理论建设。其中引人注目的是一九九六年六月一日至三日在台北举办的"百年来中国文学学术研讨会"上范伯群发表了长篇论文《都市通俗小说流派生存权与发展态势》，反响强烈。台湾《中央日报》为此发了题为《文学女神双翼——纯俗齐飞》的报道文章。它的学术版《长河》，用九天连载了这篇近两万字的论文。一九九六年十月二十九日至十一月六日，《文汇报》在名家专栏中分六次发表了范伯群的《近现代通俗小说漫话》，他引述了朱自清的"其实鸳鸯蝴蝶派倒是中国小说的正宗"的观点，发挥了他自己的见解，提出了"打破思维定式，纠正历史误导""鲧的围堵与禹的疏导"和"半部现代文学史绝非文学全版图"等尖锐的意见，引起了学术界的重视。这些见解有助于改变与更新现代文学史的编写格局，也说明这个项目的终期成果是在慎重的资料清理与理论思考的基础上写出来的优质工程，绝非现在时有所闻的学术界的"豆腐渣工程"所能及于万一。据说现在还有博士生在范伯群的指导下撰写《通俗文学概论》，我想，如此有计划地进行理论建设定会反过来促进通俗作品的研究深度。

这部专著能够顺利完成也有赖于一个比较团结的科研集体。《中国近现代通俗文学史》课题组作为一个科研群体，在搜集资料进行调研、集体探讨的基础上，完成这一重大课题，学风是细致踏实的，更可喜的是其中的成员，极大部分是三十五岁左右的青年学者，在中老年学者的传帮带过程中，已经能独立或参与主持较为大型的科研项目。课题组负责人也能有条不紊地通盘规划，组织所有的成员共同搞好这一项目，建成了一支能打大仗、团结一心、善于攻克大型科研项目的研究群体，这是难能可贵的。我所期望于这一科研群体的是，在这部专著出版后，再接再厉，写出一部有纯文学和通俗文学两翼的、中外文学双向交流影响的中国现代大文学史，因为他们在研究纯文学与通俗文学两方面，都已有了一定的积累和成果，而且出版过《1898—1949中外文学比较史》，因此完全有条件写出这么一部大文学史来。

我祝愿他们百尺竿头，更进一步，在科研上取得更多的成果。

一九九九年六月中旬于上海寓所

注：

①本书由江苏教育出版社二〇〇〇年出版。

我看《米舒书话》 ①

　　曹正文老弟冒雨来寓相访，约我为他的新书《米舒书话》写篇序文。他尊我为他的所谓"太老师"，又因为"英雄所见略同"，为振兴海派文化，我们又共同组成了上海通俗文艺研究会，我挂名为会长，他与其他三位年富力强的同志任副会长。更主要的是，从四十年代以来，我就是他供职的《新民晚报》的"关系户"——读者和投稿者。虽然其间二十五年，即从一九五五年至一九八〇年，由于所谓"众所周知"的原因，我远离了社会和文化，成为"改造专业户"，饱尝了"无产阶级专政的铁拳"的味道，但雨过天晴，社会转型，正像我的老朋友，已故作家萧军曾自嘲为"出土文物"一样，我作为"出土文物"，又回到了社会和文化界，重续前缘，从此，又成了正文老弟主持的《新民晚报》的《读书乐》专版的读者和投稿者。以文会友，十年前我们就成了忘年之交。因为有几层关系，他要我这个"写序专业户"为他的新书作序，这也成了我义不容辞的责任和义务了。

　　说起书话，原来就是我们文坛的一个老题目。远的不说，就从当代这个历史范畴来说，八十年代以后，著名的书话作品，就我所看到的来讲，有周作人的《知堂书话》、郑振铎的《西谛书话》、钱杏邨的《阿英书话》、唐弢的《晦庵书话》等等。到了九十年代，又看到了《鲁迅书话》《胡风书话》《巴金书话》《夏衍书话》等等，这些书话大多是作者遗族或研究者编就的，书话原作者大多是文坛耆宿，学界泰斗。书中所收文类，除序、跋、书评外，兼有版本考订、奇书共赏、域外访书、文苑逸事、文友情谊、评人论书、文字冤狱、史料考证等等，杂而不乱，自成风格，反映了作者的为人和为学、性格与命运，是一种开卷有益、雅俗共赏的读物，向来为中外学界所重视。

正文老弟作为后起之秀，他以报人兼学人的身份写的这本书话，是以他所主持的《新民晚报》的《读书乐》专版《书友茶座》专栏（后易名为《米舒信箱》）中由他信笔写就的各色谈书论艺的短文选辑成书的。这些书话以答读者问的方式，同读者谈天、谈地、谈书、谈心，可谓独出心裁，别具一格。它的题材和内容十分广泛，举凡古今中外、文史哲科、欧美文学、中国流派、名人书斋、藏书赠书、文坛风尚、书趣书闻，以至投稿作文、花草虫鱼、历史掌故、文苑旧闻等等，真是海阔天空，百味杂陈。它们都是作者以自己的开放型的文化心态和自己的思路和语言，以自己的读书储备和人生体验为依据，信笔写来，自成风格。它们既反映了作者的勤学与苦思，也反映了他的嗜书如命、爱书成癖的生活风格，更反映了他在治学上的严谨与勤奋、博学与德才。如果你知道他是个自学成才的学人与报人，你就不得不佩服他在求学上的毅力与恒心。他原出身于一个富裕家庭，父亲是个银行家，母亲是个会计，但他生逢于"文革"这个革文化命的荒谬时代，在抄家成风、"打、砸、抢"的暴力犯罪行为被称为"革命"行动的非常时代，他的家庭在劫难逃，被洗劫一空。因此，他初中毕业后，只好到工厂学艺谋生，这使他从丰富的社会实践中认识了世事沧桑、人间炎凉。但又因为他从小爱书成癖、嗜书成性，生活的实践反而更使他切身认识到知识的意义与价值。它们不仅给人以智慧和慰藉，也给人以勇气和力量。因此，他在艰难困苦中，没有陷于沉沦和麻木，随俗浮沉，反而在雨过天晴之后，以更大的毅力和努力，考入《新民晚报》做记者，进而做编辑和专栏主笔，从此，进入了文化学术和新闻界。从业之余，博览群书，勤学苦练，下笔为文，由报人而作家和学者。时代促使他早熟，也促使他博学多能。目前，他已出版各类著作五十余种，举其著者，如小说故事类，其中就有社会故事，更有武侠小说、推理小说、历史小说等创作；散文随笔类，有学术性的《女性文学与文学女性》《史镜启鉴录》《珍藏的签名本》《开心万里行——米舒游记选》；在武侠评论及文学史类中，有引人注目的《古龙小说艺术谈》《金庸笔下的一百零八将》，尤其是《中国侠文化史》与《世界侦探小说史略》二书，更是此类专题的开山之作……

我顺手写了这么一大篇，意在介绍正文其人其事。因为欲读其文，必知作者其人。我们古人评价人物以道德、文章并重，因为文品是作者人品的思想语言表现形式，二者是互为表里、彼此一致的。

话说回来，我作为《新民晚报》的《读书乐》专版的一个老读者，这个版面是我每期必读的，我也算是"米舒茶座"的一个座上客。我认为他的文风流畅自然，既实话实说，又颇见雅趣，更为可贵的是，米舒的书话少有目前文坛流行的浮夸、浮躁之风，更没有官话、套话、废话以及混账话。他的文章贴近生活，又深入学境，继承和发扬了海派文化的开放性、兼容性和现代性的特点，又有时代特色和自我风格。它们不仅给人以精神享受，具有知识性、可读性与消闲性，也有益于启人心智、开阔视野、认识历史与现实、世界与中国；这些文章更注重文学性和思辨性，是今日喧嚣市声中的一块绿洲和一方净土。

鲁迅先生说过，世上本没有路，路是人走出来的。证之正文老弟为文治学的曲折历程，我更佩服古语所说"有志者，事竟成"这个千古流传的人生哲理。

正文老弟正值盛年，来日方长，我期望他一条路走到底，在治学为文的道路上继续高歌猛进，为我国的现代文化建设继续增添富于自己学术个性和独特文化品位的新贡献、新积累。

俗话说，"老年人话多"。啰啰唆唆写了一大篇，既表示我对正文老弟新作出版的祝贺之意，也借此对正文老弟其人其书做个介绍与推荐。

是为序。

一九九九年六月二十九日

注：

①本书由江苏教育出版社二○○○年出版。

322

兼跨两个领域

——《春天的色彩》①序

　　葛乃福先生来访，说他和周颖南先生的诗歌合集将要出版了，向我索序。我虽然也有一些诗人朋友，但说实在的，对于新诗旧诗，我都是一个门外汉，除过去有时偶尔打油外，从来不像别人那样去涉足诗歌的圣殿。而且，对于我们这些从三四十年代摸爬滚打半个多世纪的中国历史的风风雨雨的老朽来说，我们抱着"陈旧"的文学观念，欣赏那种突入生活深处的作品。文学对于我们来说，是带着血肉的搏斗的生活的呐喊，是压抑之中爆发的抗争与呻吟，是向非正义的势力挑战的剑和旗。这种文学观念恐怕是太平盛世中平和的人们很难了解的吧？所以，我并不是为这本诗集写序的合适人选。可老话说"人情大于王法"，那就写几句读后感吧！

　　我觉得周先生和葛先生都有兼跨两个领域的本领。周颖南先生在经商之余，对文学的兴趣不减，而且和海内外文豪多有来往，对于促进祖国和新加坡的文化交流做出了自己的贡献，可以说是一位才学兼优雍容大度的儒商。周颖南先生的诗写得很好。我读了他的五十余首诗后有这样的深刻印象：一、他写的诗数量虽不多，但时间的跨度却很大。二、他的诗的题材很广。可以说，凡是他到过的地方，他总想留下歌吟。三、诗集中有两组更引人注目，即《印度尼西亚难侨纪事》和《写给少年的诗》，分别由七首和五首诗组成，近二百行。古人说，为情而造文，"缀文者情动而辞发，观文者披文以入情"（刘勰：《文心雕龙·知音》）。写诗亦然，它像酿酒一样，感情积累的时间越长，酿出来的"酒"味道越醇。这两组诗诗味香醇，堪称佳酿，耐人品尝。

　　葛乃福先生在专业教学之余，也一直热衷于诗歌写作。他的诗曾两次在海内外获奖。收在集中的诗，新旧杂陈，显示出他在这方面是一个多面手——"五四"以后，新诗人看不起旧诗人，旧诗人更看不起新诗人，然而正如钱锺书先生说的，新诗人从来不肯承认自己不会做旧诗，因为怕旧派说自己是写不好旧诗才去写新诗的，但旧诗人就从来不屑于写新诗，到了现在，情况更加严重，写新诗的年轻诗人们打死怕也不会去沾旧诗的边的吧？而热衷于言志或载道以风雅自况的写五言八句或者七言八句的老同志恐怕不屑于或也写不出好的新诗吧？——葛乃福先生兼有这两方面的本领，在今日的诗坛上实在是难能又可贵，然而我也不禁为他担心，兼有两方面的特点，恐怕不免为两方面所见嫉或见弃，就像著名的蝙蝠的故事一样。

一九九九年八月六日于复旦大学寓所

　　注：
①本书由文汇出版社二○○九年出版。

《中国近代散文精粹类编》^①序言

　　由一八四〇年鸦片战争为肇端，以一九一七年"五四"新文化运动为下限的近八十年，史家称为"近代"。这个历史时期，是中国历史发生剧变、社会产生动荡的时期。以异族入主中原的清政府到了晚年，即道光同治以降，由于政习惰成，国家腐败无能，国势衰微，民不聊生，西方列强以坚船利炮迫使清朝政权取消海禁，开放口岸，使中国由传统的封建社会沦为半封建半殖民地的国家。在这种形势下，有识之士要求变法图存的呼声日益高涨，终于有了康有为带头的"公车上书"，光绪皇帝下诏变法，可惜由于当时顽固派势力的强大、民众觉悟的低下，这场自上而下的变法维新，只存在了一百零三天即告夭折，但是，历史前进的步伐是任何人都无法阻挡的，历史终于在一九一一年翻开了新的一页，辛亥革命成功，中国开始了新的纪元。

　　历史往往充满了悖论。西方列强的军事、政治、经济、文化侵略，给中国带来深重的灾难的同时，西方工业社会的先进科学文化和报刊出版体制，也进入了中国。由于中外文化的交流、留学生的派遣，先进的中国知识分子参照西方国家先进的政治经济社会体制，对自己生存的历史和社会环境进行了深入而痛苦的历史反思。西方的侵略，一方面破坏了中国长达数千年的农业经济社会基础，动摇了中国的封建专制统治，一方面也激发了中国仁人志士的爱国热忱，改造中国社会的勇气与责任心和弃旧图新的壮举,因而使这个社会动荡、民变迭起的动乱时代,成为使中国由衰微走向新生的过渡时期。

在这段为时不长的过渡时期里,却是政治风云谲变,思想异常活跃。时代剧变与西方文化、文学的冲击和引进均极大地冲击了中国古代文化文学的深层结构,而开始了承前启后的历史嬗变。出现在这一时期的散文,它的发展主流始终与社会的政治思潮相呼应,其代表性的作家几乎都是这一时期重大历史变动的发动者、组织者和参加者,因此,在他们的笔下作品中始终贯穿着一条启蒙与救亡的主线,发出忧时与求索的呼声。面对着外部帝国主义的侵略、内部农民起义风起云涌的内忧外患的艰难局面,不少作者不禁发出了"路漫漫其修远兮,吾将上下而求索"的感叹,纷纷对国事献计献策,提出自己的政治主张与改进措施,其忧国忧民的心情可以说是溢于言表,有的甚至达到了疾首痛心、大声疾呼的境地。在风格上,这一时期的散文也一改过去传统散文的平缓与徐舒,而表现为激昂与慷慨,这是由于内容所决定的,在"寇深矣,国事将何为"的气氛下写成的文章,是不可能心平气和的,必将表现为或激昂指事或慷慨陈词,绝无柔弱纤细之态可言,至于在艺术上,由于这些作者多半为大知识分子出身,所受传统的古典文学熏陶较深,有的还身居高位,有的曾出洋考察,所经阅历较深,其视野也较一般人开阔,因此在他们的文章中,无论状物抒情,还是叙事说理,都有其独到的过人之处,尤其是康有为、梁启超的文章,更是笔端饱含情感,条分缕析,旁征博引,有着特有的艺术魅力,因而受到广大读者的热烈欢迎。

因此,将这一时期的优秀散文,分类加以编辑出版,将是一件很有意义的事情,它不仅填补了这一时期的散文空白,还可以通过这一时期的散文,看出当时的政治风云变幻、典章制度的变革以及当时人情事物的变化,有着重要的文献意义和史料价值。同时在欣赏这些优秀散文时,不仅从中可以获得美的享受,更可从这些作品中看出它们是如何起着承上启下的作用的,正是它们继承着明代抒情小品的优秀传统,而又是它们开启着"五四"散文的不拘一格、独抒胸臆的灿烂局面。

一九九九年秋在上海寓所

注:

①本书由上海文艺出版社二〇〇〇年出版。

两个倔强的灵魂

——为秋石新作《萧红与萧军》写序

　　本月初，在上海美琪戏院开幕的上海国际艺术节上，北京艺术家为申城观众上演了这次会演唯一根据现代小说改编的话剧，这就是三十年代在上海出版的左翼女作家萧红的《生死场》。据媒体介绍，它轰动了申江，成了这次会演中的"压轴戏"和"开锣戏"。媒体报道说，演出在雷鸣般的掌声中结束后，许多观众不愿退出剧场，他们在思考、在回味。

　　我看了这些报道，衰老的神经被深深地震动了。

　　萧红的《生死场》和萧军的《八月的乡村》，这两部描写东北人民在日寇铁蹄下的苦难和奋起斗争的小说，是在他们夫妇三十年代中期辗转流亡到上海后，在鲁迅先生的支持和关怀下出版的。因为当时正是当政的国民党政权，配合对苏区的武装革命力量进行军事围剿的同时，对以上海为大本营的左翼文艺运动，进行文化围剿的白色恐怖时期，他们这两部小说连同从江西苏区来沪、从事地下活动的叶紫的描写苏区生活和斗争的短篇小说集《丰收》，虽经鲁迅先生一再推荐，商业出版社先后退稿。最后由鲁迅先生自己掏腰包，作为《奴隶丛书》的三种，用容光书局的名义，先后出版。因为是非法出版物，一般书商都不敢经销，都是通过各种曲折的渠道，才直接送到读者的手中。

　　萧红的《生死场》是这套《奴隶丛书》的第三种，一九三五年十二月出版。小说的内容是以哈尔滨附近的一个偏僻的村庄为背景，反映了"九一八"前后，东北人民的苦难与抗争。人们世世代代在贫困和愚昧中劳动和生活，在这个自我封闭的生活环境里，人们显得愚昧、麻木、自私、狡诈、顽固，以至蛮横、猜忌、多疑，时而自视甚高，目空一切，时而又显得自卑委琐、畏首畏尾，过着蝇营狗苟的暗淡日子。侵略者来了，捕杀、抢劫、强奸，许多人家破人亡，他们终于在沉睡中觉醒了。他们自动拉起了队伍，去投奔中国共产党领导下的"救国军"，要向侵略者讨还血债。连平日最自私狭隘的人，也开始关心国家大事了。那些最善良驯服的人，也喊出了"不当亡国奴，生为中国人，死是中国鬼"。一部《生死场》正是一部农民的血泪书，它给予人们的不是眼泪与颓丧，正如鲁迅为该书所写的"序文"中所写："北方人民的对于生的坚强，对于死的挣扎，却往往已经力透纸背。女性作家的细致的观察和越轨的笔致，又增加了不少明丽和新鲜。"又如左翼文艺批评家胡风先生在为该书所写的"后记"中所写的："这些蚊子一样的愚夫愚妇们，就悲壮地站上了神圣的民族战争的前线。蚊子似的为死而生的他们，现在是巨人式地为生而死了。"

萧军的同一题材，并先萧红出版的《八月的乡村》，成为这对苦难的夫妇走上文坛的成名作，被一版再版。又由于鲁迅先生的努力，同时被译介到国外，驰誉世界。诚如鲁迅先生所说，它们很快为圈内外同人们所接受。毛泽东在抗战时的延安文艺座谈会上发表的讲话中，对文艺作品所规定的政治准则，因为他们从生活实践出发，不自觉地提前响应了这一号召。这两部作品成为"团结人民，教育人民，打击敌人"的有力的思想武器，成为我国现代文学史上经典性的存在。

又据上海的传媒报道，这次北京艺术家带来上海的《生死场》话剧，对原作做了"全新的演绎"。年轻一代的编导从新的历史高度，以开放性的文化心态、立足于总结历史经验与教训的角度，剧作中除过强调在日寇铁蹄蹂躏下，村民不论智愚贤不肖，纷纷走上了革命的抗日军事队伍，从事对敌斗争，从死中求生这个爱国主义的主旋律的同时，更通过剧中角色的性格塑造和情节变幻，充分反映了农民在封闭性的传统生活意识下所形成的愚昧、自私、残酷、损人利己和小农经济所形成的根深蒂固的野蛮愚昧意识。正如马克思所说："统治阶级的思想意识就是被统治阶级的思想意识。"几千年的封建专制主义的政治传统根深蒂固。一九一一年的辛亥

328

革命虽然推翻了中国最后一个封建王朝，但由于以小农经济为基础的社会经济结构没有得到根本改变，真所谓"天不变，道亦不变"，封建主义的阴魂，仍在中国的大地上游荡、徘徊、借尸还魂，以换汤不换药的形式为祸中国，"文革"就是一个样板。正如媒体报道所说："话剧《生死场》是在寻找历史教训，反思某些根深蒂固的落后意识，以这个上演的故事，表现出二十世纪末的人文关怀，并突现出作者的焦虑心态。"（见一九九九年十一月三日《新民晚报》记者沈明月文）因为"文革"及其以前的历次政治运动的发动者和参与者，他们都是以革命起家，革过别人命的人们。

无独有偶，在上海国际艺术节因上演萧红的《生死场》而轰动一时的同时，上海学林出版社即将推出秋石先生潜心研究二十年，历经数十次实地调查考证，费时十六年三易其稿的长篇传记作品《萧红与萧军》。这本新作也同全新演绎的话剧《生死场》一样，将给予广大中外读者一部充满新意，又真实生动的关于两萧的生活传记。

因为有比较才能有鉴别，在秋石写作这本书以前，已经有了海内外各类人士撰写了三十多种关于萧军和萧红的研究和传记，这些出版物从各个方面和角度，不同地或为萧红立传作评，或为萧军立传作评，真是百家争鸣，众说纷纭，各抒己见，热闹非凡。

比如两萧在危难中结合，最终又在战乱中悲剧性地分手，这个事实究竟原因何在？在这之前三十余个版本中有一些是借助了女主人公萧红的话来加以佐证的。萧红生前所说的这句话是："我恨这个以男子为中心的社会！"此外，还有相当一部分人武断地下了这等不分青红皂白无视事实的结论："当初两萧结合时，爱情天平就不对，是偏向萧军一边的……"

这种说法，其实是很难受到事实的检验的。

如若按照这个结论，似乎当初萧军根本不应该救萧红出火海，或者换言之，萧军这番义举是大错特错了：似乎当初萧军救萧红并非是出自侠义，而是另有图谋的……

作为后人，在评价先人尤其是在评判历史上曾经产生过一定影响和建树的人物时，首要的一条是一定要尊重史实，尊重事物的本来面貌。

那么，当年的萧红是一种什么情况，她所处的环境又是一种什么样的环境呢？

确凿无疑的史实包括萧红自己描述的有关当时的情况是：

一个怀了别人的孩子且是将要分娩的大肚子的女人；

一个年仅二十一岁但是已经出现了丝丝白发的青年女子；

一个因欠了旅馆六百元债务即将被卖入青楼为娼的天涯沦落女。

此时此刻的萧红，从未在任何报章上发表过片言只字，如果说她有满腹经纶和旷世奇才的话，那也只能说是潜在的……

而萧军此举又图的是什么呢？

诚如萧军后来二度重返"跋涉"的故乡时所阐明的那样：两人的结合是一个偶然的结合——在当时，如欲救出萧红，除了接来同居结为夫妻外没有别的办法，因为她一无去处二无职业三又怀了孕，无法独立生活……

有关萧军为什么要救萧红，两萧的结合和两萧南下流亡时的状况，最具权威也最具有现实说服力的见证人舒群客观、公正的结论是：一是谁也没有六百元可以救萧红出困境，即使救出来也难以养活一个孕妇；二是谁都清楚：一个腆着大肚子而且是怀着别人的孩子的孕妇是一个什么样的形象，也只有萧军这样侠义心肠的热血青年才会将同情心化为爱心，从而导致令他人"不可思议"的事情产生。

除了萧军救萧红出苦海这个根本前提，我们还应当尊重以下事实：

正是萧军，给了萧红以做人的尊严、生存下去的勇气、开创新生活的希望。而且，萧军身体力行，冒严寒，忍饥饿，外出打工授课，养活了产后在家待业的萧红。

正是萧军最早看出了萧红潜在的才华（这也正是他与萧红结合的前提），并且不断给以萧红鼓励和几近手把手的扶持，才得以使萧红的初作——短篇小说《王阿嫂的死》发表在《国际协报》上，从而使萧红迈入了文坛的门槛……

正是萧军率先提议，并且亲自执笔与鲁迅先生取得联系；继之还是萧军将萧红的成名作《生死场》呈到了鲁迅先生的案头上，使得萧红得以与萧军并驾齐驱，蜚声国内外文坛。在这部后来被鲁迅誉为"力透纸背"的作品中，其中一些至关重要、震撼人心、充溢着强烈反满抗日情调的灵与肉、血与火搏击的活生生的场面，是在萧军壮烈激昂的提示下完成的。

那么，几十年来，又何以会产生"爱情天平的重心不对"的结论呢？

有关两萧离异的真正原因，整整一个甲子以来，我们一直被某种单一方面的叙述左右着。生前，萧红以其"备受暴虐"的"屈辱"面目出现在人们的面前；在其客逝香江以来的半个多世纪，人们也一直反复引用萧红生前的"诉说"加以佐证着，然而，人们似乎从来没有听过萧军有关这方面的辩解或说法，而有些人则是根本不予理会。

然而，事实毕竟是事实。

其一：

一九四一年夏，胡风先生自桂林抵达香港不久，迅即前往探望患病中的萧红。萧红一见胡风，也当即欣喜异常地说道："我们一起来办一个大杂志吧！把我们的老朋友都找来写稿子，把萧军也找来，如果萧军知道我病着，我去信要他来，只要他能来，他一定会来看我、帮助我的！"

距萧红说这番话相隔整整四十年后，胡风先生在其抗战回忆录《奔赴香港》一节中这样写道：

"我去看了一次萧红，无论她的生活情况还是精神状态，都给了我一种了无生气的苍白形象。只在谈到将来到桂林或别的什么地方租个大房子，把萧军接出来住在一起，共同办一个大刊物时，她的脸上才露出一丝生气，我不得不在心里叹息，某种陈腐势力的代表者把写出过'北方人民对于生的坚强，对于死的挣扎'，'会给你们以坚强和挣扎的力气'的这个作者毁坏到了这个地步，使她的精神气质的'健全''明丽和新鲜'都暗淡了和发霉了。"

其二：

萧红病危弥留之际，在自知无法苟延时，她曾这样企盼地对陪伴在她身边与萧军一样有着满腔侠义心肠的骆宾基倾吐了如下的心声：

"……如果三郎在重庆，我给他拍电报，他还会像当年在哈尔滨那样来救我吧！"

有关两萧分手的真正原因，尤其是萧红向他人述说的两人在上海共同生活期间发生的一些事情，几十年来，萧军一直是缄口默语的，即使是进入晚年以来，他也依然如此。

"决不欺负死人！"

"不搞死无对证！"

上述这些话，充分表明了萧军在这个问题上极为鲜明而又甚为豁达的立场。

一九七八年九月二十八日，即将复出的萧军这样回顾道：

"我的主导思想是喜爱'恃强'；她的主导思想是过度'自尊'。

"因此，在我是不能具有托尔斯泰那样的'基督教'式的谦卑，说'一切都是我不好'；我也不能责备或诬枉已死者，说'一切都是她不好'，这是有悖于一个作为人的动物的起码品质和道德的。

"因此，对于这一问题，不管是对于故人、老友还是善良的读者们，我只能采取外交官的通行例语：'无可奉告'。"

做学问，搞研究，其重点是什么？所要达到的目的又是什么？

近些年来，在经济大潮的冲击下，文史研究领域中出现了一股股浊流；炒古人，炒死人；歪曲、篡改史实；恣意杜撰、制造莫须有的隐史，以至艳史，以达其所谓"轰动效应"。凡此种种，连鲁迅研究也不能幸免。这其中，当数两萧研究尤为突出。一些人既不去研究两萧在中国现代文学史上的重要地位，对中华民族对世界反法西斯伟大事业的特殊建树，以及两萧同鲁迅的关系、同左翼文学和抗战文学的关系，又不肯下气力研究两萧的作品，而是在人为制造的误区中纷述杂论，朝有贡献的一代革命作家身上大泼污水，更有极个别者则是乘机浑水摸鱼，用女作家的私生活招徕读者，以饱私囊……

行文至此，我不禁想起萧军先生生前在谈及萧红研究时深明大义地说的一番话：

最近在东北，似乎兴起了一阵萧红的研究热潮，其中也有我的老朋友。他们向我这里来征集材料，听取意见……我给他们的建议是这样：对于这样一位作家，仅仅从事文学生涯只有十年的历史，为我国文学事业——无论是质与量、社会意义、艺术造诣——留下了不能抹杀、不可磨灭的业绩，我们是应该进行一次严肃的认真的研究和探讨的工作，我是赞成的。但是对一个作家的评价是应该从他或她的具体作品效果和意义而衡量、而产生的，而不是别的什么"属性"。因此我建议你们对她的作品本身多做具体的突入，全面的分析，全面的综合……而获得一个相应的结论，来启示读者、教育读者……对于她生活方面的一些琐事，不必过多注意，过多探求……否则将会遇到一些难于通过的"死角"，这是无益而浪费精力的事……

《萧红与萧军》不是秋石的处女作，也不是他的首部研萧之作。早在一九九七年四月，秋石就自费出版了他的首部研萧文集——融史料、研究、辩诬、怀念、回忆于一体的《聚讼纷纭说萧军》（学林出版社）。现在，继《聚讼纷纭说萧军》之后，秋石又推出了长达三十万字的长篇传记《萧红与萧军》。据了解，为了写好这本书，秋石先后自费去了南京、杭州、北京、哈尔滨、锦州、呼兰等地寻访曾与两萧有过来往的好友及知情人等，叙谈并考证了有关细节，阅读比较了五百万字以上的有关著作、文学史料等。有时为了弄清一个典故、一个事例，秋石不仅查阅了两萧生前所写的文章及其好友的回忆、怀念文章，而且还不厌其烦地一一核对了鲁迅书信日记及其文章的出处，乃至上百次通过电话同远在北京、长春、海口、乌鲁木齐等地的知情人进行核实，三次前往杭州、南京，专程登门拜访了两位熟知两萧情况的九旬老人——黄源、陈学昭。

　　与这之前他人所做的有关萧军、萧红的数十个"传记"版本相比较，秋石的《萧红与萧军》一书格外地强调了两萧之间的真挚情感，以及由鲁迅一手扶植的《八月的乡村》和《生死场》对我国革命文学乃至世界反法西斯战争文学的重要建树。弥足珍贵的是，秋石在该书中浓墨重彩地刻画了鲁迅对来自沦陷地青年作家的无限关爱和扶持，在同类研究中首次全方位地对鲁迅回复两萧的五十三封书信全部逐一进行解析，穿插鲁迅同两萧交往的一个又一个的真实故事，重现了以鲁迅为代表的三十年代左翼文学和民族革命战争的大众文学一幕幕可歌可泣的感人情景。

　　针对一些版本中大肆渲染的所谓两萧离异、所谓萧红同许多男人"同居"的细节，以及萧军救萧红别有用心的染指，秋石则依据确凿无疑的史料一一加以批驳和纠正。

　　值得指出的是，秋石的《萧红与萧军》一书写得比较真实可信。其一，秋石与萧军生前曾有过长达九年的交往。其二，秋石手中拥有与现仍健在（包括已故世）的十多位三十年代见证人交往、叙谈所掌握的材料。其三，近十年来，秋石一边潜心研究，一边不断"站出来澄清一些事实"，对那些无视史实，恣意杜撰、臆造炮制出来的谬误百出的"传记"予以猛烈抨击，还其历史本来面目。一九九四年一月十日，台湾《中央日报》上刊登了一个名叫李家的人所写的长达一万五千字的《萧红和她的四个男人》，文中不乏对鲁迅、对鲁迅的学生、对左翼文学阵营的污蔑、攻击。

当这篇别有用心的长文被改头换面地转载于内地一些报刊时，秋石则依据自己手中所掌握的确凿无疑的材料，在南北诸多文坛前辈的支持下，于同年九月二十四日出版的《文艺报》上发表了题为《关于萧军和萧红的一些史料》的长文，进行了公开的辩诬。半年后，秋石再次在《文艺报》上发表了题为《白云原自一身轻——缅怀萧军先生》的长文，该文以确凿可信的史料描述了萧军当年在延安时同毛泽东的重要交往，对延安文艺座谈会的可贵贡献，以及萧军在彭真、王实味、胡风、丁玲等人身处逆境时不顾个人安危而仗义执言的种种感人行为。

我与秋石先生素昧平生，虽然这些年在报刊上零碎地读过他记述和论证两萧的文章，如《毛泽东与萧军》（刊一九九七年九月十一日《文艺报》）、《彭真与萧军》（刊一九九七年十一月三日《文汇报》）、《萧军与王实味事件》（刊一九九八年四月一日《解放日报》）等文章。最近由文化界老友谢蔚明、肖关鸿引荐，我们才有缘结识。据说他这次来沪前曾进京会见梅志大姐（她也是两萧的熟人），提起为他的新作写序事，梅志大姐认为我是个合适的人选，因为我和两萧都是同时代人，都是三十年代在鲁迅先生开创的左翼战斗文学旗帜下，走上生活和文学道路的，我们有共同的"祖师爷"。鲁迅先生一九三六年十月在沪逝世后（当时萧红正居留东京），由留日同学自发举行并由"左联"东京支部主持召开的鲁迅先生追悼会上，一致公推萧红当追悼会的主席。当时我正在日本亡命兼留学，她和我有一面之缘。鲁迅先生逝世后，继承和发扬了鲁迅先生战斗传统的胡风先生主编、战前出版的《工作与学习丛刊》和抗战开始后出版的《七月》杂志，撰稿人员都是鲁迅先生晚年周围的那群青年朋友，包括萧军和萧红。我则是一个初来者，因一九三七年春，我在日本向《工作与学习丛刊》投稿，结识了胡风并在抗战开始弃学回国后，在战乱中，与胡风结成彼此生死患难的情谊。八十年代中期，我们夫妇应当时哈尔滨的北方文艺出版社的邀请，曾到这个号称"小莫斯科"的城市做客访问。我们在哈尔滨居留期间，曾专程去呼兰县，访问了萧红的故居，表示了对她的悼念。萧军则是五十年代初我们夫妇进京省亲时，在胡风的北京寓所相识，一见如故。一九七九年秋天，我头上还戴着戴了二十多年的"胡风反革命集团骨干分子"的政治帽子，进京开会。在当时比较宽松的政治环境下，我专程去访问了萧军，事后并写了《萧军印象》一文。最后相晤，则是一九八六年在北京八宝山胡风追悼会上。这半个多世纪来，萧军和萧红的坎坷命运，比如萧红客死香江时，陪伴在侧的是骆宾基，也是我的一个熟人。至于萧军，他新中国成立前后的坎坷的政治命运，则是我的另一种意义上的"同路人"。我们先后在各种政治运动中蒙难受冤，蹲过监狱，一再受到批斗，都是八十年代历史转轨、社会转型以后的"出土文物"。从这些历史和现实的原因来说，为秋石先生的新作写序，应该是我这个后死者义不容辞的历史责任。同时，对秋石先生的辛劳和勤奋，致以深深的谢意。他正值盛年，希望以后在两萧研究，包括对中国左翼文艺运动的研究中，不断走向深入，拿出更多富有自己的学术个性和文化品位的新作。

最后，引用我在《萧军印象》一文中的最后一段话作为本文的结语：

现在说来，一九五四年春季那次在北京地安门内胡风京寓见面的朋友们，李春潮、潘开滋①、胡风以及萧军都已先后地离开了这个世界，只留下我这个老头子在这里啰唆，走笔到这里，不禁潸然泪下……

但是，我认为历史是不会忘记他们的，因为他们在中国人民站立起来的过程中，以自己的勇敢与才智参加了这场壮烈的历史斗争……

这里还应该加上萧红的名字，因为我们都是文学上的同路人、战友。

是为序。

一九九九年十一月十五日在上海寓所

注：

①李春潮、潘开滋都是我三十年代的留日同学，当时都是党政领导干部。李春潮当时任广西文教厅长兼党委书记，一九五五年反胡风运动时受到批判，一九五七年反右时跳水身亡。潘开滋当时任农林部全国集体农场管理总局局长。在反胡风和反右中都受到审查、诘难。"文革"中，罢官受难。"文革"后，平反离休，一九八四年病逝北京。

《解冻时节》①自序

　　我的青年朋友李辉愿意将我与老妻任敏我们这个两人世界的三种家庭"档案"材料作为他为长江文艺出版社主编的《历史备忘书系》之一出版，这些文字本来都是鲁迅先生所说的"非文学写作"，是我们这个两人世界的生活纪念，目的本来是保存自己的历史记忆，现在能有机会公开印行，交给广大的社会来保存这些属于个人而又不仅仅属于个人的记忆，我想想，觉得也好，感谢之余，也不免有许多感慨。

　　这里收录的三种材料，第一种是我写给任敏的信件，其中最主要的部分是自一九六六年四月"文革"前夕我在被关押十一年后，以"胡风反革命集团骨干分子"罪名被判处有期徒刑十二年，旋即押回原单位复旦大学保卫科交校印刷厂监督劳动，以迄整个"文革"时期写给当时在山西我的家乡晋南襄汾县山村当自食其力的农民的老妻的家信。它们是在那个"千万不要忘记阶级斗争"的年代，有幸保存下来的残片。承《收获》杂志的主编李小林女士的美意，这些书信中的一部分曾经在今年的《收获》第三期刊载过，当时发表时我为之写了一个简单的"前记"，现在仍保留下来，以供有兴趣阅读本书的朋友们参考。第二种是我的"平反日记"，起自一九七九年八月，终于一九八一年底我彻底平反，其中反映了我们作为所谓"胡风反革命集团"成员平反的复杂曲折的过程，记载了任敏调回上海、我们夫妇始得团聚的经历，也记录了我们当时的生活处境以及那个年代特有的社会风貌与文化风景。我有记日记的习惯，但一九五五年以前的日记在胡风事件中片纸不留，此后就是蹲监狱与作为"另类"监督劳动，个人的权利与私人空间被完全剥夺，根本没有写日记的可能，直到一九七八年秋我被解除监督，回到原单位中文系资料室当图书资料管理员并参加《中国现当代作家研究资料丛书》的编选工作，老妻任敏也回到相别二十年的上海，我又分到一间阁楼，有了自己的独立生活空间之后，这才恢复了写日记的习惯，此后二十年来基本上没有中断。这里收录的反映我们的平反过程的，就是其中最早的部分。第三种是任敏的"流放手记"。这是老妻任敏在七十年代末回到上海、重新建立了我们一九五五年被政治风暴摧毁的家之后，动手写的回忆录，其中记录了自一九五五年后，她作为我这个"囚徒"的妻子的艰难的生活经历。胡风案发，她与我同时被捕关押，后又被流放青海，在青海再次被捕关押四年后，一九六二年又被下放到我的家乡当农民。二十多年来，她辗转在上海、青海、山西之间的曲折艰辛的生活过程，在这份回忆录里有一个概括的交代，这份回忆录过去没有全文发表过，收集在这里，也是避免散失的意思。

老话说："江河不择细流"，从我们这对普通的知识分子夫妇的生活、命运和人生记忆的这些记录中，从它特有的方方面面，也可以折射出时代的某些本质和底蕴的东西，这就为认识中国现代特有的历史时代提供了一些生活材料，也为今人或后人认识和思考我们生存的历史时代提供了一些值得深入思考和研究的民间史料，把它们付之印行，既为我们这对患难夫妻的人生风景留个纪念，也为历史留个影子。尤其是我在"文革"中写给任敏的信，读者不难从中看出一些那个时代的印记，我们即使在私人通信中也不得不谨慎小心，因此涉及当时政局便不能不有一些言不由衷或者言内意外之处。历史环境改变了，一九七九年以后的日记中我就记录了自己的真实的认识和感想。一九五五年被捕以迄一九七八年"解除监督"，我被迫写过许多"思想汇报"，其中多半是套话、空话和废话，那不是写作，是一种"劳役"。而收集在这里的日记与回忆录，才算得上是我们向历史的真实的思想汇报。

一九九五年我八十岁时写了一个自寿联，去年我八十三岁、老妻任敏八十岁时我又为之写了个注解，成了一篇文章，为了给我们的这三种生活档案材料提供一个历史背景，换句话说，也就是为之加个注文和阐释，现将这篇文章抄录如下：

八十自寿联
脱胎未换骨
家破人不散

附记： 一九三七年，当时我作为一个二十岁的青年，在日本东京日本大学社会科留学，同时参加中国留学生的进步文艺活动，虽然在出国前，我从三十年代初期，就作为一个文艺学徒，先后在家乡太原以及北平、天津、上海各报上写写文艺作品。只是一九三五年冬天因在北平参加了"一二·九"学生爱国民主运动，被当地的地方政权以"危害民国"罪投入监牢，罪名为"共产党嫌疑犯"。坐了两个多月，由我那个富裕的家庭辗转托了一位在官场上有权势的人物，以银钱一千元和五十两鸦片烟的高价保释出狱，但因为还留着一个"随传随到"的政治尾巴，即是说，我随时有"二进宫"的可能，再吃二遍苦，受二茬罪。因此，一九三六年春天出狱后，跑到日本，亡命兼留学，踏上了戊戌政变失败后康梁亡命日本的老路子。当时在东京的内山书店看到上海生活书店出版的《工作与学习丛刊》第一、二本，第一本书名《二三事》，是以鲁迅先生的遗文为书名；第二本题名为《原野》，是以艾青译的比利时现代派诗人凡尔哈伦的诗作为书名。我从这个丛刊的撰稿人员阵容和编辑风格上感受到这是继承鲁迅先生开创的战斗的文学传统的严肃的左翼文学刊物，因此把自己来东京以后写的一篇以我的第一次监狱生活的人生感受为题材的小说《人的悲哀》投了稿，我当时并不知道这个刊物是什么人负责编辑的。过了两个月，即一九三七年初夏，我收到这个丛刊的第四本《黎明》（它刊出了我的小说）并三十多日元稿费和编辑胡风的热情来信。一九三七年秋天抗战爆发以后，我弃学回国参加抗战活动，并继续为胡风主编的《七月》和后来的《希望》投稿。我与胡风是在历史的风雨中结成友谊的，但想不到的是，我在青年时代由文学结缘与胡风的结识与交游，等于拿到了一九五五年长期坐牢和劳改的通行证，我们一块被投入地狱。

解放初，即一九五〇年秋，我就"插队落户"到大学当教授，虽然我生平从未加入过任何党派，我们这一代在"五四"精神培育下走上人生道路的知识分子，在当时的历史条件下，既继承了传统儒家的"天下兴亡，匹夫有责"的历史使命感，投入救亡和社会改造的政治活动，同时也坚持了自己的独立人格和思想自由：我们这一代人的思想意识和生命追求是在当时开放性的历史文化环境里，在中外文化交流、碰撞与融会的时代潮流下形成的。而我们这代知识分子的主流思想是要使中国走向现代化的道路，就必须首先反对专制主义的传统政治体制，这也是五四运动的一面思想旗帜。因此，我在旧社会是一个叛逆者，在各个历史时期都作为"政治犯"在监牢里进进出出，前后有三次之多。万万想不到，我们为之追求与奋斗并为之付出沉重的生命代价，梦寐以求的新社会来临以后，在农村包围城市的革命运动中，竟成为被改造与再教育的对象。到了一九五五年，又大祸从天而降，作为所谓"胡风反革命集团骨干分子"与我的在家操持家务的妻子任敏先后被捕，被扫地出门，收监关押。我在监狱里坐了十一年，"文革"前夕又被上海第一中级人民法院判处有期徒刑十二年。法庭宣布这个所谓"胡风反革命集团"罪行是："妄图篡夺中国共产党的文艺领导权。"后来我在劳改中，我看到在"文革"后期出版的《毛泽东选集》第五卷收录的毛泽东对这个所谓"胡风反革命集团"材料所写的序言和按语，在该书的第一百六十三页上看到，毛泽东对这个所谓的"反革命集团"的定性和定罪的批示："这个反革命派别和地下王国，是以推翻中华人民共和国和恢复帝国主义国民党的统治为任务的！"……当时法庭宣判后，法警给我戴上了手铐，送上警车，押回看守所。旋踵又被押回原单位复旦大学保卫科，被发配到校印刷厂"监督劳动"，并宣布了改造纪律，不准乱说乱动，在"劳动中进行脱胎换骨的改造"。我到印刷厂报到以后，在监督小组专人监视下（"文革"爆发后，监督小组改为专政小组，我被称为"专政对象"），白天除干各种苦活、重活外，在革命群众的不断批斗中，在拳打脚踢中过日子。古人说："以力服人者非心服也。"我虽然身被奴役，但精神上是清醒和独立的，在心理上并没有被奴役，只留下了胡风说的"精神奴役的创伤"。我牢记鲁迅先生的提示："可悲的是，不是身在奴者，而是心在奴者。"一直到一九八〇年，"胡案"作为冤假错案平反，其间十三年；在苦海中浮沉，前后共二十五年。我走完了自己的苦

339

难历程。值得安慰的是，我并没有失掉自我，我还是我，苦难反而深化了我对中国历史和现实的认识与思考，净化了我的灵魂。

我的妻子任敏被关押了一年多释放后，旋又被流放青海。先在一个多民族聚居的山区当小学教师，不到半年，又以为"胡风集团"翻案罪，被收监关押四年，直到一九六三年再被宣布判处有期徒刑十年，提前释放，但指定她不准回上海，只准到农村，"在贫下中农监督下，进行脱胎换骨的改造"。

这三个材料的整理是个简单而又复杂的工程，花费了我的年轻朋友们不少的时间和心力，其中书信部分由郝瑞根据原稿打印，日记部分由刘志荣、黄红宇、钱亦蕉、孙晶分头打印，最后再由刘志荣对这两部分进行最后的核对、校订、编辑和整理，蔡春华也协助做了部分校对工作。张敏更为本书全部校样，做了最后的校阅与写注文的工作。这为我和这些青年朋友的交游留下了一个历史记录，他们的友情也是我们这对苦命夫妻老年的一种安慰。

一九九九年于上海寓所

注：
①本书由长江文艺出版社二〇〇〇年出版。

感慨与振奋

我们即将告别二十世纪，迈进二十一世纪的大门。对我这个饱经沧桑、劫后余生的老知识分子来说，感慨之余，无限振奋。

二十世纪的中国是在外敌内奸交相为祸的历史苦难中举步维艰的曲折反复中前进的国家，其中充满了封闭与开放、专制与民主、前进与倒退、革新与保守的激烈斗争。七十年代末我国开始的改革开放政策的实施，使近二十年来整个社会的物质生活得到很大的改变与改善，相比之下，社会的文化素质、道德素质与物质文明的发展不太平衡。中国作为一个文明古国，素有礼仪之邦之称，为什么会出现这种不平衡的现象，对此应该进行沉重的历史反思。反思得越深入、越实际、越具体，越能真正认识和接受历史教训，健步前进。正如俗语所说："失败是成功之母。"因此，在经济体制改革的同时，政治体制和文化教育出版体制也应该得到相应的同步改革，以避免历史悲剧的重演，使中国真正在二十一世纪呈现出新的时代风貌，成为一个自由民主、富强文明的现代化国家，为人类的进步和发展做出我们这个伟大民族应有的新的贡献。

一九九九年十二月二十七日晚，上海寓所

散文
（2000 年代）

新世纪第一天日记抄

　　晴天。新的一年、新的世纪从今天开端。我已进入八十五岁，卧床年余的老妻任敏也已进入八十二岁的人生老境。正如我的朋友绿原在四十年代解放前夕一首诗的题名中所说："终点又是一个起点！"我们还得挺着胸脯前进，继续与生命搏斗，向时间老人挑战，向前，向前，继续向前！

　　就在旧世纪即将走完它的行程的一九九九年十二月二十七日深夜，一位在《新民晚报》实习的研究生小姚匆匆冲进我家，说该报将在新千年降临之初，即新世纪开始时，出个迎新送旧的专辑，特约我这个饱经世变、历尽沧桑的老知识分子根据自己的历史经验和人生追求写几句话。于是我提笔写了一篇小文《感慨与振奋》①，现抄录如下，算作一份个人档案，给自己做个小小的纪念吧。

　　我们即将告别二十世纪，迈进二十一世纪的大门。对我这个饱经沧桑、劫后余生的老知识分子来说，感慨之余，无限振奋。

　　二十世纪的中国是在外敌内奸交相为祸的历史苦难中举步维艰的曲折反复中前进的国家，其中充满了封闭与开放、专制与民主、前进与倒退、革新与保守的激烈斗争。七十年代末我国开始的改革开放政策的实施，使近二十年来整个社会的物质生活得到很大的改变与改善，相比之下，社会的文化素质、道德素质与物质文明的发展不太平衡。中国作为一个文明古国，素有礼仪之邦之称，为什么会出现这种不平衡的现象，对此应该进行沉重的历史反思。反思得越深入、越实际、越具体，越能真正认识和接受历史教训，健步前进。正如俗语所说："失败是成功之母。"因此，在经济体制改革的同时，政治体制和文化教育出版体制也应该得到相应的同步改革，以避免历史悲剧的重演，使中国真正在二十一世纪呈现出新的时代风貌，成为一个自由民主、富强文明的现代化国家，为人类的进步和发展做出我们这个伟大民族应有的新的贡献。

晴天，气温颇高。从上午起埋头校订《解冻前后》一书的校样，并顺手加了一些必要的注文。谢天振来，送来陈建华编《俄苏书话——凝眸伏尔加》一书并稿酬九十五元。此书选了我的两篇文章，即一九九六年初我为郑体武教授专著《危机与复兴——白银时代俄国文学论稿》一书写的序文，和八十年代初我为旧译《契诃夫手记》新版写的《前记》。陈建华与天振是同行，他先后为天振在台湾业强出版社主编的《外国文化名人传记丛书》写过《托尔斯泰传》与《陀斯妥耶夫斯基传》。前几年他还送过我一本他的专著《二十世纪中俄文学关系》，我们也算同行朋友。天振同时送我两瓶龙井茶。他现在兼任上海外国语大学社会科学研究院副院长，忙于教学开会，放下东西后，即匆匆离去。

刘福泉来，陪我到校内理发店刮胡子。这里服务周到，价格低廉，是知识分子理想的消费场所。还在学生开的自助商店为敏买了蛋糕等食品。到家后，工人卞志刚来。他是我们夫妇受难时临时居所的邻居。因为当时他不嫌弃我们的政治身份，并多方帮助照顾我们，所以成了朋友，一直来往。他与小刘和我们家人一起吃过午饭后，先后辞去。

午睡后，《文汇报》资深记者谢蔚民陪秋石与《文汇报》青年记者李鹏飞来访。秋石送我一册由我写序的他的新作《萧红与萧军》。据说这篇序文《文汇报》将摘要刊载。老谢送来武汉作家周翼南画的新台历。他们别去后，女博士生蔡春华来。

收到东方电视台、郑州大象出版社贺年片。

席殊书屋送来一批赠书。

敏情况良好，体温上午摄氏 36.6 度，下午 36.7 度，晚上 36.7 度。

（注：老妻任敏因患脑血栓，住院治疗后，在家卧床休养，每天均记载她的体温）

注：
①该文刊载于《新民晚报·新千年寄语》，二〇〇〇年一月二日。

我是一条龙

今年是告别旧世纪——二十世纪，踏入新千年门槛的第一年，也是我进入八十五周岁耄耋之年的第一年。《新民晚报》的朋友约我写篇本命年的文章，盛情难却，那就信笔写点什么吧。

前些年，即八十年代以后，我再一次由鬼变成人的时候，一个朋友送了我两块名贵的石头，另一个朋友拿去为我刻成了两个闲章，一曰"洪宪生人"，因为我生于一九一六年，正是袁世凯窃取辛亥革命果实，复辟帝制，改国号为"洪宪"的那一年。二曰"秦坑余民"。这两个名称可以说基本概括了我八十多年来曲折多难的人生旅程。

我们这一代人，是在"五四"反封建专制主义精神激励下成长起来的追求独立人格和个性自由的一代。我生逢中国社会内乱外祸交织、动乱不安的时代，也是一个中外文化交流、碰撞、融会的开放性时代。在这样的历史环境里，我们一方面继承了儒家"国家兴亡，匹夫有责"的历史文化传统；另一方面追求着个人的独立人格和自由思想，投入了中国救亡和改造的社会政治运动。从所谓红色三十年代起，我就是当时中国主流政治力量——中国共产党领导的革命运动的同路人，虽然我一生从未参加过任何党派，但由于中国的社会经济结构始终是以小农经济为基础，因此辛亥革命虽然推翻了中国最后一个封建专制政权，但封建专制阴魂未散，一直游荡在中国的历史上空，以变形方式为害中国，阻止中国进入工业文明社会。俗话说，性格即命运，几乎在每个历史交替时期，我都作为政治犯在监狱里进进出出，前后有四次之多，这就是我那个闲章"秦坑余民"的来由。

一九四八年秋，我流亡青岛时，翻译了两本书，一是恩格斯的《住宅问题》，一是英国人奥勃伦写的《晨曦的儿子——尼采传》，从我对翻译对象的选择中，也可以看出我们这代人的思想性格和文化追求。一九三一年，新月派诗人徐志摩因飞机失事逝世，周作人在《新月》杂志上写了题为《纪念志摩》的文章，那时周氏兄弟已经失和，周作人在文章中说："徐志摩是一个真实的，甚至是天真的不失赤子之心的诗人。不像某些人，挑个担子，前面一筐担的是马克思，后面一筐担的是尼采。"他所暗指的某些人就是鲁迅。今天看来，他的贬词实际上是褒词，正反映了他们两人不同的思想性格和文化心态。这也就是在由鲁迅开创的战斗的文化精神影响培育下，我们这一代人的人生道路与文学道路的概括。

二〇〇〇年一月三十日在上海

看哪，这人

——《尼采在中国》 [①] 序

　　两位青年朋友李钧和孙洁为《二十世纪外国文化名人在中国》这套丛书编选了这本《尼采在中国》，从这本书的目录和编选后记来看，他们对尼采其人及其思想在中国研究的历史是下了一番苦功夫的，对尼采其人和其思想在中国介绍传播的复杂经历也有着自己的认识和理解，他们并不是盲目地埋头于故纸堆中，为完成任务，不加选择、胡乱去编造一个"豆腐渣工程"。记得鲁迅先生在三十年代写过一篇《论选本》的文章，提出了对选家的认识、要求与看法，我认为这个选本是契合鲁迅先生对选本的严格要求的。

　　本书分为三个篇章，前一部分是《述评编》，第二部分是《应用编》，第三部分为《移译编》。《述评编》选取了从清末一九〇二年到解放前夕一九四九年期间，不同人品才学、不同生活经历、不同思想政治追求和审美精神的中国知识分子从不同侧面论述尼采的篇章，其中或褒或贬，各有分见。《应用编》选取了这一个时间段里受尼采影响而出现的代表作家的代表作品。《移译编》选取的是不同历史时期中国知识分子译介尼采作品的文章。中国与西方不仅地域不同，文化传统、价值取向、社会的政治经济体制不同，而且语言结构和表述方式也有着极大的差异，因此中国学者认识西方文化思想现象，总是从本土观念出发，对对象进行"类我"的改造加工。翻译是一项典型的文化再创造工作，中国学人翻译外国作家作品时都是自己对这位作家的认识与评价，正如郭沫若在翻译尼采《查拉图斯特拉如是说》时说的："我译尼采，便是我对他的解释。""我是一面镜子，我的译文是尼采的虚像。"因为翻译和接受一样，都不是简单的移植活动，而是经过译者和接受者选取、消化、改造、融合的过程，其中必然会发生某种程度的变异。换言之，他们（译者和论者）接受的已不是原型文本，而是经过了改造变形的东西，是对原型文本的一种"背叛"。从这个意义上说，本书收入的文字实际上是不同历史时期、地点和文化条件下的中国人的尼采观。

这是一个比较理想的选本，它基本反映了二十世纪前半叶开放性的政治文化环境里，西方现代思想文化对中国传统封建专制文化的强有力的冲击，中国知识分子在前后两次历史的觉醒后，适时地发现尼采和锲而不舍地引进尼采的情况。

但二十世纪的中国，是一个在外寇内奸交相为祸的历史动乱、在痛苦的曲折反复中举步维艰地前进的国家，其中充满了封闭与开放、专制与民主、前进与倒退、革新与守旧的剧烈矛盾的斗争。一九四九年后，在农村包围城市的战争中建立的新政权，又由开放走向自我封闭，对西方现代科学文化取抗拒、怀疑、批判和禁止态度。六十年代，上海有一部家喻户晓的电影《霓虹灯下的哨兵》，就是用马列主义的观点对西方资产阶级腐朽的精神文明与物质文明的一种形象化批判。当时，认为西方资产阶级的物质精神文明是毒害无产阶级革命群众的腐蚀剂，或是糖衣炮弹，这种文化态度，看似马列主义，其实是小农意识的体现。再加上苏联斯大林时代对十九世纪末、二十世纪初西方流行的现代派文学艺术思潮，如象征主义、未来主义等流派的作家作品和哲学社会思潮（尼采、叔本华、克尔凯郭尔、弗洛伊德是其中的代表人物），采取了查禁封锁的措施，这也给中国文化界带来了不小的影响。然而在新的历史环境下，中国新一代知识分子重新发现了尼采，接受了尼采。尼采，正如他在上半个世纪有力地冲击了中国的封建专制文化一样，在新时期，他又以新的思想穿透力再一次冲击了封建文化专制主义的新变种——"左"倾教条主义。如清末的士大夫知识分子一样，中国知识分子第二次觉醒了，对自己生存的历史与现实环境再一次进行了痛苦的反思。从这方面看，尼采在中国的命运可以说是从另一个侧面反映了中国社会的动乱与变革。但又如恩格斯所说的"历史的惰性"，中国在新的历史形势下，很快又接受了西方的物质文明，可对西方的精神文明仍抱有偏见，一直警惕提防，就像清末的洋务运动一样，只接受西方的科学技术（当时叫作声、光、化、电），即所谓"中学为体，西学为用"，有惊人的相似之处。一直到八十年代后期，随着改革开放的进一步深化，西方精神文明，包括尼采在内的西方现代派思想家才又缓慢地进入中国。

由于本书所选文章只限于本选题的前一部分，即从一九〇二年到一九四九年，但为了全面深入地反映尼采在二十世纪中国的历史命运，我建议编选者再多花一番力气，多下一番苦功，尽力补选、补收八十年代中期以后，尼采重新进入中国，各家的评介文章。因为本书是《二十世纪外国文化名人在中国》系列丛书中的一本，现在的这个选取工作，只完成了"尼采在中国"的早期部分，只能算上编，我感到有些美中不足的遗憾，我期望着能尽快读到下编，套用一句过去流行的话语，这是一部"尚未完成的杰作"。

是为序。

二〇〇〇年二月二日在上海寓所

注：

① 本书以《超人哲学浅说——尼采在中国》为名，由江西高校出版社二〇〇九年出版。

《中西比较文化论》序

——一部开拓创新的研究专著

　　我很乐意向广大读者与同行，推荐孙景尧的新著《中西比较文化论》。这是因为我既了解著者，又熟悉其著作。无论是作为他的老师，还是作为他新著的读者，似乎都是责无旁贷的当然之举。

　　景尧是粉碎"四人帮"后，最早在国内开设比较文学概论课的，一九八一年的《文学报》还专门为此发了消息。一九八四年他与黑龙江大学的卢康华，一南一北两个志同道合者，又一道合著出版了国内第一本比较文学理论著作《比较文学导论》。当时，景尧还同美国学者马克·本德尔共同主编了在国外影响极大的英文版中国比较文学研究学刊——《文贝》(Cowrie)。中央电视台、《中国日报》、《文学报》、香港的《文汇报》、《大公报》和美国的《比较文学学会通讯》、《比较文学与总体文学年鉴》等，都做了专题报道或发了专论书评。记得海外学界还将景尧列为"中国自己培养的有创见的学者"之一。当时他还刚到不惑之年，我也只是过了花甲之岁。一转眼，我们居然都成了"跨世纪"之人，不过，我已退休，耳聋眼花只能少许笔耕；而景尧则还在岗上，仍在笔耕舌耕，先后出版了《简明比较文学》《沟通——访美讲学论中西比较文学》《比较文学》(与人合作主编) 等著作，还翻译出版了《新概念、新方法、新探索》和《西方服饰大全》等译著。令我应接不暇，又读又为之写序，可谓"生意兴隆"；

但也令我欣慰不已，自己的学生不以物喜、不以己悲、甘于寂寞、甘于淡泊，一步一个脚印地耕耘在学识乐土。

景尧自复旦毕业被分配去"夜郎"故土工作，后又辗转岭南、江南，还跨洋讲学、进修，凡三十年，于去年被上海师大引进任教，方又重返故乡，这在其同学中可谓"稀有动物"。而他长期从事佛教、基督教文化与中国古代文学关系，以及通俗文化之一的中美"说书"比较研究，诚如北京大学已故教授、我的同龄朋友杨周翰教授生前所说："这在学界同辈人中，可谓凤毛麟角。"如今他回乡不久，就献上游子归来的一份重礼——《中西比较文化论》，这使我格外高兴。其书稿中所论述的三论，既是他多年研究的独到见解，也是国内外学界都在关注的热点课题。

"中西比较文学批评论"，是对当前国内外比较文学和文论发展现状及其关系的研究批评，在同国际学界发展趋势保持同步的基础上，一方面分析批评了西方文论的偏颇和问题，另一方面则又批判地吸取其合理有益成分，消化融会地论述了中西比较文学文化研究的正确理论、方法和立场。这对中西文学文化比较研究的具体实施，则是锋利有效的"利器"。

"中西宗教文化关系论"，是对历史上外来宗教文化与中国古代文学复合关系的比较研究，着力研究了异质文化与中国文学文化碰撞砥砺的过程及其规律，理据结合地揭示了中国文学消融外来文化成分并"滋生新质"的伟大特点。其中既不乏推翻旧说的新见，又富有这一课题研究的新成果。这些取自世界文明史中唯一具有多种文化交汇历史的宝贵的中国文化资源，对当前"全球化"时代多元文化相会的碰撞与未来，做出了"温故知新"的重要理性认识。

"中美大众文艺研究论"，是对中美"说书"艺术的历史、现状、特点、规律和研究理论的比较研究，从研究课题到理论方法，都做了具开拓性的创新尝试。一方面对国内当今盲目效法美国的通俗文化热，注入正确了解其大众文艺——"说书"的清醒剂；另一方面则对中国传统优秀文化遗产之一的评弹，当今日益萎缩的"危机"境遇，在吸收融会国外有益的理论方法基础上，予以重新审视和比较研究，提出了富有新意的理论新识。这不仅对评弹，就是对振兴与繁荣中国其他传统优秀大众文艺，都具有现实的理论指导意义。

从文学到文化、从精英文学到大众文艺，这是当今世界文学文化发展的趋势之一，既论述了中国文学文化是世界的中国文学文化，又论述了中西文学文化比较研究是新世纪的"世界文学"研究之道，这是该著最突出的学术贡献。我相信大家读了这本著作后，纵然不完全认同书中的观点，但也至少会思考或采纳其提出的命题和富有新意的创见，进而去推动我们学术事业的发展。

就在我刚要写完这篇序时，知道景尧的又一本多年研究的学术力著《中国文学消融西来文化史探》，被沪上一家出版社的编辑看中，并商定也要在新千禧之年问世。"好事成双"，看来我这写序"专业户"的生意，还真兴隆发达呢。我愿这类好事、这类"生意"，多多益善，这样我也就老有所得也老有所乐了。

二〇〇〇年四月八日于复旦

《大师与中国》丛书总序

　　中国历来被看作是一个闭关锁国的老大帝国，在对待外来文化方面总是拒绝多于吸纳，中国的落后，也一直被与这个民族性自然挂起钩来。这种认识实际上是误解，因为在中国历史上，我们的民族心理并不完全表现为保守和封闭，而一直也是开放的，像周穆王西巡会王母，赵武灵王胡服骑射，张骞出使西域，开辟闻名世界的"丝绸之路"，"白马东来"把印度佛教输入到中国，等等，都是中华民族一直在以开放的心态在世界上寻找自己的朋友，谋求与世界的交流的具有说服力的证据。特别是到了近代，在西方列强的直接刺激下，中国更是以前所未有的积极态度，开始了让西学东渐的艰难进程。从某种程度上讲，中国近现代史实际上就是一部中西文化交流史。自晚清"西学东渐"以来，在中国人面前展现的就是一个新颖奇异、生机勃勃的西方文化景观。自此以后，可以说中国文化、文学发生的任何变化都与外来的刺激分不开。特别是发端于一九一七年的中国新文化运动，就是把这种交流变成一种常规，一种习以为常的文化的切磋。就是在当时开放性的文化环境下，中国知识分子开始睁开眼睛看世界，以大胆拿来的态度，如饥似渴地接受西方从文艺复兴一直到二十世纪出现的各种外来文化，包括西方现代派哲学、文学思潮和理论。在这样的基础上，他们基于自身所继承的传统文化的影响，创造性地把中西文化融合成一种全新的文化样式，一种既不完全等同于西方文化也不完全等同于传统文化，而是属于一种新的历史范畴的新文化。观察和研究中国新文化和文学运动，如果不以外国文化文学作为参照系，就很难真正认识中国新文化文学的基本品格。

要了解就需要先介绍。国外的思想学术著作车载斗量地被翻译过来，国外出现的任何新思想、学术思潮都在以最快的速度被介绍过来，很多当时在国内外的中国先进知识分子满怀崇敬之情学习西方的政治、经济和文化，并在西方历史上或现时的思想家中寻找自己的偶像，直接拜师学艺或自认为私淑弟子，如徐志摩私淑罗素，胡适私淑杜威，他们还创造种种条件，让自己的老师来到中国进行游历和演讲，杜威、罗素、泰戈尔、萧伯纳就是在二三十年代到过中国并对中国思想文化产生过很大影响的外国思想家，而中国国内有不少知识分子也借此大肆宣传他们的思想和学术，如出过什么"杜威五大演讲""罗素月刊"，而且陪同他们在中国各处游览，演讲，交流，极大地推动了中国思想文化的建设。在中西文化的这种生动的交流活动中，中国思想文化界逐渐形成了两种主要思想流派，即"西化派"和"传统派"，后者也称"东方文化派"。"西化派"的主要代表是胡适与陈独秀。新文化运动的根本目标就是推翻中国传统文化，但以什么武器来批判中国传统文化？将来的新文化到底是什么样子？在胡适和陈独秀的心目中，实际上也是在当时许多人的心目中，这个未来的中国新文化的图景就是西方文化图景。陈独秀一九一八年就断然宣布："若是决计革新，一切都应该采用西洋的新法子，不能拿什么国粹、什么国情的鬼话来捣乱。"（《今日中国之政治问题》，《新青年》第五卷第一号）而胡适则更直截了当地声明："我很明白地指出文化折中论的不可能。我是主张全盘西化的。"（《编辑后记》，《独立评论》第一百四十二号）与此相对，以梁启超、辜鸿铭、梁漱溟等为代表的东方文化派则受罗素、泰戈尔的影响，认为"西洋文明已经破产"，东方文明将成为拯救世界的精神武器。这两种力量一直在进行着争论，在杜威、罗素、泰戈尔、萧伯纳来到中国之前就一直在进行着争论，而这些外国思想家的到来只是加剧或重新引发这样的争论而已，争论的最终目的还是什么样的文化可以强国，而"五四"以来的中国东西文化之争本来就不是什么真正的文化之争，所以对任何外来的思想家，国人都希望他们能带来一种拯救中国的灵丹妙药。这

357

样，当带着这种先入之见欢迎或反对这些外国思想家时，就都不由自主地具有某种盲目性，而对他们的思想学术本身并没有什么深入的了解。

就以泰戈尔为例，对他的到来，国内文化界就形成了两种主要的相互对立的力量，一派毫无保留地欢迎，一派毫不留情地驱逐，争论的中心就是东西方文化孰优孰劣，而在泰戈尔到华前，国内思想界已就这个问题争论得热热闹闹了，如著名的"科学玄学大论战"，但他的到来使这种论战更激烈起来，原因是欢迎者和反对者都把他看成某种力量的代表，甚至某种政治势力的代表，梁启超、徐志摩把他当作可居的奇货，竭力以他来抬高自己的身价，而激进知识分子和共产党知识分子则把他看作消解人民的革命意志的有害人物进行攻击，大家都忙得不亦乐乎，但他们所欢迎或反对的都谈不上是什么思想和学术。当然，出现这种令人遗憾的现象是受着特殊的时代背景的制约的，只不过当我们回过头来看这段历史时，总为这些本该富有成就的文化交流竟弄得不欢而散而深觉惋惜。

然而不容否认，这些论争客观上对促进中国文化的发展是起到了良好的促进作用的。时至今日，中国与世界的联系越来越密切，任何民族的东西都很快会变成世界的，在人们惊叹世界如此之小的时候，在我们正加大力度搞经济建设，不断与世界进行交流和对话的今天，我们再回顾这段历史，无疑会对我们有很好的借鉴作用。无论何时，我们吸收外来东西，目的无非就是为了使国家更加强大、进步，但在实际的接触和交流过程中往往会发生一些让我们这些后来人觉得难以理解的事，这是很正常的，交流总是伴随着误解，关键是这些误解应该为我们这些后来者引以为戒，不再重犯，我们研究历史、回顾历史，这就是一个主要目的。

从这个角度讲，河北人民出版社选择在"五四"之后曾访问过中国并对中国思想文化界产生了很大影响的杜威、泰戈尔、萧伯纳与中国的文化交流为主题，编辑出版了这套《大师与中国》丛书，从中西文化、文学交流的角度研究他们在中国与中国思想文化界的交流以及他们的思想在中国思想文化界的影响以及一些值得吸取的历史教训，这对我们目前的思想文化建设和中外文化交流事业都是非常有价值的工作。丛书共三部，每部书主要是以大量的翔实材料，梳理了他们的思想学术在中国的传播经过以及他们本人在中国的游历和中国思想文化界的不同反应，另外还收录了他们在中国的演讲，以及围绕他们的来华中国思想文化界的争论文章，最后还收有中国翻译的他们的作品目录以及国内的研究文章目录。这是一项踏踏实实的研究工作，不但有文学价值，而且有史学价值。这些书的作者都是在文学研究领域已经有所成就的中青年学者，都受过正规的学术训练，所以对历史事件的把握和分析都既符合历史事实，又有独到的见解，这都是让我这个文艺战线上的老兵感到欣慰的，所以当编辑让我为这套书写点话时，我就毫不犹豫地答应了。上面随想随写了这些话，算是我的一点体会，希望在经济浪潮的冲击下，以后还会出现越来越多还肯老老实实写、出老老实实的书的研究者和出版社。

二〇〇〇年五月于上海

周作人新论

——《一个中国人的文学观——周作人的文艺思想》①中译本序

　　周作人是二十世纪前半期中国文坛影响极大的散文作家、文学理论家和文学翻译家。虽然二十世纪前半期已有不少论述周氏的文字和印象记，但对周氏真正比较深入系统的研究，还是二十世纪后半期的事。据黄开发先生的一个统计，仅从一九九〇年至一九九七年九月中国大陆就发表了各类文章约一百六十篇，研究专著九种，而这个数字在二十世纪最后两年仍在不断地增加。在研究专著中，我所知道的写得颇见功力并且发生较大影响的，至少就有舒芜的《周作人的是非功过》、钱理群的《周作人论》与《周作人传》，另外，倪墨炎、张铁荣、刘绪源等也有各具特色和侧重点不同的专著问世，记得更早一些的还有李景彬的专著等。更令人欣喜的是，青年朋友对周作人这个现代"古董"也开始显示出研究兴趣，沪上的雷启立和新加坡的徐舒虹近年也推出了他们的新著，思和的学生王友贵还以周作人的文学翻译为题完成了他的博士论文。而我记得，思和自己则早在一九九一年在读过钱理群和倪墨炎的两本传记之后，写成一篇《关于周作人的传记》的书信体长文，提出他的一些很有意思的思考。

　　有趣的是，二十世纪后半期的这种较为系统的周作人研究，最早开始着手的，不是我们中国人，而是外国学者。其中有研究专著行世的，有美国的沃尔夫博士和英国的卜立德博士，前者的《周作人》一九七一年在纽约出版，后者便是陈广宏译出的这部书，此书初版是在一九七三年。另外，日本的周作人研究成果也很不少，我读到的就有木山英雄的论文《周作人——思想和文章》等。

国内的周作人研究，很多仍然从社会历史角度入手，将周作人置于他所生活的风云变幻、动荡不安的时代背景来考察，卜立德的这部著作则侧重将研究对象放在中国文学批评史的长河中，探察周氏的文艺思想。这个研究视角，据我看来，在周作人研究中，至今仍有新意。卜立德先生采用西方现代语言学中词源学的研究手法，将周氏文艺思想中一些特别重要的用语，如"诗言志"，如"平淡自然"，如"苦与涩"等，逐一加以耐心的梳理、仔细的探源和分析，使我们对周氏文艺思想的源流、发展与变异，他从哪里承接来这些词语，他又糅入了多少自己的东西，看得更加清楚。由此也从一个较有深度的角度看到周作人与传统文学、文化、中国哲学思想、文艺思想的关系。再考虑到周作人属于"五四"一代先觉者、先驱者，此书对他中年时期的文艺思想的探源梳理，可以从一个角度看到"五四"先驱们后来的一种走向，以及他们自身所发生的剧烈变化。这样一种研究方法和所得出的结果，我以为是很有意思的。

文化、学术背景的不同，往往导致观察问题的角度、标准的不同，因此结论也可能有所不同。国内的研究者，对于周作人早年提倡"美文"，普遍认为周氏当时此举，其心目中原本有一个模范，就是英语国家的"美文"，因为周作人本人如是说，于是他们似乎都默认英国有这么一个美文传统。如今身为英国人的卜立德告诉我们，周作人是按照自己的想象把英国散文提高到一个崇高的地位，那么这就提示我们一些现有国内研究所忽略的东西。即涉及国外的一些东西，我们的现代文学研究，更多的时候却还不能像卜立德那样追根穷源，将研究视野推展到外国去问它一个究竟。周作人为什么要这样说？是出于了解不够还是别有怀抱？假如是像庞德那样的有意误读，那么它产生了什么样的效果？诸如此类的有趣而又值得进一步探讨的问题。

十多年前，我向青年学者陈广宏推荐此书。可喜的是他是一位有心人，而且是一个肯用力的人。他当时便抱着"希望对国外学者整体地研究中国文学及批评更多一点感性知解"的想法，将其译出。译稿大概因为属于学术著作又比较冷门的关系，游行于多家出版社而未果，直到复旦大学出版社出于扶持学术的目的同意接受。我为青年朋友陈广宏感到高兴，也为复旦大学出版社做了这样一件有意义的事而高兴，更为这样一部有一定学术价值的汉译专著的终于能够出版而高兴。

我和卜立德先生有过数面之交。一九八五年和一九八七年我两次访问香港，与时任香港中文大学翻译系教授的卜立德先生见面并交谈，在一些学术会议或宴会上晤面并有过愉快的交谈。尤其是一九九一年七月底在沈阳参加"翻译与东西方文化"国际学术讨论会，又见到卜立德先生。会议后来移至大连，卜立德教授在会上做了关于鲁迅早年译法国凡尔纳的《月界旅行》译本考证的学术报告，他用流利的中文讲，我听得很认真，他对鲁迅译本从版本学的角度进行了查阅、考证、爬梳，论证了该小说鲁迅的中译本与日译本、英译本、法文原著之间的异同和变化，追根溯源，对这个问题做了很有深度和广度的比较研究。当时就感到，一个外国学者，对中国现代文学家和翻译家，研究如此严谨认真深入细致，我的确从心底里感到钦佩与敬服。现在他的《一个中国人的文学观》的中译本即将问世，这在中外文学关系史研究上是一件很有意义和价值的事情。我为此感到高兴，也希望卜立德先生能早日见到这个中译本，广宏的译本连同我这篇小序也权当对卜立德先生的一个问候和致意吧。是为序。

二〇〇〇年六月六日于复旦寓所

注：

① 本书由复旦大学出版社二〇〇一年出版。

《为了不能忘却的纪念——我的三朋五友》序

　　承蒙上海文化出版社朋友们的盛情与厚爱，愿意将我进入暮年后所写的那些怀念故人与旧友的文章收集出版。我已进入耄耋之年，心有余而力不足，因此，又由我的两位在出版界的青年朋友陈麦青先生和孙晶小姐忙里偷闲地为我代劳，将我这些年写的已发表和尚未发表的这类文字收集成册，从而成为现在这本书稿。

　　老话说："在家靠父母，出门靠朋友。"我自束发读书以后，扎入社会，我的生存时代正是中国朝代更迭、社会动荡、外寇与内贼交相为祸的时代。我作为一个社会型的现代知识分子，在社会上闯荡了几十年，在各个时代和场合都结交了不少各式各类的朋友。因此，在解放后的档案中，曾落了个"社会关系复杂"的政治结论。雨过天晴之后，我又故态复萌，一如往昔。此所谓"江山易改，本性难移"。

　　俗话讲："物以类聚，人以群分。"我作为一个接受过现代科学与文化教育的知识分子，虽然生性喜交朋友，但绝不滥交。我交友是有选择的，有原则的。古人评价文人用"道德文章"这样的标准，我认为用于现在，也不失其原则的真理性，虽然，随时世变迁，"道德"与"文章"的内涵发生了巨大的变化。我认为，人品是第一位的，才学是第二位的。我交友，首先看他的人品，做人道德，其次看他的才学和能力。最近，我根据自己六十多年来在历史风雨中的人生感受与经验，立足于自己的行业，写了一副对联，从中可以看出我的交友观。联曰：

欢迎四面八方中外一丘之貉
谢绝官匪商娼非我族类之辈
横批：寒士门第（后来我的一位朋友建议我改成"布衣之家"）

这里的"商"指的是官商、洋商、私商，富商大贾。"娼"非指那些出卖肉体的人，而是那些出卖灵魂、依附权势、为虎作伥的文人，那些恪守做人良知，从事人类文化创造和知识传承的知识分子不在此列。

我把交友作为自己了解社会和历史的一个窗口和渠道。各类朋友分别带着他们各具个性的社会、文化、人生背景，有其各具特色的人格风采、千差万别的知识背景，多一个朋友，就等于多一份阅历，多读了一本书，多长了一些智慧或教训。自二十世纪三十年代，我从投稿开始进入文艺界，以文会友，社会动荡不定，我的生活也居无定所，结交的朋友极多。那时我交往的朋友，多是"左翼"知识分子。解放初期，新政权建立起来，我转入到高校工作，生活空间相对狭小一些。作为一名专业教师，平日结交的多是学院派知识分子，有些朋友，虽然没有深交，可他们身上的正直人格、过人才学给我留下了很深的印象。五十年代的那场政治风暴，彻底击碎了我那刚刚平静下来的生活，我作为"胡风反革命集团"骨干分子，被剥夺了做人的权利，更枉谈交朋友了。我的很多朋友也蒙遭和我同样的厄运，其中多人给折磨至疯、至死。想及这些历史，我总有一种揪心的疼痛。作为历史的幸存者，我有责任把他们的命运记录下来，我把写这些文字，当作一份庄严的历史责任，一份应该履行的社会责任。

这些写我三朋五友的文章，又可分成两种表现形式：一类是人物的专题描写；一类是以序文的形式出现的。在这些文字里，我不仅仅关注他们的才学，还关注他们的人品。通过记述我与他们的交往史以及他们各自的命运史，让人们对历史多一份了解。同时，也算是我这个后死者，献与旧友的一束鲜花和几杯清酒吧。总的来看，这些文章可以说是一部中国知识分子的生活史或命运史，以至苦难史，因此我写的也是历史。

遗憾的是，这些还不是我要写的全部，我要写的、应该写的朋友还很多很多，这些朋友仍然活在我的记忆之中，他们是我生活的支撑，也是我写作的动力，我仍会用我手中颤抖的笔，将这些历史形诸文字。我还要继续努力，为了这些不能忘却的朋友们。

这里我还想交代一句的是，其中有些文字，尤其是写于九十年代的，因为我年老体衰，便由一些青年朋友代为抄录、整理，这些年轻朋友有陈思和、张业松、汪凌、宋炳辉、刘志荣、柳珊、蔡春华、张涛甫，我感谢他们的真诚与友情。

二〇〇〇年六月九日于上海寓所

孔海珠 《"左联"史料新探》① 序

翻阅着堆积在案头上的孔海珠女士的《"左联"史料新探》书稿时，我不禁想起一九九〇年我们夫妇被邀重访日本时，当时东京大学教授、日本共产党的老党员丸山升先生请我喝酒，席间，他说："中国的三十年代'左联'文学，你们中国人现在不研究了，而我们日本人还在研究。"我听了这番话，很受触动。不过，"左联"研究走向冷寂，又确是不争的真实状况。前不久，我在《中华读书报》上看到一篇文章做出这样的预警："左联"研究陷入停顿，人才凋零，状况堪忧。我想这也并非危言耸听。"左联"研究门前冷落，是不是意味着该领域研究已步入极限，其学术资源已被我们开采殆尽，没有必要再做无效劳动了呢？答案应是否定的。

其实，"左联"的意义远还没有穷尽，其复杂性和历史的深远性甚至远大于中国现代文学史中的其他文学现象。它的发生和演变牵扯到许多方面的因素，一时一地的有限视角可能很难看清"左联"的真正面目，这就需要我们不能急于求成，想毕其功于一役。认识事物是一个过程，我们离"左联"这段历史还不长，难免会有近视的误差，比如我们对"左联"史料的掌握还不够全面，尤其是其后期的史料。历史是不允许想象和假设的，有一分证据，说一分话。对"左联"这段历史，我们更需要谨慎，因为这段历史是有重量的。理解了这一历史文化现象，就可能会找到对其后

366

历史，尤其是知识分子精神史的一些线索。同时，我们还需对既有的史料做细致科学的鉴别，去伪存真、去芜存精是我们应做的切要的工作。作为一种历史文化现象，如果我们想把这份历史遗产传到后世手中，确凿的材料可能要比仓促的结论更显得重要切实。抢救历史是我们这代人应尽的历史责任。

　　二十世纪三十年代的中国"左联"文化运动是中国现代史上一个重大历史文化现象，它的发生、发展受当时国际"左翼"风潮的影响，尤其是受苏联、日本的影响，同时也与在中国小农经济环境中形成的文化专制主义有极大的联系，那种"非我族类，其心必异"的阴暗心理就是这种文化专制主义所带来的恶果。二十年代中后期，创造社、太阳社作家对"五四"作家鲁迅、茅盾、冰心等人进行粗暴批判，他们骂鲁迅是"封建余孽""双重反革命"，无情否定"五四"传统。延安时期，毛泽东对中国的政治形势、文化力量的认识颇有远见，他见鲁迅在全国思想文化界影响甚大，并听说鲁迅也同情共产党，就派冯雪峰到上海，要创造社、太阳社同鲁迅合作，鲁迅也意识到进步作家联合起来的必要性。这样，一九三〇年初，"左联"成立了，周扬、夏衍、田汉、阳翰笙、冯雪峰等是主要负责人。"左联"是三十年代中国文坛最有影响的文学社团，它发挥了正面的作用，也产生了负面的教训，它在反击国民党的"文化围剿"和革命文学创造以及理论译介方面取得了不可磨灭的巨大成就，可我们也应看到，"左联"因为革命文学本身的不成熟以及传统文化积习的作祟，其元气也大大受到了损伤。当时的一些"左联"领导人一方面在利用鲁迅，一方面又不尊重鲁迅。所以鲁迅曾经沉痛地说：他只好"横站"着，一面要防止来自前方敌人的明枪，一面还得小心来自自己阵营里的暗箭。"左联"的负面影响在其后的历史中一直得不到很彻底的清算，那种知识分子内部的"内耗"甚至有愈演愈烈的趋势，尤其是在新中国成立后二十年里，当年那些追随鲁迅的人或与他关系比较密切的人就受到了迫害，如一九五五年的所谓"胡风反革命集团案"、一九五七年所谓"冯雪峰、丁玲反党集团案"株连了一大批"左联"作家，而这时候，鲁迅仍被作为一面旗帜，"他的方向就是代表中国民族文化的发展方向"，此真是所谓一面是利用，一面是封杀；一面是卫道，一面是霸道。"文革"开始以后，"四条汉子"也被打倒，"左联"文艺给全盘否定。三十年代左翼文学运动以来的整个文艺历史给加上"一条又粗又长的'文艺黑线'"的罪名。

八十年代，学术界在"左联"史料的收集、整理方面做了很多的工作，出版了不少关于"左联"的研究资料以及个人回忆录，比如出了《三十年代左翼文艺资料选编》（马良春、张大明编，四川人民出版社，一九八〇年版）、《左联回忆录》（中国社会科学院文研所编，中国社会科学出版社，一九八二年版）等。近些年，"左联"研究开始走向冷寂，可仍有一些人甘守这份清冷，继续在这个领域默默工作，孔海珠女士就是其中一位。

孔海珠从事"左联"史料的收集、整理、研究工作多年，并已有多种科研成果面世。史料是历史研究的奠基石，舍此，我们没有直接走近历史的捷径。风风雨雨的二十世纪已经成为历史，可它所留给我们思考的问题很多，并伴随我们进入新的世纪。我们的思考和研究应该是建立在可信的史料基础上的，否则，我们的思考就没有依凭，这种时候，就更显示了史料工作的重要性。关于"左联"的史料我们已经掌握得十分丰富了，但可待发掘的空间仍很大。因此，孔海珠从事这方面的研究是非常有意义的。

我与孔海珠女士可算是世交。我很早就看到过她父亲孔另境先生编的《现代作家书简》，是由鲁迅作序的。一九五一年，孔先生在上海春明出版社当总编辑，约请我的妻子任敏编一本《北方土语辞典》。可能因为南方人很难听懂北方话，意思也不明了，由此引发了孔另境编这本书的想法。这本辞典收集了陕西延安，包括山西等解放区的北方土语土话，对北方的风俗习惯和南方的不同地方也有解释。以后，香港、台湾都有翻印本，旧金山和东京也有译本。因为它对研究解放区文学有帮助，使他们搞懂一些只有中国北方才有的土话。这也是任敏单独出版的唯一一本书。"文革"后，孔另境先生的妻子金韵琴给我送来了他的遗著《庸园集》，才得知孔先生在"文革"中被迫害致死。一九七八年，中国历史发生了新的转折，作为所谓"胡风反革命集团"的"骨干分子"，我脱离了二十多年的监禁与劳改的与世隔绝的生活处境，被"解除监督"，回到原单位中文系资料室当图书资料管理员。当时，全国三十八所高校中文系筹划编辑《中国当代文学研究资料》，聘请我为特约编委，这是"四人帮"粉碎后，我的第一个社会职务。丛书中的《茅盾专集》由复旦中文系的同志协同茅盾的内侄女，即孔另境和金韵琴的女儿孔海珠共同编著。那时，孔海珠正在为茅盾撰写回忆录在上海做资料方面的助手。这样我和她认识了。一九七九年末，我还通过请海珠给茅盾的儿子韦韬写了信，请茅盾为这套丛书作总序。后来不久他将序寄来了，给我们这套丛书增加了分量。一九八七年，上海社会科学院文学所编写了一部《三十年代在上海的"左联"作家》，当时的所长徐俊西同志托我为此书作序，我勉为其难的原因是该书不但有重要的文献史料价值，而且具有深刻的指导现实的意义。我在审读此书的时候，读到孔海珠写的几篇分量不轻的文章，不知是否正是从这时起她开始从事"左联"文化的研究。孔海珠是新中国第一届新闻出版专业的毕业生。毕业后，因成分问题，被分配到上海图书公司做资料员，这倒使她因祸得福，给了她一个绝好的学习和研究的机会，成了李斯所云的"粮库中的老鼠"，她利用职务之便，大饱眼福。八十年代初，她作为访问学者，来复旦进修两年，我们就成了熟人。孔海珠出生于文化世家，受家庭环境影响，她对文学、学术有着执着的追求。这些年来，她编著了不少关于茅盾、于伶、她的父亲及家人的资料，显示了深厚的学术实力。孔海珠新著《"左联"史料新探》是她近些年研究成果的集成，该书集中于"左联"后期史料的钩沉、查找和研究，填补了"左联"研究的空白，尤其是《文报》的发现和研究，给"左联"后期的组织活动研究提供了一个新的视角和切实的史料依据，这为完整地评价"左联"历史提供了珍贵的实据。

作此序文，算作我与孔海珠女士两代人友谊的纪念。

二○○○年十月于复旦寓所

注：

①本书以《左翼·上海1934—1936》为名，由上海文艺出版社二○○三年出版。

《老人老事》前记

　　收录在这里的文章，都是我八十岁前后几年所写的零碎文章的结集，其中主要内容不外乎两类，一类是怀旧或忆旧性的记人记事的文章，因为正如我在前些年一篇文章中所说，人也上了年纪，由于精力体力的日益下降，和外面世界的联系面越来越狭小了，与外面世界的接触与了解大都不是通过自己的生活实践，而是来自众多传媒——报刊专著的阅读，也因此，往往引发出自己对历史生活中的故人、旧事的回忆与思考。另一类是为自己著译或中青年一代著译写的序文。虽然身为教授的职业者，我却并不是科班出身的书斋学者，我是个在时代的风浪中奔波流浪的社会性的知识分子，所以到大学当教授，按我的说法是来"插队落户"，因为从五十年代新中国成立后，计划经济体制的实施，社会生活、文化生活空间的缩小，在党领导一切的政治文化体制下，自由职业这一行业又被改造和消除，正如当时流行的通俗性的说法，"一个萝卜一个坑"，每个人都被分配到一定的职业岗位，也失去了择业的自由。这种持续三十多年的政治社会文化体制，直到八十年代前后，即"文革"结束，中国又由封闭走向开放，由计划经济走向市场经济的新时势下，才得到某种程度的改变，社会生活空间才逐渐扩大。而由于所谓"众所周知的原因"，从五十年代胡风冤案发生后，我经历了近二十五年的监禁与劳改的漫长生涯，回到"人民队伍"时，已是垂老的年纪，因此，这些学术性的序跋文，是以我的人生际遇和历史感受为底蕴与视角的，它们并不是严格意义上的学术文章，只能说是具有学术性而已。

感谢青年朋友李辉的热情支持，也得感谢青年朋友、在职博士生蔡春华帮我整理编辑这些书稿的辛劳。同时还要感谢大象出版社的有关编辑同志，他们在去年出版了我的书信集《写给学生》，现在又愿意承印我的这些零碎文章，使它们有了以整体性的面目问世的机会。

收在这里的文章，其中除过我自己执笔写的以外，多是由我口述，一些热情的中青年朋友记录整理，最后由我定稿的文章。这些朋友是陈思和、谢天振、刘志荣、汪凌、钱亦蕉、柳珊、周伟鸿等，现趁成书出版机会，谢谢他们的辛劳与热情，它也是我和中青年两代朋友友情的一个永恒的纪念。

话就说到这里。但愿上苍保佑，它不是我的最后一个文集，希望它还会有续集，说一个不恰当的比喻，如鲁迅先生晚年的各色短文分别命名为《且介亭杂文》《且介亭杂文二集》……或借用解放后革命干部间流行的一句政治信条："生命不息，战斗不止。"那样，就真是阿弥陀佛了！

二〇〇一年五月初于上海寓所

371

《年轮——四十年代后半期的上海文学》^①序

　　四十年代后半期，即一九四五年八月日寇投降，抗战胜利，以迄一九四九年全国解放，统治中国二十二年的腐朽的国民党封建法西斯政权自我崩溃，逃出大陆，中共领导的新政权建立的时期。这是中国历史发展的转折时期，是中国历史社会转型、生活动荡的重大关键时期。作为中国现代文化及文学（包括新文学和通俗文学）的主要活动基地和出版中心的上海，经过八年沦陷时期，又恢复了它作为一个文化市场的繁荣优势。作为一个国际性的工商金融出版中心，上海的文化性格是开放型的，同时也是一个竞争性的文化市场。随着抗战胜利后战前或战时离开上海到内地继续进行文化活动的文化人、编辑人和作家、艺术家的复员，加上抗战中留沪的文化人、编辑人和作家、艺术家，以及抗战中上海文化市场上崛起的新人，这个时期的上海文学仍然继承和发扬了海派文化的海纳百川、有容乃大的新的生存和竞争的传统和景象。

　　在中国历史发展的长河中，这个特殊的短暂的历史时期的文学现象，作为进行考察和研究的专题，我认为十分值得花力气，下功夫，是一项具有历史意义和学术价值的工作。它不仅对上海地区性的文学研究与中国现代文学史和作家作品的研究，具有其独特的历史意义和价值，而且对新中国成立后从五十年代中期起一浪高过一浪的以文艺界为主要对象的政治运动，以及十年浩劫后的中国文学命运和作家作品的历史遭遇，生活命运，及其文学活动与表现的深入思考、认识与研究，也有其特有的历史意义和文学价值；对认识这一特定的历史时期活动在上海文坛的各种不同层次及流派的作家的文学活动和表现，考察作为历史发展的渊源，也有其特殊的存在意义。从这个意义来说，我认为，青生继一九九五年出版《抗战时期的上海文学》一书后，又经过六年的甘苦，向社会推出的他的新著《年轮——四十年代后半期的上海文学》，是一部记述上海文学阶段性历史的学术专著，也是一部很有历史眼光和学术自觉意义的专著。因此，当青生又向我索序时，我虽然已进入风烛残年，体力和心力都已在衰退之际，我还是慨然应允了——因为我喜欢有个人的独立的学术品格和学术功底深厚扎实的同行朋友。

一般中国现代文学史或上海地区文学史，所提及和论述的作家，都是所谓重要作家作品或代表性的作家作品，对初登文坛的青年作家与作品则持不屑一顾的态度。这就是只见树木，不见森林的眼光的狭隘性与功利性。我认为这不仅不切合历史实际，而且是不明智的短视史见。正如老头子和老太婆是青年男女变的一样，作家的长成也是由无名到有名的。八十年代初我负责编选作家研究的专集时，深有所感。为了寻求某作家青年时代的作品和评论文章，往往要到处奔走，去各地图书馆，或托国外朋友在国外图书馆寻求，花了很大的力气和时间。正如俗语说的，要知道他的今天和明天，首先要知道他的昨天。从这一点看，我认为青生的这部新著的学术视野的开阔，钩沉史料的费力，是值得称赞和感谢的。如他在书中说的，要有红花，更要有绿叶。文学史也是如此，不能只有点而忽略面。因为历史是发展的，昨天的无名者，如果能在文学园地里继续不断地耕耘，就会使他由无名到有名，由树苗成为参天大树。从这个意义说，我认为青生的这部新著，有其不可忽视的文学价值与文献意义。

其次，青生在这部新著中将翻译文学作为一个专节来记载和论述，则是他的新著另一个值得另眼看待的学术贡献。关于这一点，我一九九四年为青生的《抗战时期的上海文学》一书写序时，谈到他受五十年代起封闭性文化环境下形成的文学史编写格局的影响，忽视了对这一特定时期上海地区文学现象中的翻译文学的成就与贡献。翻译文学也是中国近现代文学建设事业的一个重要的方面和成就，它和文学创作同样是构成我国近现代文学历史格局的有机组成部分（关于这一点说来话长，读者朋友如果有兴趣的话，不妨翻翻我一九九三年为《中国现代文学总书目》所写的"序"中，对中国近现代史学与传统史学的最大区别以及中国翻译文学对我国新文学运动的关系和影响，还有解放前出版的中国近现代文学史编写中对翻译文学的意义和文学史地位的论述，此处不赘言）。可喜的是，青生接受了我这个建议，查阅了大量的资料后，补写了有关的翻译文学章节，在《新文学史料》上作为"专稿"发表。在眼下这部新著中，理所当然地编写了翻译文学章节，这就回到了我国五十年代前在当时开放的文学环境下中国近现代文学史编写的历史格局，冲破了五十年代后在封闭性的文化环境下形成的中国近现代文学史编写模式。

如前文所说，四十年代后半期是中国历史转型、社会变革的前夕。建立于一九二六年的国民党蒋介石的封建法西斯专制政府，一如中国历代封建王朝，在日本投降后，先派了大批接收人员来上海，凭借手中的政治权力，以接收敌伪财产为名，大肆抢夺民间财产。老百姓把"接收"称为"劫收"。民谣曰："想中央，盼中央，中央来了更遭殃。"他们"接收"的实情，老百姓概括为"五子登科"，即抢夺票子、位子、车子、房子和女子。尤其是一九四七年国共和谈破裂、内战开始后，这个政权随着内部的权力斗争，自觉末日将至，更加肆无忌惮地疯狂抢劫，经营他们自己的纸醉金迷的腐朽生活，自取灭亡。一如中共领导的人民解放军将蒋政权逐出大陆后所说："我们用小米加步枪，打败了八百万全副美式装备的蒋匪帮。"亦如黄炎培四十年代所总结的历史经验和规律："其兴也勃焉，其亡也忽焉。"这是中国封建专制政权的历史规律。当时我已定居上海，目睹了当时官僚资本（现在又叫"权力资本"）垄断市场，尤其是一九四七年国共和谈破裂后，国共之间武装冲突日益扩大而发展为内战（即现在史书上所说的"解放战争"），国统区的罢工罢市此起彼伏，学生们发动了反饥饿、反迫害、反内战的声势浩大的罢课游行，国民党出动军警镇压的同时，国民党特务查封报纸，搜查出版社，逮捕学生、工人、编辑、作家，白色恐怖日益严重，市场物价一日三涨，物资缺乏，经济崩溃，民不堪命，怨声载道，一幅"山雨欲来风满楼"的末世景象。正与青生在这部新著第一章《文学的生存环境》一节中描述的景象相同。也因此造成当时的出版物（包括报刊、书籍）的流失情况严重。更不幸的是，解放后从五十年代中期开始，在极"左"思潮的指导和指挥下，以文化人、文艺界为主要对象的政治运动，一浪高过一浪，以迄六十年代的十年"文革"浩劫，公私藏书的损毁史无前例。这样的历史情况，愈使查找这个时期的出版物困难重重。正因为如此，读这部书稿时，我眼前出现了潜水员在深海搜寻打捞沉于海底的史料，锲而不舍的庄严形象。我深深体验到此著成书的艰辛历程和作者的知难而进的治学精神，因此，我虽然已进入耄耋之年，仍勉力为青生这部新著写了序文。

如果对青生的这部新著做一读后感式的学术评语的话，我仍坚持一九九四年我对青生的《抗战时期的上海文学》一书写过的看法：

综观全书，可谓资料翔实，论述全面、具体与深入；评述又力求客观公允，既为这一历史时期的文学研究提供了富有价值的史实与观点，也体现了作者开阔的学术视野和扎实的学术功底与严谨踏实的正派学风。

是为序。

二○○一年九月二日于上海寓所

注：
①本书由上海人民出版社二○○二年出版。

375

一部探究澳门现代文学批评的力作

——《论澳门现代文学批评》①序

　　研究中国现当代文学，既要审视内地的，也要关注海外华人及港、台、澳的文学创作和文学理论，这已形成共识。从目前情况来看，港台文学的研究已经上了轨道，而对澳门文学的研究和介绍仍显不足。真正意义上的澳门现代文学批评已经发展十多年了，但国内学者却没有这方面的研究专家。这不能不说是文学研究界的缺憾。有幸的是，澳人李君观鼎经过一年多的辛勤努力，完成了《论澳门现代文学批评》一书，为我们弥补了这一缺憾。这本书是李观鼎先生结合教学实践、留心澳门文学创作与批评的成果和动向的研究成果。

　　以澳门人自己的眼光来系统研究澳门现代文学批评，得天独厚，实在难得。李观鼎先生的著作在顾及澳门文学批评史的同时，对澳门的诗歌批评、小说批评、散文批评、戏剧批评、文学的专题批评等主要文体理论展开充实有据的评论，实际上就是对澳门现代文学批评的批评。该书致力于"批评的批评"是卓有成效的，也是颇有意义的。在我看来，这种成效至少可以说在三个方面表现突出：一、全面性。包括史料丰富和主次兼顾。该书虽然写就的时日不长，但占有的史料却极为丰富，这跟作者的长期积累是密不可分的。据我所知，在此之前作者已编撰并出版了《澳门文学评论选》上、下两编，这当是该书的坚实基础。此外，作者在批评对象上，从文体到作家，既主次分明又全面兼顾，也是颇值一提的。对文体，聚焦主要的，不排斥次要的；考评传统的，更关注新潮的；关心男性作品批评，又不忘现代人对女性作品的评论。对作家，也是如此。二、开拓性。不仅仅是作为一部拓荒之作，更在于研究手法的拓展与出新。该书从研究澳门文学批评的特色入手，以扬长避短的态度正视十多年的澳门文学批评史，然后采取史论结合的手法对各体文学创作与批评，逐一加以评点，并有所总结。丰富可靠的史料加上明晰新颖的手法，得出的结论自然也就中肯可信。三、独创性。这种独创不同于传统的标新立异，关键在于能以独特的视角透过翔实可靠的第一手资料发现问题的问题，从而对澳门现代文学批评理论做全景式的描绘和评论。尽管该书对材料的搜集和整合仍显匆匆，但却不失为一次有益的尝试。我相信，该书的出版将对澳门文学创作和批评的发展产生重要的作用，也将为国内学者研究澳门文学及其批评理论提供可资借鉴的宝贵材料，其意义无疑是巨大而深远的。

说来也是一种缘分，我与李观鼎先生原属世交。他的先父李寿民先生是著名的武侠小说作家，以笔名还珠楼主而驰名。五十年代初期，我们之间有着开诚相见的友情与友谊，只是由于历史的误导与灾祸，我们之间才失去了联系。一直到八十年代初，我走出苦难，重新回到社会生活。一九八五年我应邀重访香港时，在街头书肆和书摊上看到到处陈列的港版还珠楼主小说全集时，才想到这位旧日相交和朋友。回沪后，在一九八八年《文汇报》上发表了一篇回忆性的散文《记还珠楼主》，作为我们之间友谊的一个纪念。想不到在我的垂暮之年，我又有缘结识了故友的第二代——多年在澳门大学执教的李观鼎先生，并有为他的学术专著写序的机缘。但我却年老体衰，力不从心。幸而吉人自有天相，在孙燕华女士大力协助下，才完成这篇序文。除过介绍了李观鼎先生的学术成就与贡献，同时也作为我们两代交游的一个永恒的纪念，而付之梨枣。

最后，我衷心祝愿本书的出版圆满成功，也真心希望有更多的读者朋友进一步关注本书及其所关注的澳门文学批评。让澳门文学批评连同澳门文学批评的批评，一同步入中国文学的大雅之堂！

注：
①本书由作家出版社出版。

走向大众的美学

——《大众美学99》^①序

    阅读着老友孙正荃先生新著的《大众美学99》书稿，不禁浮想联翩，忽然勾起我青年时代读艾思奇的《大众哲学》的感慨。此书写于红色的二十世纪三十年代，当时民族危机、社会危机日益严重突出，左翼知识分子和文化人出于忧国忧民的传统意识以及对政治革命的火热感情，将哲学，主要是马克思主义的哲学，即辩证唯物主义与历史唯物主义的经典论述和观点，参照苏联革命领袖列宁、斯大林的苏联式的马列主义著述，结合中国的历史与现实，将深奥的哲学理论同现实生活结合，使之通俗化与民间化。因此，《大众哲学》成为当时普及马克思主义哲学的热门读物。抗战军兴，艾思奇去了延安，深受革命领袖毛泽东的器重，毛泽东在三十年代写就的《实践论》《矛盾论》，据传媒称就深受《大众哲学》的启迪和影响。艾思奇将哲学理论生活化、大众化，使哲学走出书斋走向社会的动机和取得的成功，时至今日，依旧值得记取和深思。

    但是，孙先生这部写于新世纪之初的《大众美学99》与艾思奇写于民族危机日益深重时期的《大众哲学》却有诸多的不同，除了历史时代背景和社会环境的差异与距离外，两人写作的目的也不尽一致。我以为，艾思奇是以个人理想与激情从政治功利主义出发的，它是为夺取政权即为政治服务的，因而难免有一定的局限性与时代的狭隘性，被历史风尘所湮没也就在意料之中；而孙先生则是从中国现代知识分子的社会责任感和良知出发，从中国历史和社会现实出发，从培养、提高人们的审美能力和审美水平出发，希望能为社会提供一份滋润心灵的精神营养，这是一份具有个人独特认识和见解的营养，字里行间可以感受到对"人"的关注和尊重，处处凸现着人情、人道和人性，而远离了急功近利的短视与狭隘。

众所周知，自四十年代末以农民为主体、以农村包围城市的战略建立新政权后，以砸烂旧世界为号召，对文化界及城市工商业和农村的一浪高过一浪的社会主义政治与革命为号召的政治运动，不仅破坏了工农业生产力，也严重破坏了文化出版机制的正常功能，至"文化大革命"而登峰造极，以致"文革"后期国民经济到了崩溃边缘，文化上更是一片劫后废墟，而尤为严重的恶果则是社会文明与人类良知被摧残与蹂躏，人性被扭曲、变形与异化，人际关系冷漠与紧张，文化素质低落，道德精神崩毁。正如二十世纪八十年代初中央一位领导同志所总结的，多少年来，我们把人性、人道、人权与人情，民主、自由与平等、博爱，奉送给了资产阶级，我们全力以赴地进行改造、批判、斗争、专政与镇压。在严重的历史教训面前，为了拯救民族危机与社会危机，除了大量地平反冤假错案，在政治经济领域开始了全面的改革，由解放后的自我封闭走向对外开放，由大一统的计划经济体制走向市场经济，整个社会逐步由人为的紧张趋向缓和平稳，人们开始用开放的眼光认识世界，并以此为参照，重新认识自己，力图革故鼎新，于是我们民族的历史才又举步向前了。

但是，毋庸讳言，由于多年来"左"祸的灾害（当时的指导思想是"知识越多越反动""越穷越革命，越穷越光荣"），全民族的文化素质与道德素质低下；接着，在落后的经济基础和社会基础上开始的改革开放，一下子又冒出了由庙堂走向市场的种种畸形现象，特别是由于市场经济体制的不健全及政治体制改革、教育文化出版体制有待进一步改革，从城市到农村，从官场到商场，各类腐败和丑恶蔓延滋生。随着历史的变迁和时代的更迭，本来被政治扭曲变形的人性，又再次被金钱所扭曲和变形，人类从愚昧野蛮走向文明的人性中好的一面，即真善美的一面，由于政治经济的畸变，受到了压抑与束缚，而人性中坏的一面，即假恶丑的一面，也就是兽性的一面，却又在一些人身上得到滋生和发展。真假颠倒，善恶不分，美丑不辨，"文革"已经为我们展示了一个真真实实的样板。历史的经验不断证明：塑造民族健全与美好的魂魄，实乃为振兴中华伟业铺就最为坚实之基石。

正是在这样严峻的历史与现实面前，孙正荃先生以自己的人生体验与生活实践为基础，参照自己读书与观察历史、社会的认识与思考，以审美的视角，写出了这部既有专业水准又通俗易懂的《大众美学99》，他将高深的美学原理与内涵，从庭院深深的学府引向沸腾鲜活的社会，引向广阔丰富的心灵，使美学这种人类的精神财富成果回归社会，回归民间，回归心灵，从而为我国的精神文明建设，即人的文化素质、道德素质、审美素质的提高，增添新的精神营养。《大众美学99》用九十九个题目深入浅出地演绎了美学上的诸多道理，有从哲学高度回答"美是什么"，即对美的本质做生动形象的探究的；有从心理学角度对审美感受条分缕析，撩开美感神秘面纱的；更有从生活出发，细致展现琳琅满目的美的形态的，其中对自然美、人体美和生活美的理解与阐发，均极富特色与启迪。对"人"的高度关注和重视，以及注重东西方文化和美学的交融和比较，我以为也是本书的鲜明特色。这是孙先生继《美学论稿》《艺术的失落》等书之后，奉献给学术文化界和社会读者的又一部专著，其精神则始终如一，即对真善美的呼唤。

我与孙正荃先生是二十世纪八十年代中国社会转型、历史开始变革时期结识的同行朋友。因为我们都是接受过现代科学与文化，由"五四"精神培育出来的专业人文知识分子，二十世纪五十年代"左"祸成灾时又都身受其害，长期受难；二十世纪八十年代后才走出苦难回到社会和工作岗位，因此我们之间有共同的语言，有相似的人生追求；也因此在二十世纪九十年代初，他的《艺术的失落》成书时，我便欣然为之作序，现在他的又一本专著即将付梓，我虽已进入耄耋之年的老境，也不顾自己年老力衰力不从心的现状，仍乐意为他的新著走向社会和读者再次写序推荐。既抒发阅读老孙新著的一些感受，同时也是作为我们之间友谊的另一个标识。

最近杂读报刊文章，我抄录一段格言式的文章，作为孙先生新著的题词：

除非自己站得比别人高，才能领悟到别人所没有领悟到的生活真谛；

除非自己的灵魂是美的，否则便看不到美。

是为序。

二〇〇一年十月中旬于上海寓所

注：
①本书由汉语大词典出版社二〇〇二年出版。

《冰点的热度——比较文学和世界文学论集》^①序

　　尽管比较文学和世界文学作为学术概念，原本各自另有所指；然而把两者结合在一起，合称比较文学与世界文学二级学科，明确隶属中国文学一级学科，却是近年来学术建设的需要和学科重组的结果。就历史渊源而言，这一学科是在原来中国文学专业外国文学学科基础上发展而来的。之所以把两者结合并列，并将其共置于中国文学名目之下，目的很清楚，就是要突出两者之间的内在联系，强调"古为今用""洋为中用"，进而有助于民族文学建设，推动艺术个性高度发展的、自立于世界民族之林的中国文学的进步。

　　中国文学走向世界，在交流与竞争中满足世界需要，具备世界意义，最终成长为世界文学，离不开对外国文学的借鉴，离不开比较文学与世界文学学科的发展成熟。不过实事求是地讲，由于诸多外部因素的作用，在中国文学相关所有二级学科中，比较文学与世界文学又是一个相对滞后，却大有开发潜力和发展空间的学科，特别需要调动各方面力量，共同促进其学科建设。这主要是由于自明清以来，历代统治者长期奉行严苛海禁、闭关锁国政策，造成了近代史上内忧外患、破败衰微的百年屈辱，造成了狭隘民族主义的严重局限性和片面性。例如自我中心唯我正统，把自己以外的所有民族统统称作蛮夷戎狄或帝修反。这种情况在西方列强的大炮轰鸣中曾一度被打破。新文化运动引入了科学与民主，大大动摇了却未能彻底消除专制统治的文化根基。苦难深重的中华民族，曾几何时，重新回到了与世隔绝、自我封闭的困境之中。在这种情况下，百花齐放百家争鸣当然只能成为一句空话。于是，比较文学自传入中国以来，长期被当作一门有资产阶级反动嫌疑的学科打入冷宫。世界文学不是被歪曲为自巴黎公社以来的无产阶级文学史，就是被误解为十月革命以来的前苏联文学史。广大外国文学工作者一旦敢于越出樊篱一步，便决然难逃"数典忘祖""崇洋媚外"之嫌，就有"言必称希腊""宣扬封资修"之罪。

新时期以来，上述情况有了根本性的改变。这不能不说是一个翻天覆地的伟大历史进步。对外开放终于成为我们的国策。从体制到法规，从经济到文化，我们不仅在"引进来"，同时也在"走出去"上——超越自我，走向世界。在全球化浪潮席卷世界的时代，民族文学如果仍然不肯或迟迟不能走向世界，那就不仅无法得到进一步发展，参与世界性交流与竞争，真正自立于世界民族之林，甚至还将失去自己在本民族内部原有的地位。这是因为，现代传媒和信息网络日新月异的发展，早已使民族内部的文学趣味与欣赏水准走上了世界化的不归路。"只有民族的，才是世界的"这句老话，已经不能不由"只有世界的，才是民族的"来加以补充。理所当然，世界文学并非某种抽象超越的空洞理念。它注定要由具备了世界意义，并取得了世界性影响的优秀民族文学来组成。时至今日，是否真正热心于比较文学与世界文学的学科建设，本身已经成为是否真正有志于民族文化崛起、究竟应当如何对待优秀文化继承的衡量尺度。只不过在这里继承发展的现实基础，已经由本民族推及整个世界罢了。

或许，这正是我的学术生涯在中国现代文学之外，特别热衷于比较文学与世界文学的原因之一吧。

现在摆在读者诸君面前的这本书，出自我的年轻朋友张敏之手。张敏是北方人，我的小老乡。他在山西大学教书。我和他早在十几年前即已结识。那些年我身体还好，曾回山西讲学。他来上海开会，曾专门到我家里看望过我。后来，他在复旦大学读了三年博士。这一期间，他三天两头，常来我这里坐坐，和我谈学问，听我聊文坛掌故，时常介绍几个他的学生过来看我，闲暇还一块儿喝喝陈酿汾酒，帮我做做文学上的事情。这中间，我们结成了忘年交，情谊很深的。他爱人学他，也叫我贾先生。但他女儿却把我叫作贾爷爷。

我知道他五十年代生于太原，长在太原。虽然祖籍河北，却曾在内蒙古生产建设兵团插队劳动，一九七七年考大学，毕业后留在内蒙古工作；还曾辗转北京、上海求学，最后又回到山西教书。这样说来，至少他要算半个山西人吧。既是山西人，又以四海为家，这和我很有一点共同之处。我虽然祖籍山西，生于襄汾，但少小离家，先到太原、又到北京上学，后来漂洋过海去了日本，再往后长期在上海滩教书写字，劳动改造。严格说起来，我也只能算半个山西人。至于说他年轻，当然是和年及耄耋的我相比。他现在已经是教授，自己的学生也有不少读出硕士、博士来了。

其实，当年张敏博士学的是文艺学专业，专攻西方美学。我知道，他的论文写的是克罗齐，继康德、黑格尔之后西方最重要的一位美学家，并且还继朱光潜之后，写出一点儿新名堂。这是他的志趣所在。但在读学位之前，在大学里教书，他长期搞的却是西方文学与文论。如果从那时算起，他从业至今大概已有二十来个年头了。据我所知，他在这块领域长期耕耘，写出了不少论文、译文，还参与与编写了几本书。对这一领域，他有大量的投入，有很深的感情。从复旦回到山西，他的教学科研领域扩大了，却依然没有放弃老本行，继续写这方面的论文，做这方面的工作。听说二〇〇〇年下半年，在学校支持下，他还和十几个学友同仁一起办起了山西大学比较文学与世界文学研究所，想为山西大学的学科建设，为山西的父老乡亲做点儿实事。对他求学上进的所作所为，我感到十分欣慰。

《冰点的热度》是他的一部专题论集。全书以比较文学和世界文学为主题，根据学科内容的内在联系，分为《比较文学的理论与实践》《跨学科基础理论研究》《西方文学史思考》《美学与文论问题探索》和《附录》五辑，体现了张敏长期以来对比较文学与世界文学学科领域较为系统而深入的思考，确有重要学术价值和建设性意义。

在我看来，书中《比较文学的理论与实践》一辑围绕比较文学学科依据的论争，试图把民族文学发展与其世界文学前途，同比较文学的学科建设联系在一起加以思考，结合批评失语与王国维个案，在文学与文化层面，考察跨民族文学艺术个性的区别与联系。这中间，他做出了一些前人没有做过的工作。比如提出二十世纪初克罗齐对比较文学的诘难，形成了比较文学史上第一次危机；世界文学意识及其有关内容，可以作为比较文学的学科依据：世界文学应当成为民族文学进一步发展的战略目标；比较文学应当展开外民族文学世界化进程专题研究，等等。《跨学科基础理论研究》一辑尝试探讨文学研究与哲学、语言学、心理学、社会生活的关系，意在清理文学研究的思路，开拓文学研究的视野和内容。《西方文学史思考》一辑在篇幅上是全书的重点，广泛涉及从古希腊到当代西方文学的众多作家作品。张敏根据中国文学发展的内在需要，根据历史的与美学的观点相结合的原则，融会了文本细读、心理分析、西方马克思主义、形式主义、结构主义、原型批评、存在主义和叙事学等国外文学观念与研究方法，深入探讨了西方文学及其历史发展的特点和规律，体现出一种可贵的独立思考精神。其中，关于西方文学史上的传统继承问题，关于传统与现代叙事话语的区别与联系问题，关于现代西方文学的艺术特征问题，关于古希腊文学的性质、特点与规律问题，关于西方文学重要著作和重要作家，如盖斯凯尔夫人、屠格涅夫、海涅、高尔基、海明威、萨特以至弗洛伊德，他都提出了自己的见解，给人以耳目一新的感觉，具有深入透彻、启发思考的意义。《美学与文论问题探索》一辑发挥他长于理论思辨的特色，把形而上学批判看作新世纪理论批评的逻辑前提，把有条件的理性运用看作理论批评的主要工具，突出强调文学现象的个性特点和独特规律，强调文学创造与理论发展的成熟进步必然有赖于人的主动追求与积极创造，不可能局限于既定方针和抽象教条。《附录》一辑则根据学术规范，提供了与正文相关的部分译文资料，提供了张敏曾经涉猎的主要参考文献。

综观全书，我感到张敏是把他心目中的学问，当作了一件近乎神圣的事情。他怀抱着一种近乎虔诚的心情，用一种非常严肃的态度，在默默地孤独地做着他的学问。他认真质朴，甘于寂寞，淡泊名利，但在内心深处，又有一种书生血性和指点兴亡的责任感。这使他的书页内外处处感染着一种独立思考、执着真诚的精神，体现出几分难能可贵的厚重和锐气。这在我们这个热闹非凡、几近浮躁的年代，确实有点儿不同一般。在我想来，他属于有信念追求的一代。在某种程度上，他是抱着为民族文学与文化的繁荣进步借取天火的意向，投身于比较文学与世界文学研究的。这多少有点儿像是盛唐长安译场里献身佛经注译事业的和尚，但求耕耘，不问收获。那些和尚的敬业精神和献身的热忱，的确是蛮有几分可爱，有几分值得敬重的。

鉴于我与张敏多年的乡情与友谊，我写了这么一大篇，借此把张敏的这部新著推荐给学术界和广大读者，也为我们之间的情谊留个永久的纪念。希望大家开卷有益，从中得到自己所需要的东西。

　　是为序。

二〇〇一年十二月于上海寓所

　　注：

①本书由山西人民出版社二〇〇二年出版。

《与文化名人同行》^①序

  萧斌如女士这部《与文化名人同行》，是部记述文苑人事、论文评学的文章结集，从文集的内容和题材说，它是一部具有文献史料价值的个人回忆性随笔集，类乎我国流传已久的私人笔记体著作。它都以记人论文为主，夹叙夹议，自成风格，而它们的成文成书则来自作者的生活职业背景或环境，正如她来信所说："今年七月是上图（即上海图书馆）建馆五十周年，也是我从事图书馆工作的五十年，也是漫长的人生道路上与书结下不解之缘，这是我一生中最大的幸福。也就是我在这座图书馆大学培养出来的第一代'大学生'……但我用心了，努力了，也尽自己最大努力为图书馆做了一点有益的工作。"人是环境的产物与动物，所谓"近朱者赤近墨者黑"，老萧在日常工作和生活中所接触的除过书，就是读书人，耳濡目染，必然自觉或不自觉地以书为友以至以读书人为友，这就是现在结集的这部文集成文成书的根由。

  一九九二年春，在上海图书馆建馆四十周年大庆时，作为它的一个老读者，我曾写了一篇祝词，题为《一个老读者的祝贺》的文章，文中说："我多年来，总是对周围的朋友和学生们说，图书馆是我们做人治学的良师益友，是我们读书人在建设自己的学术专业过程中的衣食父母。我们在

387

学业上的每一步前进，都离不开她的哺育功劳。"而萧斌如女士在青年时代走出学校就业，就落脚在上海图书馆，在此安身立命五十个寒暑。开始时，她或许只是把这里作为一个谋生糊口的职业场所，但正如俗语说的"环境塑造人"，随着时光的流逝，她对自己从事的职业的认识与感受，必然由作为单纯的一种谋生手段而进入到是在从事一种事业的认识境界。五十年来，她由一名学徒工逐渐进入上图的领导阶层。她先后负责该馆的特藏部与名人手稿馆的领导工作，并能因利趁便地充分利用上图的丰富的图书资源，参与了社会文化界的编辑著述活动，而她所任职的上海图书馆，据我这个半个多世纪以来在上海从事文化教育工作的外乡人来说，正如我在一九九〇年初祝贺上图建馆四十周年的贺文中所理解的对上图的认识与评价。

因之，对老萧从踏入社会即进入上图工作的史实，使我不禁想起司马迁在《史记》中的《李斯列传》中所引述的李斯少年时的一则故事："李斯者，楚上蔡人也。年少时，为郡小吏……斯入仓，观仓中鼠，食积粟，居大庑之下，不见人犬之忧，于是李斯乃叹曰：'人之贤不肖譬如鼠矣，在所自处耳!'"而老萧任职的上海图书馆，正如前文引用的在该馆成立四十周年纪念时，我以一个老读者身份在贺词中所描述的："上海从开埠以来，由于她的特殊的历史地理条件，她不但是我国主要的工商业、外贸业和金融业的活动中心，也是我国近现代文化出版事业中心，或主要基地。新中国成立以前，上海虽然没有市级的综合图书馆，但还是有一些馆藏厚实的专业性图书馆，如新中国成立初易名为历史文献图书馆的合众图书馆，作为科技图书馆的明复图书馆，作为报刊图书馆的鸿英图书馆以及原为天主教会的徐家汇藏书楼等等。更主要的是社会的图书资源丰富，经营古今中外图书的新旧书店、书摊鳞次栉比，多不胜数。正是这些得天独厚的图书资源，所以，上海图书馆虽然建馆时间比之北京图书馆以至南京的中央图书馆建馆时间较后，但她的馆藏，相对说来，在全国范围内还是屈指可数的，甚至有后来居上之势。尤其是关于中国近现代历史、政治、经济、文化、文学、艺术等类书刊，由于上海独特的历史地理环境，更可以说是全国首屈一指的。"我说这些话时，当时上海图书馆的馆址还在南京路国际饭店对面，而随着时世变迁，当我现在执笔为老萧的新书写序时，上图已搬入淮海中路的新建的馆址。它的面貌又焕然一新，从建筑设计、气派以至内部设施与管理体制、藏书数量都已日趋现代化与国际化。它已是一座与世界图书馆事业接轨的同时又保持中国特色的多功能的大型综合图书馆。正是在这样的工作与生活环境里，随着时世的变化、知识的积累、世事的体验、生活的感受，老萧从二十世纪七十年代末八十年代以来，从事专业和业余的编写活动，陆续参与或主持了据我所知的下列各类大型文献性的专著的编辑工作，如《中国近代现代丛书目录》《中国当代文学研究资料·郭沫若专集》（三卷本，与华师大和上海师大合编），以及《中国现代文学序跋丛书（1919—1949）》的《散文卷》《小说卷》，《柳亚子文集·书信辑录》等这些史料性和文献性的专著，都为研究中国近现代史和文学史专业者提供了第一手原始材料，因为它们从图书馆学者的视角出发，在编辑方针上取有文必录、广征博采的编辑观点，务求能反映历史的整体与全面，保持历史的本来面貌。如大型资料性丛书《中国现代文学序跋丛书（1919—1949）》中的《散文卷》和《小说卷》，以年代为顺序，收录了各个年代中出现的有名或无名的作者为自己或友人的作品所写的序跋，其中虽然良莠不一，但它反映了历史的真实全貌，这正是一个文献史料学者理应掌握与运用的治学方针与态度。就从我上述的简略的老萧在治学上的成就与方法看，我认为它不但反映了老萧的史识史见与史观，也反映了老萧高尚的人格素质。

眼下这部新著应该是她积年累月收集、整理、鉴别与编辑的众多文献性和史料性的专著的副产品，也可以说是她近半个世纪以来作为一个图书馆学者的治学的总结或纪念。文集中收录的文章，它们不仅具有文献史料价值，作为文史小品，也很值得阅读与欣赏，并耐人寻味。

应邀为老萧这部新著写序，是两个多月以前的事了，但总是由于杂事干扰以及自己年老力衰、力不从心等诸多原因，写写停停，停停写写，拖了好久才勉力成文，但由于写作时间的拖延，多是心血来潮、信笔写来。从全文来看，写作格调颇不统一，左看右看，不像一篇落笔严实的序文。因为交稿时间切近，只好匆匆交卷，那就算我与萧斌如女士三十多年来学术与友情交往的一个纪念吧。其中不妥之处，还请老萧与读者诸君为之指正！

是为序。

二○○二年五月上旬于上海寓所

注：

①本书由上海科学技术文献出版社二○○二年出版。

任敏女士去世讣告

老妻任敏因长期患病，于二〇〇二年十一月二十日十四时三十五分在上海长海医院离我而去，终年八十四岁。

任敏一九一八年十二月一日出生于山西汾阳，一九四二年在西安工商专科学校会计统计系念书时与我相识，结为夫妻，此后六十年间随我遍历人间冷暖。一九五五年后因胡风冤案所累，被遣往青海，先在化隆县小学任教半年，后入狱四年，"三年自然灾害"期间（一九六二年）到山西"生产自救"，在我老家襄汾侯村务农十八年，一九七八年秋回到上海，一九八〇年平反，从青海化隆县教育局退休，始过正常生活。一九九七年因脑梗塞病倒，今撒手去矣。

兹定于十一月二十五日十四时三十分在上海宝兴殡仪馆玉兰厅举行告别仪式，以寄哀思，特告亲友。

贾植芳　泣告

二〇〇二年十一月二十日

会谈话，很幸福

前不久，在上海市二〇〇二年文学艺术奖颁奖典礼上，曹可凡代我朗读了我准备好的发言稿。人在现场却请人代读，实在是出于无奈，一来是因为自己年事已高，身体欠佳，读来太累，二来是因为我的山西口音太重，担心别人听来太累。真没想到，经曹可凡这么一读，我对我那一篇普通的发言稿的感觉突然好了起来。我对主持人这一行知之甚少，但我可以肯定，我的这种感觉变化来自主持人可凡不凡的深厚的语言功力。

几天前，曹可凡送来一本他和华东师大中文系王群教授合著的国家级社科重点课题《谈话节目主持艺术》，我看了之后才发现，主持人这一领域学问还真不少。主持人的功力除了声音语调以外，更重要的还在于文化素养、语言修养和言语技巧上。我很赞同该书封底对书中内容所概括的三句话：谈话，最能显现一个人的精神风范；谈话节目，应是日常谈话活动的当众示范；谈话节目主持人，应是日常谈话者的学习典范。

这本书的书名叫《谈话节目主持艺术》，其实它的读者并不局限于节目主持人，因为谈话是我们每个人日常生活中重要的不可缺少的交际活动形式。我很喜欢和人聊天，言来语往中，双方真诚接触，彼此沟通交融。当然，由于各人的情况不同，谈话的感觉和效果也不尽相同。通过一两次谈话，基本上可以了解到对方的人品、才学、见识、性格、观念和心理等，可以观察到对方的举止姿态和神情。能不能这样说，每一次谈话都是在相互向对方做一次由外到内由内到外的全方位的立体展示，就此一端，也足可看出谈话的重要了。

谈话节目我看得不多，但我看到的节目中有的还真比日常两个人对话或集体讨论质量高得多，既热烈，又有序，既阐发了不少人生道理，又激发了人们的真情实感。一次谈话节目展示的自然只是实际生活中谈话的一部分，或者说是精华，但就观众或听众所看到或者听到的这一真实的局部而言，还是很值得大家学习和效仿的。而要做到这些，与掌握谈话的主持人不无关系。如果日常生活中我们大家都具有书中所写到的谈话节目主持人那样的口才，既健谈，又善谈，那么我们的生活一定会有更多的亮色更多的暖意，世上的许多事情或许也都可以在推心置腹的倾谈中办得更好了。

人是语言的动物。用语言创作文学作品、撰写理论文章固然是人类文明高层次的完美体现，但无论人类文明发展到哪一步，能用准确、明晰、生动和得体的语言和别人谈话，总是很重要的一件事，为此我向新老朋友推荐这本书。

对于谈话，我的体会是：会谈话，很幸福。

在那个凄风苦雨的日子里

——哭亡妻任敏①

昨天未写日记，搁笔，因为昨天是一个阴暗的雨天，我们这个两人世界的家庭的"半边天"——一个平凡而伟大的女性，我亲爱的妻子任敏已于昨日（二十日下午二时三十五分）离开了我们两个人共同建立的"家"远行了——她下午二时三十五分撒手离我而去，我们家的"半边天"塌陷了——她远行了，走向另一个世界——她会一步三回头地在另一个世界的大道上踽踽独行、形单影只，所以昨夜全家每个居室大小灯光通宵明亮——为我的亲爱的敏照路，也许她仍在我们这个院子里徘徊，望着眼前旧居怅惘、落泪……

我亲爱的妻子，敏，您慢慢走，不久的将来我们会在另一个世界团聚，就像您活着的时候，我们到处流浪，在颠簸不平的羊肠小道上携着手一脚高一脚低地前行，挺着胸脯前进。

敏，我亲爱的敏，您走好，慢慢地走！……

沉痛悼念我亲爱的敏，感谢您半个多世纪以来，与我同甘共苦走过崎岖的人生旅途，但我坚信，我们在人间漫长道路上活得都像大写的"人"，我们在这个复杂的世界里都留下了自己的和我们双双的脚印，现在是二十一日晚近十时，我想您在另一个世界的旅游已经过了近一个驿站了。

敏，您慢慢地走，您走好！

我在这个您生活了八十四年的世界里，向您送行摇手，因为在不远的将来我们又将团聚，再次营造我们两人世界的家庭！

我相信在那另一个世界里，我们凭自己的体力和精神劳动，辛辛苦苦营造建立的家庭不会像您生前那样，一再受到政治暴力的摧毁与抢劫，这种有中国历史特色的生活悲剧。

敏于昨日下午二时三十五分辞世走了，从昨夜起到我写日记的现在，我们家里吊客盈门，从今天上午起，从韩国、日本、美国和北京、太原以及本市来的吊唁的电话、电报、电子邮件络绎不绝。我们的中外朋友们都为您一生一世在任何邪恶势力的迫害面前从不低头屈服，为您的"明知山有虎，偏向虎山行"的高贵品格与气质而致敬、悼念与哀痛。

昨夜，在您生前卧病五年的房间里，同学们为您布置了灵堂，昨夜为您守灵的有您熟识的或不熟识的研究生同学，以及您的外孙张森。

昨天、今天都整日落雨，连老天爷也为您的多灾多难的一生哭个不停。

敏，我亲爱的敏，您走好，慢慢地走！

再会！

二○○二年十一月二十一日深夜

注：

① 原载《新民晚报》，二○○三年一月十四日。

《做知识分子的老婆——任敏女士纪念集》编后记

感谢朋友们的热心相助，使得这本纪念集能够以最快的速度面世。

感谢复旦大学中文系的大力支持和有效组织，帮助老妻任敏平安走完了人生的最后旅程。

感谢所有以不同方式寄托哀思的相熟或不相熟的各界人士，你们使我再一次体会了人间的真情。

感谢所有在任敏生前和身后给予各种实际的或精神的帮衬的领导、亲人、朋友、同仁和同学，你们又一次陪伴我度过了人生的艰难。

如果你的名字曾在这本纪念集中出现，请接受我最诚挚的感谢与感激；如果你的名字没有在本书中出现，请原谅我的疏忽和不周。人生百年，情义无价，你真心浇灌的是我们共同生活的土壤，我愿所有人的生命都像最美丽的花朵一样开放。

任敏，您安息吧！

二○○三年二月十九日

《范泉书信集》①序

　　在我国现当代编辑出版史上，涌现了许多优秀的编辑家、出版家，范泉是其中之一。

　　早在一九三三年，当范泉还在上海光华附中读书时，他就参与编辑校刊《光华附中》半月刊。一九三七年，他在复旦大学新闻系读书时，就与邵子南、丘东平、叶紫等人发起成立作品社，同时又与丘东平、邵子南等成立辽原出版社，编辑出版《作品》半月刊与辽原文学汇刊，因"八·一三"日军侵略上海，作品社社址遭到日军炮火轰炸，《作品》第三期与辽原文学汇刊第一辑均被炸毁。一九三九年，由复旦大学教务长金通尹推荐去上海《中美日报》做实习编辑。翌年，他又开始与吴景崧等合编上海《学生生活》半月刊，为《中美日报》主编学术文艺性副刊《堡垒》。范泉学生时代的编辑实践，为他踏上社会后从事大型文艺刊物、丛书、学术专著的编辑工作，奠定了编辑业务基础，也培养了他从事编辑工作的敬业精神。

　　一九四一年，范泉由复旦大学新闻系毕业后不久，就正式踏上了编辑岗位，接编《中美日报》副刊《集纳》。二十世纪四十年代，他先后编辑过《学生生活》《生活与实践丛刊》《文艺春秋》《文艺春秋副刊》《文艺丛刊》五种刊物，《辽原文学汇刊》《青年知识文库》《文学新刊》《寰星文学丛书》《一知文艺丛书》《中原文学丛书》《少年文学故事丛书》七套丛书，《中美日报》的《堡垒》《集纳》以及香港《星岛日报·文艺》共三种报纸副刊，编辑过复旦大学校报《复旦》、《中美日报》本埠新闻、小型文化周报《上海生活》以及《文汇报》共四种报纸。而更能反映他四十年代编辑业绩、更值得大书一笔的是，从一九四四年十月到一九四九年四月，在长达四年半的时间里，三十岁左右的青年编辑家范泉，编辑出版了四十四期全国性的大型文艺刊物《文艺春秋》。《文艺春秋》是二十世纪四十年代上海乃至整个国统区持续时间最长的一份进步文艺刊物，由于范泉踏踏实实、勤勤恳恳的工作，它团结了国统区绝大部分重要作家，培养了一大批青年作家，发表了为数众多的优秀作品，推动了我国现代文学的发展，而主编范泉，也由此进入我国优秀编辑家的行列。

二十世纪五十年代由于"左"的路线的干扰，范泉被错划为"右派"，于一九五八年被迫离开上海培养编辑、出版人才的上海新闻出版印刷学校的领导岗位，下放到青海劳动改造。而当他经过二十多年漫长的炼狱生活，一九七九年复出，在青海师范学院（今青海师范大学）任教后不久，就又开始了他的编辑生涯，从一九八〇年四月起，主编《中小学语文教学》，直到一九八二年十二月终刊，出版近三年，共出版三十二期。当他古稀之年，一九八六年秋由青海调回上海，担任上海书店出版社编审不久，即提议编纂《中国近代文学大系》，出版社决定由他主编该大系，经过整整九年的拼搏，在他八十岁时，由他担任总编纂的《中国近代文学大系》全部出齐。在此期间，他还主编了《中国现代文学社团流派辞典》《文化老人话人生》等书，还与著名作家柯灵合作主编了《文史探索书系》，出版了包括周振甫的《毛泽东诗词欣赏》等在内的十七种书。即使是在一九九八年春因口腔溃疡被医生确诊为舌癌，随后在接受癌症切除手术后的放疗期间，仍坚持与病魔做斗争，勉力为我国著名莎士比亚戏剧翻译家朱生豪三四十年代之交在担任《中美日报》的国内新闻的编辑工作时所写的大量"小言"做编选工作，并抱病撰写了近两万字的长文《朱生豪追思》以及《朱生豪的"小言"和编选说明》。一九九九年，他更是忍着癌魔带来的剧痛编成散文集《遥念台湾——范泉散文集》。这时，离他逝世仅仅两个月左右的时间。范泉是倒在编辑岗位上的，他是编辑出版战线上的钢铁英雄。

从一九四一年到一九九九年，整整五十八年，除去由于"左"的路线的干扰，被迫停止编辑工作二十一年外，范泉在编辑出版岗位上辛勤劳作了三十七年，为祖国现代文化建设事业做出了具有他个人文化品格的巨大贡献。

范泉是一位事业型的优秀编辑家，而不是一个职业型的编辑。人类社会发展到一定历史阶段，随着文化事业的发展，有一部分人开始从事专职的编辑出版工作。在我国，从近代开始，尤其是从二十世纪"五四"新文化运动以来，知识分子中的一部分人，专门从事图书、报刊的编辑出版工作。在这个岗位上工作的人，直到今天，还有人把编辑出版工作仅仅看作一种谋生的职业。我把这样的编辑，叫作职业型的编辑。而范泉，继承发扬了我国新文学运动中既是老一代作家、翻译家，又是我国现代编辑出版史上第一代优秀编辑家鲁迅、郭沫若、茅盾、叶圣陶等的敬业奉献精神，同时将编辑出版工作视为国家文化积累的重要工作。

我国新文学运动的先驱鲁迅、郭沫若、茅盾、叶圣陶等人，不但都是出色的作家，同时又都是优秀的事业型的编辑家。二十世纪二十年代，鲁迅参加过《奔流》《语丝》《北新》等刊物的编辑工作；三十年代，他又编辑过《译文》等。鲁迅对待编辑工作认真负责，为了培养年轻一代的作家，他宁可牺牲自己看书、写作的时间，细致地审阅青年作者的来稿，或者帮助他们润色作品，或者提出修改意见。鲁迅通过编辑工作，培养了不少青年作者，壮大了进步文学队伍。郭沫若二十年代编辑《创造季刊》《创造周报》《洪水》，抗战时期主编《救亡日报》；茅盾"五四"时期主编《小说月报》，抗战时期主编《文艺阵地》、香港《立报》副刊《言林》以及《笔谈》；叶圣陶自二十年代到四十年代编辑《小说月报》《妇女杂志》和《中学生》等刊物，都体现了为发展先进文化事业而踏实工作的无私奉献精神。

前苏联曾将书刊编辑工作者称之为"文化文学界的组织家"。范泉在毕生从事文学书刊编辑生涯中，在既有政治上进步倾向性的同时，在编辑风格上又能放开手脚，取兼收并蓄的编辑方针。首先，他善于争取团结当时活跃在文坛上的老中青年作家群，即当时全国性的各种文学社团流派的作家的支持与撰稿，从而使他在各个历史时期主持编纂的文艺报刊丛书基本上反映了当时的文坛风貌与思想艺术表现。观乎收录在这本书信集中与他有通信关系的文艺界人士的姓名，就说明他在文坛上交游广泛，而他本人也是活跃在文坛的作家与翻译家。其次，像我们现当代文学编辑史上的一切事业型的编辑家一样，他善于从读者的来稿中发现与培养新的青年作家，为我国文学事业的前进与发展培养新生力量与后备军。

范泉在编辑工作中继承、发扬了鲁迅、郭沫若、茅盾、叶圣陶等文坛前辈为发展先进文化事业而踏实苦干的精神，也像这些前辈一样，成为出色的事业型的编辑家。在我看来，这主要表现在以下两个方面：

一是热情扶植青年作者。例如，一九四六年秋，他接到著名作家许杰转来他任教的暨南大学福建建阳分校才毕业的学生欧坦生的小说《泥坑》，作品自然不是很成熟，但范泉出于培养青年作者的拳拳之心，在略作修改后，将它发表在一九四六年十月出版的《文艺春秋》第三卷第四期上。在范泉鼓励下，欧坦生创作热情高涨，他在一九四七年至一九四九年两年间，又先后在《文艺春秋》上发表了《训导主任》《婚事》《沉醉》《十八响》《鹅仔》五篇小说。经范泉精心修改的《鹅仔》，五十年后受到海峡两岸研究者的高度重视，在大陆，曾被中国社会科学院文学研究所现代文学研究室编入《中国现代短篇小说钩沉》第四卷（一九九九年一月出版），在台湾，它与欧坦生的另一篇《沉醉》一起，被台湾的中国现代文学研究者定位为台湾文学的代表作（参见欧坦生《感念和愧疚——记我和范泉先生的一段缘》，收钦鸿、潘颂德编《范泉纪念集》，中国三峡出版社二〇〇〇年十二月第一版）。欧坦生的成长，与范泉的关心、帮助、提携是分不开的。类似的例子，还有不少。这些都是事业型的编辑家范泉为中国文坛所做的贡献。

二是注重文化积累。这突出表现在范泉古稀之年以远见卓识与顽强拼搏精神主持编纂的《中国近代文学大系》。

长期以来，近代文学研究一直是中国文学史研究的空白，从一八四〇年到一九一九年，近八十年间繁复而又杂乱的文学史资料，前人大多没有整理过。范泉编纂《中国近代文学大系》的宏伟计划，被上海出版局领导誉为上海的"文化长城"，从而列入重点书的出版计划。范泉克服了人手少、资料缺等种种人们难以想象的困难，经过艰难拼搏，一九九六年，这部十二专集、三十卷、二千多万字的《中国近代文学大系》终于由上海书店出版社出齐，填补了学术空白，为我国出版事业、文学研究事业做出了巨大贡献。

范泉不但是一位优秀的事业型的编辑家，同时又是一位出色的作家。

新中国成立前，范泉先后出版了短篇小说集《浪花》，传说故事集《神灯》，散文集《江水》《绿的北国》《记台湾的愤怒》《创世纪》《翻身的日子》，童话集《哈巴国》《幸福岛》，论著《欧洲近代文学史讲话》《西洋近代文艺思潮讲话》《战争与文学》《语言和文字》《社会发展史话》《文学源流》《创作论》。二十世纪九十年代，他又出版了散文集《文海硝烟》。他生前编定的最后一本著作《遥念台湾——范泉散文集》，在他逝世后不久，由台北人间出版社出版。

此外，范泉还是一位译作丰富的翻译家。范泉最早译出了日本小田岳夫的《鲁迅传》。在翻译过程中，他得到了许广平、夏丏尊、黄幼雄等人的指点、帮助，订正了原书的某些错讹，对有些内容做了删削，因此范泉的译本在质量上无疑要高于早出版的单外文、任鹤鲤的译本。此外，范泉还精心选取世界儿童文学名著与适宜于儿童阅读的世界文学名著，翻译、缩写成十多册语言浅显、趣味浓郁的故事。他的这些译著，不但当时赢得了广大少年儿童的喜爱，半个世纪后，长春时代文艺出版社又请他修改后重版，在新时代又发挥了它们教育下一代的作用。范泉在译苑里辛勤耕耘，硕果累累，仅现在能查到的，他的译著就有二十二种之多。

范泉这样一位出色的事业型的编辑家、作家、翻译家，虽然因病于二〇〇〇年一月十二日逝世，离开我们已经三年多了，但是，他留给我国编辑出版史、文学史、翻译史上的光辉业绩，他那勤勤恳恳、踏实苦干、一丝不苟的敬业精神，生命不息、工作不止的顽强拼搏精神，值得我们永远纪念、继承和发扬！

中国现代文学和海外华文文学研究专家钦鸿对范泉怀有很深厚的感情，范泉生前，他就撰写、发表了近六万字研究范泉主编的《文艺春秋》的论文。范泉逝世后，他与潘颂德合编、出版了四十余万字的《范泉纪念集》。与此同时，他又广泛搜集范泉书信，编成了这本《范泉书信集》。鲁迅说过，写信"比较的随便"，"较近于真实"，"所以从作家的日记或尺牍上，往往能得到比看他的作品更其明晰的意见，也就是他自己的简洁的注释"（见《且介亭杂文二集·孔另境编〈当代文人尺牍钞〉序》，收《鲁迅全集》第六卷，人民文学出版社一九八一年版）。《范泉书信集》生动地反映了范泉的精神风貌，使读者走进他的心灵世界。

　　钦鸿同志编竣《范泉书信集》，索序于我。我谨写出对范泉的如上认识，权且作为序言吧！

二〇〇三年六月十八日于复旦大学

　　注：

①本书以《范泉晚年书简》为名，由大象出版社二〇〇八年出版。

关于路翎给胡风的信

　　接到故友路翎女儿徐朗来信，说是她与大姐绍羽花了近半年的工夫，将她们父亲写给胡风先生的信按时间顺序编排好，而在此之前，绍羽已花了近五年的时间抄写好她们父亲从一九三九年到一九五三年期间写给胡风先生的三百四十六封信，并经李辉介绍，将由大象出版社印行。这一切就绪后，她们姊妹才想到找人写序的事，并认为我是最佳人选，因为我不仅是她们父亲的老朋友，也是她们家庭的熟人，更何况我们又都是所谓"胡风反革命集团"运动中的同案犯，或用《胡风反党集团第一批材料》的编者按语的语言说，我和她们的父亲路翎都是"和胡风长期混在一起的人"，虽然我们都是由向胡风先生主编的进步文艺刊物投稿而结成友谊的。

　　徐朗姐妹编辑的这本《路翎致胡风书简全编》①，共收录现存的全部书简三百四十六封，始至一九三九年，而一九五四年以后的信件却付之阙如，这是因为随后的一九五五年，发生了被时人称为新中国成立以后的对所谓"胡风反革命集团"的批判与斗争。这一年五月十三日，《人民日报》发表了《关于胡风反党集团的一些材料》，编者在按语中号召"和胡风混在一起的人"（主要是指为胡风解放前编的刊物和丛书《工作与学习丛刊》《七月》《希望》《七月文丛》《七月诗丛》撰稿以及与胡风有交谊的人们）把胡风的"密信"像舒芜那样地"交出来"。据路翎回忆，他曾为此事和胡风谈过，胡风劝他"一封也不要留"地交出去，而随着交"密信"的号召，胡风和被称为所谓"胡风分子"的路翎等人也被抓捕审查。路翎被关押了二十年，刑满释放后又作为扫地工在监督下劳改了五年，直到一九七九年方平反恢复名誉，回到原单位中国剧协工作。

历史往往充满了悖论，这里收录的路翎致胡风的三百四十六封书简，是胡风平反后一九八六年公安部发还给胡风并由梅志转送给路翎的。这些信如果不是被收集保存在专政机关，还留在收信人家中的话，"文革"中早已被付之一炬，成为灰烬了，这也是历史不幸中的小幸以及生活的辩证法的表现。也因此，这里收录的路翎致胡风书简，是否全部完整，就很难说了，因为我收到的梅志送还我的历年写给胡风先生的信简中，就缺少了批"胡风集团"时被目为"密信"受到摘引与批判的那些信件。

但从路翎与胡风交游史以及路翎的文学、生活和副业与胡风的关系的角度看，这些信基本反映了路翎文学思想与创作史的全貌，读者可以从中看到被史家评为中国四十年代的代表性作家路翎之所以为路翎的历史实况。以一九三九年向胡风主编的《七月》投稿被刊发为契机，路翎开始了与胡风的友谊与文学事业，由文学事业上的朋友成为生活中的朋友，他们之间除过相互访问、面谈外，还有频繁的通信上的交谈，可以说，正是在胡风这位左翼文艺理论家的帮助和影响之下，路翎方在文学事业上健康地长成为一代作家。到五十年代初，路翎的主要作品，如中篇小说《饥饿的郭素娥》《燃烧的荒地》《蜗牛在荆棘上》，长篇小说——也是路翎文学创作中的扛鼎之作的《财主底儿女们》以及短篇小说集《青春的祝福》《求爱》《在铁链中》等的创作、发表与出版，以及剧本《云雀》的公演，都得力于胡风的帮助与推荐。胡风不仅支持路翎在文学事业上的茁壮成长与发展，在实际生活中也给路翎很多帮助。一九三九年经胡风介绍，路翎进入陶行知在重庆北碚办的育才学校做文学组的艺友；一九四九年南京解放后，胡风又推荐路翎到南京军管会文艺处担任创作组副组长——由此，路翎由一个旧社会基层的职员，正式成为国家专业干部；一九五〇年又由胡风推荐，调到北京青年艺术剧院创作组任副组长，同时在北京安居。但随着时势的发展，路翎虽然从创作选题到创作思想主动向主流意识形态靠拢，但他的文学活动仍不断受到刁难，吃力不讨好。如他在一九五〇年写的剧本《人民万岁》《英雄母亲》，以及一九五一年写的《祖国儿女》等，都遇到干扰未能上演，同时还受到批评。路翎在青年艺术剧院也受到很大的压力，后从青年艺术剧院调到剧协剧本创作社任创作员。一九五二年十二月末，由于路翎的主动要求，他与创作室的同志一同到朝鲜前线参加抗美援朝斗争，体验生活。一九五三年七月朝鲜停战后，路翎回国写了一系列以抗美援朝为题材的短篇小说和散文（如《战士的心》《初雪》《板门店前线散记》《洼地上的战役》）。之后，他又开始撰写以抗美援朝为题材的长篇小说《朝鲜的战争与和平》（后来更名为《战争，为了和平》）。但从一九五四年五月起，全国几家大的报刊，有组织有计划地开始了对路翎所写的《洼地上的战役》等抗美援朝小说的批判，为此，路翎写了上万字的反批判文章《为什么会有这样的批评》，该文连续刊载于《文艺报》。之后，路翎也就被迫搁笔了。一九五五年，胡风事件爆发，路翎被捕。抄家、审查、关押，一晃过了二十年，刑满释放后，路翎已成为一个精神麻木、形象呆痴的老人，又在监督下做了五年的扫地工。

因之，这本囊括了现存的路翎致胡风的全部书信的书籍，不仅作为历史档案材料有其特殊的历史意义与价值，对研究路翎与胡风的关系与交往史，对研究路翎的文学思想和创作以至他的悲剧生涯与命运，研究"胡风集团"冤案，都是第一手的材料与历史见证，即使作为文学作品看，它们也都是情文并茂的散文作品，具有可读性与欣赏性。

读者朋友们如果有兴趣研究路翎与"胡风集团"事件的话，我推荐下列各类文章材料做参考：1.《胡风集团》书信卷内收录的胡风致路翎信一百三十七封；2. 路翎《哀悼胡风同志》《一起共患难的友人与导师——我与胡风》；徐朗《心灵解放的春天——父亲的晚年》（它们收录于张业松与徐朗编的《路翎晚年作品集》中，上海东方出版中心一九九八年版）。更值得注意的是人民出版社一九五五年出版的《关于胡风反革命集团的材料》一书，书中将缴获的胡风与朋友之间的来往书信（即所谓的"密信"）断章取义地加以引用和无限上纲地加以论证，在第二批和第三批材料中，就曾引用了不少胡风与路翎的通信作为"罪证"。

这本书简集附录的路翎二女儿徐朗的《心雨》，是一篇很有内容与感情的非诗非文的美文，可以称之为"徐朗痛说家史"——她父亲的文学创作史和受难史。出生于一九四七年的徐朗，青年时期由于受到父亲蒙冤入狱一事的刺激，生活上和精神上一直有着路翎的阴影，目前也还未完全恢复到正常的精神状态。但从她父亲八十年代平反后，她就积极参与了父亲著作的整理与出版，以及与文艺界朋友的交往。在整理路翎遗作上，徐朗的工作除这部《路翎致胡风书简全编》外，还有本文所提到的她与张业松合编的《路翎晚年作品集》（其中收录了她写的《心灵解放的春天——父亲的晚年》和《路翎晚年未刊小说简介》两文），并参与了林莽编的、在她父亲祖籍地安徽出版的四卷本《路翎文集》（安徽文艺出版社，一九九五年），以及前此一年由同一出版社印行的晓风编的《胡风路翎文学书简》的编辑工作。一九七九年，我进京开会顺路访问她的父母时，也是由她接待，此时她与父母共同生活，并照应她的年迈的双亲，是他们晚年工作与生活中的助手。去年（二〇〇二年）十月份，在上海举行第二届胡风学术讨论会时，她也曾应邀参加。我看她神情有些木讷，和一九八四年秋天我两次访问她们家庭时相比，她的精神健康与神情，前后判若两人。但去年十一月老妻任敏辞世时，却很快就收到她拍来的唁电，使我感到慰藉，因为她头脑仍很清醒。现在她将为此书写的《心雨》，作为本书的跋文，也可以看作是女儿向亡父呈献的一瓣心香。徐朗与她的父亲路翎，都是在特定的历史社会条件下精神负伤的人，我祝愿她早日完全恢复健康！

兹摘录我为张业松和鲁贞银合编的《路翎批评文集》所写的序文——《一双明亮的充满智慧的大眼睛》——中的两段话，作为本文的结语：

"路翎是以小说和戏剧创作贡献于中国文学的，他年轻的时候生活在社会底层，接触各个社会阶层的生活，他把握创作题材的方法和审美精神，都来源于他的特殊的生活经历，他用他创作的成功，证明了胡风许多文艺理论观点的正确；同时，他也努力学习中外文学特别是俄罗斯文学的成功经验，接受了胡风文艺理论的观点，并在生活和创作实践中，充实和完善了它，又通过自己的理论活动捍卫它和宣传它，这些文论就是一个证明。

"他因为他的文艺创作与理论活动而受难，也会因为他的文学创作与理论活动而永生，这就是历史的辩证法。他的灵魂应该得到安息了。"

是为序。

二〇〇三年九月二十五日，上海

注：

①本书以《致胡风书信全编》为名，由大象出版社二〇〇四年出版。

与悲剧命运的抗争

——为张强华同志的《炼狱人生》而序

　　在我老迈的晚年时光里，阅读朋友的文字成为我日常生活的习惯，从中我获得了很多安慰和启示。有很多的朋友我们从未谋面，但是通过文字，我们相知相识，结下了很深的友情。对我触动最深的是那些用生命和苦难写就的文字，它们时常让我这位从人生风雨中磕磕绊绊走过来的老人，又将目光转过身去，重新检视历史的曲曲折折，再次咀嚼人生的悲苦哀愁。近日，我阅读张强华同志的《炼狱人生》，就有这种深切的感受。

　　他在《后记》中这样写道："趁着我的那一只尚算明亮的眼睛还能辨认字迹之际，赶在我的清晰记忆尚未消退之前，将历历在目的往事忠实地写出来，奉献给广大读者，以了却获得自由后二十年来的夙愿。"这部作品深入刻画了二十世纪中期中国监狱生活的真实图景与人的非文化生存状态，是一幅工笔的当代历史风俗画。作者以自己的人生遭遇与感受为主线，旁征博引历史和现实中的同类事例，考证了它们的历史渊源与发展变化。读来似幻似真，似梦非梦，作品既紧贴现实，又放眼历史，而无论是现实还是历史，却又都是"新闻"。这是一部扣人心弦的充满人生感慨、富有思辨性、意味隽永、引人深思的写实性作品。

　　作品从监狱这一含有特殊历史文化内涵的专政工具切入，考察了政治监狱的沿革与设施及管理体制，进而究明了各个朝代的历史本质的惊人相似性——虽然在同一地点的监狱，但今人能在前人的管理体制基础上，予以升级完善，达到"自古皆然，于今尤烈"的前无古人的境界。作品通过对生活真实面貌的深入而全面的揭示，弥补了正史官书中有意回避的欠缺与不足，告诉世人及子孙正史官书中有意或无意省略的光与影。这是一部浓墨重彩记录中国在二十世纪中叶的这段无产阶级专政历史的民间史诗。它通过对历史的追问和逼视，昭示读者，提醒读者二十世纪中期的中国历史和社会是一幅什么样的情景，告诉我们什么是真实的"历史经验"。它也让我们理解了"历史的经验值得注意"的真正内涵。这是一部知识分子的受难史与心灵史。作品描写了知识分子在特定的历史时代的沉沦与苦难生活的真情实景。作者的人生故事涵盖了中国的一个特殊历史时期的特色与面影，反映中国知识者的特有悲剧命运。它显示了时代的残酷与人心的险恶，也显示了在特殊的生活环境中人性的美丽与卑污。作者在行文中，以自嘲自讽的口吻，叙述和交代自己的所谓"罪行"，说明了他心知肚明的清醒与生活态度，作者采取的"小子无奈，出此下策"的玩世不恭的人生态度，是他在特殊的历史条件下的被动选择，是一种自我保护，反映出作者的生活机智。在写作手法上，既有浓墨重彩的描绘，也有轻描淡写的叙述。作者笔力细致，精工描绘，使读者如临其境，如闻其声。作品充分实践与反映了文学是"表现生活真实"这一文学的根本理念。

套用一句过去流行过的口号："亲不亲，阶级分。"我作为过来人，读到张强华同志《炼狱人生》中的泣血文字，深有旧景重温的切身感受，我的手中仿佛捏着一团火，怎么也按捺不住心中的激动，于是就写下了这段文字，以表达我在阅读原稿后的零碎感受与感触。

是为序。

二〇〇三年十一月下旬于上海

人格·人性·人情·友情

　　——记施蛰存先生①

　　二十世纪三十年代我在北京买《现代》杂志读，第一次见到"施蛰存"的名字。那时看鲁迅先生的书，里面有批评施先生的文章，我很崇拜鲁迅，所以刚开始对施先生的印象不怎么样。五十年代我到上海震旦大学当教授，有一次上完课，坐在教师休息室里抽烟。这时一个中年教师走进来，穿着蓝布大褂，一进来就洗手拍去身上的粉笔灰，然后在对面坐下，自我介绍说："我是施蛰存。"我说："久仰久仰。"这是我第一次和施先生见面。一九五三年翻译家孙用从上海调往北京人民文学出版社工作，施先生在家给他饯行，我也受邀请作陪，在他家装潢考究的客厅里用餐，那次我还喝醉了。八十年代中期，有次我去华东医院探望生病的陈子展先生，陈先生说："施蛰存也在隔壁。"我就顺便去看望，推门进去，见他伏案在审编《词学》集刊，我叫他一声"施先生"，他抬头就说："贾植芳，你是人是鬼?"我回答："是人。"

　　施先生有人情味，对友情看得很重。有次我去看他，那时他八十六岁，我也七十五岁了，都垂垂老矣。忆起饯送孙用的那次宴席，忆起当年同席用餐的刘大杰、韩侍桁都已去世，彼此神情有些黯然。他说："哪天你再找几个老朋友来聚聚，但我现在茅台也没有了，只好用雀巢咖啡来招待。"我苦笑说："上海滩上的老朋友，现在少有了，在不同时期以不同形式离开了这个世界……"现在他也走了。

施先生是典型的江南才子，人很潇洒，学贯中西，博古通今，在古典文学、外国文学翻译、文艺创作和金石碑版的整理等方面都有研究。他的外文造诣很深，做学问认真而细致。比如搞翻译，他对作家的生活背景和文化背景等都了解得很清楚，这样一来他就是翻译家，而不是翻译匠——这二者之间差别很大了。

我们的文学史一度残缺不全，施先生这样的现代派作家长期受到不公正的待遇。他有着非常现代的文化结构和创作意识，施先生的现代都市小说，吸收西方现代派的技巧，着重反映都市的生活节奏，揭示现代人的生活方式、心态和精神现象，这在现代文学史上应该占据重要地位。

施先生有独立的人格，追求自由，这是"五四"精神的体现。他三十年代编《现代》杂志，有海纳百川的开阔胸襟。那时许多左翼作家的文章，比如鲁迅先生著名的《为了忘却的纪念》，就是在施先生主编的《现代》杂志上发表的。

我觉得最重要的是，施先生的人品高尚，从不依附于任何政治权势以谋取个人的功名富贵。他坚持自己的人格独立和思想自由，尤其在历次政治运动中，头脑清醒，洁身自好，从没有按照当时的政治需要写过损人利己的批判文章。落井下石的事情他从不屑于做的。人格，人性，人情，友情——他每个方面都做得很好，中国人评价人会说"道德文章"，施先生真正当得起这四个字。

注：
① 载于《上海文学》，二〇〇三年十二月。

推荐一本有深度的新书

——《中国知识分子的选择与探索》①

　　裴毅然先生的《中国知识分子的选择与探索》，是一本对中国现代知识分子进行综合性宏观研究的大型专著，乃是作者在大量搜集中国现代知识分子资料的基础上，参照中外学者成熟的人文研究成果，以自己的人生体验与感悟为底线，以理性分析为矢归，对涉及中国现代知识分子的各个重要领域进行深入探析，尤其对中国现代知识分子各种制约性因素，包括对"左"倾思潮的接受与扩播，进行了多角度考察与多方位剖析。同时，该著还对中国现代知识分子的悲剧根源有相当深刻的探掘。如对知识分子所以失去人格独立性，之所以依附于政治、之所以互抑互咬、之所以走向偏激等等，均有相当深度的探究与论述。

　　该著有理论、有综合、有个案、有调查、有史实、有数据，材料丰富绵厚，论据翔实确切，内容宏阔邈远，论述深入透析，论证具体有力，文词清丽活泼，风格平易简朴，可读性与学理性兼备，既有活生生的历史性，也有深入的思辨性，视角独特，立论高远。尤其需要指出的是：该著对百年七代知识分子、延安知识分子等重要知识分子类属分别予以客观深入的考察分析，指出其各自的文化特征与学术贡献、历史作用与认识局限、经济状态与思想曲线。该著还对诸如知识分子的"傲与卑""不安分""形而上价值追求""一元化思维""仕途经济""当代反思""知

411

识分子的弱点"等既十分有趣也十分沉重的专题进行了深入研究，掬捧出独特的思考。在知识分子研究领域，我还是第一次看到这么一部如此宏观论述与综合研究的力作。

许纪霖先生在序文中说："从一九八〇年代中期到一九九〇年代末，知识分子研究围绕着两个向度进行：一是按照传统与现代二元划分，分析知识分子在从传统向现代性转型过程中，其文化选择以及内在的思想文化冲突；二是从学术与政治之间的社会角色，研究知识分子是如何在现代社会中所体现的社会身份，重点考察知识分子在转型时代的政治命运，是如何丧失和重建独立人格的。这两个研究取向，这十多年来，无论从宏观分析，还是个案积累上，已经拥有了相当多的研究成果。"确实，一九九〇年代以来，知识分子研究渐渐趋热，人文学者的自传、评传及各种回忆录渐次发表，但大多限于个人历史与个案研究，如《胡风传》《胡适传》《顾准传》等，一直未见综合性大型研究专著。这当然是一项需要花费巨大气力的宏大工程。裴毅然先生积多年之功，填补了这一研究领域的空白，为中国现代知识分子研究提供了新的学术积累，该著既有专业的学术性与思辨性，又有可读性与欣赏性，是一部既有总结性又有开拓性的富有个人学术风格的专著，知识分子研究专家许纪霖先生也说："在这样一个谈论比研究更流行的时代里，他的精神是令人敬佩的，我对有这样的知识分子研究同行而感到欣慰。"

同时，该著还为从整体上认识中国现代知识分子提供了必要的资料整理与宏观综述，是一本代表中国当代知识分子进行世纪反思的前沿性著作。为此，我向读书界与广大关心中国现代知识分子命运的朋友们郑重推荐该著，并希望有更多的学者与研究生加入知识分子研究行列，形成多元交叉的多学科研究，有所突破有所创新。作为一位耄耋之年的老知识分子，我十分关注这一领域的研究。

注：
①本书由河南人民出版社二〇〇四年出版。

悼念梅志先生

惊悉梅志先生去世的噩耗，我感到犹如被人当胸猛击一拳似的疼痛和悲哀。前年十月她来上海参加胡风百年学术讨论会，我看到她身体健好，思维活跃，行动自如，曾感到很宽慰，为我们这些人老来还有机会聚在一起把酒言欢而庆幸。谁知仅仅过去两年，死神就把这位坚强的女性从这个世界上夺走了。社会失去了一颗始终跳动着良知的血液的心灵，我又痛失一位曾经共患难的老友！

记得一九四六年我和任敏初到上海，住在胡先生家里。那时我们还年轻，简直就把他们家当成了自己的家。梅志手把手地教任敏如何照料家务，从生活上给了我们很多帮助。一九五五年"胡风反革命集团"案发之后，我们彼此不知生死长达二十余年，事后我才知道，没有她的坚强的意志和过人的智慧，一度精神失常的胡风恐怕熬不过漫长的牢狱生涯。八十年代胡风病重和去世之后，为了"胡风事件"的彻底平反，梅志做了很多努力和坚持，使我们这些人最终能够彻底洗脱莫须有的罪名，重新由鬼变人，恢复正常人的社会身份。九十年代，梅志笔耕不辍，出版了《胡风传》《往事如烟》等多种著作，还和女儿晓风一起整理出版了十卷本《胡风全集》，为我们一代人的历史遭遇留下了宝贵的信史。

胡风有诗人气质，他和梅志的生活历史证明，在某些方面梅志比他还

413

要坚强。梅志先生是一位平凡而伟大的女性。我翻检着手边的她的各种历史遗迹，回想着所经历和所知道的关于她的点点滴滴，为她的去世感到难言的悲痛。在朋友们为胡风举行的遗体告别仪式上，所有人都哭了，只有她不哭。直到仪式结束，胡风遗体将要火化时，她才号啕大哭。那时候"胡风事件"尚未获得彻底平反。此时此刻，面对梅志先生去世的噩耗，我知道，我也不能哭泣。因为梅志先生的榜样教导我们，哭泣不是我们的性格！

梅志先生珍重，您走好！

二〇〇四年十月九日，上海

《昨夜星辰昨夜风：八十自述》①序：
老友朱锡侯

　　在我曾写过的一篇题为《忆覃子豪》的文章中，有这样一段话，记载了我同朱锡侯认识的缘起：

　　一九三二年夏天，我随哥哥贾芝到北平考学校，他进入坐落在阜成门外的中法大学孔德学院高中部，我考入北新桥的美国教会学校崇实中学高中部。因为常去孔德学院看望哥哥，渐渐和他的几个同窗兼诗友——沈颖、朱颜（锡侯）、周麟、覃子豪都熟悉了。当时这五个来自南北的青年人，虽然年龄、班次不同（有的是大学本科生，有的是不同级的高中部学生），但却由于性格、情趣相投，开始结成诗社，成为契友。当时的孔德学院是个世外桃源式的生活环境，高楼深院，花木葱茏，一派肃穆幽静的学院风光。在这个似乎远离尘嚣而又饱受西方文化熏陶的小天地里，又由于这个学院以法语为第一外语，因此他们这几个在诗歌王国里探索的青年人，除过接受了郭沫若、徐志摩以及当时刚兴起的以戴望舒为代表的中国浪漫派与现代派的深厚影响外，又从横向上学习英美诗派，尤其是法国象征派的思想和艺术风格。由于时代思潮的激荡，我在走出娘子关以前，由于受到进步思潮的影响，在"五四"新文学影响下，开始了自己对人生和文学的追求，并开始在报纸上投稿了。到北平后，在对文学的追求中，又在校内外进步力量的帮助下，参加了社会活动。虽然我和他们的文化教养与生活环

415

境不同，对生活的意义和文学观念的认识和追求不同，生活性格和情趣上也大有差异，但我们都尊重彼此对人生和艺术的自我选择，我把他们看成有着自己的人生价值观念和生活个性的纯真而热情的青年，并非那些追名逐利庸碌等闲之辈。人格平等，人身自由，尊重人的价值和尊严，正是以反封建专制主义为其历史任务的"五四"新思想运动的积极成果。我们"五四"以后的新青年，在思想深处早已摒弃了传统儒家那种"非我族类，其心必异"的文化专制心态，所以在以后的世变中，我们虽然处在天南地北，各自走着自己的生活道路，但彼此并未因此相忘于江湖，不相往来。

这一段话也大致表达了我在同朱锡侯他们交往过程中的心态和感受。朱锡侯当时在孔德学院学的主要是哲学，可是他尤为喜欢文学，除在报刊上发表诗作散文外，他的英、法文也很好，曾翻译了俄国托尔斯泰等人的中篇小说，在当时的北平文坛也算是个崭露头角的业余作家、诗人和翻译家。在最初的相识相处之后，朱锡侯远赴法国，我也去了日本，都在各自的人生旅途上奔波。再次相见，是在他已年近四十，而我也早逾而立之年的时期，其中间隔了十四五年。

一九五一年，朱锡侯到北京参加中国心理学会的筹备会议，从我的哥哥那里得到了我在上海的地址，于是来上海时特意访问了在震旦大学教书的我。我当时住在原法租界西爱咸斯路（今永嘉路），留他在我家三楼的亭子间住了两三天。这两三天是我们交谈聊天的难得时光，朱锡侯告诉我他十多年来的发展。他在法国先是攻读了生理学的博士学位，后来又获得心理学的博士学位，一过就是八年。留法期间，他曾与当地市民一起修筑街垒抗击德国法西斯，后又与法国人民共同庆祝巴黎的解放。在得知祖国的抗日战争还在继续时，他不顾法国方面的挽留，毅然背上了行装，迫切地想要回国，并且最终克服重重困难，回到了云南昆明，在云南大学医学院担任生理科主任教授。

在讲述的过程中，朱锡侯告诉我，当时从法国到中国还没有民航飞机，只能坐美国军队到昆明的军用运输机（抗战期间美国曾是中国的盟军）。在飞机上，他披着衣服坐在跳伞舱门边的凳子上打瞌睡。没想到舱门在高空气流的颠簸下自动弹开，他的装有护照和钱的衣服掉到了爱琴海里，要不是机上坐在对面的美军士兵眼疾手快拉住了他，他早已葬身鱼腹了。我听了唏嘘不已。一九五一年左右，正是"思想改造"的时期，朱锡侯问我："这一段经历能交代吗?"我说："不行,这正是抗美援朝之际,毛主席曾说过,没有无缘无故的爱,也没有无缘无故的恨。现在美帝是我们的头等敌人,你坐美国的军用运输机回昆明,这就已经说不清楚了,再加上飞机上的美军士兵在危难关头还救了你,他们为什么要救你?这些你都说不清楚,所以不能交代。"朱锡侯回去后果然没有交代,但是在后来恶劣的形势下,他被施与野蛮逼供和重重压力,终于还是把这一段经历说了出来。我想,这同他一向忠诚老实的天真性格有关,他还不了解当时社会的现实情形,还保持着学者的书斋气,不善于隐瞒和保护自己。

在上海期间,朱锡侯告诉我,当时云南还处在军管时期,日用品很缺乏,于是我借给了他一百元。他买了一些肥皂、牙膏准备带回去,同时也给自己和家里的孩子买了点衣服。朱锡侯在我家住了两三天后离开,回到昆明之后,他就把所借的一百元寄还给我了。没想到后来我因为胡风事件被捕,朱锡侯被逼供交代了我和他的关系,让当时的"干部们"得以捕风捉影,以为朱锡侯与胡风集团之间有着如何密切的联系。而我借给朱锡侯的一百元钱,竟成了我用来发展"胡风反革命集团骨干分子"的"经费"。朱锡侯就此被牵连上了胡风事件,在后来的一段日子里备尝苦辛,曾先后两三次寻死以求解脱。

自上海分开后,关于朱锡侯的其他信息,我是断断续续听到的。我听说他因为替老婆范小梵(翻译家范希衡的妹妹,我们年轻时在北平就认识,当时她就读高中,十七八岁的样子,梳着长长的辫子,由朱锡侯带着来看望我。朱锡侯去法国后,她曾在一九四一年至一九四二年间担任第三战区江西上饶广播电台的播音员,因此被认为是上饶集中营的特务)辩护而被划为"右派",境况很糟糕。总之是历尽艰险、充满磨难,最后落下了一身的毛病。

后来,他于一九七九年平反,被杭州大学聘请为心理系教授。我因开会的缘故,曾到他家里去过一次,我看到他家一贫如洗,他的双眼已经看不见了,路要摸着走,这情景很是令我戚然。所幸的是我发觉他始终保持着知识分子的文化素养。他记忆力出奇的好,能整段整段地背诵鲁迅的《野草》和波德莱尔的《恶之花》等,这显然与他年轻时就喜欢文学并且文学修养高有很大关系。我后来介绍他翻译了法国都德的作品，并得以出版。应该说，他不仅是个诗人，其实也是个很有造诣的翻译家。这就使得他后来虽然专攻生理科学和心理科学，但仍对人文知识充满热情，保持了一生的爱好。在杭州会面时，我介绍了当时也在杭州的卢鸿基、冀汸等文化界的朋友与他认识，希望让他多一些交游，以此排遣寂寞。

朱锡侯有两个女儿，大的叫新地，小的叫新天，几年前曾陪同她们的母亲到我家来小住了几天。新天后来追随父亲当年的足迹，也到法国求学，不仅取得了巴黎大学远东艺术与考古学国家博士学位，而且在法国东方艺术博物馆担任副馆长，为传播和弘扬中国传统艺术发挥了光和热。晚年的朱锡侯曾在妻子的陪同下重返巴黎，又一次踏上了阔别近半个世纪的欧洲土地。在法期间，新天曾带着父亲到处求医，希望能治好父亲的眼疾，无奈早年拖延时间过长，早已贻误了治疗的时机。朱锡侯后来于二○○○年一月二十七日在杭州去世，妻子范小梵现在旅居法国，由女儿照顾生活起居。范小梵一生跟随夫君辗转北平、云南、浙江等地，在非常时期身心同样遭受重创，却始终是一个好太太，好助手。

在我看来，这本名为《昨夜星辰昨夜风》的回忆录，不仅仅是朱锡侯与范小梵夫妻几十年人生的纪念，而且是中国现代知识分子人生经历的一个例证，是具有文学、思想和政治意义的，对研究中国知识分子在特定年代的命运具有重要的现实作用。朱锡侯品学兼优，更是有着一颗爱国的赤子之心的学有专长的现代知识分子。在当时一同公派去法国留学的同学中，不乏有留在异国谋求更好发展的人（如周麟就定居法国，娶了一个罗马尼亚太太，成为当地有名的文化人），朱锡侯却怀揣一肚子学问，一心想要回祖国做贡献，可惜受到种种限制，不能充分地发挥他所有的才学。等到老了可以做事了，却疾病缠身、双目失明，实在悲惨。现在看来，许多类似朱锡侯这样的知识分子的命运、遭遇，无疑是一种深刻的历史教训，应该而且也会给将来留下启示。

我早就想写一些有关朱锡侯的回忆文章，但因年事日高，精力渐衰，记忆力也不行了，实在是写不动了。多亏学生的帮助，如今才得以完成此序文。此文的完成，既是对范小梵嘱我作序的交代，也是对锡侯兄的敬礼和怀念，同时也权当我献给锡侯兄在天之灵的一杯清酒或一束鲜花，作为我们青年时代真挚友谊的纪念。

是为序。

二〇〇五年六月二十五日于上海寓所

注：

①本书由朱锡侯口述，朱新地整理，人民文学出版社二〇一一年出版。

《草堂书影：名家签名本集粹》① 序

　　金峰是我的青年书友，也是我的学友。他从小喜爱买书、读书、藏书。在生活上省吃俭用，先后购置了近三千册各类书籍。他洁身自好，勤俭持家，出淤泥而不染，能自觉地排除一切流行的不良嗜好，并充分利用业余时间向老一辈文艺界人士学习、求教。得到许多文艺界人士的赞评与认可。巴金、杜宣、贺绿汀、草婴、章克标、洪丕谟、杨可扬、钱君匋、王元化、徐开垒、徐中玉、周小燕、丁景唐等先生与女士都送书给他，鼓励他。现在小金又将收藏的百余册签名书结集成册，印出来公诸同好，并由王元化先生题写书名。稿子我也读了一遍，书中叙述了他与老一辈文艺家的交往经过和他所听到的掌故逸事，因此我认为本书也可称之为文坛外传。富有历史意义与趣味性。作为同好，我就写这么几句作为本书的广告，并作为我与金峰小友交游的一个永恒的纪念。

　　是为序。

二○○五年十一月二十日于上海

注：

①本书由上海人民出版社二○○七年出版。

一点记忆，一点感想

——悼念巴金先生

　　巴金以一百零一岁高龄告别人世，不少媒体来电来人采访。我读巴金的书很早——还是二十世纪二十年代末，我和哥哥在太原读中学一年级时，我哥哥回家结婚，走前给我留下二十块钱，我除了在小饭馆改善生活和吃零嘴之外，到一个体育用品公司去胡乱买书，那时候对新文学一点都不了解，只是盲目买书，在买朱光潜的《给青年的十二封信》时，看见巴金的《灭亡》——小开本，封面是黑、白、红三种颜色，因为封面对照分明，书名也很醒目，我便花七毛钱买了一本。我自青年时代以后，便被卷入时代的风浪中，颠沛流离，屡陷囹圄，饱经忧患，自顾不暇，尤其在一九五五年的"胡风冤案"后，被监禁及监督劳动二十余年，当年读《灭亡》时什么印象，也全都忘了。

　　"文革"结束以后，"胡风集团"冤案尚未彻底平反，但我已被解除监督，恩准回复旦中文系，发配资料室，在监督下工作。这时中国社科院牵头要编辑一套中国现代文学资料丛书，复旦承担了其中的《巴金研究资料》，由我主编。在编辑过程中，巴金著译目录中二三十年代的有些宣传"安那其"的文章是否收入，不得不当心——因为那时巴金热烈地信奉和宣传无政府主义，和郭沫若还曾有过词锋尖锐的激烈笔战，而在当时"文革"刚结束，人们对现代历史的复杂性还没有那么高的认识水平，多少年

421

的老习惯更养成一批专门找茬的人。在这种情况下我们系的总支负责人同意以不收为宜，但为了尊重历史，我想还是请巴金自己决定，于是由当时在复旦中文系读书的巴金的儿子——后来也成为作家的李晓，联系好见面的时间，去武康路巴金的寓所拜访。

翻翻日记，这次会面是一九八〇年三月十三日。那天下午，我冒雨偕两位年轻同事坐公共汽车去武康路巴金的寓所访问。巴金住的是一座花园洋房，我们进门时，他已在门厅相候，见到我首先说："多少年不见了。"坐定后，我问候了他的健康，他说："我的身体不如你。"巴金家的客厅很大，他妹妹为我们倒上茶。我当时抽烟，巴金看我拿出香烟，说："你看，我现在不抽烟，忘了给你准备烟了。"于是招呼他妹妹拿了一包当时的高级香烟——中华烟下来，而我那时只抽得起一毛二分钱的勇士牌。他说起"文革"中的一九六七年，他被揪到复旦批斗，住在六号楼。他把被揪时间、开批斗大会时间、准许回家时间都记得很清楚。对收他的早期政治理论文章，他说怕有人又说他宣传什么主义。说起一九六二年他写的《作家的勇气和责任心》，他说"文革"开始，他就把它烧了，但在写字间烧错了，把他在上海文代会上的开幕词当作这篇文章烧了。后来稿被抄出，被当作他的罪证到处印发。他也赞成在专集中收原文。他谈了关于他的一些书的译本问题，表示愿意把外文译本借给我们，说着就动身去楼上捧出一叠书，共五本，三本法文，一本英文，一本德文。他那月二十日去日本，四月底回来，约好回来时再看他的著译书籍部分的目录。这次访问费时一时许，我们告辞而去。此后在八十年代中，我们夫妇到华东医院看望施蛰存、陈子展两位先生，听说巴金也在医院疗养，便赶去探望。当时正是反资产阶级自由化的高潮，巴金的弟弟陪着他，对他说："老哥，你不要担心，人家知识分子照样写作、教书。"但巴金心事很重的样子，一直沉默，一言不发。告辞时我说："李先生，我走了。"他想站起来，但站不起来，他弟弟和侄女把他扶起，把我们送到门口。

说起来，我和巴金也就这么两次直接交往。巴金辞世，我也收到了讣闻，但我年已九十，不能去参加追悼会。一些年轻朋友说，就写篇文章作为悼念吧。但写什么呢？我的日记在一九八一年六月二日记着，我的一位青年朋友当天下午送来一张当年五月二十五日的日本《朝日新闻》(夕刊)，那上面有该报上海特派员田所的巴金访问记。其中巴金对记者说："批判胡风那时，由于自己的‘人云亦云’，才站在指责胡为反革命的人的一边。现在他已恢复了名誉，并没有所谓反革命的事实。我对于自己当时的言论进行了反省。必须明白真相才能行动。"这是我见到的第一个为自己在"反胡风"运动中的错误向国外发表声明的中国作家，其实运动当时，那样的人在中国如恒河沙数也。

十卷本的《巴金译文集》出版后，我特意去买了一套。这里面收有巴金未译完的赫尔岑的不朽巨著《往事与随想》。赫尔岑的这部回忆录，是一部名副其实的真实的书，不朽的书，它将永远存在——巴金大约就是在这部书的启发下，写出了晚年的主要作品《随想录》，在这部书里，他把自己多年的曲折经历和痛苦忏悔写了下来。关于这本书，我在一九八七年为《巴金年谱》写的序言中这么说过：

老托尔斯泰说："人一生的幸福是能为人类写一部书。"我在生命的暮年时刻，有幸读到巴金先生用他颤抖的手，蘸着自己的血和泪所写的那部大书——《随想录》，——这部在内容和意境上远远超过卢梭的《忏悔录》的巨著，感到无比的慰藉和兴奋，因为我看到了一个灵魂里淌着血的负伤的中国知识分子的伟大形象，它既是中国良心的真实表露，也是人类理性胜利的生动记录。

如今巴金已经告别人世，人世的是是非非、纷纷扰扰已经不能再打扰他分毫，愿他的灵魂安息吧！

二〇〇五年十月二十二日

423

《中国文学古今演变论考》①序

　　蓓芳虽然是复旦大学中文系毕业生，我却没有给他们年级开过课，在她念书时并不认识她。毕业后她留在学校的古籍研究所工作，与我女儿桂英成了同事，常来我家里，就很熟了。

　　她研究古代文学，也研究现代文学，对西方哲学很感兴趣。我看她英文不错，就建议她翻译 Daniel Halévy 的 *The life of Friedrich Nietzsche*，以便她加深对尼采的理解，也作为对英文的加强训练。她译得很认真，译笔也不坏；但译成是在一九八六年，当时出版这类书不容易，找了几家出版社都不行。有的编辑想出，但最终还是不行。所以我帮她拿到台湾的业强出版社出版，收在一种丛书里，中译本名《尼采传》；出版后反响很好。可惜限于丛书的体例，出版时做了删节。过了几年，才由江西百花洲文艺出版社出版了她的全译本《尼采传》，出版后印了好几次。

　　从那以来，二十年过去了。在这期间，她除了继续从事翻译工作、并翻译了王靖宇教授的《金圣叹的生平及其文学批评》由上海古籍出版社出版外，更多的时间则从事于中国文学的总体性研究。现在她的《中国文学古今演变论考》将要出版了，希望我给她写篇序，我想就其中关于现代文学研究的部分说些意见。

　　她的这些论文都很有特色。其基本思路是从中国文学的总体发展来观察、研究现代文学，因而往往能发现中国现代文学研究者所不曾留意之处；又因为不是现代文学研究界的人，处境较为超脱，有时倒反而能较早地说出行内的若干研究者的同感。这也就是她的这些论文的价值所在。

在她对中国现代文学的研究中，她所最看重的是中国现代文学与古代文学的联系问题。无论是对胡适、陈独秀的提倡文学革命，鲁迅的《狂人日记》，还是一度成为现当代文学指导思想的"文学为政治服务"的原则，她都努力寻求其与古代文学之间的联系并加以阐发。从她的这些论文来看，它们的作用不只在于阐述古代文学对现代文学的积极影响，而且更在于说明其消极的一面以及现代文学的成就和特色。例如，关于"文学为政治服务"的问题，她认为这本是中国根深蒂固的文学指导思想，古代之把文学作为教化、讽喻、美刺的工具，实质上也就是要文学为当时的政治服务；所以，在二十世纪四十年代以降的一段很长的时期里，"文学为政治服务"的原则之被普遍接受（当然也有少数例外），不仅是由于其源自政治的权威，而且更由于其在民族文化传统中有着深厚的基础；再如胡适、陈独秀倡导的文学革命，周作人早就指出了这一"革命"与晚明公安派等文学思潮之间的联系，但那是从古代文学对现代文学的积极影响而说的，而她则在承认这种积极影响的同时更看到了这一"革命"的局限与古代文学传统之间的联系（见《论五四新文学与古代文学的关系》）。至如鲁迅的《狂人日记》以"人吃人"来概括"家族制度和礼教的弊害"，她也并不认为是与中国文学传统截然对立的新见，并从以前的中国文学中寻得了它的历史渊源；不过，她不是以此来贬低鲁迅的创造性，而是想准确地究明其创造性的被忽略的一面——在文学的形式上的创造，而且她认为这跟中国文学研究中长期忽视形式的重要性的风气有关；诸如此类的研讨，都是在中国文学的总体发展中来考察现代文学所获得的成果，具有显而易见的原创性。

在她的论文中，有两篇是谈现、当代文学的分期的。她认为二十世纪的九十年代是当代文学的开始，那同时也就意味着中国的现代文学阶段已经结束了。这曾经引起了现代文学研究者的较为热烈的讨论，至今仍无定论。这是一场严肃、认真而且很有益的学术讨论。在丁帆教授的一篇相关论文中有如下的话："其实，有许多学者都持有谈蓓芳教授那样的观点：'八十年代文学是向"五四"新文学传统回归的时代，从九十年代起则将成为逐渐与"五四"新文学传统产生距离的时代，但这距离绝不意味着背弃"五四"新文学已有的成就，而是在这成就的基础上朝着符合文学本身特征的方向走上更新的阶段。'说穿了，也就是'全球一体化'的文化语境逼使中国文学在重回'五四'母题的历史过程中，走进了已被'标准化'过了的现代与后现代的文化语境。"（见《复旦学报》，社会科学版，二〇〇一年第二期）这也就是我在上文所说"因为不是现代文学研究界的人，处境较为超脱，有时倒反而能较早地说出行内的若干研究者的同感"的一个例证。因为，把这种意见发表出来并引起现代文学研究界颇为热烈的讨论的，恰恰是她这个并非单纯研究现代文学的研究者。

　　总之，本书所收的现代文学研究的论文虽然篇数不多，但都很有分量。她年龄还轻，我希望今后能看到她这方面更多的研究成果。

注：
① 本书由上海古籍出版社二〇〇六年六月出版。

《中国古典小说的文化透视》 ①序

　　王意如女士是多年前认识的年轻朋友，前些天将其新著《中国古典小说的文化透视》一书的稿本给我看，并特别就附录里的几篇有关比较文学的文章求教于我，希望我能说一点看法和意见。按理讲，无论是中国古典文学还是比较文学都是我的专业，在相当一个时期里我还在比较文学研究机构中担任过一定的职务，加之又是这样一位很有创新意识的年轻人，在学术研究领域里加以扶持和帮助是理所应当的事。然而，我这个"洪宪生人"真是垂垂老矣，近年来，除了每天夜里乱涂一篇日记之外，几乎已经不再提笔作文了。说了以上几句不相干的话之后，我想读者就可以为以下提纲式的序文而原谅我这个力不从心、年逾九十高龄的老朽了。

　　我浏览王女士这本著作时，发现她写得颇有个人特色。反观近二十年来同类型之研究，多为两种：一种是关于文学与文化的研究。自近代中国以降，有识之士如梁漱溟、陈独秀、胡适等就开始关注这个问题。近几年来，有关这方面的宏观理论研究更是热门话题，但把具体作品放到特定的社会文化背景之上来做深入细致的个案研究的，还比较少见。同类型研究中的第二种是关于中外文学的比较研究，其中较多的是有关中外文学的局部比较。在这方面的研究中，比较多的是对两个作家、两部作品或不同作品中人物与人物以及两种文学现象的研究，或者为发现"惊人的相似"而

427

惊呼"人性的一致""殊途而同归";或者为找出"深刻的差别"而感叹"社会背景不同""民族文化差别"。有关专家早就指出这是一种"为比较而比较"的不良倾向,把它称之为"X 与 Y 模式"予以分析和批判。而我面前的这本书稿,却把中外两国的文学放到社会学、文化学的背景上,在宏观上对其做整体研究,这相对来说就比较少见了。况且平行研究大部分集中在二十世纪的八九十年代,进入新世纪以后,影响研究方兴未艾,平行研究则相对更加冷落。王意如女士的这些文章恰恰从此处着手,以其对中外作品,尤其是中国古典小说的宏观把握和细心体会作为考虑问题的基础,文章写得颇有深度与新意,为我国的古典文学研究与比较文学研究提供了新的学术积累。

　　是为序。

注:
① 本书由文汇出版社二〇〇六年出版。

428

《我的人生档案——贾植芳回忆录》①序

感谢罗银胜先生接受远东出版社朋友的委托，花了很大的力气，为我编选了这本回忆录总集，其中除《人的证据》一书写于我的壮年时代以外，其他的各篇大小文章——二十世纪九十年代后期写的长篇自传体回忆录《狱里狱外》及我在人生的暮年从各个方面和角度审视自我的文章，也包括在我的漫长的人生旅途中的各个不同时期交游的朋友们的回忆，它们不仅是我个人的档案和人生史料，作为历史的经验与教训，也可以为认识与思考历史和时代提供值得参考的民间资料。

作为这部文稿的原作者，为了感谢大家的辛劳和盛情，我仅抄录二十世纪九十年代为自己在由鬼变成人以后出版的第一本日记书信集《解冻时节》写的序文中的主要段落作为本书的献辞：

……一九三七年，当时我作为一个二十岁的青年，在日本东京日本大学社会科留学，同时参加中国留学生的进步文艺活动，虽然在出国前，我从三十年代初期，就作为一个文艺学徒，先后在家乡太原以及北平、天津、上海各报上写写文艺作品。只是一九三五年冬天因在北平参加了"一二·九"学生爱国民主运动，被当地的地方政权以"危害民国"罪投入监牢，罪名为"共产党嫌疑犯"。坐了两个多月，由我那个富裕的家庭辗转托了一位在官场上有权势的人物，以银钱一千元和五十两鸦片烟的高价保释出狱，但因为还留着一个"随传随到"的政治尾巴，即是说，我随时有"二进宫"的可能，再吃二遍苦，受二茬罪。因此，一九三六年春天出狱后，跑到日本，亡命兼留学，踏上了戊戌政变失败后康梁亡命日本的老路子。当时在东京的内山书店看到上海生活书店出版的《工作与学习丛刊》第一、二本，第一本书名《二三事》，是以鲁迅先生的遗文为书名；第二本题名为《原野》，是以艾青译的比利时现代派诗人凡尔哈伦的诗作为书名。我从这个丛刊的撰稿人员阵容和编辑风格上感受到这是继承鲁迅先生开创的战斗的文学传统的严肃的左翼文学刊物，因此把自己来东京以后写的一篇以我的第一次监狱生活的人生感受为题材的小说《人的悲哀》投了稿，我当时并不知道这个刊物是什么人负责编辑的。过了两个月，即一九三七年初夏，我收到这个丛刊的第四本《黎明》（它刊出了我的小说）并三十多日元稿费和编辑胡风的热情来信。一九三七年秋天抗战爆发以后，我弃学回国参加抗战活动，并继续为胡风主编的《七月》和后来的《希望》投稿。我与胡风是在历史的风雨中结成友谊的，但想不到的是我在青年时代由文学结缘与胡风的结识与交游，等于拿到了一九五五年长期坐牢和劳改的通行证，我们一块被投入地狱。

解放初，即一九五〇年秋，我就"插队落户"到大学当教授，虽然我生平从未加入过任何党派，我们这一代在"五四"精神培育下走上人生道路的知识分子，在当时的历史条件下，既继承了传统儒家的"天下兴亡，匹夫有责"的历史使命感，投入救亡和社会改造的政治活动，同时也坚持了自己的独立人格和思想自由：我们这一代人的思想意识和生命追求是在当时开放性的历史文化环境里，在中外文化交流、碰撞与融会的时代潮流下形成的。而我们这代知识分子的主流思想是要使中国走向现代化的道路，就必须首先反对专制主义的传统政治体制，这也是五四运动的一面思想旗帜。因此，我在旧社会是一个叛逆者，在各个历史时期都作为"政治犯"在监牢里进进出出，前后有三次之多。万万想不到，我们为之追求与奋斗并为之付出沉重的生命代价，梦寐以求的新社会来临以后，在农村包围城市的革命运动中，竟成为被改造与再教育的对象。到了一九五五年，又大祸从天而降，作为所谓"胡风反革命集团骨干分子"与我的在家操持家务的妻子任敏先后被捕，被扫地出门，收监关押。我在监狱里坐了十一年，"文革"前夕又被上海第一中级人民法院判处有期徒刑十二年。法庭宣布这个所谓"胡风反革命集团"罪行是："妄图篡夺中国共产党的文艺领导权。"后来我在劳改中，我看到在"文革"后期出版的《毛泽东选集》第五卷收录的毛泽东对这个所谓"胡风反革命集团"材料所写的序言和按语，在该书的第一百六十三页上看到，毛泽东对这个所谓的"反革命集团"的定性和定罪的批示："这个反革命派别和地下王国，是以推翻中华人民共和国和恢复帝国主义国民党的统治为任务的！"……当时法庭宣判后，法警给我戴上了手铐，送上警车，押回看守所。旋踵又被押回原单位复旦大学保卫科，被发配到校印刷厂"监督劳动"，并宣布了改造纪律，不准乱说乱动，在"劳动中进行脱胎换骨的改造"。我到印刷厂报到以后，在监督小组专人监视下（"文革"爆发后，监督小组改为专政小组，我被称为"专政对象"），白天除干各种苦活、重活外，在革命群众的不断批斗中，在拳打脚踢中过日子。古人说："以力服人者非心服也。"我虽然身被奴役，但精神上是清醒和独立的，在心理上并没有被奴役，只留下了胡风说的"精神奴役的创伤"。我牢记鲁迅先生的提示："可悲的是，不是身在奴者，而是心在奴者。"一直到一九八〇年，"胡案"作为冤假错案平反，其间十三年；在苦海中浮沉，前后共二十五年。我走完了自己的苦难历程。值得安慰的是，我并没有失掉自我，我还是我，苦难反而深化了我对中国历史和现实的认识与思考，净化了我的灵魂。

再说说我的妻子任敏的故事。她被关押了一年多被释放后，被分配到一个学院工作，她到该院报到时，该学院一位人事干部对她进行了革命教育——要她照他们的指示办事并和贾植芳划清界限，回到人民队伍来。她没有执行这个指示，为此，她又被流放到青海，并美其名曰"支援青海社会主义建设"。她到了青海后，先是在一个多民族聚居的山村做小学教师，不到半年，又以为"胡风集团"翻案罪，被收监关押四年，直到一九六三年再被判处有期徒刑十年，提前释放。但指定她不准回上海，只准到农村，"在贫下中农监督下，进行脱胎换骨的改造"。为此，虽然她是一个在城市长大成人的从未在农村生活过的女性，但她还是选定了到我的家乡——山西襄汾县南侯村落户、改造，做了十八年在歧视下自食其力的农民。直到七十年代末，胡风冤案得到初步平反，我开始离开劳改工地——

校印刷厂回到中文系做资料员时，她才回到了相别二十多年的上海。但因为过了二十多年的缺吃少喝的苦难日子，所以回到上海重新建立了我们一九五五年被政治风浪摧毁的家庭后，在一九九七年患了脑血栓病，卧床五年后，在二〇〇二年十一月二十日离开了这个世界。正如一位老朋友在她去世后所说的"如非往昔遭那种迫害，她晚年又何至于患此绝症，悠悠苍天，人间何世！"因为本书作为附录收录了她晚年写的回忆录，因此在这里她写出了她的命运与遭遇，作为我奉献在她的遗像前的祭礼，也就是说，这部回忆录也是我们这个两人世界的生活回忆录。为此，我再抄录我在原版《狱里狱外》书中的序文中的一段话作为本书的收尾：

"老年人喜欢忆旧，喜欢回头看，因为人到了七老八十的年纪，随着体力与精力的日趋衰退，做事情越来越感到'心有余而力不足'，这是自然规律。人老了和生活的接触面就越来越缩小了，和复杂纷纭的广大世界的距离越拉越远，而和自己的主体世界的距离越来越近了。在这种窄小的生活气氛里总会自觉或不自觉地沉湎在记忆中浮游，从记忆里寻找自己，即是'我来到这个复杂的世界里，这么几十个春秋，是怎么活过来的，是为什么而活，干了些什么，是否活得像个人的样子'之类。这倒不是要学时髦做深刻状，而是我们这一代人生活的时代实在太复杂了。近百年来，在这种历史的振荡中，绝大多数知识分子以自己不同的人生理想和价值追求，走着各自不同内容和形式的生命之路。我常这么想：我们这一代吃文化饭的人，如果都潜下心来，写一本直面历史的真实的个人生活回忆录，对历史来说，实在是功莫大焉。

"有了这份想头，这几年一直断断续续地写着关于我自己的回忆录。我生于袁世凯称帝的那年，年轻时曾自号'洪宪生人'，以后又经过了军阀混战、国民党专制、抗日战争等时代，一直到高唱'东方红，太阳升'的新社会。有缘的是我每经过一个朝代就坐一回监牢，罪名是千篇一律的政治犯。作为一个知识分子，我是认真地付出过生命的代价的。我在这个世界里的追求、爱憎、信念以及种种个人遭遇，都可以作为历史的见证，为青年及后代提供一些比正史、官书更加丰富和实在的东西。"

就抄到这里，是为序。

注：①本书由江苏文艺出版社二〇〇九年出版。

我所知道的姚文元和张春桥①

一九四五年日本投降的第二天，我从徐州日伪警察局监狱出来后，便和妻子辗转来到上海。在上海这么多年，我跟后来成为"四人帮"中两根"棍子"的姚文元和张春桥竟然也见过数面。

当时我住胡风家里，与文艺界的人免不了要打交道。那时姚文元的父亲姚蓬子在延安路开了个"作家书屋"，姚蓬子在三十年代的时候还是左翼作家，后来我在北京读中学时看到天津《益世报》上登了一篇文章，题目赫然是《姚蓬子脱离中国共产党宣言》，到上海后胡风对我说，姚蓬子在南京的监狱中"悔过自新"，国民党对他很满意。中统局局长徐恩曾给了他一些钱，让他回上海办了个《世界文化》，但是文艺界的人士很看不起他，所以他在上海也打不开局面。

姚蓬子那时是上海印刷同业公会的主席，他利用自己和国民党的关系，配给的纸张非常多。他将纸张囤积起来转卖给其他出版商，很发了一笔财，所以买了房子。

姚文元当时还是中学生，与胡风的儿子晓谷是同学，所以有时候我也能看到他，想不到一九五五年胡风事件发生后，时任共青团卢湾区宣传干事的姚文元"金棍子横空出世"，他因为写反胡风的文章被当时主持上海市政的"好学生"柯庆施与张春桥看中。此后在历次运动中一马当先，十

433

年动乱中竟然跻身于党和国家领导人的行列。

解放初，姚蓬子为了赚钱，找来一些"托派"做廉价劳动力，给他翻译苏联的政治经济社会读物，每千字只付两块钱报酬。"文革"爆发，姚蓬子父以子贵，倒也没有受什么冲击。他的老婆组织了一个"里弄造反队"，据说也干得"轰轰烈烈"。"文革"后揭批"四人帮"时，我看到过一幅漫画，题名是《姚氏父子棍帽店》，店里有各式帽子出售，上面写着"叛徒""内奸""特务""右派""反革命""走资派"等等字样，只在一顶帽子上面写着"革命作家、马列主义者、学习毛泽东思想先进分子"，旁边批注道："此帽自用，概不外卖。"店里的棍子有粗有细，有长有短，也是"留备自用概不外卖"。我不禁失笑，觉得真是画得好，为长期被"打棍子""扣帽子"的无辜者出了一口恶气。

我见到张春桥比较晚。上海解放后，张春桥做《解放日报》的总编辑，向我们上海的文化人约稿，在有名的"老正兴"请我们吃了一顿丰盛的酒席。当时的张春桥穿一身灰布制服，戴个眼镜，很谦恭地走来走去向大家敬酒，还没有露出本来面目，但却让我想起《水浒传》中的"白衣秀士"王伦，"外似忠厚，内实奸诈"。而后来的历史证明他比"白衣秀士"王伦还要厉害。

我后来又听说了一个关于张春桥的故事：三十年代的时候，张春桥在山东还是一个中学生，因为爱好文学，就到上海来闯荡。那时上海杂志公司的老板张静庐请施蛰存主持出版一套《中国国学珍本丛书》，于是登报招考一名助理编辑，试用期间月薪三十块钱。张春桥报名去投考，报到录取之后老板让他校点一部小说《豆棚闲话》。张春桥标点了十几页，张静庐一看都是破句，就觉得他根本不懂古文，于是把张春桥找来，对他说："张先生，我们本想扩大营业，你看得起我们，来帮我们忙，可现在市面不景气，生意很萧条，所以我们只好请张先生另谋高就。以后等市面好了，再请张先生回来帮忙，实在对不起。张先生来了一个礼拜，我们按一个月的工资付给你三十元钱。现在市面不景气，外面的工作也不大好找，我们再付给张先生三十块，以备找工作期间开销。"

那时候上海的商人轻易不愿意得罪人，今天落魄的小青年，明天说不定就是一个大人物，所以张静庐才特别客气。但我听了这个故事，却不禁为张静庐捏了一把汗，因为谁也想不到三十年后张春桥竟成了上海市的第一把手。张静庐幸亏在解放初就死了，要不在"文革"中恐怕免不了要以"迫害革命青年"的罪名受到报复。

一九七八年十月，上海市公安局发了一个公文，说："胡风分子贾植芳，没有发现新的罪行，解除监督，回原单位工作。"这样我就又回到复旦中文系，在资料室做了一个普通的图书管理员。那时粉碎"四人帮"不久，百废待兴。由于多年为政治服务，现当代文学研究一片荒凉。于是民间自发成立了一个当代文学研究资料编委会，我回到资料室后也参加了这个工作。一九七九年十一月，复旦中文系派我和一位姓苏的同志进京参加编辑会议（我当时"反革命"的帽子还没有摘除，而苏同志是党员讲师，系里这样安排，也带有监督的意思），汇报上去，社科院发来通知，给我发的通知后面用墨笔写道："贾植芳同志何日进京，请速电告时间、车次、车厢，以便安排车接。"苏同志的通知上没有这个附言，中文系里于是议论纷纷。因为我被解除监督，回到中文系报到后，系总支一位组织委员曾向全体教职工宣布说："贾植芳回到中文系来了，但他还是反革命，他的一言一行，大家随时向组织汇报。"

虽然我知道自己仍然是异类，但还是带着这个身份进京了。第二天天亮到京，火车上上来一位穿干部装的人，问哪位是贾植芳同志，说是社科院来接我的，出了站，我的侄儿侄女们都在外面排了一队在等我。我哥哥在社科院工作，知道我要进京，所以派他们来接我。那个干部向我逐一介绍，这是你的大侄儿，那是你的二侄女。自己的亲属让不认识的人来介绍，听起来有些滑稽，可当时确实是这样的情况。

这次进京，我还访问了冰心先生。我们当时编"文学研究会"的资料，而冰心是该会的重要作家。年轻时我读过冰心的书，当时觉得她是个自由主义知识分子，写的都是大海、母爱、儿童之类，不喜欢凑热闹，印象中解放后各种运动中，她也没有积极投入。见到冰心后，我先介绍了自己的情况，让她有个心理准备，冰心连说："知道，知道。"她说一九五七年她也差点变成"右派"："大鸣大放时，费孝通响应郭沫若的文章，写了篇《知识分子的早春天气》。费孝通是写理论文章的，文章写得干巴巴。他们说我是写抒情散文的，让我帮他改改，增加一些感情色彩。后来费孝通被打成'右派'，他幸亏没有坦白交代，交代了，我也是右派！"

我原来以为冰心只写一些"大海""母爱"之类的美文，谈话过程中才发现她的思想其实很解放很大胆，也很关心现实，并不像我想象的那样"脱离现实"。她对我说："老人家说讲真话要有'五不怕'：一不怕开除公职，二不怕开除出党，三不怕离婚，四不怕坐监狱，五不怕杀头。我现在是什么也不怕了。开除公职，我现在早退休了；开除出党，我不是党员；离婚，你问问他愿不愿意（说到这里，她笑着指指对面卧室里中风尚未复原的吴文藻，他原任北京大学社会学教授，一九五七年被划为右派分子）；坐监狱，我现在已经八十岁了，监狱里还没去过，倒可以增加人生阅历；杀头，死了以后是烈士。"这时候还是一九七九年，"左"的势力还很严重。冰心说出这段话，给我的印象是蛮开放，也蛮勇敢，经过三十年的风风雨雨，却一点没有人格萎缩的痕迹。

注：
① 摘自《作家文摘》，二○○九年四月七日。

其他

诗歌·对联

笔 颂
——致老友

当我还在少年时期,我在生活中发现了笔,
随着年龄的增长,我更认识了笔,
笔,它像个领航的人,
它领我走向生活和斗争的海洋,
在掀翻旧世界的战斗中,
它是我手里的撬棒,
撬呀,撬呀,我狠狠地咬着牙,
花了我吃奶的力气。
光天化日之下,我却被旋风掀倒在地,
我手里抓紧的笔,那像灵魂一样圣洁的东西,
也同时被夺走了,夺走了,……
从此,我陷在昏迷中,没有了日脚。
这是一支上好的笔哩,
它书写流利,吸墨水的能力很强,

虽然是在脑震荡的昏迷中,我仍然怀念它……

它现在在哪里呢? 呃!在哪里?

在……在什么人的手里?

是否有人用它写检举告密信,

或为"大批判""大字报"打底稿?

要是真这样,那它就是制造血腥的旋风,

把历史一步步刮向我们走过来的黑夜……

太阳出来了,太阳出来了,

我虽然头发全白了,

我毫不犹豫地拍了拍积在身上的厚厚灰尘,

揉了揉并未闭上的眼睛,

我赶紧低下头,

去寻找,去寻找我那久别了的失去的笔。

我好寻它呀,我好寻它,

它或许还在抄家物资的仓库里,

或是什么地方的贮藏室里,

甚至在垃圾箱里,

果然如此,那么,我亲爱的笔,

我要额手相庆,

向你发出最崇敬的祝贺,

因为你的酣睡,

就是一个伟大的历史功勋!

(原载《创作》,一九八三年第四期)

犹大,你又该走运了

犹大,

你那三十块钱该早花完了吧?

现在又是发财的机会来了,

复活的耶稣,还值三十块,

物价涨了,"水涨船高",

终归吃不了亏嘛!
你的生意又来了,
交关难得的好生意,
我祝你发财——这比死亡还丑恶,比娼妇卖淫还下贱的勾当,
你就卷起袖子驾轻就熟地下手吧!
三十块闪光银元在眼巴巴地等着
你伸出的那双肮脏的手哩!

一九八三年冬

悼胡风四种①

一

今日得平反,聊可慰君于九泉;
因直而见罪,历史教训应记取。

二

因直而获罪,可叹古今竟这么相似;
今日祀忠魂,时代毕竟不是老封建。

三

焦大多嘴吃马粪,贾府多少讲些人道主义;
阿Q革命遭枪毙,民国竟是一块假招牌。

四

因忠获咎,始作俑者应无后;
以文定罪,老文章不许再做。

一九八六年一月

敬贺朱雯兄著译教学六十周年纪念②

笔耕舌耘六十年,
君的贡献不等闲。
天增岁月人增寿,
宝刀不老继续干。

一九九一年一月

441

悼郑超麟先生③

文章垂千古；

风骨映千秋。

一九九八年八月

八十自寿联④

脱胎未换骨；

家破人未散。

一九九五年农历九月

自题⑤

欢迎四面八方中外一丘之貉；

谢绝官匪商娼非我族类之辈。

横联：寒士门第

二〇〇〇年上半年

悼范泉⑥

历尽磨难知难而进；

无私奉献虽死犹生。

悼爱妻任敏⑦

缘识古都奔走黄河寻觅铁窗相濡困病榻不忍思风雨白头六十年再相逢非此岸；

读梓东海育苗西漠农桑北地煮字刊南港莫提起艰难携手春寒路家中妇天地间。

二〇〇二年十一月

为《寻根》杂志题词⑧

树有根，水有源。

二〇〇八年

注:

① 录自《贾植芳文集·书信日记卷》,上海社会科学院出版社,二〇〇四年十一月,第二百八十八—二百八十九页。

② 录自潘亦孚编著《百年文人墨迹:亦孚藏品》,复旦大学出版社,二〇〇一年五月,第一百五十四页。

③ 录自贾植芳《不能忘却的纪念:我的朋友们》,上海文化出版社,二〇〇一年六月,第一百四十四页。标题为编者所加。

④ 录自贾植芳《八十自寿联》,原载《黄河》,一九九九年第二期。

⑤ 录自贾植芳《不能忘却的纪念:我的朋友们》序,上海文化出版社,二〇〇一年,第二页。

⑥ 录自贾植芳《一个不能忘却的朋友——范泉》,《历史背影》,江苏文艺出版社,二〇〇八年,第一百二十三页。

⑦ 录自贾植芳《做知识分子的老婆——任敏女士纪念集》,二〇〇三年三月,第一百五十七页。

⑧ 录自《寻根寄语:名家墨宝》,大象出版社,二〇〇八年。